INTERNATIONAL LAW REVIEW
(VOL.14)

国际法学论丛

（第14卷）

北京国际法学会　编

版权专有　侵权必究

图书在版编目（CIP）数据

国际法学论丛. 第14卷 / 北京国际法学会编. -- 北京：北京理工大学出版社，2024.3
ISBN 978-7-5763-3697-9

Ⅰ. ①国… Ⅱ. ①北… Ⅲ. ①国际法-文集 Ⅳ. ①D990-53

中国国家版本馆 CIP 数据核字（2024）第 048967 号

责任编辑：刘　派　　　文案编辑：国　珊
责任校对：周瑞红　　　责任印制：李志强

出版发行 / 北京理工大学出版社有限责任公司
社　　址 / 北京市丰台区四合庄路6号
邮　　编 / 100070
电　　话 /（010）68944439（学术售后服务热线）
网　　址 / http://www.bitpress.com.cn

版 印 次 / 2024年3月第1版第1次印刷
印　　刷 / 三河市华骏印务包装有限公司
开　　本 / 710 mm × 1000 mm　1/16
印　　张 / 20.5
字　　数 / 350千字
定　　价 / 68.00元

图书出现印装质量问题，请拨打售后服务热线，负责调换

目　　录

一、国际公法学 …………………………………………………………（ 1 ）

新冠肺炎疫情背景下的全球卫生治理困境反思和

　　出路探究 ………………………………………… 宛　旸（ 3 ）

查戈斯岛咨询意见下的民族自决权与查岛岛民的

　　权利保护问题 …………………………………… 夏　菡（ 35 ）

挪威新奥尔松战略与中国北极科考权的维护 ……… 卢芳华（ 53 ）

国际法视域下 COVID-19 疫苗分配的全球合作与分离 ……… 阮昊翔（ 69 ）

新冠疫情引发美式滥诉案件的国际法分析及中国对策 ……… 孙宁杰（ 89 ）

从领事保护视角看保护性管辖权与中国法域外适用：

　　以湄公河惨案处置为例 ………………………… 许育红（101）

二、国际经济法学 ………………………………………………………（117）

欧式 FTA – plus 的新近发展及其对中国的启示

　　——以引领国际经贸规则为视角 ……………… 张贻博（119）

美国外资国家安全审查制度对敏感个人数据的界定及其启示

　　——对中国企业在美投资的影响及对策分析 … 杨雨洁（143）

中国国际商事专家委员会的角色定位 ……………… 郑　潼（160）

基于"协商一致"决策原则的 WTO 改革建议 …… 兰　兰　欧阳艺文（172）

效果原则的域外实践及我国应用 …………………… 韩婧颖（187）

欧盟《阻断法令》应对美国经济制裁的评析及

　　对中国的启示 …………………………………… 左　思（203）

三、国际私法学 …………………………………………………………（227）

司法公信力视角下区际民商事管辖权冲突的防范 … 张芯萍（229）

再论我国协议管辖中的"实际联系原则"
　　——以中国国际商事法庭为视角 …………………… 赵子翟（241）
让判决"流通"起来：承认与执行外国民商事判决案件中
　　以推定互惠与系统审查为着眼点的路径规划 ………… 周　珍（252）
跨国代孕亲子关系认定法律适用问题研究 ………………… 刘奕麟（269）
论外国民事判决认定的事实在我国的效力 ………………… 王　露（290）
论我国涉外商事审判的国际化 ……………………………… 李伯轩（308）

一、国际公法学

新冠肺炎疫情背景下的全球卫生治理困境反思和出路探究

宛旸*

摘要：新冠肺炎疫情的全球暴发给全球人类带来了空前劫难，也再次引起了全球社会对公共卫生治理的关注和反思。在全球化时代，跨区域性、跨领域性和跨视域性的显著特点成为全球卫生治理内嵌的基因密码，伴随在全球卫生治理的各个环节。此次新冠疫情再度让全球卫生治理陷入泥潭，面临利益、规则和理念三重困境交织的艰难局面。在逐渐进入后疫情时代的历史阶段，全球卫生治理要在价值、规则和主体上斟量解围脱困的治理路径，也就是在人类命运共同体理念指引下加快构建人类卫生健康共同体，以系统－协调思维为向导形成国际卫生法体系，逐步从多元共治跃升到多元善治，勠力同心实现全民健康的卫生目标。

关键词：全球卫生治理；人类卫生健康共同体；新冠肺炎疫情；多边主义；国际法秩序

Global Health Governance Dilemma and Solutions under the COVID－19 Pandemic

Wan Yang

Abstract：The global outbreak of COVID-19 pandemic has brought unprecedented disaster to the whole world, and has once again aroused global attention and reflection on public health governance. In the era of globalization, the distinctive features of cross-regional, cross－field and cross－view have become the genetic code embedded in global health governance, which accompanies all aspects of global health governance. The COVID-19 pandemic has once again plunged global

---

* 宛旸，男，北方工业大学文法学院法律系，联系电话：13260580160，电子邮箱：Dobbiewan@163.com。

health governance into a quagmire, facing a difficult situation where interests, rules, and ideas are intertwined. In the historical stage of gradually entering the post-pandemic era, global health governance needs to consider the governance path to get out of tough situation in terms of values, rules and subjects, that is, to accelerate the construction of a Global Community of Health for All under the guidance of the vision of a Community with a Shared Future for Mankind, to guide the formation of an international health law system with system-coordinated thinking, gradually leap from multiple co-governance to multiple good governance, and work together to achieve the "Health for All" goal.

Key words: global health governance; a Global Community of Health for All; COVID-19 pandemic; multilateralism; International Law Order

2020 年注定是人类历史上极不平凡的一年，新冠肺炎疫情肆虐全球，成为人们心中挥之不散的阴霾。2020 年 3 月 11 日，世界卫生组织基于全球疫情快速蔓延的现状和趋势，认定新冠肺炎为全球大流行病。① 新冠疫情全球暴发以来，数以万计的人们遭受到新冠病毒的侵害，截至 2020 年 4 月 14 日，全球确诊新冠肺炎人数已逾 1.3 亿人，累计死亡数接近 3 百万人。② 这无疑是一场人类共同的灾难，也注定是一场持久的卫生战。

在应对新冠疫情的卫生战中，全球人类表现各异，给全球卫生治理带来了层出不穷的问题和挑战。有些国家固步自受，防疫不力，加剧全球疫情的蔓延；有些国家各自为战，拒绝合作，全球疫情防控协调机制陷入瘫痪停滞；有些国家奉行疫苗"国家主义"，将全球公共产品内部优先化；许多欠发达国家和地区的人民依旧生活在水深火热之中，成为全球卫生治理的"木桶短板"；有些国家将卫生问题政治化，恶意"甩锅"推卸责任，置全球大义于不顾，究国家私利到穷尽，甚至中途退出世界卫生组织，贸然走单边孤行之路，脱钩多边机制，无视国际法规，摈弃国际义务，让本就困难重重行效甚微的世界卫生组织和相关国际法制更加寸步难行。目前，新冠疫情管控工作已相对平稳，许多国家也陆续开始大规模接种疫苗，新冠疫情似乎没有大规

---

① https://www.who.int/director-general/speeches/detail/who-director-general-s-opening-remarks-at-the-media-briefing-on-covid-19-11-march-2020 本文网络资料的最后访问时间除另外注明外，最后访问时间：2021 年 4 月 22 日。

② https://news.google.com/covid19/map? hl=en-US&mid=%2Fm%2F02j71&gl=US&ceid=US%3Aen 全球新冠肺炎疫情数据来源。

模暴发的迹象，全球社会逐渐从前疫情时代迈入后疫情时代。① 后疫情时代下的全球社会，应当是一个借鉴经验和汲取教训的社会。在此我们亟须思考全球卫生治理过程中出现的困障和矛盾，从国际法层面为全球卫生治理寻求脱困之路，科学构建全球卫生治理的未来。

一、全球卫生治理的内涵要素和显著特点

（一）全球卫生治理的内涵要素

1. 全球卫生治理与全球治理

全球卫生治理的概念附着在全球治理的概念之下，作为全球卫生治理的上位概念，全球治理概念的透彻把握与否一定程度上决定是否能界定廓清全球卫生治理的概念。全球治理概念脱胎于治理的概念，自1992年罗西瑙等主编的《没有政府的治理》（*Governance without Government*）一书将治理理论引入学界以来，关于治理的相关概念被无数学者引用讨论，对其内涵的框定也是异质众说，难能统一。有学者认为，全球治理是一种有目的地控制或影响在国家场域活动的某些特定人的活动，它是在主权权威缺失的情况下控制或支配跨越国家边界关系的活动，即全球治理是国内治理的国际化。② 而根据国内具有代表性的定义，全球治理指的是通过具有约束力的国际规制解决全球性的冲突、生态、人权、移民、毒品、走私、传染病等全球问题，以维持正常国际政治经济秩序的运行。③ 依此而论，全球治理的概念是在全球化的背景下孕育而生，全球化的趋势下风险不再局限于特定的地域或团体，它不仅跨越了民族国家的边界，也模糊了生产和再生产的界限，全球风险社会随之形成。④ 全球风险社会的自然演进产生全球化的问题，全球化的问题催生全球共同事务，全球共同事务关涉全人类共同利益，而不单单是一域或一族的命运兴衰。同时，全球共同事务需要全球人类共同解决，像金融危机、环境污染、病毒扩散等全球性的问题复杂多变影响深远，绝非仅凭个体国家或少数群体就能有效处理。最后，全球治理过程需要信息的交换和创造以及统

---

① 后疫情时代，存在不同的看法。有学者认为是经历疫情之后，人们的工作方式、消费习惯、经济行为、文化观念、国际秩序等被疫情深刻影响后的时代。有学者认为疫情还远没有结束，"后疫情时代"说法尚早。2020年11月21日，习近平主席在二十国集团领导人第十五次峰会第一阶段会议上的讲话上提到"后疫情时代"。"后疫情时代"成为中国国际交往的外交术语。
② See Lawrence S. Finkelstein, *What Is Global Governance*, 1 Global Governance 367 (1995).
③ 参见俞可平：《全球治理引论》，《马克思主义与现实》2002年第1期。
④ 参见［德］乌尔里希·贝克：《风险社会》，何博闻译，译林出版社2018年版，第7页。

揽地方秩序和国际秩序共识性知识的构建和普及，① 这也意味着全球治理不是一个松散无序的过程，而是相关国际规制体制形成、管控和执行的有序进程。而且，全球治理主要是依照既定的规则体系进行的，规则是社会不可或缺的东西，没有规则就没有治理。② 质言之，全球治理的内在逻辑是人类共益的逻辑，是多体行动的逻辑，是规则治理的逻辑。

遵循相同的逻辑思路，全球卫生治理作为全球治理的子范畴，它是全球治理具体领域的展开，是为应对全球卫生健康方面事务的治理，其核心内容也呈现出相同的征态。有学者遵循英国学派的研究思路，直接将全球卫生治理体系界定为次级制度（Secondary Institution），支撑它的初级制度（Primary Institution）则为道义责任。③ 其对人类生存权的考量体现出全球卫生治理的底层逻辑，具体意蕴本文不展开论述，但却揭示出全球卫生治理是锚定在全球人类命运的价值基点上推动形成的，它是为保证实现全人类最基本的卫生健康利益的实践活动。有学者为了体现全球卫生公正的道德价值和标准，径直采用卫生共治（Shared Health Governance，SHG）的理论框架替代全球卫生治理（Global Health Governance，GHG），④ 这也反映了呼唤多主体多层次的卫生治理诉求。此外，由于全球卫生治理是一个需要多主体共同参与的过程，其势必要在共同规则的安排下有序行动。有学者直言，认为"全球卫生治理是指国家、政府间国际组织和非政府行为者通过正式或非正式机构、规则和程序去解决克服需要跨国界集体行动才能有效解决的卫生健康挑战。"⑤ 然而法治作为一种治理哲学，公共卫生领域同样要服膺于此。有学者就指出全球卫生法学体系是全球卫生治理体系中不可或缺的一环，它要求国内国际公共卫生行为必须在法治的框架下实施，它所涵盖的制定主体不仅包括传统的国家行为体，也需要容纳非国家行为体，像非政府组织（HGOs）。⑥ 进而言之，全球卫生治理应是规则化的治理和法治化的治理，在全球层面上讲，就是国际法规导的全球卫生秩序之治。鉴于此，笔者认为，本文所言的全球卫生治

---

① See Lawrence S. Finkelstein, *What Is Global Governance*, 1 Global Governance 367（1995）.
② 参见秦亚青：《全球治理失灵与秩序理念的重建》，《世界经济与政治》2013年第4期。
③ See Jeremy Youde, *Global Health Governance in International Society*, 23 Global Governance 583（2017）.
④ See Jennifer Prah Ruger, *Global health governance as shared health governance*, 66 Journal of Epidemiology and Community Health 653（2012）.
⑤ Fidler, D.（2010）.（Rep.）, *The Challenges of Global Health Governance*, Council on Foreign Relations. Retrieved April 20, 2021.
⑥ See David P. Fidler, *Global Health Jurisprudence: A Time of Reckoning*, 96 GEO. L. J. 393（2008）.

理,是指国家行为体和非国家行为体基于人类共益的价值原则,通过正式和非正式的规则和程序应对和解决全球共同卫生健康问题的一系列活动的总称。

2. 全球卫生治理与国际卫生治理

要熟稔全球卫生治理的概念图谱,不仅要遵照处在上位层次的全球治理概念的逻辑脉络,了解其与旁系概念的细微差别也是必不可少的界定思路。国际卫生治理是与全球卫生治理密切关联的重要概念,在许多场合也被学者们替代互用。但是细探要义,二者除在英文译注时存在"Global"和"International"的差异之外,在价值基点、主体参与、内容指向和治理关系上也有径庭之别。首先,在价值基点层面上,国际卫生治理植根于传统国家主义的价值底色,而全球卫生治理则立足于全球主义的价值基轨。前者渗透出对国家主体在治理过程中的盲目崇拜,强调国家中心论的治理逻辑,聚焦国家个体的私利;后者则鲜明体现对人类共同命运和共同价值追求的深切关照,申明人类共益论的治理逻辑,着眼人类整体的公益。国际卫生治理概念向全球卫生治理概念的转变,意即国家本位、国家中心理念向人类本位、人类中心理念的转变。其次,在主体参与层面上,国际卫生治理所涉主体主要是主权国家,国家间卫生事务互动是国际卫生治理概念暗含的主体内容。相较之下,全球卫生治理的参与主体更加多样和丰富,除去传统的主权国家之外,政府间国际组织、非政府组织、公私合作组织、跨国企业等非国家行为体都包含在内。像世界卫生组织(WHO)、全球疫苗免疫联盟(GAVI)、全球基金(Global Fund)、盖茨基金会、克林顿基金会等众多主体都在全球卫生治理中发挥着重要作用,它们都是全球卫生治理概念里不可忽漏的关键角色。再次,在内容指向层面上,国际卫生治理主要涉及本国以外的卫生健康事务,处理的也大多是以国境界定的卫生健康问题(如传染病的控制),尤其关注其他欠发达国家和发展中国家的卫生健康问题,卫生健康议题的讨论和相应合作机制的形成也以国家与国家之间、区域之间的双边和多边合作为主;而全球卫生治理的内容范围更加广阔,国际卫生问题、跨国卫生问题乃至影响全球卫生健康的危险因素都囊括在全球卫生治理概念的内容范畴。简而言之,全球卫生治理是涵盖所有国家和地区的全球性卫生问题的治理。最后,在治理关系层面上,国际卫生治理概念所触及的只是国家层面的平位治理,其概念术语的表达还是把国家单列出来作为一个治理单元进行合作协调,依旧突出国家个体性和国家主导性,而且平行关系的治理表明国际卫生治理所代表的仅是单维平面治理层级。而全球卫生治理则意味着全球一盘棋,强调全球一体性,它蕴藏着对垂直治理体系的期许,其对治理关系的要求多了一层类似国内纵向治理的宏愿，而且它还包罗一种水平治理和垂直治理相结合的交叉治理模式，即"矩阵治理"，① 是普遍性治理和针对性治理相贯通的通盘治理，因而全球卫生治理概念代表多维立体纵深一体化治理。

（二）全球卫生治理的显著特点

1. 跨区域性

由于全球化的蓬勃发展，国家之间、区域之间的相互依赖和相互联系日益加深，资本、商品、信息和观念的全球化影响深远，生物因素（病毒）的全球化也是非常重要的形式之一。② 很多传染性疾病不分地域、国度和种族快速蔓延，对许多地区人民的卫生安全和身体健康造成毁灭性的打击。例如，早期称为"黑死病"的鼠疫从1347年开始，历时6年席卷整个欧洲，夺走了2 500万欧洲人的性命，成为人类历史上最严重的大瘟疫之一。近年来，死灰复燃的埃博拉病毒在西非兴起，短时间再度肆虐整个非洲，迅速击溃非洲脆弱的公共卫生防线。2020年初暴发的新冠肺炎疫情，几个月内就波及一百多个国家，被世界卫生组织认定为具有大流行病的特征。③ 全球卫生治理因全球卫生危机而生，因国内卫生治理失灵而起。卫生危机的无国界性决定了全球卫生治理的跨区域性的特点。

2. 跨领域性

全球卫生治理的治理对象是卫生健康问题，但卫生健康问题并不是孤立存在的，由于全球化的影响，卫生健康领域很难再作为一个单独的政策领域进行治理安排。全球卫生健康已然成为像经济政策、外交政策、安全政策、地缘政治、投资、市场策略、人权等许多政策领域的前要问题。④ 由于其问题的关联性，全球卫生健康问题逐渐与贸易人权在内的其他法律问题盘根交错。⑤ 卫生健康问题所涉不仅仅是生物意义上的问题，也涉及贸易、人权、

---

① See Ng NY, Ruger JP, *Global Health Governance at a Crossroads*, 3 (2) Glob Health Gov. 1 (2011).

② See Nye, Joseph S., and John D. Donahue, editors, *Governance in a Globalizing World*, Brookings Institution Press, Washington, D. C., 2000, p. 2.

③ https://www.who.int/director-general/speeches/detail/who-director-general-s-opening-remarks-at-the-media-briefing-on-covid-19-11-march-2020.

④ See Ilona Kickbusch, Wolfgang Hein & Gaudenz Silberschmidt, *Addressing Global Health Governance Challenges through a New Mechanism: The Proposal for a Committee C of the World Health Assembly*, 38 J. L. MED. & Ethics 550 (2010).

⑤ See Allyn Taylor, *Global health governance and international law*, 25 Whittier L. Rev. 253 (2003).

安全等领域问题,因此全球卫生健康的治理与其他领域的治理交织重叠,具有跨领域性的治理特性。

首先,全球卫生治理关涉贸易发展。有学者提到,没有国际贸易的存在,先进的药物和医疗技术荡然无存。因为医疗产品的研发需要大量的投资,没有国际贸易的发展抑或国际贸易的缩减将会导致盈利缩减,进而稀释创新动力,最终影响世界范围内卫生相关产品的可及性。① 这也说明国际贸易的兴盛将极大地推动公共服务卫生水平的提高,从而为全球卫生治理减轻压力。此外,大量的国际贸易规则都设定了关于卫生领域的内容。例如,《关税和贸易总协定》(GATT)就涉及保护人类和动植物的生命和健康措施的要求,同时《实施动植物卫生和检疫措施协定》有对临时性的检疫措施和长期的卫生检疫措施的规定。而且《与贸易有关的知识产权协议》(TRIPS)规定了对药品专利保护的内容,《服务贸易总协定》(GTAS)中的服务内容也包括卫生服务,安全卫生健康相关条款的双边和区域贸易协定更是不胜枚举。在此次新冠疫情暴发的背景下,许多国家陆续开始限制国际旅行、国际运输和相关产品的进出口,这其中就涉及《国际卫生条例》(IHR)和相关国际贸易规则的对冲协调问题,② 如何在保护人类健康和维持经济运行之间寻求平衡反映出全球卫生治理的科学水平,也昭示了卫生与贸易相互链接的关系。

其次,全球卫生治理渗透人权理念。健康权是卫生治理的价值基础,二者具有某种嵌合关系。③《世界人权宣言》作为联合国自身人权体系的重要组成部分,其中第25条规定:"人人有权享受为维持他本人和家属的健康和福利所需的生活水准,包括食物、衣着、住房、医疗和必要的社会服务。"④ 这表明健康权已经成为基本人权的一部分。而后联合国在人权理念的指引下开展全球卫生治理的相关实践,1978年的《阿拉木图宣言》就预设要实现"人人共享健康"(Health for all)的健康目标,并指出健康权作为一项基本人权,政府要保障实现。⑤ 然而,在实际的卫生治理过程中,国家根据具体卫生发展状况,会采取类似检疫隔离、拘留等限制人权的措施。同时,对基本人权

---

① 参见时业伟:《新冠肺炎疫情下国际贸易规则与公共卫生治理的链接》,《华东政法大学学报》2021年第2期。
② 参见边永民:《新型冠状病毒全球传播背景下限制国际贸易措施的合规性研究》,《国际贸易问题》2020年第7期。
③ 参见敖双红、孙婵:《"一带一路"背景下中国参与全球卫生治理机制研究》,《法学论坛》2019年第3期。
④ https://www.un.org/zh/universal-declaration-human-rights/index.html
⑤ https://www.who.int/topics/primary_health_care/alma_ata_declaration/zh/

的保护和对《国际卫生条例》等国际法的遵循之间，以及加上国内法律法规的具体实施境地的影响，很可能会诱发人权保护的冲突。① 在新冠疫情暴发期间，妇女、儿童、老年人的健康、经济、安全和社会保护等权利受到严重破坏，甚至基本尊严也被完全剥夺。2020 年 4 月，联合国秘书长古特雷斯发布了一份名为《我们同舟共济：人权与 2019 冠状病毒病的响应和恢复》的报告，其中提到新冠肺炎疫情不啻是一场卫生危机，也是一场人权危机。因此，我们一定要明确人民及其权利一定要成为重中之重。② "有论者" 就警惕在新冠疫情背景下，立法者和政府作为还是不作为特别会影响无住所者、残障人士、移民等弱势群体，我们尤其要关注这些人的权利是否受到减损和不利影响。③ 也有学者认为，在全球治理的过程中，在特殊情形下适当克减、限制甚至牺牲人权也是可以接受的。④ 卫生健康与人权保护在全球卫生治理中的复杂关系本文不作过分讨论。毋庸讳言，全球卫生治理要体现人权理念，它是卫生健康之治，也是尊重人权之治。

最后，全球卫生治理牵动安全利益。对于个人而论，无须赘言多议，卫生安全直接影响个人的安全利益。1994 年，联合国开发计划署发布的《人类发展报告》中就指出个人安全威胁的重要侧面就是卫生安全威胁，它提到"人类安全是一个全球性的话题，其中的组成部分是相互联结的。对于世界上的大多数人来说，安全意味着免受疾病、饥饿、失业、犯罪和环境破坏的威胁。"⑤ 疾病威胁被视为安全威胁的命题开始出现在联合国的各项会议中，安全视角下去关注卫生问题也逐渐显现在公众视野。于国家而论，在传统安全利益的考量下，对安全利益构成威胁的主要涉及国家间的军事威胁或战争。冷战结束之后，非传统安全威胁明显加强。非传统安全不是国家之间的相互安全威胁，而是国家群体乃至整个人类共同面对的威胁，它是仅靠单个国家的自己的实力都无法化解和应对面临的安全威胁，⑥ 像病毒蔓延和传染病扩

---

① 参见周阳：《〈国际卫生条例〉（2005）的法理冲突与规则重构》，《上海对外经贸大学学报》2020 年第 6 期。

② https://www.un.org/zh/un-coronavirus-communications-team/we-are-all-together-human-rights-and-covid-19-response-and.

③ See Audrey Lebret, COVID-19 Pandemic and Derogation to Human Rights, 7 J. L. & Biosciences 1 (2020).

④ 参见龚向前：《送走瘟神之道——传染病控制与人权保障》，《比较法研究》2007 年第 6 期。

⑤ United Nations Development Programme, Human Development Report 1994, New York: Oxford University Press, p. 22.

⑥ 参见秦亚青：《全球治理失灵与秩序理念的重建》，《世界经济与政治》2013 年第 4 期。

散等卫生健康威胁就含列其中。公共卫生危机的跨区域性特征迫使国家把视线转移到领土边界以外,卫生风险紧密牵涉国家安全利益。2000 年,美国国家情报委员会发布了题为《全球传染病威胁及其对美国的意义》,报告开篇就明确表明,"传染病所构成的全球卫生威胁让美国安全利益变得更加复杂。传染病不但危及海内外美国公民的利益和美国在海外部署的武装部队的利益,也加剧恶化了美国拥有重大利益的国家和地区的社会和政治稳定。"① 近年来,美国出台的《全球卫生安全战略》标志着美国全球卫生安全政策的进一步诠释,极度体现了以国家安全为导向的特点。② 因此,卫生安全直接关乎个人的安全,也是国家安全的重要构成因素,全球卫生治理的推进是个人安全和国家安全双重关照下的治理过程,全球卫生治理也乃守护安全之治。

3. 跨视域性

视域有视野、视角之意,是看视的区域,本质上属于处境概念,然而在哲学层面,视域多了主观上的精神观场的引申释义。从诠释学角度,伽达默尔所主张的视域融合理论阐明作为理解者主体的视域和被理解者客体的视域之间始终处于一种交融关系,通过主体的视域去触碰客体的视域,达到主体视域、客体视域、情境视域融合的状态。这个过程是历史的、动态的和不断变化的。③ 从某种意义上说,也就是主体带有在接触客体对象前的理解前见形成的原初视域,试图与客体对象的视域融合交汇,从而不断减少二者之间视域差来跨越视域鸿沟的过程。根据此义,其实全球卫生治理的实践过程也具备跨视域性的特质。一方面,如果把全球人类整体当作全球卫生治理的理想主体,它所面临的治理对象则是传染疾病,二者之间就存在巨大的视域差。由于疾病暴发的突发性、临时性和偶然性的特点,人类在卫生治理中对新疾病的认识和理解必然需要一个认识过程和反应时间。很多疫情出现的早期,人类对于致病原理、感染速率、传染途径都缺乏科学上的明确认识,从而导致公共卫生治理上的视域盲区。例如,在新冠疫情初期暴发的时候,相应的隔离检疫等防疫措施的部署就没有"对症下药",防疫措施的强度和力度难奏其效。新冠病毒前期研究阶段,世界对于新型冠状病毒的认知大多基于对先前非典型肺炎的了解,医疗卫生领域对如何攻克消灭该病毒束手无策。其

---

① See National Intelligence Council. The Global Infectious Disease Treat and Its Implications for the United States, Washington. D. C.: National Intelligence Council, 2000, p. 5.
② 参见晋继勇:《美国全球卫生安全战略及其对世界卫生安全体系的挑战》,《国际安全研究》2020 年第 3 期。
③ 参见 [德] 伽达默尔:《真理与方法》,洪汉鼎译,上海译文出版社 2004 年版,第 197、396 页。

后，全世界开始陆续接种新冠肺炎疫苗，但有些地方又陆续出现新冠病毒变异株，"升级版"的新冠病毒可能传染性更强，感染致死率更高，疫苗防护性效力进一步受到考验，全球卫生治理难度进一步提高。反观过去，从早期的鼠疫、天花病毒到后来的非典、埃博拉病毒，人类抗击疾病史就是卫生治理的视域奋力接近、达到并跨越病毒视域的晋级历史。如何科学有效地进行全球卫生治理必须要求我们摆脱总是落在疾病后面奔跑的阶段，综合前瞻性地思索卫生治理对象的视域全貌，竭力以远见超越未见、先知预想未知的势态去谋求与卫生治理对象的视域融合，达到共时性的视域统一。另一方面，从全球卫生治理的发展历程来看，全球卫生治理经历了自身视域不断更新和跨越的发展脉络。早期世界的卫生治理是"各扫自家门前雪"的国家独自应对模式，由于疾病暴发的规模和生产力水平的局限性，卫生治理主要集中在一国范围之内，公共卫生领域的国际合作尚未出现。其后的卫生治理愿景里，国家合作开始频繁出现，国际社会逐步重视相关国际卫生法规在全球卫生治理中的作用，卫生治理进入了国际卫生合作阶段。目前，世界的卫生治理是卫生治理全球化的阶段，换言之就是全球卫生治理阶段。国家、政府间国际组织、私营企业、基金会等主体都积极参与到卫生治理过程中，以世界卫生组织为主导的协调性全球卫生治理体系逐渐形成，《世界卫生条例》逐步修订完善，全球卫生治理机制渐趋稳定。回溯过去，全球卫生治理发展的历史路径完成了从国家自守到国际合作再到全球协调的层次转换，是自身视域不断革新不断进化不断升格的历史过程，毋庸置疑，是延续不止的历时性的视域跨越。

二、全球卫生治理的困境呈现

（一）利益困境

全球卫生治理的治理对象是人类社会共同面临的卫生危机，其显著的公共卫生属性决定了全球卫生治理必然带有公益的核心追求。然而，作为全球卫生治理的重要主体，国家在参与全球卫生治理的过程中也必然夹杂着对个体私利的强烈捍卫。不同国家在自利和利他的判断上、短期自益和长期自益的取舍中、局部利己和整体利己的抉择下复杂变幻，既而多元分散利益的彼此矛盾、集体公益与个体私利之间的碰撞共同构成了全球卫生治理的第一重困境，即利益困境。

首先，国家个体间建造的利益壁垒让全球卫生治理举步维艰。在国际性的卫生突发事件上,中美两个大国若能顺畅沟通合作,一定能为全球卫生治理做出巨大贡献。然而,在新冠疫情全球暴发之际,美国秉持极端利己主义思想和冷战思维,把中国视为主要竞争对手,贸易上不断打压中国,甚至把中国的疫情当作本国制造业回流的机会,严重忽视本国疫情岌岌可危的状况。① 最终导致美国的本土疫情恶化,成为全世界疫情形势最严峻的国家。同时,美国极力把卫生问题政治化,将卫生治理的相关议题作为其追求政治利益的手段,瓦解了全球卫生合作的基础。② 有论者一针见血地点明,大国之间的角力把新冠疫情变成攫取全球势力和影响力的竞技场,疯狂加码进行地缘政治的盘算。③ 在此,美国不断指责中国隐瞒新冠疫情,制造污名化标签,炮制虚假谣言,恶意"甩锅"他国,妄图通过低劣行径获取政治利益,掩盖自身抗疫不力的局面,让本来就艰难的全球卫生治理环境雪上加霜。有学者直言不讳地指出,美国的极端自利行为成为全球卫生治理最大的负面因素。④ 此外,在新冠疫情也非常严重的欧洲地区,欧洲国家也各自为营,如同一盘散沙。例如,新冠疫情期间,德国和法国双方不仅相互禁止医疗设备出口,还擅自扣押意大利等国过境的卫生健康用品。⑤ 可想而知,危急时刻在国家利益面前,契约精神和合作理念消失殆尽,残存的全球卫生治理成果也付之东流。

其次,国家与国际组织之间的利益目标存在明显差异。世界卫生组织作为一个公共性的多边卫生组织,它所承载的卫生使命应惠及全球人类,而不是代表某个国家或地区。世界卫生组织工作的开展需要资金和资源的支撑,然而世界卫生组织在西方大国主导支持下设立,西方国家的资金份额一直在世界卫生组织资金池中占据大头。美国作为世界卫生组织资金资助的第一国,它的一举一动直接影响世界卫生组织的工作安排。美国曾施加压力要求世界卫生组织调查可疑生物恐怖主义事项,但是如果世界卫生组织参与到相关生物恐怖主义的安全问题,就极有可能违背其最初的卫生宗旨。⑥ 长此以往,世界卫生组织与其说是人类共同的卫生组织,毋宁说是一国内部卫生机构。

---

① https://www.bbc.com/news/business-51276323.
② 参见晋继勇:《全球卫生治理的背景、特点与挑战》《当代世界》2020年第4期。
③ See David P Fidler, The covid-19 Pandemic, Geopolitics, and International Law, 11 Journal of International Humanitarian Legal Studies 237 (2020).
④ 参见王明国:《人类卫生健康共同体的科学内涵、时代价值与构建路径》《当代世界》2020年第7期。
⑤ 参见齐峰:《人类卫生健康共同体:理念、话语和行动》《社会主义研究》2020年第4期。
⑥ 参见晋继勇:《全球卫生治理的背景、特点与挑战》《当代世界》2020年第4期。

此次新冠疫情危难之际，美国愈加把世界卫生组织当作攫取国家利益的工具，对世界卫生组织所代表的集体公益诉求置若罔闻。2020年4月，时任美国总统特朗普指斥世界卫生组织应对疫情工作不力，并宣布暂停向世界卫生组织提供资金。同年7月，美国政府正式通知联合国，美国将退出世界卫生组织，该项决定将于2021年7月6日正式生效。① 世界卫生组织治理融资的难度进一步提升，欠发达地区的疫苗药物等全球卫生健康产品供给匮乏问题越发凸显。由全球疫苗免疫联盟、世界卫生组织和流行病预防创新联盟共同提出并牵头进行的新冠肺炎疫苗实施计划（COVAX），② 美国也迟迟拒绝加入，可谓是重创全球抗疫大局。国家自身的利益方向应该高度融合在集体的利益大局中，过分汲汲于私利，罔顾多边共利，最终只会反噬自体，一无所获。

最后，发达国家群体和发展中国家群体境况各异，卫生利益迥然不同，矛盾频出。在卫生治理的利益日趋向上，发达国家更多关注本国的贸易利益以及本土的卫生健康安全，国家内部的疾病控制是卫生治理的主要内容，边境外的疾病传染暴发鲜有关切，以至于有些很少在发达国家和地区暴发感染的疾病因为不被界定为具有较强危险性的疾病而没有在全球获得足够的关注。③ 相比之下，低收入的发展中国家国内卫生医疗体系脆弱不堪，全民医疗保障体系无法建立，许多传染性疾病极易造成大规模的死亡，这些国家的治理趋向是靠发展促卫生，靠经济保安全，所以二者存在的卫生利益错位形成了巨大的全球卫生治理利益困境。所以，很多卫生治理议程设置具有明显大国主导色彩，反映的是西方发达国家的利益。此外，公共产品是国际政治社会系统运转的核心，全球卫生健康的保证需要公共卫生产品的充足供给。④ 然而，发达国家与发展中国家卫生资源能力非常不平等，公共卫生产品供需严重失衡。全球公共产品具有消费上的非排他性和非竞争性，以及受益空间上的全球性和受益群体上的普遍性，还有受益时间上的代际性和延续性特点。⑤ 这意味着，公共产品一旦被生产制造出来，多个行为体可以共同使用却无须付出相应代价。现实的状况是像药物和疫苗等卫生公共产品的研发需

---

① https://news.un.org/zh/story/2020/07/1061551
② https://www.who.int/initiatives/act-accelerator/covax
③ 参见高明，唐丽霞，于乐荣：《全球卫生治理的变化和挑战及对中国的启示》《国际展望》2017年第5期。
④ 参见王明国：《人类卫生健康共同体的科学内涵、时代价值与构建路径》《当代世界》2020年第7期。
⑤ 参见王雪松，刘金源：《全球公共产品视角下新冠肺炎疫苗供给困境、中国路径与挑战对策》《当代世界与社会主义》2021年第1期。

要相当先进的医疗技术能力，发达国家成为主要的生产研发者，而发展中国家只能通过接受援助或商品交易的方式得到卫生产品。如果发达国家向全球免费提供公共卫生产品，发展中国家可能会坐享其成，引发国际社会中常见的"搭便车"现象。正如亚里士多德而言："人们关怀着自己的所有，而忽视公共的事物；对于公共的一切，至多只留心到其中对他个人多少有些相关的事物。"① 在发展中国家内部，疫苗和药物研发没有相应规范的专利保护，发达国家的制药企业很难斥巨资投入药物研发工作，而且这些投资巨大价格高昂的医疗产品，疾病高发的发展中国家也无力承担。② 进而最终导致发达国家垄断了公共卫生产品的生产和议价权，大多数发展中国家失去了卫生产品的话语权。若没有全球多边协调机制，公共卫生产品分配不公定成为必然趋势，卫生治理危机进一步加深。

（二）规则困境

全球卫生治理是规则之治，全球卫生治理的顺畅推进和全球卫生治理体制的完满构筑依赖相应国际卫生法规的良善制导。而实际上国际卫生法规本身在许多卫生领域处于真空状态，而且应对公共卫生危机缓慢滞后，加之某些规则的软法属性和碎片化的现状，共同酿成了全球卫生治理的第二重困境，即规则困境。

首先，全球卫生治理面临着完整齐备的规则设计理想与残缺不整的规则现实之间的差距，治理规则的科学适应性目标和治理规则滞后不适性现况之间存有天壤落差。世界卫生组织作为联合国一个专门机构，同时也是世界上核心的世界卫生治理组织，在其自身组织法的授权下行使国际卫生方面的立法权。但是，世界卫生组织却极少行使立法权，目前为止也只有两项国际立法，分别为传染病防控领域的《国际卫生条例》和烟草控制方面的《世界卫生组织烟草控制框架公约》。同为政治敏感度较低的非传统安全问题，国际环境领域签署的国际公约数以百计，国际卫生立法进程整体上过于缓慢。③ 就《国际卫生条例》本身内容而言，其中对于缔约国的法律义务规制仅局限于国际关注的突发性公共卫生事件，对于常态化的疾病防控内容没有细致明确的要求。尽管《国际卫生条例》经过修订之后，适用范围从原先封闭的特

---

① 参见［古希腊］亚里士多德：《政治学》，吴寿彭译，商务印书馆 1997 年版，第 52 页。
② 参见杨娜：《全球公共卫生难题及其治理路径》，《现代国际关系》2020 年第 6 期。
③ 参见张海滨：《重大公共卫生突发事件背景下的全球卫生治理体制改革初探》，《国际政治研究》2020 年第 3 期。

定疾病清单扩大到一切公共卫生风险，对缔约国卫生风险评估、通报和信息共享义务的范围也在扩大，但其依旧缺乏了对突发性公共卫生事件防控的中间预警等级和"大流行病"防控合作的有效规定，很难为特定国家在具体卫生危机中提供针对性行动准则的指导。另外，《世界卫生条例》的合作内容框架也没有纳入对各国积极履行合作义务的激励机制。① 世界各国的卫生资源千差万别，为了避免在突发性卫生危机中国际合作的缺失问题，疾病防控体系雄厚的发达国家对于疾病防控体系薄弱的发展中国家应承担必要的资源支持和扶助义务，《世界卫生条例》对此也默而不语。此外，其对于强制性的公共卫生争端解决机制的设置也存在空白，不存在对成员国有约束力的制裁。有学者指出，世界贸易组织（WTO）通过自身的争端解决机制对国际公共卫生领域行使裁决权，进而成为国际传染病方面事实上最有影响力的组织。② 此外，《国际卫生条例》与其他人权、贸易和环境等领域的国际条约的冲突问题在《国际卫生条例》中也没有给出具体的处理方案。以至于有学者认为，像联合国开发计划署、世界银行、国际货币基金组织等其他领域的主要国际组织和机构对卫生领域施加影响，越俎代庖向世界卫生组织负责的卫生领域扩张和渗透，分担了全球卫生治理的职责，导致卫生领域的国际法向无序散漫的方向发展。③ 最后，日益敏感的大规模杀伤性生物武器的核查问题，世界卫生组织是否有权干涉，也尚无规则安排，留有立法空白。

其次，全球卫生治理规则的软法属性不能得到有效执行。一方面，国际组织的规范性约束普遍存在非强制性的特征，这是国际制度的弱点。④ 世界卫生组织成员国对于《国际卫生条例》的遵守仅凭自律，无法依靠强制力机关的约束。在突发性公共卫生事件上，世界卫生组织就 PHEIC（国际关注的突发性公共卫生事件）所提供的建议措施也不具备强制性，只要各国向世界卫生组织提供相关的公共卫生理由与科学信息，国家单方面施加额外的旅行与贸易限制措施并不会受到影响和制裁。⑤《世界卫生条例》对缔约国之间的卫生事项争端也没有仲裁决断权，相关的违约行为世界卫生组织也只能姑息任之而无所实质作为。对于《世界卫生条例》的实施状况，世界卫生组织通

---

① 参见张超汉，冯启伦：《全球卫生合作治理——以重大突发公共卫生事件防控为视角》《河北法学》2020年第8期。
② 参见刘晓红：《国际公共卫生安全全球治理的国际法之维》《法学》2020年第4期。
③ 参见刘晓红：《国际公共卫生安全全球治理的国际法之维》《法学》2020年第4期。
④ 参见唐贤兴，马婷：《健康权保障：从全球公共卫生治理到全球健康治理》《复旦国际关系评论》2018年第2期。
⑤ 参见汤蓓：《PHEIC机制与世界卫生组织的角色演进》《世界经济与政治》2020年第3期。

过世界卫生大会直接管理。《世界卫生组织组织法》第 63 条规定："每个会员应就本组织向其提出的建议以及执行各种公约、协定与规章所采取的措施提出年度报告。"迄今为止，世界卫生组织没有对报告做出任何审议、评价与建议，①《世界卫生条例》的贯彻实施保障形同虚设。另一方面，现有全球卫生治理机制主要以决议、建议、标准和指南等形式的"软法"规则体系来协调和规范全球卫生事务，其制度权威性不言而喻。软法的灵活性和协调性不可贬损，为国家在尊重发展差异和价值理念的问题上创造了缓和的空间，但面对关涉全球共同利益的事项上，软法的大量存续无益于统一的集体行动。例如，新冠肺炎疫情牵动着全球人类共同的利益，许多国家应对措施不力，行动反应缓慢怠惰甚而自行其道，给全球疫情形势的缓解火上浇油，造成了全球卫生治理浩大的灾难。如果没有卫生硬法的创制，国家在疫情面前权责不明，职责不晰，责任意识淡薄，所谓的"全球行政空间"不过是一纸空言。② 软法无法律上之力，却有现实推动之力，有学者认为软法的效力本源来自利益导向机制，③ 但是，国际社会利益趋向错综复杂，全球卫生领域又是一个共益高度集中的范畴，每一个不规范的国家行为都可能引爆相互耦合的卫生利益链条，形成快速传导效应，个体的国家危机最终会演变成全球浩劫。制定全球公共卫生领域更多的硬法变得尤为迫切，具有可执行性可制裁性的硬法规范应是大势所趋，众望所归。

最后，全球卫生治理规则仍然是分散冗杂的碎片化布局，加上制度过载交叠而形成山头林立的分裂治理格局，协同体系化的卫生治理期盼任重道远。一方面，放眼世界卫生治理全貌，如前所述，全球卫生治理是国家行为体和国际组织、私营企业、基金会等非国家行为体多角色多主体共同参与的治理进路，形成分工细致有机联合的整体治理才是应有之义。然而，由于全球卫生治理体系的领导力真空，世界卫生组织的核心地位难以发挥，强有力的领导力量难以形成，各主体间的竞争意图远远强于合作意向，行动协调性不足、信息无法共享等弊端加剧。④ 在新冠肺炎疫情全球防控的紧要关头，纵使世界卫生组织向全球发布"国际关注的突发性公共卫生事件"的声明提醒，也

---

① 参见季华：《世界卫生组织体系下的国际卫生法律机制：历史与现状》《国际法学刊》2020 年第 3 期。
② 参见秦倩，罗天宇：《新冠肺炎疫情全球大流行与国际法》《中央社会主义学院学报》2020 年第 3 期。
③ 参见江必新：《论软法效力——兼论法律效力之本源》《中外法学》2011 年第 6 期。
④ 参见齐峰：《人类卫生健康共同体：理念、话语和行动》《社会主义研究》2020 年第 4 期。

强调各国谨慎采取实施旅行和贸易限制的措施以及分享疫情防控的相关经验方法，诸多国家依然各不相谋各自为政，行动步调不统一。有学者就观察到当今全球卫生治理存在多重制度交叠的情况，现有的国际卫生制度包括以世界卫生组织为核心的联合国诸公共卫生制度，以盖茨基金会等为代表的非正式公共卫生制度、以二十国集团（G20）为代表的涉及卫生领域新型国际制度以及美国政府试图打造的美式国际公共卫生制度。① 它们之间同质性和差异性并存，但制度并行交叠的局面意味着相互之间不是孤立地运作，因所涉内容和领域的高度重合性导致制度之间必然会影响彼此的规范发展和治理效力。此外，全球卫生治理的跨领域性说明卫生问题不再是单纯的人类健康问题，其与全球经济和贸易、国际人权和安全、国际环境、国际知识产权、地缘政治等领域产生内容上的密切钩联。拥有全球公共卫生相关内容立法权限的国际组织过于冗杂，国际立法呈现出碎片化、不协调和低效的无序扩张状态。② 在给定的领域和管辖范围内，不同组织会为资源和权限相互竞争。③ 其他国际组织与国际卫生组织在相关议题和政策上一旦出现治权争夺，囿于其自身权限不足、资金短缺等问题的国际卫生组织，很有可能面对领导力缺失和协调力不足的尴尬局面。另一方面，着眼世界卫生组织内部，因为世界卫生组织独特的分权治理结构，它的协调机制也堕入了"碎片化陷阱"。④ 根据《世界卫生组织组织法》的规定，"各区委会能够制定区域性的管理方针同时自行制定其议事规程"。⑤ 世界卫生组织以地理区域为单位划分片区的治理结构，把自身权力分散切割，对于某些需要集中核心领导的事项来说无疑会形成治理僵局。再者，各区域办公室在其领导层任命和预算上享有高度自我决断权，很长时间以来各区域主任就区域内责任和义务等问题时有挑战世界卫生总干事，这样的内部职权结构所造成沟通脱节和治理失灵的现象也不足为奇。

---

① 参见王明国：《全球公共卫生治理的制度重叠及其应对之策》，《东北亚论坛》2021年第1期。

② See Allyn Taylor, *Global governance, international health law and WHO: looking towards the future*. Bulletin of the World Health Organization. 2002；80（12）：975-980.

③ See Christoph Knill & Louisa Bayerlein & Jan Enkler & Stephan Grohs, *Bureaucratic influence and administrative styles in international organizations*, 14 The Review of International Organizations, 83 (2019).

④ 参见晋继勇：《新冠肺炎疫情防控与全球卫生治理——以世界卫生组织改革为主线》，《外交评论（外交学院学报）》2020年第3期。

⑤ 《世界卫生组织组织法》第49条和第50条。

(三) 理念困境

"理念是政府政策非常重要的决定因素。"① 执守何种理念决定了国家或组织的政策走向,在国家为主导的全球卫生治理格局中,不同国家的理念判然各异,在生命健康与政治经济利益的优先取向上、在卫生与发展关系的认识上以及对主权的理解和态度上有天壤之别,终而形成了全球卫生治理的第三重困境,即理念困境。

首先,关于人的生命健康与其他政治经济利益何者更重要的问题,不同理念指引下的不同回答会直接导致卫生治理效果的差异。面对突如其来的新冠肺炎疫情,基于社会价值理念的不同,许多国家采取不同的抗疫对策,防控效果参差不齐。以中国为代表的卫生治理模式,坚持人民生命健康至上的理念来开展布局防疫工作。中国政府始终把人民的生命安全和身体健康放在第一位,"人民至上,生命至上",② 不惜付出巨大的经济社会代价,坚决及时采取封城、隔离、停工停产等高度严密的防疫措施,全国各族人民上下同心,全力以赴,取得抗击新冠肺炎疫情斗争重大战略成果,创造了人类同疾病斗争史上又一个英勇壮举,彰显了中国精神和中国力量。然而,以部分西方国家为代表的卫生治理模式,在面对严峻的新冠肺炎疫情局势,却处处失灵疲态百出。美国政府秉持经济优先的理念,置人民生命健康于不顾,害怕担心疫情对本国经济造成严重冲击,一度长时间没有重视疫情的发展态势,迟迟没有采取强有力的防控措施,进而导致疫情在美国大规模蔓延暴发,已经造成了几十万人生命被病毒剥夺。在新冠肺炎疫情暴发初期,欧洲某些国家则放任疫情不管,坚持维护个人自由的理念,政府奉行"无为而治"的自由放任策略,有些国家甚至寻求群体免疫的策略,进一步加剧了新冠疫情全球蔓延的势头。历史也在证明,以"经济政治利益优先"为理念指导的消极被动治理是错误不科学的治理路径,以"生命健康至上"理念为指导的积极主动治理才是应对新冠疫情危机的首要选择,才能为全球卫生治理注入活气。

其次,在卫生与发展的关系认识上,不同理念引导下的关注重心不同,进而产生不同卫生治理模式的对冲。以美国为代表的西方发达国家自身经济能力雄厚,医疗设施条件完备,科学技术先进,容易忽视卫生与发展的紧密

---

① Judith Goldstein and Robert O. Keohane, *Ideas and Foreign Policy: An Analytical Framework*, in Goldstein, Judith, and Robert O. Keohane, eds., Ideas and Foreign Policy: Beliefs, Institutions, and Political Change, Cornell University Press, 1993. p. 3.

② http://paper.people.com.cn/rmrb/html/2020-09/17/nw.D110000renmrb_20200917_2-09.htm.

联系，转而把卫生问题与国家安全保障结合思考，打造安全型卫生治理范式。在美国 2019 年发布的《全球卫生安全战略》中明确指出，美国将追求三项全球卫生安全领域的目标，其中两项就跟全球卫生安全能力的建设有关。①由此可见，美国把卫生问题与国家安全问题高度融合，却鲜有提及卫生与发展的关系。安全型卫生治理模式把卫生因素提升到安全保障的核心位置，将公共卫生问题提高到国家安全战略的高度，有利于集中资源应对突发性公共卫生事件，但不可避免会出现卫生问题过度安全化的倾向。② 换言之，卫生问题本身的特点被吸收到安全问题的考量范畴，其与发展的关系被漠视剔除，卫生问题也就沦落为大安全问题下的某个子问题，这显然是把卫生问题工具化的表现，是不科学也是不合理的。相反，发展中国家秉持以发展促卫生的理念去综合推动自身卫生能力的提高，打造发展型卫生治理模式来促动国家卫生体系的完善。发展中国家认为发展是根，经济社会的发展差异才是影响卫生危机应对能力的纽结。它们认为贫穷是全球公共卫生问题的根源，只有缩小国家之间医疗卫生水平的差异，才能从根本上完成全球卫生治理目标。③发展中国家卫生设施落后，国内卫生保障体系不健全，卫生建设能力长期滞后。根据世界卫生组织官网最新的数据显示，非洲大陆上绝大多数国家本国内能够享受到基本卫生健康服务的人口不足一半。④ 发展中国家作为全球卫生治理格局中的"木桶短板"，其自身卫生能力的发展状况决定了全球卫生治理的成效。目前，对于卫生危机的处理主要集中在卫生危机爆发后的应对和管控，而对于卫生危机的提前预防和后危机时代的卫生重建，尤其是发展中国家卫生能力建设，缺少应有的重视和关注。只有发展中国家和发达国家协同发展才能标本兼治，真正摆脱公共卫生危机的困扰。因此，将发展问题特别是发展中国家的问题视为全球卫生治理中的关键，才应当是全球卫生治理全局整体统筹的前进方向。

最后，国家对主权的态度和立场留有分歧，进而形成了强主权理念和弱主权理念的博弈，全球卫生事项上的合作难以为继。在一个特定的社会中，所有成员或大多数成员都习惯性地服从一个特定的一般性的优势者或优势群

---

① The White House, United States Government Global Health Security Strategy, Washington, D. C. , 2019, p. 7 p. 9.
② 参见杨娜：《全球公共卫生难题及其治理路径》，《现代国际关系》2020 年第 6 期。
③ 参见杨娜：《全球公共卫生难题及其治理路径》，《现代国际关系》2020 年第 6 期。
④ https://www.who.int/data/maternal - newborn - child - adolescent - ageing/indicator - explorer - new/mca/population - using - at - least - basic - sanitation - services - (-) 数据来源

体。然而，这个特定的优势者或群体却没有服从另一个特定的个人或群体，我们将这个特定的优势者称为主权统治者，进而这个特定社会可以成为一个独立的政治社会。① 从某种意义上讲，主权是一国最高统治权力或至高无上的权力，带有群体依附性和隶属性的特点，只有独立的政治社会或国家才有主权，因此在提及全球治理合作时采取主权让渡的术语表达是不准确的。国家的主权是与国家紧紧绑定伴生的概念，国家的主权让渡是主权的交付或让与，意味着其本身独立的政治社会的瓦解或者并入容纳到一个更大的政治社会领域中，即使在一个多边国际组织领导下开展国际合作，国家依旧是全球社会中"对外独立、对内最高"的治理单元，而没有隶属或服从某个新的优势治理单元，所以主权让渡在现有以国家主体的全球治理格局中是不可能的，也是不存在的。因此，国家主权没有让渡而言，只有观念上的强弱之别。在谈及全球公共议题时，主权国家需要出人、出物、出力等资源投入，在某些领域需要服从多边甚至全球统筹安排，难免会对自我独立决策权产生影响，但这并不伤及国家主权的内在要旨。换句话说，如国际经济法学家约翰杰克逊而言，仅仅是国际层面某些事项上的权力分配。② 聚焦到具体卫生领域的全球治理，有些国家恪守强主权理念，大行其道，不肯参与到全球卫生事项上的合作，卫生治理工作的全球统合协调困难重重。在新冠疫情暴发之初，世界卫生组织多次发表政策声明要求数据共享，根据《世界卫生条例》（2005）的规定在不寻常突发性公共卫生事件期间，各缔约国应提供相关公共卫生信息，保持信息和数据共享。很多国家却不以为然，拒绝向世界卫生组织提供详细数据，世界卫生组织对此无能为力。世界卫生组织不是世界政府，没有超国家的权力，更没有执行权，对于国家之间的协调合作也只能通过政策建议的方式而非强制执行的途径。③ 然而，那些固守强主权理念的国家，一旦在公共卫生领域坚守传统的主权领地拒绝团结协助甚至倒行逆施，极有可能摧毁那些暂时搁置主权问题持有弱主权理念的国家同心合力共创的卫生成果，最终还会坐以待毙，这无疑将是全球社会共同的劫难。正如有论者而述，对主权过分的关照和强调是尤其有害的，因为国家面对已经产生的

---

① 参见［英］约翰·奥斯丁：《法理学的范围》，刘星译，北京大学出版社 2013 年版，第 242 - 254 页。

② See John H. Jackson, *Sovereignty – Modern: A New Approach to an Outdated Concept*, 97 American Journal of International Law 782（2003）.

③ 参见蔡洁，俞顺洪：《全球卫生治理重塑中的世界卫生组织》，《上海对外经贸大学学报》2021 年第 1 期。

卫生健康威胁天然具有保密和不作为的动机。① 因此，我们期望的全球卫生治理愿景应该是全球社会同舟共济、同力克难、同心向德，在那里传统的强主权理念思潮应当是过去式。

三、全球卫生治理困境的脱困之路

（一）价值之维：人类命运共同体理念涵括下人类卫生健康共同体的构建

行动之上，理念先行。要破除全球卫生治理面临的困局，首先必须进行理念上的深化和变革。人类命运共同体理念作为人类共同价值，是全球治理的价值引领。② 人类命运共同体着眼在"共"，关键在"同"，目标在"体"。"共"意味着人类命运与共，国家需要齐声并进，携手共创人类未来；"同"表明人类风月同天，要求我们要努力认识到人类利益交叠，危机同应对，理想同实现；"体"预示人类浑然一体，促使我们要联手构建完整的世界利益体和全球命运体，而不是分散孤立各自提防处处为营的星点个体。人类命运共同体理念不仅意味着全球是一个利益交叠、命运交织的大整体，更赋予居处其中的全球人类一种鲜明的身份认同。人类命运共同体理念具有革命性和创新性的意义，它是一种看待国际关系与国际秩序的全新理念，它致力于修正为某些特定国家政治利益服务的传统国际政治理念。③ 人类卫生健康共同体是人类命运共同体理念体系的有机组成部分，同时也是人类命运共同体理念内涵的丰富和发展。2020 年 5 月 18 日，习近平主席在第七十三届世界卫生大会视频会议开幕式上的致辞中首次提出"人类卫生健康共同体"的理念畅想，并呼吁"全球团结合作战胜疫情，共同佑护各国人民生命和健康，共同佑护人类共同的地球家园，共同构建人类卫生健康共同体。"④ 这是中国为世界人民提供的无形的全球公共产品，是中国智慧与全球精神、时代潮流相结合的产物，具有深刻的理论先进性、宏大的历史必然性和迫切的实践必要性。

首先，人类卫生健康共同体具有深刻的理论先进性。一方面，人类卫生

---

① See Lawrence O. Gostin, *World Health Law: Toward a New Conception of Global Health Governance for the 21st Century*, 5 Yale Journal of Health Policy, Law, and Ethics 413 (2005).
② 参见柳华文：《论习近平法治思想中的国际法要义》，《比较法研究》2020 年第 6 期。
③ 参见司芙兰、法比奥·马尔切利、李将：《COVID-19 全球疫情的挑战、反思与展望——以意大利为视角的观察》，《国际法研究》2020 年第 4 期。
④ 习近平：《团结合作战胜疫情共同构建人类卫生健康共同体》，《人民日报》2020 年 5 月 19 日。

健康共同体凝结了人类伟大理论精华。人类卫生健康共同体是人类命运共同体理念在卫生健康领域的生动阐释，承载着人类命运共同体理念的价值旨要。人类命运共同体理念旨在"为世界谋大同，为人类谋幸福"，其与马克思所言的在联合共同体中实现人类的自由全面发展的共产主义理论遐思不谋而合。此外，它与滕尼斯对社会与共同体的思考进路所展现的浩瀚世界观也是异途同归的。同时，中国历来强调"天下和合、共为一家"的人际观，素有"协和万邦、和衷共济，四海一家"的大天下观，从古代的"和合"理念到今天的人类命运共同体理念，中国传统的思想文化精髓一脉相通、世代相承。由此可见，人类命运共同体理念是古今中外无数哲人先贤理论精华的结晶，是全球化时代最新的理论命题，人类卫生健康共同体则是关乎人类卫生健康问题的重大理论成就。另一方面，人类卫生健康共同体与全球卫生治理的目标高度契合。人类基本健康权的实现是全球卫生治理欲要达到的基本目标，全民安全人人健康的全球社会是全球卫生治理的终极目标，因为每个人都安全才是真安全。① 人类卫生健康共同体意在保证人类最基本健康权基础上实现共同体的整体健康，其中包含的敬畏生命、维护健康等价值取向与全球公共卫生治理的人本主义倾向不谋而同，② 是全球卫生治理核心使命的再强调，为全球卫生治理的目标实现提供了路径向导，为人类卫生健康事业的发展指明了方向，迸发出特有的理论前瞻性和先进性，是新冠疫情背景下全球时代的最强音。

其次，人类卫生健康共同体具有宏大的历史必然性。一方面，人类卫生健康共同体在卫生治理发展的历史中孕育。"人类文明史是一部同疾病和灾难的斗争史。"③ 在人类历史的过去，不同国家之间、不同民族之间、不同文明之间交流甚少，几乎处于隔绝孤立的生存状态，一旦出现卫生危机，也仅仅限于相对狭小的空间范围，卫生治理谋一域即可。后来，现代文明的发展逐渐走出了区域化生存的传统状态，人类社会发展逐渐走向全球化的态势，人类居住的星球变为"地球村"。各国间的密切联系也逐渐增强了病毒的跨区域性，地区卫生危机和区域卫生危机很容易演变成一场人类卫生危机，危

---

① https://www.who.int/news-room/commentaries/detail/op-ed-covid-19-shows-why-united-action-is-needed-for-more-robust-international-health-architecture

② 参见高立伟、何苗：《人类命运共同体视阈下全球公共卫生治理谫论》《厦门大学学报（哲学社会科学版）》，2020年第5期。

③ 参见习近平：《团结合作战胜疫情共同构建人类卫生健康共同体》《人民日报》2020年5月19日。

机区域化变成危机全球化，卫生治理停留在某一域的层次已经不能满足时代发展要求，谋全局的治理思路成为了历史发展的必然趋势。人类卫生健康共同体就紧紧贴合患难与共、命运相系的时代特征。因此，人类卫生健康共同体是人类历史发展的产物，是总结人类卫生治理经验对时代前进走向的科学认识。另一方面，人类卫生健康共同体必将得到历史的检验。在全球化的时代，独善其身、自利自得已经无法彻底解决人类共同面对的危机，凝心聚力才是克服危难的首选。人类卫生健康共同体蕴藏着"合作共治、互惠共赢"的精神，意在重申卫生健康事业是全人类共同的事业，把自我发展和共同发展相兼容，把传统个体领域与全球集体公域相统筹，实现人人健康人人安全的理想目标。中国在抗击新冠疫情过程中不仅保持国内疫情状况得到整体稳定控制，而且还主动参与国际合作，与世界卫生组织保持密切沟通，积极援助其他国家和地区，特别是广大发展中国家。中国已经向许多国家提供疫苗援助，并决定向"新冠肺炎疫苗实施计划"（COVAX）先提供1 000万剂国产新冠疫苗，用于满足发展中国家的急需。中国疫苗撑起全球抗疫"生命线"，正如赤道几内亚总统奥比昂所言："中国疫苗挽救了非洲人民的生命。"[①] 中国作为人类卫生健康共同体理念的坚定践行者和忠实捍卫者，真正做到了全球社会一家亲。这也昭示着人类卫生健康共同体一定会助益全球卫生治理，推动全球卫生健康事业的勃兴，经受住时代和历史的检验。

最后，人类卫生健康共同体具有迫切的实践必要性。一方面，人类卫生健康共同体能够化险为夷，解决全球卫生治理的燃眉之急。在新冠疫情全球形势不容乐观的紧要关头，有些国家不仅本国疫情状况渐趋恶化，防疫行动迟缓，应对不佳，造成大量人员感染死亡，而且在全球领域内制造不实谣言、泡制不利言论，"甩锅"推责将病毒污名化，卫生问题政治化，对外奉行单边主义孤立主义，甚至采取霸权主义行径，拒绝与世界卫生组织合作，严重破坏全球疫情防控的工作。如此逆全球化的思潮既不利于全球疫情的控制，也离散了全球人民交流互鉴合作共赢的盼望和信心。世界正遭受新冠肺炎疫情的摧残，全球经济社会发展受到巨大冲击，这是人类历史上的灾难。世界需要尽快恢复元气，重新打开开放的大门，重新恢复经济社会发展，维护全球产业链、供应链稳定畅通。人类卫生健康共同体的重要倡议应声而出，它让全球人民认识到命运与共而不是漠不相关才是现实之情，让全球各国认识到以健康为中心而不是以经济为中心才是当务之急，让全球社会认识到多边

---

① http://paper.people.com.cn/rmrbhwb/html/2021-03/01/content_2035951.htm

主义团结合作而不是单边主义各自为战才是抗疫制胜的关键之道。人类卫生健康共同体是实践之需,是克服新冠疫情卫生危机的强大武器。另一方面,人类卫生健康共同体能够同心协力,开辟全球卫生治理的实践新局。后疫情时代的全球社会在汲取此次抗击新冠肺炎疫情的经验教训之后,要建立怎样的全球卫生治理格局,人类卫生健康共同体提供了思路上的指引。首先,人类卫生健康共同体是利益共同体,它告诉世界人民我们生活在一个利益交叠利益互通的世界,它告诉某些国家其他伙伴的卫生健康利益的实现不会阻碍自身卫生健康利益的获取,反而会极大促进本国卫生健康利益的取得。其次,人类卫生健康共同体是责任共同体,它意在明示全球卫生大家庭中每一个成员都是重要成员,我们不能忽视或边缘化每一个国家,意在劝导我们要兼济天下,医疗卫生能力强大的国家要主动援助弱势国家,带动弱势国家卫生事业的建设,优化全球卫生资源的配置,共同构筑卫生健康的有力防线。最后,人类卫生健康共同体是价值共同体,全球卫生治理的秩序建设首先是价值建设,我们要明确团结协作在全球卫生治理中的价值主导作用。现行国际秩序虽然面临着大国霸权主义、中小国家建立新秩序的要求等多种因素的挑战,但国际合作原则仍是当今国际社会的法律基石。① 人类卫生健康共同体是国际社会基本价值在卫生健康领域的基本诠释,牢固确立团结合作的基本价值地位才能让全球卫生治理秩序虽穿越风雨却行稳致远。寻共益、担共责、求共识溶化在人类卫生健康共同体理念的血脉基因中,为全球卫生治理的将来铺就了实践新路。

(二) 规则之维:系统—协调思维指导下国际卫生法体系的补缮

法者,治之端也。"在国家间关系中,文明的发展可以被看作从武力到外交,从外交到法律的运动。"② 国家治理不能没有法律规范,全球社会国家间交往同样需要完备法律规范的调整。系统—协调思维是国家治理中的高阶法律思维,为了防止治理过程中顾此失彼,导致国家治理左支右绌的窘相,进而给人民日常生活和交往、给政府日常运作和管理埋下隐患,③ 系统—协调思维模式为国家治理提供了方法论的支持。系统性意味着完整丰富不缺漏,协调性意味着和洽妥当不冲突,二者是相互勾连的概念。反观全球卫生治理

---

① 参见于亮:《人类卫生健康共同体视角下的国际卫生合作》《天津大学学报(社会科学版)》2021年第2期。
② Louis Henkin, *How nations Behave*, Columbia University Press, 1968, p. 1.
③ 参见谢晖:《论法治思维与国家治理》《东方法学》2021年第2期。

的规则困局，系统—协调思维同样能发挥其破困局开新局的作用，因而以此为纲形成系统完备协调有序的国际卫生法体系兹事体大。

首先，全球卫生治理要完成规则方面系统性的建设。系统性建设的枢纽在于法律体系的形成，而法律体系本身就具有对其属民或规范成员的至上性，某种意义讲就是一种至高的权威性。① 对全球卫生治理而言，要构建全球卫生法体系，有学者就大胆畅议通过制定全球卫生宪法作为全球卫生事业权威性的树立，并以此为纲，为全球卫生事业提供原则和目标向导，在全球卫生行为体中实现制衡，统帅和整合全球卫生事业。② 这不失为一个理想臻美的方案，但当前的全球社会依旧在威斯特法利亚体系的土壤上运行，全球卫生宪法的出台可能遥遥无期，依靠现有多边卫生组织进行具象化的卫生规则再重塑才是燃眉之需。一方面，世界卫生组织要发挥其国际卫生立法的主导作用，坚持软/硬并举的思路去完备公共卫生领域的造法工作。在硬法层面上，现行《国际卫生条例》（2005）作为当前国际上仅有的用于应对传染病疫情和其他突发性公共卫生事件的"硬法"，尚存在许多问题。例如，世界卫生组织在面对突如其来的传染性疾病时，如何才能在科学认识不明晰的背景下去宣布是否构成国际关注的突发性公共卫生事件。有学者就提到面对宣布国际关注的突发性公共卫生事件"二择一"的困境，世界卫生组织可以考虑新的规范，创建新的风险警报量级，如中间预警机制或者设置高于突发性公共卫生事件的警报级别。③ 此外，《国际卫生条例》（2005）规定成员国"避免采取对国际交通和贸易造成不必要干扰的适当方式预防、抵御和控制疾病的国际传播"。④ 然而，在此次新冠疫情全球暴发期间，很多国家为了避免外来病例的输入，许多国家采取严格入境管制措施，尽管按照《国际卫生条例》（2005）的要求成员国可以采取与世界卫生组织建议相比同样或更大程度健康保护级别的额外卫生措施以及其他合理可行措施，⑤ 但是，对于这些法律要求《国际卫生条例》（2005）没有给出明确清楚的说明。适时启动对《国际卫生条例》（2005）的修订，打造既满足抗疫需要，又努力保障国际货物流通和国际旅行需求的卫生条例，引导各国采取多边协调动态调整的卫生管

---

① 参见约瑟夫·拉兹：《法律的权威》，朱峰译，法律出版社2005年版，第102页。
② See Jennifer Prah Ruger, A Global Health Constitution for Global Health Governance, 107 A Global Health Constitution for Global Health Governance 267 (2013).
③ 参见何出田：《〈国际卫生条例〉下的"国际关注的突发公共卫生事件"：规范分析、实施困境与治理路径》，《国际法研究》2020年第4期。
④ 《国际卫生条例》（2005）第2条。
⑤ 《国际卫生条例》（2005）第43条。

理措施至关重要。① 在软法层面上,作为规范性和常规性的结合,软法能够起到推动商谈沟通的作用,进而促成交往的合意。② 当遇到国家利益相互分歧鲜明的卫生议题,软法的灵活性优势能缓冲不同主体间的矛盾,世界卫生组织在日常工作中可以大量通过建议、决议、指南、标准的"软法"形式促成卫生领域的国家合作。当深度合作成为常态,普遍性共识逐渐达成,"软法"在文化层面和事实层面上与"硬法"无差,那么形式和效力上的"硬法"建构也就水到渠成。另一方面,增强发展中国家在全球卫生立法中的话语权。全球卫生治理只有发达国家的声音是不合理的,全球卫生立法过程中仅仅满足发达国家的诉求是不完整的。发达国家特别是某些霸权国家依靠霸权地位制定和维持有利于自己的国际机制,并通过国际机制巩固霸权形成制度霸权抑或合法性霸权,③ 严重破坏国际秩序,压榨欺凌弱小国家,不利于国际体系的稳定。全球卫生治理格局塑造要避免该现象的发生,尽可能关照发展中国家的利益诉求。《国际卫生条例》(2005)中就要求成员国发展、加强和维持发现、评估、通报和报告事件的卫生能力建设,④ 但是,实际上这对发展中国家而言是很苛刻的要求,很多发展中国家不具备相应的经济科技实力去支撑其国内卫生基础设施、卫生医疗服务能力和相应疾病应对能力的建设,这必然会给发展中国家带来经济财政上难以承受的负担。因此,我们应该注重不同国家经济卫生能力的巨大差异,实行共同但又区别的责任来改善"一刀切"的规则要求。同时,在相关国际组织的日常例会讨论中,添加满足发展中国家切实需求的议题安排,努力提高发展中国家在卫生立法和讨论中的话语权和参与权。《TRIPS 协定与公共卫生宣言》(《多哈宣言》)和"穷国购药协议"就是发达国家和发展中国家利益平衡的产物,其所体现的人道主义关怀为发展中国家暂时缓解了阵痛。⑤ 发展中国家卫生健康事业建设的路途还很漫长,但作为全球社会的重要成员,其角色的特殊需求应该成为全球卫生规则系统性建设不可遗漏的部分。

另外,全球卫生治理要进行规则方面协调性的疏导。一方面,公共卫生领域与其他相关领域规则需要调和。第一,国际卫生规则与国际贸易规则之

---

① 参见王天韵:《从抗击新冠疫情的国际实践看全球卫生治理改革》,《中央民族大学学报(哲学社会科学版)》2020 年第 4 期。
② 参见张龑:《软法与常态化的国家治理》,《中外法学》2016 年第 2 期。
③ 参见简军波,丁冬汉:《国际机制的功能与道义》,《世界经济与政治》2002 年第 3 期。
④ 《国际卫生条例》(2005)第 5 条。
⑤ 参见龚向前:《利益平衡与人道关怀——WTO 首次修订核心协议述评》,《环球法律评论》2006 年第 5 期。

间要兼容。对于关涉卫生内容的贸易行为，既要符合国际通行的卫生规则，也要满足国际贸易规则的要求。其中，像《关税和贸易总协定》和《实施动植物卫生和检疫措施协定》的有关内容就与《国际卫生条例》在特定情况下可能产生规则适用的抵牾。《关税和贸易总协定》里就规定："本协定不得解释为阻止缔约方采取或实施为保护人类、动植物生命或健康所必需的措施，"① 其中，"所必需"的措施也被认为是对贸易限制程度最低的措施。《实施动植物卫生和检疫措施协定》也有类似的规定，要求成员国确保任何动植物卫生检疫措施的实施要以科学原理为依据，并且不超过为保护人类、动植物的生命或健康所必需的程度。② 尽管贸易领域相关规则赋予了成员国在特殊情况下为保护生命或健康实施限制贸易措施的权利，但这与《国际卫生条例》所规训的"避免对国际贸易造成不必要干扰"的目的和宗旨存在文本意义上的冲突，如何在国际贸易与公共卫生之间寻求恰如其分适应时势的平衡，需要世界卫生组织和世界贸易组织的集体协调和联合共识。第二，某些卫生规则的执行也会涉及对特定人权规则的抵触。尽管在《国际卫生条例》（2005）中规定了成员国可以采取额外的卫生措施，如"检查"和"隔离"的措施。然而，在出入境人员流通管理中，是对所有人还是对特定人群（病毒感染者的密切接触者或疑似病例）采取相应检查和隔离措施，就会牵涉个人的行动自由被限制的问题，其与《世界人权宣言》和《公民权利和政治权利国际公约》所保护的个人自由是否相违背，需要对应国际组织和有关国家合乎国际法的解释。此外，在新冠肺炎疫情期间，许多国家运用技术手段追踪、检测公民的个人健康情况和行动轨迹，是否构成对公民个人隐私权的过度侵犯，也是一个亟待说明和协调的方面。第三，有些学者也提及公共卫生问题与环境保护之间的天然联系，主张在国际法层面开展和协调国际环境治理，通过实施对公共卫生有益的环境资源保护的国际规则与标准，从而更好地发挥国际环境治理在全球卫生治理的关键作用，实现"全球生态观"和"大卫生观"的有机结合。③ 另一方面，要加强国际法与国内法之间的协和。《国际卫生条例》（2005）中法律文本总体比较含糊，留有大量"建设性模糊"的内容。④ 其中，规定成员国应对突发性公共卫生事件可以实施额外的

---

① 《关税和贸易总协定》第20条。
② 《实施动植物卫生和检疫措施协定》第2.2条。
③ 参见刘晓红：《国际公共卫生安全全球治理的国际法之维》，《法学》2020年第4期。
④ 参见周阳：《〈国际卫生条例（2005）〉的法理冲突与规则重构》，《上海对外经贸大学学报》2020年第6期。

卫生措施，但没有明确的定义指向去说明卫生措施的种类，仅仅要求措施与世界卫生组织的建议相同或更高的健康保护水平，而这又构成了进一步的朦胧意境。所以，成员国在采取符合本国卫生法要求的具体卫生措施时，可能会存在根据本国情势采取的卫生措施符合本国法却与国际法格格不入的混沌状况，如何保证卫生措施在国际法和国内法双重调整下的一致性，需要各国做到国内法和国际法有效的衔接，进而在国家法治和国内法治互动过程中达成差异性和一致性的动态统合。①

（三）主体之维：多元共治迈向多元善治

当前的全球卫生治理格局是碎片化的多体共同治理的格局，虽然参与主体广泛，参与层次多样，但整体上目标不一行动分散，严重阻碍全球卫生治理的一体化目标的实现和统一化的运作，很难说是结果和目标意义上的"良好的治理"（good governance），即善治。② 加之面对新冠疫情的残酷考验，当前全球卫生治理体系的弊病暴露无遗。鉴于此，我们应当坚定地维护以世界卫生组织为领导核心的全球多边卫生治理体系，努力发挥各个不同治理主体的优势，各尽其能、各取所长，实现全球卫生领域的多元善治。

首先，充分展现国家在全球卫生治理中的能力和责任。主权国家作为最基本的全球治理单元，任何领域的全球治理事务的处理都要以此为起点布局。一方面，单个国家需要在对内对外两个面域上作出卫生贡献。对内面域上，国家要加强自身公共卫生能力建设，完善相应的卫生法规体系，从整体到局部从中央到地方层层压实卫生责任，实现卫生职能，尽可能做到传染性疾病早发现、早预防、早治疗，奋力保障国内整体的医疗健康水平，逐步实现人人健康。在此，中国早就在《健康中国2030》规划纲要中提出要推进健康中国建设，提高人民健康水平，实现全民健康，为世界其他国家卫生健康规划的制定提供了范例上的指导。对外面域上，一是国家要坚持多边主义全球治理的范式，毫不动摇地维护多边体制的权威性和有效性，巩固联合国在全球治理中的核心地位，在卫生健康领域，也就是不断筑牢固实世界卫生组织在全球卫生健康事业的领导地位。二是国家要坚决执行包含《国际卫生条例》(2005)在内的相关国际卫生法规，切实履行国际法义务，承担国际法责任，规范自身对外行为和言论，树立国际卫生法权威，更好地推进国际卫生法治

---

① 参见赵骏：《全球治理视野下的国际法治与国内法治》《中国社会科学》2014年第10期。
② 参见魏治勋：《"善治"视野中的国家治理能力及其现代化》《法学论坛》2014年第2期。

的发展。三是要加强国家间卫生领域的交流合作。既要促进卫生医药科研技术方面的合作与交流,又要推动全球公共卫生信息的交换和共享,同时还要加强国内成功卫生治理经验的国际化分享,在此要特别注重大国之间的卫生协作和对小国的卫生帮扶和援助,实现"大国带小国,小国促大国"的双向互助和多维互动。另一方面,要激发多个国家形成的国家集团的特殊能量。G20 作为国际经济合作论坛,在全球卫生治理领域的作用日益显现。在新冠疫情全球暴发不久,G20 领导人应对新冠肺炎特别峰会声明就表示 G20 将同一线国际组织,特别是世界卫生组织、国际货币基金组织、世界银行以及多边和区域开发银行一道迅速果断开展合作部署强有力、协调一致、快速的一揽子金融计划,填补各自政策工具箱中的空白,并且对发展中国家和最不发达国家面临的严峻挑战深表关切。① G20 成为新冠疫情全球暴发后为数不多能够推动大国合作的平台,而且 G20 通过的"二十国集团暂缓最贫困国家债务偿付倡议"为很多国家渡过了在新冠疫情期间面临的经济困境。其他的像以金砖国家为主的新兴经济体也参与到全球卫生治理中,向其他发展中国家提供援助,成为全球卫生治理体系的重要成员。如此庞大的国家集团从原先的治理领域逐步渗透到全球卫生治理环节,不可否认卓有成效。但是,作为非正式的经济政治合作机制,不应该喧宾夺主任意扩大治理领域,妄然主导全球卫生治理的进程,干预正常卫生议题设置,而应该通过"经济带动卫生"或"外交带动卫生"的思路发挥平台性作用。提高卫生议题在全球发展中能见度的同时,更需要增强自身援助性能力,努力诠释好辅助性角色,各就其位、各司其职,实现协调性优势互补。

其次,着力增强以世界卫生组织为代表的国际组织的关键效能。理想的多边体制应该有效解决人类社会面对的现实问题,回应国际社会的期待和实现成员国的共同努力,并惠及成员方进而助益国际社会。② 世界卫生组织是卫生健康领域多边体制的产物,实现多边体制的理想是其使命必达。对于世界卫生组织而言,纵然难以避免和摆脱大国博弈和地缘政治的影响,但作为在卫生健康领域全球唯一的多边组织,要进一步发挥本职功能实效,实现其在全球卫生治理中的角色再定位。一是世界卫生组织应当是卫生理念的坚定推行者。《世界卫生组织组织法》开篇宗旨就明确表示要让全世界人民获得可能达到的最高的健康水平。③ 在 2015 年世界卫生组织表达了对联合国 2030

---

① G20_ Extraordinary G20 Leaders' Summit Statement
② 参见车丕照:《我们需要怎样的国际多边体制?》《当代法学》2020 年第 6 期。
③ 《世界卫生组织组织法》第 1 条。

年可持续发展议程的强烈支持，并努力合作实现新的可持续发展目标（SDG），其中就包括全民健康覆盖的目标。① 日后全民健康理念多次成为世界卫生组织改革的价值导引，世界卫生组织也成为卫生健康理念的全球传道者和推行者。此次新冠疫情暴发之时，世界卫生组织总干事多次表达了对人类卫生健康共同体理念的赞赏，认为构建人类卫生健康共同体的呼吁非常及时，有利于实现全民高标准健康的远景。因此，世界卫生组织应不遗余力在全球推行命运与共健康相连的共同体理念和全民健康的卫生理念。二是世界卫生组织应当是卫生行动的有力协调者。"全球卫生治理不是关于世界政府的筹备，而是关于促进主权国家间多边合作的一系列制度和法律实践。"② "世界政府"的缺失更加考验主权国家之间的合作共治，世界卫生组织要尽力弥合不同参与主体的矛盾和罅隙，成为全球卫生合作的黏合剂。此次新冠疫情暴发后，世界卫生组织总干事谭德塞就竭力呼吁国家之间停止抹黑攻讦，并希望国家审视自己的措施和言论，携手共同避免新型冠状病毒大流行疫情不再重演。③ 另外，世界卫生组织还协调其他机构组织成立了应对新冠疫情的基金和计划，开展全球药物和资金方面的援助，极大缓解全球物资短缺的紧迫状况。因此，世界卫生组织不单单只是国家间的公关人，而且也应该是全球卫生治理多重主体的"磁力场"。三是世界卫生组织应当是卫生规范的权威制定者。在国际法层面上，世界卫生组织要"硬法""软法"两手抓，弥补现行国际卫生法规的缺漏，加强以《国际卫生条例》（2005）为主的国际卫生法规的修订，改善其滞后性和不合时宜性，铸造卫生领域的"良法"，为更好地应对卫生危机提供行动指南。在常规性的卫生知识规范上，要进一步汇聚世界顶级卫生专家从事卫生技术问题的研究，分门别类汇总卫生信息和知识，不断更新《国际疾病分类》《世卫组织基本药物清单》等国际通用卫生标准。同时在卫生疾病防控应对上，要充分体现专业性优势和发挥技术性权威，为全球社会划定合理的风险警示量级，制定科学的防控手段和诊疗标准建议，科学有序正确有效地面对卫生挑战，克服卫生危机。四是，世界卫生组织应当是卫生资源的合理调配者。世界卫生组织的资金来源主要是会

---

① https://www.who.int/news/item/25-09-2015-ensure-healthy-lives-and-promote-well-being-for-all-at-all-ages

② See Nayyar Deepak, Towards Global Governance, in Nayyar Deepak eds, Governing Globalization: Issues and Institutions, Oxford University Press, 2002, p. 3-18.

③ https://www.who.int/zh/director-general/speeches/detail/who-director-general-s-opening-remarks-at-the-world-health-assembly

员国缴纳的评定会费和会员国或其他伙伴的自愿捐款。① 评定会费相对固定且增长停滞，意味着世界卫生组织的预算资金过分依赖自愿捐款，而大部分捐款都被捐助方指定了用途和方向，留给世界卫生组织自我决断的治理资源和灵活资金少之又少，如何把资金用好，把现有资源存量盘活，世界卫生组织需要从内外两个方向重整旗鼓。对内而言，世界卫生组织下属6个区域办公室，各个区域办事处相互独立，在预算和决策上拥有高度自主权。如此分权的态势不利于整体战略目标的实现，为了防止松散低效的治理结构，世界卫生组织总部应该集中资源分配权，确立总部在全球范围内的人财物等核心资源的调配权以及在紧急状况下对应急工作部署的领导权，进而形成统一连贯高效的卫生资源分配体系和决策能力体系。对外而言，全球现有的卫生资源分配格局极不平等，发达国家仓满丰实，许多发展中国家和欠发达国家资源贫瘠，面对卫生危机有时只能屈就残羹冷炙。新冠肺炎的预防需要新冠肺炎疫苗，然而此次新冠肺炎疫情全球态势极度紧张的时刻，富裕的发达国家囤积了大量的疫苗，远远与自身国家的感染人数和人口比例不相符。像澳大利亚、加拿大和日本的感染病例不足世界感染总数的百分之一，但它们囤积的潜在疫苗支数远远超过拉丁美洲和加勒比海地区，而那里有超过全球病例17%的感染人数。② 以此为鉴，世界卫生组织资源调度要往发展中国家或卫生资源紧张的国家倾斜，实现卫生资源分配公平，因为只有发展中国家和欠发达地区的人民尽快享受医疗资源，才有可能早日达到人人健康的全球目标。另外，除去世界卫生组织、世界银行、亚投行等涉经济类国际组织在卫生基础设施的融资贷款方面功不可没，要进一步鼓励促进该类组织在"发展保卫生"的治理进路继续开拓，做到全球经济目标和卫生使命兼容双收。

最后，充分发挥非政府组织、企业机构、私人团体等民间私主体的重要力量。当前的全球社会由于国家中心主义的特征倾向，国际法难以在公共卫生领域调动其他主体的力量（如个人、私人公司和其他民间社会的力量）去解决公共卫生问题，③ 但无可争辩的是民间私主体已经亲历其中。一方面，民间私主体是全球卫生发展物质援助的中坚力量。全球卫生发展援助需要各国官方主导，也少不了民间社会的助力。新冠肺炎疫情期间，马云公益基金会联合阿里巴巴公益基金会迅速向世界卫生组织捐赠一大批抗疫物资，盖茨

---

① https://www.who.int/zh/about/planning-finance-and-accountability/how-who-is-funded

② https://www.foreignaffairs.com/articles/world/2020-12-29/vaccine-nationalism-will-prolong-pandemic

③ See Lawrence O. Gostin, *Global Health Law*, Harvard University Press, 2014, p.61-64.

基金会更是调动数亿资金支持研发新冠病毒诊断工具、药物和疫苗。据悉,在美国政府决定暂停资助世界卫生组织并宣布退出组织之后,盖茨基金会将可能成为世界卫生组织最大的捐赠方,超过世界上其他政府。① 可想而知,私人基金会对全球卫生治理的贡献潜能不容小觑。同时公私合作的模式也成为全球卫生治理的新趋势,这种公私联动的治理策略能使官方思路和民间意见相互结合,卫生治理针对性显著。全球疫苗免疫联盟(GAVI)作为全球卫生治理公私合作模式的代表,在此次新冠肺炎全球抗疫中联合世界卫生组织牵头推出新冠肺炎疫苗实施计划(COVAX),主要为疫苗研发和购买能力欠缺的国家供给疫苗,来确保世界人民公平获得新冠疫苗救助,很大程度上解决了全球公共卫生产品分配正义的问题。另一方面,民间私营主体是全球卫生事业精神上的远大感召。一是,很多民间组织不同于官方机构,其社会道义性强、运作机制相对灵活、透明度高,有助于更好地实现全球公共产品的差异化供给,在政府不便涉及的领域发挥补位作用,弥补卫生公共产品的供给真空。② 这不仅是在信息资金物资等硬供给上实现援济,更重要是在心灵精神信心等软供给层面达到满足,给那些经历卫生危机心理创伤的人民告以慰藉。二是,责任感(Accountability)和参与性(Participation)是衡量全球治理民主性两个非常重要的价值维度和分析标尺。③ 很多非政府组织参与到全球卫生治理能够缓解国际社会"民主赤字"的危机,而且它们还扮演着国际社会服务者和监督者的角色。④ 这些组织大多是通过私人倡议自发形成,深受老百姓的信任,其巨大的号召力会吸引更多民间力量参与其中,以此可以倒逼官方卫生治理的积极性,形成卫生治理的合力,进而助推全球卫生治理。全球市民社会广泛渗透到全球卫生治理各个角落,成为卫生治理的亲历者和并行者,也寓意全球卫生治理在"全民健康"的目标驱使下,一定会逐步跃进到"全民治理"的理想轨路。

四、结论

随着许多国家严格推行抗疫政策,新冠肺炎疫苗在全球逐渐普及接种,

---

① https://www.usnews.com/news/articles/2020-05-29/gates-foundation-donations-to-who-nearly-match-those-from-us-government
② 参见宋效峰、付冬梅:《全球卫生公共产品供给:中国角色与路径》《社会主义研究》2021年第1期。
③ See Magdalena Bexell & Jonas Tallberg & Anders Uhlin, *Democracy in Global Governance:The Promises and Pitfalls of Transnational Actors*, 16 Global Governance 81 (2010).
④ 参见何驰:《国际法上的非政府组织:理论反思与重构》《中外法学》2020年第3期。

新冠肺炎疫情全球疯狂肆虐的时代似乎在慢慢远去，许多国家疫情形势更多地呈现出阶段性的反复或局部偶发的特点。胜其不难，但持之甚难，如何维持来之不易的抗疫成果并尽可能杜绝新冠肺炎招致世界大乱形成各国处处提防的悲惨局面，这需要从既有卫生治理困境中抽身而出，总结出全球视角的经验。全球卫生治理的多重困境其实是全球治理在新冠疫情背景下的危机呈现，在全球化时代的映照下，一场卫生危机的出现可能将牵连预示着经济、政治和社会危机的喷涌而出，"威斯特伐利亚体系"所塑造的平行社会中的每个国家都不能置身事外。我们要加强合作，携手应对全球性风险和挑战，"积力之所举，则无不胜也"，以合作谋安全、谋稳定、谋发展是国家应对全球危机的应有之义，同时这也是人类命运共同体理念所期许的共生之道。全球合作意愿的疏导为全球卫生治理打开了大门，科学优良的治理规则引导合作的方向和规范合作的行为，因而在全球卫生治理的未来之路上必须完善全球卫生法制谱系，进一步夯实和健全全球卫生法治。如今的全球社会正在经历大变革大动荡，各种新生力量正在崛起，世界格局正发生深刻改变，民间社会开始声高力强，在全球治理中扮演着重要角色，全球治理源多层次多样化的特征渐趋明显，怎样充分聚合多种力量克服全球挑战以及高效发挥不同治理主体功能解决全球问题是今后人类社会在全球治理过程中所要面对的重要课题。全球卫生治理的事业仍任重道远，但不论全球形势如何风云变幻，这项关乎人类卫生健康的事业不仅仅是国家层面的"圆桌盛宴"，更是全民参与的伟大征程。

查戈斯岛咨询意见下的民族自决权与查岛岛民的权利保护问题

夏 菡*

摘要：查戈斯岛（简称查岛）咨询意见案涉及非自治领土在去殖民化进程中的领土主权完整和民族自决权。国际法院对毛里求斯的领土主权给予了充分的支持，并强调英国分裂查戈斯岛的行为损害了毛里求斯的民族自决权。从咨询意见的文本来看，国际法院对查岛居民的土著族群身份，以及在去殖民化进程下是否有自决权没有做出任何阐述。法院回避查岛居民权利的原因值得探究。本文提出，一方面，国际法院在对自决权解释上强调领土主权完整的原则很大程度上决定了查岛居民的土著民族身份在咨询意见中难以得到认可。同时，在回答联大提出的第二个问题时，国际法院明显采取了刻意回避查岛居民土著身份和权利的态度。从人权保护的角度，这种做法必然会使原本已经很有限的司法救济效果进一步被削弱。

关键词：查戈斯岛；民族自决权；非自治领土；去殖民化

一、引言

国际法领域对于"民族自决"是否构成可主张的法律权利仍有诸多争议。从条约上来看，《联合国宪章》以及《公民和政治权利国际公约》与《经济、社会和文化权利公约》对"民族"[①] 和"自决权"都没有明确定义，因而导致权利主体的身份和自决的范围和实现形式都有不确定性。定义和权利义务的缺失导致非殖民化进程中的民族自决权缺乏明确的法律基础，而主要是由联合国决议构成的习惯法来支持。查戈斯岛咨询意见涉及毛里求斯

---

* 夏菡，女，法学博士，浙江外国语学院讲师，地址：杭州市留和路 299 号，联系电话：18992748166。电子邮箱：cordeliaxia@163.com。

① 参见曾令良：《与克里米亚"脱乌入俄事件"有关的国际法问题》—《国际法研究》2015 年第 1 期，第 4 – 5 页。

民族独立过程中英国非法分割查岛并驱逐查岛居民，由此而遗留下来的争端。

本文从联合国条约和习惯法中对"民族自决权"的规定入手，回顾国际法有关非自治领土的民族自决权的规则演进；第四部分和第五部分结合纳米比亚咨询案和西撒哈拉咨询意见对"民族自决权"的解读，分析民族自决权在查岛咨询意见中的体现，并评价其对英国侵犯查岛居民权利分析的不足。总的来看，法院的咨询意见给查岛居民带来法律救济效果极其有限。毛里求斯关于查戈斯岛的自决权是其作为非自治领土向殖民宗主英国主张的权利，这一点不容辩驳。与此同时，意见在查岛居民的返回权和补偿权问题上有刻意回避的倾向，具体表现为：在回答第二个问题时，分立英国分裂查戈斯岛、筹划合建军事基地和驱逐查岛居民三种行为，并且以"英国对查岛的持续管理是岛屿被分割的后果"这一不当分析为基础，最终仅判定英国分离查岛的行为侵犯了毛里求斯的民族自决权，而没有详细分析英国驱逐查岛居民时，查岛居民是否有主张自决权的法律基础。查岛居民的土著民族身份受到了英国参与查戈斯岛案诉讼程序的律师、研究人员和人类学学者普遍认同，并且有国内法院判决中披露的历史、外交文件，以及人口统计材料作为佐证，本文不做赘述。① 我们认为在查戈斯岛在被分割时，查岛居民在去殖民化进程中作为多民族国家毛里求斯的组成部分之一，法院在支持毛里求斯向英国主张的自决权同时，本不应将查岛居民被驱逐的问题排除在外。

二、查戈斯岛咨询意见的背景

2017 年 6 月 22 日，联合国大会通过第 71/292 号决议，请求国际法院就查戈斯岛于 1965 年从毛里求斯分离相关的两个问题发表咨询意见。

①查戈斯岛分离的背景下，在 1968 年独立时，毛里求斯的非殖民化进程是否依法完成；②根据国际法包括联大的相关决议所述义务，在毛里求斯无能力重新安置被驱逐的查岛居民，尤其原籍查戈斯岛人的情况下，英国继续

---

① R（Bancoult）v Secretary of State for Foreign and Commonwealth Affairs [2006] EWHC 1038 [32]; Richard Gifford and Richard P. Dunne, "A Dispossessed People: the Depopulation of the Chagos Archipelago 1965–1973" Population Space and Place, 2014, 37; Peter H. Sand – "The Chagos Archipelago Cases: Nature Conservation Between Human Rights and Power Politics" Global Community Yearbook of International Law & Jurisprudence 2013, 125; Laura Jeffery, *Chagos Islanders in Mauritius and UK: Forced Displacement and Onward Migration*, Manchester, Manchester University Press, 2011; Stephen Allen, "Looking Beyond the *Bancoult* Cases: International Law and the Prospect of Resettling the Chagos Islands" 7 HRLR, Human Rights, 2007, 469–475.

管理查戈斯岛的后果是什么？①

对此法院给出的意见是，毛里求斯的去殖民化未依照国际法有关民族自决权的要求完成，英国分离查戈斯岛的行为侵犯了毛里求斯的领土主权完整。法院要求英国确保毛里求斯人民对其全部的领土实现自决权。②

（一）查戈斯岛分离与毛里求斯的独立

查戈斯岛是印度洋中的一个群岛，18世纪初为毛里求斯的附属，被法国占领，1814年法国将群岛割让给英国。③ 1965年11月8日，查戈斯岛被英国分离，与当时属于塞舌尔的另外三个岛屿一起构成了印度洋殖民领土（British Indian Ocean Territory），受英国的殖民管理。1966年12月30日，英、美两国达成协议，开始商讨在查戈斯岛合作建军事基地。1968年3月12日，除查戈斯岛以外的毛里求斯领土实现独立。1953年，毛里求斯国内大选之后，毛政府代表开始推进独立进程。1965年9月23日，毛英两国政府代表于在位于伦敦的兰卡斯特公馆会面，就毛里求斯独立和查戈斯岛分离达成八项约定（国际海洋法法庭将其简称为"兰卡斯特公馆承诺"）。其中第7条规定，英国在无须继续维持岛上军事设施时，将查戈斯岛归还给毛里求斯。④

独立之后，毛里求斯和英国在查戈斯岛的经济和领土问题上一直存在争议，双方也没有就归还查戈斯岛的最后具体日期达成过任何书面或口头协议。1968年毛里求斯除查戈斯岛之外的领土获得独立。1968年至1973年，英国秘密驱逐查岛居民。"兰卡斯特公馆承诺"中包含要求英国为查戈斯岛的土地所有者和岛上其他居民重新安置提供直接补偿的条款。1972年，英国同意向毛里求斯支付65万英镑作为对被驱逐的查岛居民重新安置的经济补偿。

---

① *Resolution* 71/292, *Request for an advisory opinion of the International Court of Justice on the Legal Consequences of the Separation of the Chagos Archipelagos from Mauritius in* 1965, 22 June 2017, A/RES/71/292.

② *Legal Consequences of the Separation of the Chagos Archipelago from Mauritius in* 1965, ICJ Advisory Opinion, 25 February 2019 [160].

③ Declaration of Judge Abraham in Chagos Advisory Opinion, ICJ Reports; Peter H. Sand, "The Chagos Archipelago Cases: Nature Conservation Between Human Rights and Power Politics" 1 Global Community Yewbook of Internatimal Law and Juricprudence, 2013, 125; Laura Jeffery, *Chagos Islanders in Mauritius and UK: Forced Displacement and Onward Migration*, Manchester, Manchester University Press, 2011, p.11; Stephen Allen, *The Chagos Islanders and International Law*, Oxford, Hart Publishing, 2014, 39.

④ *Award of the Republic of Mauritius v. the United Kingdom of Great Britain and Northern Ireland in the Matter of the Chagos Marine Protected Area Arbitration before an Arbitral Tribunal Constituted under Annex VII of the United Nations Convention of the Law of the Sea* [18 March 2015] 61, 65, 71, 77, 89.

1975 年至 2004 年，查岛岛民多次向英国国内法院起诉，要求经济补偿，均被驳回。之后，争议提交欧洲人权法院，2012 年 12 月，欧洲法院认为当地救济未用尽，未予受理。①

（二）联大决议与海洋法法庭仲裁程序下的毛里求斯与查戈斯岛

联合国大会、托管理事会和国际法院是解决民族独立过程中纠纷的国际机构。② 20 世纪 60 年代至 70 年代，联合国对毛里求斯的独立和英国割裂领土的行为有过较为密切的关注。在毛里求斯独立前夕，联大通过的四项决议与毛里求斯独立和英美在岛上建军事基地的行为直接相关。1960 年，联大第 1514 号决议通过了《给予殖民国家和民族独立宣言》。③ 1965 年 12 月 16 日，联大通过的第 2066 号决议，指出英国试图将部分岛屿从毛里求斯分离用于建军事基地的行为有违《给予殖民国家和民族独立宣言》，敦促不得分割毛里求斯领土，破坏其领土主权完整；应尽快全面履行联大第 1514 号决议，帮助毛里求斯独立。④ 1966 年，联大第 2232 号决议重申了第 1514 号决议和第 2066 号决议，敦促殖民宗主国履行决议。⑤ 联大第 2232 号决议不再有专门针对毛里求斯独立的内容，但增加的两个方面不容忽视：重申任何在殖民领土试图部分或全部破坏国家统一和建立军事基地的行为均有违《联合国宪章》和联大第 1514 号决议的目标和原则；确定了联合国应积极采取措施的义务，尽一切可能帮助殖民地民族自主决定未来的状态。

1968 年，毛里求斯独立之后，联合国对两国之间有关查戈斯岛的主权争议关注度较低，直到 2010 年双方的争议进入国际仲裁程序。在 1968 年毛里求斯获得独立的国家地位之后，毛里求斯与英国有关查戈斯岛的争议

---

① *Award of the Republic of Mauritius v. the United Kingdom of Great Britain and Northern Ireland in the Matter of the Chagos Marine Protected Area Arbitration before an Arbitral Tribunal Constituted under Annex VII of the United Nations Convention of the Law of the Sea* [18 March 2015], 89, 90, 92-98.

② United Nations Digital Library, "UN Documentation: Decolonization". 见联合国网站：<http://research.un.org/en/docs/decolonization/>.

③ *Declaration on the Granting of Independence to Colonial Countries and Peoples*, Adopted by the UN General Assembly Resolution 1514 (XV), 14 December 1960.

④ *Resolution 2066 (XX), Question of Mauritius*, Adopted on the reports of the Fourth Committee, 16 December 1965.

⑤ *Resolution 2232 (XXI), Question of American Samos, Antigua, Bahamas, Bermuda, British Virgin Islands, Cayman Islands, Cocos (Keeling) Islands, Dominica, Gilbert and Ellice Islands, Grenada, Guam, Mauritius, Montserrat, New Hebrides, Niue, Pitcairn, St. Lucia, St. Vincent, Seychelles, Solomon Islands, Tokelau Islands, Turks and Caicos Islands and the United States Virgins Islands*, 20 December 1966.

不再仅受英国国内法律管辖。① 1968—1980 年，毛里求斯未在外交或国际场合提及与英国有关查戈斯岛的争议。② 1975 年，英美两国商讨后认为，由于查戈斯岛上仍然有人居住，英国政府会因为居民的重新安置问题受到国内政治压力，因而决定归还查戈斯岛事宜暂不现实。自 1980 年以来，毛里求斯多次在联大声明对查戈斯岛的主权，而英国则主张查戈斯岛仍然属于英国。20 世纪 80 年代，毛里求斯国内立法过程中，查戈斯岛分裂的问题被一再提出。1982 年，新一届政府大选后，毛里求斯议会在一项涉及其国内法解释原则的法案（the Interpretation and General Clauses Act）实施后，成立专门委员会审查查戈斯岛分离的历史。该委员会于次年发表报告，批评当时毛里求斯政府隐瞒国内民众，并指出英国分裂查戈斯岛的行为是在胁迫毛政府的情况下完成的，因而违反了《联合国宪章》。③ 另外，1992 年的《毛里求斯宪法》中毛里求斯的领土范围包含查戈斯岛。1997 年 7 月，英国加入《联合国海洋法公约》。2009 年 1 月 14 日，英国和毛里求斯在有关查戈斯岛的大陆架问题上发生意见分歧。2010 年，英国在查戈斯岛水域建军事保护区，毛里求斯抗议并将争议提交《联合国海洋法公约》附件七下成立的仲裁法庭。仲裁结果于 2015 年公布，毛里求斯的主张部分得到支持。

在 1968 年之后，归还查戈斯岛的事宜至一直处于沉寂。从 20 世纪 70 年代至本世纪初，查岛居民和英国之间就补偿问题的纠纷始终是作为殖民地和殖民主国之间的冲突受限于英国国内法的管辖。直到 2010 年，双方的争议才进入《联合国海洋法公约》下的仲裁程序。毛里求斯在海洋法法庭的仲裁程序中共提出四项诉求，仲裁庭认为前三项诉求的实质上关于查戈斯岛的主权争议，根据《联合国海洋法公约》仲裁庭没有管辖权。而对于第四项诉求（请求仲裁庭判定英国在查戈斯岛水域建立海洋保护区是否违背《联合国海洋法公约》），仲裁庭认为这项请求的争议焦点在于对海洋保护区的定性，依

---

① *Award of the Republic of Mauritius v. the United Kingdom of Great Britain and Northern Ireland in the Matter of the Chagos Marine Protected Area Arbitration before an Arbitral Tribunal Constituted under Annex VII of the United Nations Convention of the Law of the Sea* [18 March 2015], 424, 425, 428.

② *Award of the Republic of Mauritius v. the United Kingdom of Great Britain and Northern Ireland in the Matter of the Chagos Marine Protected Area Arbitration before an Arbitral Tribunal Constituted under Annex VII of the United Nations Convention of the Law of the Sea* [18 March 2015], 87, 100.

③ *Award of the Republic of Mauritius v. the United Kingdom of Great Britain and Northern Ireland in the Matter of the Chagos Marine Protected Area Arbitration before an Arbitral Tribunal Constituted under Annex VII of the United Nations Convention of the Law of the Sea* [18 March 2015], 101, 102.

据《联合国海洋法公约》第 288 条第 1 款和第 297 条第 1 款，认定对该项诉求有管辖权。在分析了保护区的范围和性质、毛里求斯在保护区范围内的权利后，仲裁庭最终裁定英国的行为违背了《国际海洋法公约》的规定。① 随后，在非洲其他国家的支持下，毛里求斯将查戈斯岛问题提交联大，依据《联合国宪章》和相关决议主张对查戈斯岛的主权。②

三、联合国宪章和决议中的"民族自决"

《联合国宪章》第 1 条、第 55 条中的"民族自决"，以及《公民和政治权利国际公约》与《经济、社会和文化权利公约》第 1 条中的"民族自决权"都没有对"民族"或"自决权"的明确定义，权利主体的身份和自决的范围和形式都有不确定性。③ 20 世纪六七十年代民族独立如火如荼，联合国大会通过了一系列涉及去殖民化与民族自决的决议。在这些决议和国际法院有关殖民地独立的咨询意见案，以及各国国内涉及民族独立的实践挑战下，有关"民族自决"的理论渐发展为外部自决和内部自决两个概念，尤以加拿大最高法院于 1998 年有关魁北克独立做出的陈述为代表：

"国际法一般认同确立一个民族自决权的基础是以内部自决的方式，在既存国家的体制下满足该民族对政治、经济社会和文化发展的需求。外部自决权在魁北克的情况下，可能被理解为魁北克有单方面主张从加拿大分裂的权利。这种外部自决权仅在极少数特殊情况下能受到认可，并且权利的实现途径一定是有明确法律规定的。"④

外部自决在民族独立的过程中体现为殖民地向殖民宗主国主张的独立权。

---

① *Award of the Republic of Mauritius v. the United Kingdom of Great Britain and Northern Ireland in the Matter of the Chagos Marine Protected Area Arbitration before an Arbitral Tribunal Constituted under Annex VII of the United Nations Convention of the Law of the Sea* [18 March 2015], 283 – 323, 544.

② Draft Resolution (A/71/L.73), *Request for a Resolution of the 71st General Assembly of United Nations*, No. A/71/PV. 88, 5: 1 – 21. 联合国网站：< https://www.un.org/en/ga/search/view_doc.asp?symbol = A/71/PV. 88 >

③ 《联合国宪章》第 1 条第 2 款规定，"联合国的宗旨为：……2. 以尊重权利平等原则和民族自决为基础，发展国家间的友好关系，并采取措施推进国际和平……"；《联合国宪章》第 55 条，"为创造实现基于权利平等原则和民族自决的和平友好外交关系所需的稳定和各国福祉，联合国应促进：更高的生活标准，全面就业，经济和社会发展所需条件……"；《公民和政治权利国际公约》和《经济、社会和文化权利公约》第 1 条规定，"所有民族都有自决权。该权利赋予各民族决定其政治状态的自由，追求经济、社会和文化发展的自由。"

④ *In the Matter of Section 53 of the Supreme Court Act, R. S. C. 1985 and in the Matter of a Reference by the Governor in Council concerning Certain Question Relating to the Secession of Quebec from Canada* [1998] 2 SCR 217 [126].

内部自决权则是指在语言和文化方面具有独特性的族群在一国内部保持相对独立的政治状态，有效参与国家政治的权利。① 内部自决权受阻，存在发展为外部自决的可能，在特殊情况下，国际法不禁止分裂：一国之内不同种族或者民族之间，存在占主体部分的种族对少数族群的严重的不公平待遇或迫害，或者少数族群缺乏参与国家治理的权利。②

联合国体系下，"民族自决"既是国家间交往的原则，也是一项法律权利。在联合国成立初期，"民族自治"作为第二次世界大战后国家间的交往原则被提倡。③ "民族自决原则"和以殖民地最终的自治为目标的自决权是作为两种不同的权利获得保护和发展的。例如，《联合国宪章》第 1 条和第 55 条的"民族自决"适用于平等国家之间，与"民族权利平等"同为国家间交往的原则，是各国外交友好发展的基础。作为一项法律权利时，适用主体为非自治和托管领土上尚未实现完全自我管理的民族。《联合国宪章》第 73 条和第 74 条中的《非自治领土宣言》（Declaration Regarding Non-Self-Governing Territories）规定，管理尚未完全实现自我管理之民族的联合成员国，应重视非自治领土的居民的利益，推进自治；并应充分考虑该等民族的政治意愿，根据该领土、民族的发展情况帮助推动其建立政治实体，促进国际和平与安全。对于尚未完全独立的领土，"民族自决权"的实现形式包括成立主权和独立国家，自由加入或与一个主权国家融合。

1960 年和 1970 年，联合国大会通过的两项决议在《联合国宪章》的基础上进一步彰显了"民族自决"在民族独立进程中发挥的作用。其中，联大第 1514 号决议通过《给予殖民地国家和民族独立宣言》重申了《联合国人权宣言》（Universal Declaration of Human Rights）中主张的各国公民的平等权利，倡导建立以各民族公平和自决原则为基础的和平友好关系，推进实现不论种族、性别、语言和宗教差别的人权和自由。宣言也强调了联合国在帮助托管和非自治领土独立进程中发挥的重要作用，其中第 5 条规定应立即无条件、无保留地依照托管和非自治领土人民的自由意愿和期望，采取措施，协助其实现完全独立和自由。

---

① Christopher J. Borgen, "The Language of Law and the Practice of Politics: Great Powers and the Rhetoric of Self-Determination in the Cases of Kosovo and South Ossetia", Chicago Jounal of International Law, 2009, 7-8; Hurst Hannum, "Rethinking Self-Determination", Virginia Journal of International Law, 1993, 33.

② Nihal Jayawickrama, 'The Right of Self-Determination' in The Judicial Application of Human Rights Law: National, Regional and International Jurisprudence, Cambridge, Cambridge University Press, 2nd edition, 2002, p. 230.

③ Article 1. 2 and 55 in Charter of the United Nations.

联大第 2625 号决议通过了《国际法有关国家间友好关系与合作的原则宣言》（以下简称《合作原则宣言》），进一步丰富了民族自决原则的内容，并确定了民族自决权的多种实现形式，被视为是对《联合国宪章》的权威解读。宣言阐明了民族自决原则在国家交往和去殖民进程中的重要作用：所有民族都有权在不受外来干预的情况下自由决定其政治状态，追求经济、社会和文化发展；外来势力征服、控制和掠夺其他民族的行为是对公平和民族自决原则的违反，是对基本人权的侵犯，与《联合国宪章》不符；所有国家都有职责通过合作或单独采取措施的方式，恪守公平和民族自决原则，促进国家间的友好关系与合作，加快结束殖民主义；由一个民族自主决定成立主权和独立国家，自由加入或与一个主权国家合并或融合，或以其他政治形态，都构成自决权的实现形式。①

可以看出，这两项宣言的通过，尤其是 1970 年联大第 2625 号决议中的《合作原则宣言》使得"民族自决"由政治原则发展为法律权利有了规则基础。"民族自决"作为国家交往的原则得到重申，同时宣言也首次明确了各民族"自决权"的实现方式。

随后，在 1976 年生效的《经济、社会和文化权利国际公约》和《公民和政治权利国际公约》下，"民族自决"作为法律权利的属性以国际人权条约的形式进一步得到了确认。公约中的"民族自决权"对各成员国具备法律约束力，两项公约第一条的具体表述为：所有民族都有自决权，该权利赋予其自由决定其政治状态，自由追求经济、社会和文化发展；公约缔约国包括目前管理非自治和托管领土的国家，应尊重并促进自决权的实现，并确保其实现与《联合国宪章》相关条款相符。

四、纳米比亚案和西撒哈拉案中对"民族自决原则"以及"民族自决权"的解读

查戈斯岛咨询意见的两个关键点是对民族自决权和非自治领土的领土主权的解读。在国际法院此前的咨询意见中，1971 年的西南非洲和纳米比亚案、1975 年西撒哈拉独立案、1986 年布基纳法索和马里边境争端，以及

---

① Declaration on Principles of International Law Concerning Friendly Relations and Co-operation among States in Accordance with the Charter of the United Nations, Annex of Resolution 2725 (XXV) of 24 October 1970. 联合国网站：< https://undocs.org/en/A/RES/2625(XXV) >.

1995年葡萄牙和澳大利亚有关东帝汶的意见都涉及殖民历史和民族自决的问题。① 从冲突当事方的分类来看，四个案例涉及国际法院在政治状态不同的当事方主体之间对"民族自决"所做的大致三类解读：第一类是布基纳法索和马里边境争端为两个前法属殖民地之间的边境冲突，国际法院支持维持现状；第二类是在民族独立进程中，殖民地可在其向殖民主国家主张的、要求改变其领土的政治形态的实际权利（西南非洲和纳米比亚案）；第三类（西撒哈拉案；东帝汶案）则为殖民宗主国和另一国就其某一殖民地存在领土争议，国际法院难以对各方的领土主张做出判定，在这一较为复杂的背景下争议领土上的民族或族群的"民族自决权"。② "民族自决"由政治原则发展为法律权利可由1971年纳米比亚咨询案到1975年西撒哈拉咨询案中国际法院的解读和演进得以窥见。法院在这两个案件中对"民族自决原则"的适用方式、非殖民化进程的基本原则对分析查戈斯岛案有一定的参考意义。

在纳米比亚咨询案中，法院指出"自决原则"适用于所有尚未完全实现自我管理的非自治领土。南非代表表示承认西南非洲民族有自决权，认为该权利的实现方式包括以当地人为主导的自治和自我管理。但是，同时主张应考虑西南非洲的部落文化特点，将自决权的实现限定在与南非的合作框架之内。最终法院认定南非对西南非洲地区的持续管理非法，要求在联合国的监督下举行公投，由该领土范围内的居民决定其未来的政治形态。法院认为，民族自决原则下的公投结果将赋予该领土范围的公民意愿以法律效力。同时，法院在咨询意见中对西南非洲地区可能的选择做出了一个较为模糊的预测，认为如果在完全没有任何外部势力影响或控制的情况下管理内部事务，西南非洲民族可能决定行使其主权，与南非建立更加紧密的政治联系。

在西撒哈拉咨询案中，国际法院强调，联合国第1514号决议通过的《给予殖民地和民族独立宣言》体现了民族自决权的原则（The Principle of Self-Determination as a Right of Peoples，似乎可以将这一表述理解为法院认为自决在本案中是一种法律权利），以及其在促进尽早结束殖民、实现民族独立过程中发挥的作用。法院认为，该宣言的第2条、第5条和第6条确认并强调

---

① 参见曾令良：《与克里米亚"脱乌入俄事件"有关的国际法问题》《国际法研究》2015年第1期，第11–12页；Gentian Zyberi, "Self-Determination Through the Lens of the International Court of Justice", 2009 Netherlards International Law Review, 2009, 435–440; Antonio Cassese, "The International Court of Justice and the Right of Peoples to Self-Determination" in Vaughan Lowe and Malgosia Fitzmaurice (eds), *Fifty Years of the International Court of Justice*, Cambridge, Cambridge University Press, 1996, 353–363.

② Vasuki Nesiah, "Placing International Law: White Spaces on a Map" Leiden Jownal of International Law 2003, 22.

了民族自决权的实现需要该民族意愿的自由和真实表达。法院指出，联合国第1514号决议为去殖民化进程提供了法律基础，加快了20世纪60年代以来殖民地的独立。在对联合国第2625号决议中《合作原则宣言》的分析上，法院回顾了独立、与其他国家融合与合并这三种实现民族自决权的形式，并强调了在此过程中考虑民族意愿的重要性。法院在该咨询案中提出的另外一点对于西撒哈拉案中的伊弗尼族群是否具备"自决权"非常关键。法院提出，在某些情况下（基于两种考虑，某一群体不构成"民族自决"一词中的"民族"，或者在特定情况下没有必要进行咨询）联大会放弃咨询某些领土范围内居民的要求，但自决权的效力并不因此受到影响。由于对这两种情况没有进行具体的阐述，西撒哈拉咨询案中有关民族自决权的分析，存在一个疑点。这导致对去殖民化语境下对一族群到底因"民族身份"，还是其他历史或政治因素而被视为不具备"自决权"始终是一个未决问题。国际法院在查戈斯岛案中回顾了这一段十分模糊的表述，同样仍然没有就查岛居民的情况是否是基于这两种考虑中的一种。

五、国际法院对毛里求斯"民族自决权"的解读和对查岛居民的救济不足

1968年至1973年间，英国驱逐岛上居民。对于英国给予的经济补偿，毛里求斯政府没有提出异议并且接受了。在1968年之后相当长的一段时间，毛里求斯没有持续主张对查戈斯岛的领土主权。到21世纪初，查岛居民在英国国内法院提起的诉讼请求因殖民地和宗主国的关系，受英国国内法的管辖。直到2010年争议进入联合国海洋法庭的仲裁程序，查戈斯岛争端才再次进入国际法的视野。

在国际法院的咨询意见中，毛里求斯是否可以基于民族自决权，要求英国归还查戈斯岛，需综合查毛里求斯独立前后有关查戈斯岛的主权归属和英国后续驱逐岛民的行为导致的责任进行分析。从直接与非自治领土相关的联合国法律文本来看，根据1965年联大通过的第1514号决议，英国以分割查戈斯岛作为毛里求斯独立条件这一行为明显有违《给予殖民地和民族独立宣言》，宣言第5条规定管理非自治领土的国家应立即无条件按照非自治领土的意愿，帮助实现完全独立和自由。"兰卡斯特公馆承诺"中虽然约定最终在不再需要军事基地时归还查岛，但军事基地是否有继续存在的必要，决定权完全在英国。联大第2066号和第2357号决议增加了两点内容：重申英国的行为违反了《联合国宪章》和《给予殖民地和民族独立宣言》，联合国应尽

一切可能帮助殖民领土国家自主决定未来状态。以下将回顾法院具体如何支持毛里求斯对查戈斯岛的领土主权和民族自决权，并结合其在西撒哈拉咨询案中的判例，对查岛咨询意见的不足之处进行评价。

（一）查戈斯岛咨询意见中的"民族自决权"

在对查戈斯岛咨询意见进行详细论述之前，我们应首先对非自治领土的领土主权主张有两点认识：第一，非自治领土基于领土主权完整的领土主张不是绝对的。这种主张通常会受到来自殖民宗主国领土主张的对抗。从表面来看，与非自治领土的领土主权直接相关的《联合国宪章》第73条似乎不直接关涉主权问题，国际法院院长杰米·特立尼达（Jamie Trinidad）评论该条款关乎非自治领土和民族的未来发展。① 国际法学者詹姆斯·克劳福德（James Crawford）也指出，殖民地自决权的作用是转移殖民主国对《联合国宪章》第6章下殖民宗主国对非自治领土的主权，而没有完全禁止殖民宗主国行使这种权利。他认为，《联合国宪章》第73条e款，尤其是其中的民族自决原则极大地限制了宗主国的领土主权主张。② 类似地，大卫·瑞克（David Raic）在对非自治领土在去殖民化进程中的领土主权的习惯法属性的分析中也曾指出，无论是从联大第1514决议本身，还是后续的国家实践中，都无法得出殖民主国对非自治领土的领土主权主张非法或无效的判断。同时，他还提出：

"已经形成了这样一项法律规则，即殖民主国有确保殖民领土依照该领土范围内居民意愿，完成去殖民化的职责。当殖民主国没有将主权移交给殖民领土，该职责没有得到履行的情况下，殖民领土的自决权优先于殖民主国维持对殖民领土主权的主张。"③

《联合国宪章》第73条没有明确禁止在非自治领土实现完全自我管理之前的分离一部分领土的行为。一种观点是"非自治领土的概念预设了'殖民宗主国对非自治领土的主权不是绝对的'的立场。"相应地，在非自治领土独立在即的情况下，殖民主国无权分割该领土，"阻碍宪章第73条目标的实

---

① Jamie Trinidad, *Self–Determination in Disputed Colonial Territories*, Cambridge, Cambridge University Press, 2018, 83.
② James Crawford, *Creation of States in International Law*, Oxford, Oxford University Press, 2006, pp. 613, 615.
③ David Raic, "The Emergence and Development of the Principle of Self–Determination" in *Statehood and the Law of Self–Determination*, London, Kluwer Law International, 2002, 208.

现。"自《联合国宪章》制定以来，国际法的发展极大地限制了殖民主国对其殖民领土的权限。① 在联合国的实践中，如果一方有较为充分的领土主张基础，能证明其领土主权受到了宗主国分裂行为的侵害，分裂就几乎都会被联合国遭到反对。② 换言之，如果非自治领土有较强的领土主张基础，在其独立之前的分裂行为就不会被允许。

法院在咨询案中没有详细分析关于适用的法律，仅提出"相应时间的国家实践和司法意见均说明非自治领土的领土主权完整，作为自决权组成部分已经具备习惯法属性。"③ 由于没有详细列举有关的国家实践和司法意见，多位少数意见法官认为法院在这一问题上的论证不足。有参与国认为本案为英毛两国之间的主权争议，国际法院没有管辖权。对此法院提出，咨询意见的目的在于辅助联大实现在去殖民化进程中的职责，而非意在解决领土纠纷。④ 咨询意见支持了毛里求斯的领土主权，因1965年领土被分离时，查戈斯岛是毛里求斯的一部分。法院认为，英国分离查戈斯岛，未能履行其作为殖民主国管理非自治领土的职责，即确保非自治领土民族对其全部领土的自决权。

同时，法院重申了《联合国宪章》中的公平原则和民族自决权，并回顾了两个针对非自治领土自决权的联大决议——第1514号决议和第1541号决议。第1514号决议被用来说明自决权的习惯法属性，法院强调了宗主国有无条件、无保留地采取措施帮助非自治领土和托管领土实现完全独立的职责。第1541号决议的重要意义在于，明确了"非自治领土"的构成条件和自决权的实现方式。⑤

在将这些规则适用到本案的分析中，法院特别强调了自决权的两个因素：对领土整体实施自决权，和该领土民族真实和自由表达的意愿。关于查岛分离缺乏真实和自由表达的意愿，法院指出，"无法认为英国和毛里求斯有关分离达成的协议是一项国际协议，因为领土被分离的一方（毛里求斯）处于

---

① Stephen Allen, *The Chagos Islanders and International Law*, Oxford, Hart Publishing, 2014, p. 199.

② Jamie Trinidad, *Self-Determination in Disputed Colonial Territories*, Cambridge, Cambridge University Press, 2018, 71–72. 特里尼达法官以英属喀麦隆、乌干达—乌隆地、吉尔伯特和埃利斯群岛，以及科科斯群岛为例讨论了这一原则的例外。

③ *Legal Consequences of the Separation of the Chagos Archipelago from Mauritius in 1965*, ICJ Advisory Opinion, 25 February 2019, [160].

④ *Legal Consequences of the Separation of the Chagos Archipelago from Mauritius in 1965*, ICJ Advisory Opinion, 25 February 2019, [83]–[86].

⑤ *Legal Consequences of the Separation of the Chagos Archipelago from Mauritius in 1965*, ICJ Advisory Opinion, 25 February 2019, [144]–[156].

另一方（英国）的管理之下。"接着，法院提出，要特别关注"非自治领土的一部分被分离，以设立新的殖民地这一情况中缺乏同意。"另外，法院也注意到在1965年"兰卡斯特公馆承诺"达成时，《毛里求斯宪法》作为当时英国殖民的工具，是不允许毛里求斯的政府代表其国内人民或民族真正行使立法或行政权的。"①

英国政府当时为了获得毛里求斯政府对分裂一事的支持，采取的胁迫手法极为丑恶。咨询意见中多数意见法官没有提及这一段历史，但见于两份少数意见。据当时的外交文件记录，1965年9月23日，毛里求斯政府代表西沃萨姆·拉姆古兰爵士（后出任毛里求斯总理）和前英国首相哈罗德·威尔逊会面讨论毛里求斯独立事宜。在此前一天英国政府为二人安排了一场单独见面。英国如此安排的意图在于给毛里求斯代表以独立的希望，"同时也恐吓他，除非同意查戈斯岛分离，否则独立无法实现"。毛里求斯代表在这样的威逼利诱之下屈服了。②法官罗宾逊评述，英国方面在单独会面时对毛里求斯代表的做法，正是对联大第1514号决议第1段中外部征服、控制和剥削的最佳体现。③

（二）对查岛居民缺乏承认和救济

综上所述，自由表达的意愿是非自治领土行使自决权的关键因素之一。英国在完全罔顾查岛居民反对的情况下分离查岛，咨询意见不仅没有强调分离领土和建立军事基地的行为有悖于查岛居民的意愿，甚至可以说是完全抛开了这一点。

亚伯拉罕法官在单独声明中指出，在毛里求斯独立之前和独立的过程中，英国当局从未实际咨询，或尝试去咨询查戈斯岛居民。④另一位单独意见法官加亚也指出，毛里求斯国内民众的意愿对查岛分离一事上鲜有影响，英国外交部门当时完全是基于政治原因而征求毛里求斯代表的同意。⑤

遗憾的是，咨询意见中没有提及查岛居民是否有反对英国殖民管理下的自决权。从时间上来看，分离时查岛尚为毛里求斯领土的一部分，法院完全

---

① *Legal Consequences of the Separation of the Chagos Archipelago from Mauritius in* 1965，ICJ Advisory Opinion，25 February 2019［172］.
② Separate Opinion of Judge Sebustinde［19］of *Chagos* Advisory Opinion，ICJ Reports.
③ Separate Opinion of Judge Robinson［93］of *Chagos* Advisory Opinion，ICJ Reports.
④ Declaration of Judge Abraham of *Chagos* Advisory Opinion，ICJ Reports.
⑤ Separate Opinion of Judge Gaja［2］of *Chagos* Advisory Opinion，ICJ Reports.

可以将其作为当时毛里求斯众多民族中的一个，提出英国的分割行为损害了毛里求斯的民族，包括查岛居民于去殖民化过程中对英国可主张的殖民自决权。因此，法院的这种沉默是不恰当的。对法院的选择性沉默的一种理解是：法院认为在查戈斯岛分离时，查岛居民不具备去殖民化语境下的民族自决权。对于这种猜测，在本咨询意见文本中只能找到一段援引西撒哈拉案的表述：

"自决原则是指考虑民族自由表达的意愿，联合国大会在某些情况下排除咨询某些领土范围内居民（Inhabitants）的意愿，但自决原则的有效性并不受这种做法的影响。联大排除咨询必要的两种情况是，某一人口群体不构成可主张自决的民族，或者联大认为因某些特殊情况，该等咨询完全没有必要。"①

在检视联大有关去殖民化进程的基本原则之后，法院对比了联大决议中伊弗尼和西撒哈拉两个族群的差异。联大第 2229 号（XXI）决议要求西班牙"与摩洛哥政府商讨，并尊重土著人口的意愿，加快完成伊弗尼族群的去殖民化，采取措施完成权力移交。" 1969 年，在联大的同意下，伊弗尼地区被转交给摩洛哥，但并没有咨询当地族群的意见。② 至于西撒哈拉，联大第 2229 号决议要求殖民国西班牙与毛里塔尼亚和摩洛哥政府磋商，以确定在联合国的监督下举行公投的具体程序。③ 法院的意见是，相关信息和资料不足以让它做出"在西撒哈拉和摩洛哥王国或毛里塔尼亚之间存在领土主权联系"的判断。在 1974 年联合国通过的第 3292 号决议中，联大重申西班牙管理下的撒哈拉地区的自决权。④ 但最终法院的咨询意见和联大的决议未能给西撒哈拉带来和平的解决方案。在西班牙撤离之后，摩洛哥入侵了西撒哈拉。⑤

法院在西撒哈拉案中的分析局限性很大。除了特里尼达法官，马尔科姆·肖恩（Malcolm Shaw）和克劳福德为此都曾有过十分独到的论述。其中，肖恩和克劳福德提出的"殖民飞地"理论有一定的相似性，根据他们的定

---

① On *Western Sahara*, ICJ Advisory Opinion of 16 October 1975 [59].
② On *Western Sahara*, ICJ Advisory Opinion of 16 October 1975 [60] [62].
③ *Legal Consequences of the Separation of the Chagos Archipelago from Mauritius in 1965*, ICJ Advisory Opinion, 25 February 2019, [162]; Jamie Trinidad, *Self-Determination in Disputed Colonial Territories*, Cambridge, Cambridge University Press, 2018, 196.
④ Gentian Zyberi, "Self-Determination Through the Lens of the International Court of Justice", 2009 Netherlands International Law Review, 437.
⑤ Terry D. Gill (ed), *Rosenne's The World Court: What It Is and How It Works*, Contributed by Shabtai Rosenne, 6th Edition, Leiden, Brill Nijhoff, 2003, p.174.

义，作为岛屿的查戈斯岛不满足"殖民飞地"的地理条件。特里尼达的分析有别于二人，是可能更适宜于查戈斯岛情况的路径。

（三）学界对西撒哈拉咨询意见中伊弗尼民族自决权的探讨

肖恩和克劳福德都将伊弗尼族群列为"殖民飞地"理论中的例子，该理论是二人分析去殖民化进程中自决权原则适用例外的解释方法。他们所用的另一个例子是西班牙合并吉尔伯特群岛。① 在指出联大区分了西撒哈拉人和伊弗尼族群不同的法律地位之后，肖恩提出联大在两个族群的去殖民化问题上虽未提出，但实际上间接地将伊弗尼处理为了非自治领土民族的自决权例外。② 他以"殖民飞地"来解释这种例外，他的定义为：范围相对较小的地区向大陆的一面完全由另一个国家包围，从而带来海岸的延伸。他提出，殖民飞地是殖民主国从环绕该等地区的领土中分离出来，并将其置于另一方管理的领域。③ 因此，查戈斯岛并不符合肖恩所定义的殖民飞地的地理特性。与之类似，克劳福德也认为，岛屿不在他的"殖民飞地"的定义范围之内。他认为，"殖民飞地"是小范围的领域，且在地理上近乎为主张国的飞地；一国的"飞地"在经济层面依赖于该国，在种族层面与其同源，并且在法律层面无法被视为单独的领土单位。④

本文认为，可以参考特里尼达对伊弗尼族群较为详细的分析，来辨析联大可能对查岛居民是否有自决权的观点。西撒哈拉案在这个问题上之所以有一定的参考价值，关键在于该咨询案涉及伊弗尼族群和西班牙管理下的撒哈拉人两个族群在联合国决议下的区别，以及之后两个族群在民族独立问题上的不同路径。⑤ 同时认为，存在两个可能对类比分析的意义造成一定局限的因素：一是，国际法院在西撒案中最终没有对伊弗尼族群属于上述哪种情况做出判断，因此联大认为没有咨询必要得出结论。实际上国际法学界就西撒

---

① James Crawford, *Creation of States in International Law*, Oxford, Oxford University Press, 2006, p. 384；Thomas D. Musgrave, *Self-Determination and National Minorities*, Oxford, Clarendon Press, 1997, 252.

② Malcolm Shaw, 'The Western Sahara Case; British Yearbook of International Law (1978), 122–123.

③ Malcolm Shaw, *Title to Territory in Africa：International Legal Issues*, Oxford, Clarendon Press 1986, 134.

④ James Crawford, *The Creation of States in International Law*, Oxford, Clarendon Press, 1979, 384.

⑤ *Western Sahara* Advisory Opinion [62]–[63]. 国际法院指出，伊弗尼族群自 1969 年被西班牙割让给摩洛哥之后就未曾出现过在联大的决议中。与该族群相关的第 2229 号决议、第 2354 号决议和第 2428 号决议通过的年份分别为 1966 年、1967 年和 1968 年。

案在这一问题上的探讨也没有定论。二是，不同于查戈斯案，国际法院审理西撒哈拉案时，有联大有关去殖民化和要求各方确保伊弗尼族群自决权的决议作为案件分析的基础。即使有此两个方面的差异和限制，西撒咨询意见中的表述仍然是在涉及自由表达的意愿的问题上与查岛居民最为相关的，由权威国际司法机构做出的分析。

在交代了国际法院在西撒案的分析中没有提及两个族群在殖民历史之前的领土或人口的关联之后，特里尼达将国际法院列出的两种可能促使联大认为没有咨询必要的情况扩展为：①因为该族群不构成"民族"，自决权因而不适用，继而无咨询必要；②在特别情况下，虽然自决权可能适用，但联大出于特殊情况考虑，认为完全没有咨询的必要。①

他指出，自决权在第一种情况下不适用，原因不在于"领土主权原则优先于自决原则"适用了，而是"该领土范围内的人口不被认定为满足《联合国宪章》第6章下的自决权的适用范围。"然而，由于联大在一个民族是否构成《联合国宪章》第6章下的"民族"这一问题上缺乏持续一贯的做法，特里尼达列举了两种观点作为解释。第一种认为第6章中的民族应为具备某些人种特点的族群；第二种以国际法院院长罗莎琳·希金斯（Rosalyn Higgins）的观点为代表，强调"民族"需与某一领土具有特殊联系，同时认为了维持国际秩序，自决权要由"基本受到认可的政治实体"来实施。②特里尼达的观点是，由于联大在第2229号决议中都明确提过伊弗尼族群的民族自决权，并且要求西班牙尊重伊弗尼族群对于其未来政治状态自由表达的意愿，因此伊弗尼族群显然构成可主张自决权的"民族"。③特里尼达因而主张，更合理的解释是联大可能持有的观点是第二种：因为某特别情况，因而没有咨询的必要。

由此可见，国际法院在西撒哈拉咨询意见中：一是，没有言明伊弗尼族群属于列举的哪种情况；二是，没有说明其列举的两种情况在国际实践中有过哪些族群作为实例，所以其对联大排除咨询必要的一段分析只能说是一段

---

① Jamie Trinidad, *Self-Determination in Disputed Colonial Territories*, Cambridge, Cambridge University Press, 2018, 57.

② Jamie Trinidad, *Self-Determination in Disputed Colonial Territories*, Cambridge, Cambridge University Press, 2018, 60–61; *The Chagos Islanders and International Law*, Oxford, Hart Publishing, 2014, 219–221; Rosalyn Higgins, *The Development of International Law Through the Political Organs of the United Nations*, Oxford, Oxford University Press, 1963, 104.

③ Jamie Trinidad, *Self-Determination in Disputed Colonial Territories*, Cambridge, Cambridge University Press, 2018, 196.

含义模糊的表态,可做出多种不同的解读,学者的研究也是各说纷纭,没有形成定论。① 我们无法在西撒哈拉案中一段结论不明确的表述的基础上断言法院是否是基于其在西撒哈拉咨询意见中列出的两种情况,或者其中的某一种情况而否定了查岛居民作为毛里求斯民族之一的"自决权"。在查戈斯岛分离发生时其尚属于毛里求斯领土的背景下,国际法院本不应在这一问题上保持沉默。②

六、结论

对于非自治或托管领土的民族,在去殖民化的背景下,自决权是一种法律权利,而非仅为政治原则。联合国法律体系下的民族独立进程中,国际法院反对殖民宗主国对非自治领土的分裂主要是依据对联大第1514号决议第6条的解读。与此同时,国际法院倾向于仅承认主权国家的法律地位,回避对某一特殊族群是否构成"土著民族"的分析。这导致对土著族群受到的侵犯给予的承认和救济十分有限。在查戈斯咨询案中,咨询意见的分析部分涉及毛里求斯和英国有关查戈斯岛的领土争议,可以视为是一个主要基于对联大第1514号决议第6段做出的判决。③ 如特里尼达法官所言,国际法院由决议中的第6段解读出的领土主权的一个特点是强调当前的领土完整,不分析殖民之前的领土界限下的领土主张。本文回顾了法院在纳米比亚和西撒哈拉案中对"民族自决原则"和"民族自决权"的阐述。在西撒哈拉案中,国际法院认可伊弗尼族群的"民族自决权",但是没有就联大在未咨询该族群的情况下确定其政治形态的做法给出最终定论。由此来看,国际法院在查戈斯岛咨询意见中回避查岛居民自决权,只是延续了其在西撒哈拉案的做法。从人权保护的角度来看,这样的分析显然是不充分的。

2019年5月24日,联大对国际法院的查戈斯岛咨询意见做出回应,毛

---

① Jamie Trinidad, *Self-Determination in Disputed Colonial Territories*, Cambridge, Cambridge University Press, 2018, 58–59; Malcolm Shaw, *Title to Territory in Africa: International Legal Issues*, Oxford, Clarendon Press 1986, 148.

② *Legal Consequences of the Separation of the Chagos Archipelago from Mauritius in 1965*, ICJ Advisory Opinion, 25 February 2019, [170].

③ Jamie Trinidad, *Self-Determination in Disputed Colonial Territories*, Cambridge, Cambridge University Press, 2018, 72, 83; Thomas D. Musgrave, *Self-Determination and National Minorities*, Oxford, Clarendon Press, 1997, 149–150; Richard Falk, 'The Rights of Peoples (In Particular Indigenous Peoples)' in James Crawford (ed), *The Rights of Peoples*, Oxford, Clarendon Press 1989, 25, 26.

里求斯的领土主权进一步在联合国得到了支持。同时，联大在决议中要求各国和各国际组织不得承认由英国建立的印度洋属地具备非自治领土属性。结合目前的形势来看，军事基地的去留仍然十分棘手，查岛居民的安置问题似乎不会迎刃而解。毛里求斯政府在 2017 年联大向国际法院咨询意见时曾表示，不反对英国在查岛建军事基地。① 如果毛里求斯政府在咨询意见和联大决议通过后对军事基地仍持此态度，则查岛居民的安置和补偿必然会受到阻碍，甚至无限期延迟。

---

① David Snoxell, "An ICJ Advisory Opinion, Basis for a Negotiated Settlement on the Issues Concerning the Future of the Chagos Islanders and of the British Indian Ocean Territory", 4 Question of International Law, 2018, 55, 7–8；另见 2017 年 6 月 22 日题为 "UN Asks International Court to Weigh In on Britain – Mauritius Dispute" 的报道，纽约时报：< https://www.nytimes.com/2017/06/22/world/europe/uk–mauritius–chagos–islands.html >

挪威新奥尔松战略与中国北极科考权的维护

卢芳华*

摘要：新奥尔松位于挪威斯瓦尔巴群岛（以下简称斯岛），是北极科考活动中心，挪威凭借《斯瓦尔巴条约》（以下简称《斯约》）对斯岛的主权制定新奥尔松战略。新奥尔松战略无视缔约国在新奥尔松科考事实和科考贡献，限制缔约国科考项目内容、科考范围、科考程序、科考人员，刻意弱化现有由缔约方科考机构形成的科考秩序，强化挪威在新奥尔松的行政垄断与技术垄断，进一步抬高缔约国获取北极科学信息的门槛。科考问题属于《斯约》未决事项，挪威应依据《斯约》"在该地区建立一种公平制度，以保证对该地区开发与和平利用"的宗旨，善意理解并执行《斯约》第5条对科考权的规定，在科考平等、自由和国际合作的基础上建立斯岛的科考制度。

关键词：新奥尔松战略；《斯瓦尔巴条约》；斯瓦尔巴群岛；北极

Ny – Ålesund Research Station Research Strategy and The maintenance of China's Arctic research rights

LU Fanghua

Abstract：Located in Spitzbergen in Norwegian, Ny-Ålesund is the centre of Arctic research activities. Based on sovereignty over the Spitzbergen by the Spitzbergen Treaty, Norway has formulated Ny-Ålesund strategy. Ny-Ålesund strategy to ignore the contracting party in the Ny-Ålesund scientific facts and scientific contributions limit states research content of the project, research scope,

---

* 卢芳华（1978—），女，华北科技学院教授，法学博士，研究方向：国际法，河北省廊坊市三河市燕郊经济技术开发区华北科技学院文法学院，联系电话：1381048667，电子邮箱：lufanghua@126.com。

① 国家社科基金项目《斯匹茨卑尔根条约》与中国的北极权益拓展（17BFX140）阶段性研究成果。

research procedures, research personnel, deliberately weakened by the parties to the existing research institutions, strengthen the Norway in Ny-Ålesund administrative monopoly and technology monopoly to further raise the threshold of the contracting states for arctic scientific information. Scientific research are pending matters of the Treaty. Norway should with the purpose of "establishing a fair system in Spitzbergen to ensure the development and peaceful use in Spitzbergen", understand and implement in good faith the provisions of Article 5 on the right to scientific research, and establish a scientific research system on the basis of equality, freedom and international cooperation.

Key words: Ny-Ålesund Research Station Research Strategy; Spitzbergen Treaty; Spitzbergen; Arctic

冷战后北极成为大国实力竞争的角斗场，建立对己有利的北极战略和制度框架成为大国北极博弈的重要抓手。科考活动作为北极最为活跃的活动之一，一直是大国北极战略竞争和彰显实力的重心。北极陆地和岛屿主权归属北极八国[1]，唯一例外的是挪威的斯岛[2]，该岛主权虽归属于挪威，但基于《斯约》[3]，缔约国在斯岛的陆地与领海有权进行科考、通行、捕鱼、狩猎，从事海洋、工业、矿业等活动，是北极圈内唯一供非北极国家建立陆上科考站的陆地，斯岛新奥尔松（Ny-Ålesund）、朗伊尔（Longyearbyen）、巴伦支堡（Barentsburg）和霍恩桑德（Hornsund）是挪威四大北极科考地。目前，已有挪威、德国、英国、法国、意大利、日本、韩国和印度等国在斯岛建立科考站，其中，新奥尔松是斯岛最主要的科考地，研究活动占斯岛研究活动的25%，[4] 德国、挪威、韩国、爱尔兰、日本、英国、意大利、法国、中国等国在新奥尔松建立科考站，地理位置极其重要。[5]

---

① 北极八国，即在北极圈内拥有领土的俄罗斯、加拿大、美国、挪威、丹麦、冰岛、芬兰和瑞典，也是北极理事会的正式成员。

② 斯瓦尔巴群岛也称斯匹茨卑尔根群岛。在1925年《斯瓦尔巴条约》条约生效后，挪威将该群岛改称为斯瓦尔巴群岛。

③ 目前，《斯约》有48个缔约国，https://verdragenbank.overheid.nl/en/Verdrag/Details/004293.（访问时间：2020年3月15日）最后一个加入《斯约》的国家是2017年2月21日加入的斯洛文尼亚。目前，对于缔约国统计数字不一致的情况主要是由于苏联、捷克斯洛伐克、南斯拉夫等国解体，由于统计方法不同和对条约继承不确定造成的统计结果的不一致。

④ Measured in researcher days, NIFU report 2015, p. 37.

⑤ Ny-Ålesund Research Station Research Strategy, p. 3, http://nysmac.npolar.no/research/researchers-guide.html. 登录时间：2020年3月5日。

挪威为实现对北极科考活动、信息与资源的管控，颁布一系列法律和制度。2019年5月，挪威发布新奥尔松科考战略，规定斯岛科考国际合作、数据开放和成果共享等方面的要求和布局，该战略的实施将减损或限制缔约国在斯岛科考活动，我国作为《斯约》的缔约国，在新奥尔松建立了黄河站，重点开展北极地区高空大气物理、冰川海洋、生物生态、气象地质等学科的观测和科考活动，科考也是目前我国参与北极事务的主要形式，挪威新奥尔松战略将直接影响我国在斯岛科考权以及其他合法权益的实现。作为北极利益的攸关方，关注并深入研究新奥尔松战略，对我国更好地参与北极科技博弈，拓展北极权益，进一步认识北极、保护北极、利用北极、参与治理北极具有十分重要的理论意义和现实意义。

一、挪威新奥尔松战略：斯岛科考活动的行政垄断到知识垄断

挪威一直十分重视斯岛的科考战略。20世纪80年代以来，挪威决定将研究和教育作为斯岛未来的关键经济活动以确保挪威移民点的继续存在。① 2006年和2009年的《挪威北极战略》白皮书都强调挪威北极政策的核心是北极知识的储备和获取，在维护主权的前提下，依托科研成果管控加强对北方资源和环境的使用和管理。2019年，挪威以加强北极科考国际合作为借口，制定新奥尔松研究战略（Ny – Ålesund Research Station Research Strategy，简称新奥尔松战略），进一步抬高缔约国获取北极科学信息的门槛，借此垄断北极科考信息，强化在斯岛的主权。

（一）新奥尔松自然、地理及历史特殊性

新奥尔松位于斯岛最大岛屿斯匹次卑尔根岛西海岸，距北极点1 231 km，离斯岛首府朗伊尔107 km，富集峡湾、冰碛岩、冰川、冰川河流等典型的苔原生态系统，其地层结构、地形地貌、生态环境复杂多样，是海洋、大气、冰川、海冰、生物、生态、地质、大地测量等科学研究活动的天然实验室。不仅如此，由于受北大西洋暖流的影响，新奥尔松常年温暖湿润，最冷的2月平均气温约 – 14℃，最暖的7月平均气温约5℃，年平均气温约为 – 5.8℃，比同纬度的东格陵兰高出6℃，属典型的极地海洋性气候，温暖湿润的气候更适宜人类活动，这些优越自然条件使新奥尔松成为斯岛科考活动中心，也是北极最主要的气候变化研究和监测的科考地点。

---

① Government of Norway, Report No. 9, §3.3.

新奥尔松地处斯岛，从 1596 年，荷兰探险家威廉·巴伦支（Willem Barents，1550—1597）发现该岛到 1920 年《斯约》签署，斯岛一直是无主地。其间，荷兰、丹麦、挪威、英国、俄国、德国都相继提出对该岛的主权，并相继在岛上开展捕鲸、采矿、探险等活动，新奥尔松蕴含丰富的煤和石灰岩。早在 1610 年，科学家 Jonas Poole 便证实新奥尔松地区存在丰富的煤炭资源，① 1898 年挪威、美国、沙俄等国陆续开展煤矿开采活动，② 被称为世界最北的煤都。为避免无主地地位导致对斯岛资源的过度开发，第二次世界大战后，在挪威的努力下，斯岛问题被列入巴黎和会讨论议题，经过讨价还价于 1920 年签署《斯约》。条约以主权确定、权利共享模式结束了斯岛主权争议，将主权赋予挪威的同时，赋予缔约国在群岛陆地及领海开展捕鱼狩猎、自由进入、科考、通信、从事海洋、工业、矿业等活动权利。1916 年，挪威公司在 Brøggerhalvøya（孔斯峡湾南边）设立 Kings Bay Kull Kompani AS 公司，总部位于新奥尔松。1916—1963 年，该公司试图在 Ny-Ålesund 建立工业煤矿，但由于世界市场煤炭价格下跌、成本过高而没有进行实质开采。20 世纪 30 年代为维持定居点的存在，新奥尔松为渔船提供港口服务，开放北极酒店（North Pole hotel），向游客开放，但这两种尝试都没有盈利。第二次世界大战后，挪威重新尝试采矿，但 1962 年煤矿公司发生矿难，造成 21 名挪威矿工遇难死亡，社区遭受重大损失，随后挪威议会于 1964 年颁布法令终止采矿。③ 恰逢此时，欧洲空间研究机构提出要在斯岛朗伊尔建立卫星地面站，挪威政府建议改在新奥尔松建造，目的是填补结束采矿业后新奥尔松经济活动的空白，欧洲空间研究机构接受了挪威建议。1964 年，挪威和欧洲太空研究会在新奥尔松联合建设卫星遥感观测站，观测北极极光，同时搜集、研究并提供太阳能在北极活动的数据。④ 新奥尔松联合卫星遥感观测站的建立拉开新奥尔松科考的序幕，该地的科考价值被发掘出来。从 20 世纪 70 年代开

---

① Hisdal V., Svalbard: Nature and History Norsk Polarinstitutt, 1998, pp. 94-112.
② Sun Q, Chu G Q, Liu J Q, et al., A 150-year record of heavy metals in the varved sediments of Lake Bolterskardet Svalbard, Arctic, Antarctic, and Alpine Research, 2006, vol. 38, pp. 436-445.
③ Cornelia Lüdecke: Parallel Precedents for the Antarctic Treaty, Science Diplomacy: Antarctica, Science, and the Governance of International Spaces, ed. Paul Arthur Berkman et al., Washington, DC: Smithsonian Institution, Scholarly Press, 2011, pp. 256-259.
④ 这个观测站可以对火星运行轨道实施 24 h 观测，由于优越的地理条件可以随时测定极点的精确位置，校正航海、航空全球定位系统数据，在世界其他地区类似的观测站均有一定的盲点。

始，许多国家在新奥尔松建立季节性或全年研究活动的观测站。①

由此可见，挪威将新奥尔松建成斯岛科考中心主要目的有两个：一是在停止采矿活动后，维持挪威在该地的存在；二是让更多的《斯约》缔约国参与维持斯岛主权。正如《挪威斯岛》白皮书中指出的那样，将研究和教育作为斯岛未来的关键经济活动是为了"确保挪威定居点的延续"，② 这种重新定义的好处在于它能够使其他《斯约》缔约国参与维持挪威在斯岛的主权。"③

显然，挪威这一战略是成功的。经过近60年的建设，科学考察和教育已成为新奥尔松主要经济支柱，其完善的研究基础设施、国际化的研究环境、广泛的国际研究活动、便利的交通与独特的地理位置使其成为重要北极科研基地。目前，有10个国家在这里设立科考站（表1），同时也保持了其第二大居民点的地位。

表1 新奥尔松的主要科考站

国家	管理机构	名称
挪威	挪威极地研究所（NPI）	挪威科考站
中国	国家海洋局极地考察办公室（CAA）	黄河站
德国与法国	德国 Alfred Wegener 研究所（AWI） 法国 Paul Emile Victor 极地研究所（IPEV）	AWIPEV 新奥尔松北极研究站
印度	国家极地和海洋研究中心（NCPOR）	Himadri 科考站
意大利	Consiglio Nazionale delle Ricerche	意大利北极站
日本	国家极地研究所（NIPR）	新奥尔松科考站
韩国	韩国极地研究所（KOPRI）	北极茶山（Dasan）站
荷兰	格罗宁根大学（UOG）	北极中心
英国	自然环境研究委员会（NERC）	英国北极研究站

（二）新奥尔松战略：从行政垄断到知识垄断

挪威是世界上较早对极地进行探险和科考的国家之一，资历丰富的科考

---

① Ny – Ålesund, https：//www.spitsbergen – svalbard.com/photos – panoramas – videos – and – webcams/spitsbergen – panoramas/ny – aalesund.html，访问时间：2020年6月25日。
② Arlov, T. B., *Den rette mann: Historien om Sysselmannen på Svalbard*, Trondheim, Tapir Akademisk Forlag, 2011, p.330.
③ Government of Norway, Report No.9, §3.3.

活动使其在南北极事务中均有重要的话语权，除了地理位置优势外，重视极地研究是挪威成就极地大国地位的重要原因。早在 1993 年，挪威政府就首次发布极地研究活动白皮书——《挪威极地研究》，明确极地研究涉及挪威国家主权、资源、环境、渔业、能源等若干政治与经济国计民生目标，是关系到挪威国家利益的重要研究领域。作为北极科考基地的新奥尔松，一直是挪威科考政策关注的焦点。

新奥尔松战略包括愿景与目标、背景、新奥尔松主要机构和论坛、世界级的科学、可持续的研究成果、数据的开放访问 6 个部分，适用地理范围涵盖斯岛新奥尔松和孔斯峡湾（Kongsfjorden）。该战略通过设置新奥尔松科考优先领域，规范科考申请程序，重新分配现有建筑物和实验室，以行政管辖权带动北极科考知识、技术、设备、人员、信息的垄断，以此实现对《斯约》缔约国科考活动的集中管理。

1. 新奥尔松战略的目标与背景

新奥尔松是全球范围内最为独特的北极研究和环境变化监测点。新奥尔松战略旨在通过协调资源使用、设置优先事项、制定和实施现有建筑和实验室使用的优先顺序和分配程序，明确挪威对科考质量、合作、开放、数据分享和成果要求，更有效地利用新奥尔松资源，将新奥尔松发展成为挪威全球性的、高质量的、国际研究、高等教育和环境监测的平台。

新奥尔松战略非空穴来风，策划已久，早在 2016 年《斯瓦尔巴白皮书》[①] 中，挪威官方便明确在斯瓦尔巴研究和高等教育总战略的背景下制定新奥尔松研究战略，强调挪威作为东道国在科考活动中的地位和作用。[②] 2018 年，挪威斯瓦尔巴研究和高等教育战略（Strategy for Research and Higher Education in Svalbard）进一步明确了该战略的指导方针和原则。随后，挪威科研理事会（The Research Council of Norway，RCN）受挪威政府委托，研究制定了新奥尔松战略，该机构还负责定期评估战略的实施情况，必要时对战略加以修改，挪威极地研究所（The Norwegian Polar Institute，NPI）负责战略的具体实施。

2. 世界级的科研

发达的研究基础设施、国际化的研究环境、广泛的国际研究活动、便利的交通和独特地理位置，为新奥尔松战略成为世界级的北极科考基地打下基

[①] 由挪威司法部和公安部公布，大约每 10 年发布一次，制定斯岛政策目标。
[②] Meld. St. 32 (2015–2016) Report to the Storting (white paper), p. 10, https://www.regjeringen.no/contentassets/379f96b0ed574503b47765f0a15622ce/en-gb/pdfs/stm201520160032000engpdfs.pdf.

础。挪威从科研优先领域的确定、研究质量、教育三个层面把新奥尔松建设成挪威的北极科考中心。

新奥尔松战略明确规定，在新奥尔松的研究和监测活动应属于自然科学范围，将社会科学类的考察排除在外。研究和监测活动主要集中在高空大气物理研究、陆地生态系统研究、Kongsfjorden 系统和冰川学研究四个领域。"高空大气物理研究"项目支持科考国利用不同的技术和仪器从表面到高层对北极大气进行测量；Kongsfjorden 系统受大西洋暖流的影响，是典型的北极海洋环境类型，对北极的气候变化非常敏感，是新奥尔松科考的主要项目；陆地生态系统研究项目支持科考国对新奥尔松植物、动物、土壤、永久冻土和湖泊等地面生态系统进行研究；冰川学研究支持科考国对新奥尔松周围的冰冻圈进行研究；据斯瓦尔巴科学论坛（Svalbard Science Forum，SSF）统计数据显示，陆地生态系统研究在实施的各国科研项目中数量较多，处于优势地位。

此外，新奥尔松历史环境独特，有一些与阿蒙森①相关的文化遗迹，也有大量的矿产开发遗迹，是群岛重要文化遗产聚集地。因此，斯岛文化遗产研究也是允许的科考项，除此以外的其他社科项目均不允许在岛上进行。②

"世界级的科研"还强调提高新奥尔松研究质量和国际教育的重要性，要求缔约国的科考站在年度报告中展示其正在进行的科学贡献，突出研究成果，包括出版物列表、对国际研究的贡献以及重要的研究活动。

早在 2011 年，挪威就明确规定了北极科考的优先领域，挪威科研理事会（RCN）《2011—2016 年北极研究方案》明确斯岛六大优先研究领域，分别是气候与环境变化研究、能源和矿产资源分布及开发技术研究、环境与生物资源开发研究、工业发展研究、北极文化和社会研究以及其他具有特殊潜力的科学研究等。新奥尔松战略通过设定优先科考项目对北极科考活动实行统一管理，将《斯约》缔约国的科考自主权置于挪威管辖之下。

3. 可持续的研究成果

新奥尔松战略强调通过协调研究活动、国际合作、分享和发展研究基础设施、无线电静默，实现科考活动的可持续发展。协调基础设施和后勤服务是善用研究基础设施的关键。战略提出需要有效利用现有建筑，如 Marine

---

① 1911 年，罗阿德·恩格布雷森·格拉文·阿蒙森是世界上第一个达到南极点的英雄，他也是首次从斯岛起程，乘坐飞艇穿越北极点抵达美洲的人。1897 年在斯岛乘坐飞艇事故遇难身亡。

② Ny–Ålesund Research Station Research Strategy（2019），4.1 Scientific priority areas，p.17.

Laboratory、Zeppelin 天文台、Climate Change Tower、Gruvebadet、Vaskeri 实验室、MS Teisten，光敏感的小屋和新建陆地实验室提供联合服务。鼓励在新奥尔松进行地球系统研究的科学家成为斯瓦尔巴综合北极地球观测系统（SIOS）[①] 的成员，通过 SIOS 信息系统提出申请，为成员提供定期访问基础设施和数据的机会，挪威直接赋予挪威极地研究所每周主持召开例会协调各方活动的具体职责。

新奥尔松战略对该地区科考设施的规划会导致两个现实问题：一是挪威可以依据新奥尔松战略以优化科考活动为名，重新规划新奥尔松土地使用，重新规划各国科考站基础设施、生活设施、研究设施的适用，这一变动将改变现有各国科考站的位置、开展活动的范围甚至科考站的名称；二是由挪威极地研究取代新奥尔松科学管理者委员会（Ny-Ålesund Science Managers Committee，NySMAC）担任新奥尔松地区的"东道主"且具体负责执行该战略，每周主持召开例会协调各方活动，这一管理体系将打破现有缔约国自行决定如何开展研究活动的现状，进一步削弱各国在斯岛科考活动的自主权，以此强化挪威对斯岛科考活动的统一管理。

4. 数据的开放访问

战略强调，数据的开放获取将使验证和评估发现以及以新的方式使用数据变得更加容易。为了更好地使用数据，SIOS 制定了新奥尔松元数据标准，要求科考国按照 SIOS 数据标准编制研究数据，科考计划中要包含数据管理计划，保证研究人员在固定的时间内能有效利用数据。

该战略通过设置新奥尔松科考优先领域，规范科考申请程序，重新分配现有建筑物和实验室，使科考活动朝着挪威设定的主题内容和共享基础设施的方向发展。以此实现对《斯约》缔约国在新奥尔松科考活动的集中管理，以行政管辖权带动北极科考知识、技术、设备、人员、信息的垄断，强化对北极科考站和科考资源管理。

（三）主要管理结构

挪威成熟完备的极地科研管理体系为其强化北极科研管理和夯实北极知识储备提供了有效的制度保障。挪威政府在明确北极科研总体目标和科考方向的前提下，由挪威研究委员会（The Research Council of Norway，RCN）、挪

[①] 斯瓦尔巴综合北极地球观测系统（SIOS）是挪威发起的国际大规模研究基础设施项目，旨在斯岛及其周围建立一个广泛分布的区域观测系统，用于长期测量。

威极地研究所（Norwegian Polar Institute，NPI）和王湾公司（The Kings Bay Company）分层级负责战略的制定、实施、监控、反馈。

1. 挪威研究委员会

RCN 是挪威政府对斯岛问题主要咨询机构，隶属于挪威教育和研究部。每年约有 90 亿挪威克朗资金（约 9 亿美元）投入用于研究和创新活动。该委员会致力于提高挪威极地问题的研究质量，促进研究的创新和可持续性，积极采取措施，增加挪威对国际研究和创新活动的参与，扩大研究团体、贸易和工业以及公共部门之间的合作。① RCN 下设"北极野外拨款"（The Arctic Field Grant，AFG）支持理工科硕士和博士研究生北极野外科考活动，并与 SSF、NPI 建立斯瓦尔巴科学会议（The Svalbard Science Conference，SSC），成为斯岛科研合作和传播的重要场所。

受挪威政府的委托，挪威研究委员会为新奥尔松战略制定提供科学界和其他相关利益相关者的信息和主张，在战略的实施过程中将定期评估战略的研究和执行情况，必要时提出修订战略的意见和建议。

2. 挪威极地研究所

NPI 成立于 1928 年，位于特罗姆瑟（Tromso），与文化遗产理事会、挪威环境局一同隶属于挪威气候和环境部（The Ministry for Climate and Environment），是挪威政府北极科学和战略事务顾问，负责北极和南极地图绘制、环境监测和管理。1968 年以来，NPI 一直在新奥尔松全年开展业务。

NPI 在新奥尔松战略中扮演东道国的角色，作为指挥部，主持新奥尔松战略的实施，负责研究战略日常跟踪管理，是科考国在新奥尔松进行科学研究和有关活动的官方联系机构，有访问许可的最终审批权。为管理新奥尔松的科考活动，挪方直接赋予挪威极地研究所每周主持召开例会协调各方活动的权力，要求在新奥尔松科考队派代表参加会议。此前，缔约方科考机构主要通过新奥尔松科学管理者委员会协调缔约国在新奥尔松科研活动。

3. 王湾公司

王湾公司隶属于气候与环境部，拥有 Brøggerhalvøya 半岛和新奥尔松的土地所有权。设立王湾公司的目的是维护和发展设在新奥尔松的科研基础设施，提供其他必要的设施和服务。作为土地所有者，公司对新奥尔松的安全和土地使用负责。为此，王湾公司与群岛总督就安全问题定期联系，负责港口和机场的运作，并为新奥尔松的科考人员提供食宿和其他后勤保障，为促进研

---

① https://www.forskningsradet.no/en/.

究基础设施的使用提供服务，并负责保护其土地上的文化遗产。

此外，新奥尔松科管理委员会（NySMAC）、斯瓦尔巴科学论坛（SSF）、Svalbard 门户网站（RIS）也是新奥尔松战略实施的服务机构与平台。新奥尔松科学管理委员会目的是加强新奥尔松研究活动合作与协调，为研究项目、研究规划和协调、基础设施发展和环境保护提供咨询和意见。任何在新奥尔松开展长期项目或在新奥尔松开展重大研究活动的科学机构都有资格加入 NySMAC 成为会员，目前 NySMAC 有 18 个成员机构和 4 个观察员，NySMAC 下设 PID 论坛（Internal Project Information and Discussion），是会员通报和讨论未来项目的内部论坛，该论坛不向公众开放，NySMAC 设主席和联合主席，联合主席任期两年，每名代表最多可任职两期；斯匹茨卑尔根科学论坛（SSF）成立于 1998 年，对于促进数据共享，减少斯岛研究活动对环境的影响发挥重要作用；SSF 代表 RCN 管理两个资助计划，这些资助计划对维持和发展战略研究的优先项目至关重要。

《斯约》规定应缔结条约规范开展科学调查条件，将科考权行使赋予缔约国来协商决定，而非置于挪威管理之下。挪威的做法是对《斯约》缔约国个权利的侵蚀。

二、新奥尔松战略面临的法律争议

新奥尔松所在的斯匹茨卑尔根群岛具有特殊的法律地位，斯岛科考活动适用两类法律：一是国际公约和国际习惯，主要有《联合国海洋法公约》和专门适用于该群岛的《斯约》，一些挪威签订的环境、野生动物保护的相关法规也同样适用；二是挪威针对斯岛制定的专门法，而非挪威所有的国内法。新奥尔松战略无视缔约国已设立并业已在新奥尔松地区开展科考的历史事实与法律权利，对缔约国的科考活动做出诸多限制性规定，显然违背《斯约》，也必将面临诸多的法律争议。

（一）新奥尔松战略对《斯匹茨卑尔根条约》第 5 条提出挑战

新奥尔松战略规定战略适用于斯岛新奥尔松和孔斯峡湾（Kongsfjorden），但并未明确说明是否适用于上述区域领海、毗连区、专属经济区等水域。作为《斯约》和《联合国海洋法公约》缔约国，新奥尔松和孔斯峡湾的陆地部分的科考活动应适用《斯约》及挪威依据《斯约》授权指定的国内法，这类法律主要集中在环境保护和采矿两个领域。《斯约》中仅第 5 条对群岛科考活动做出规定，即应缔结公约，规定在第 1 条所指的地域可以开展科学调查活动的条件,并未对科考活动做出明确的规定。可以明确的是,《斯约》并未把科考活动的立法权赋予挪威,而是希望就科考活动在缔约国之间达成新的共识。迄今为止,缔约国之间并未就科考权进行谈判和协商,科考权如何行使仍属于《斯约》未决事项,挪威在没有缔约国协商同意情况下制定新奥尔松战略,单方面限制科考内容、地点、科考人员类别是对科考权的破坏,缔约国可依《斯约》第5条启动关于科考权的国际会议或是协商机制,回归《斯约》本意。

(二)《斯瓦尔巴环境保护法案》和《新奥尔松土地使用计划》缩小了缔约国的科考范围

新奥尔松战略强调科考国的活动需遵守《斯瓦尔巴环境保护法案》(The Svalbard Environmental Protection Act)和《新奥尔松土地使用计划》①(The Ny-Ålesund Land-Use Plan)。② 据此,至少有两个问题需要探讨:一是,如何看待《环境保护法案》和《新奥尔松土地使用计划》性质及效力,基于斯岛特殊性,挪威是否有权制定这些法律或是规定;二是,这些规定是否损害了缔约国实质的科考权;从性质上看,这两个规定均为挪威内国法,依据《斯约》规定,挪威只有针对环境保护(第2条)、采矿(第3条)两个事项制定专门法律法规的权利,《环境保护法案》是基于《斯约》第2条制定的保护斯岛环境的法案;《新奥尔松土地使用计划》是依据《环境保护法案》第49条制定适用于新奥尔松的土地使用规定,符合《斯约》规定,这些规定是否损害了缔约国实质的科考权。《环境保护法案》(2001)从范围上对科考活动做出限制,依据这一法令,挪威建立了7个国家公园③、6个自然保护区④以及15个鸟类禁猎区。⑤ 据统计,目前斯岛65%陆地领土和87%领海被

---

① https://kingsbay.no/Ny-Ålesund/land-use-plan,2009年,斯瓦尔巴总督批准《新奥尔松土地使用计划》。
② Ny-Ålesund Research Station Research Strategy, p. 1 Vision and Objectives.
③ 国家公园是指自然栖息地内大面积未被人类或根本上未被人类涉足的区域具有研究价值或能够体现斯到自然或文化遗产的区域。
④ 自然保护区是自然历史不受干扰或几乎不受干扰的地区,可能具有特殊或脆弱的生态系统,或具有巨大的科学价值,或对动植物生命特别重要,可能有特殊的地质矿床或特征。自然保护区可以全部保护,也可以有专门保护文物的规定。自然保护区允许的活动各不相同,但总的来说比国家公园更严格。Norwegian Government Paper, St. meld. No 22 (2008-2009), *Svalbard*, pp. 54-56.
⑤ Report No. 26 (1982-1983) to the Storting on Environmental Protection, Surveying and Research in Arctic Areas, p. 18.

指定为国家公园或自然保护区,① 在保护区内缔约国的许多活动包括正常的科考活动和《斯约》允许缔约国从事的商业活动将被禁止或是需要经过挪威驻岛行政长官的许可方可实施;《新奥尔松土地使用计划》从活动内容上对科考做出限制,科考活动需要装置、仪器或挖掘,或者以任何方式影响到新奥尔松规划中的土地,需经王湾公司批准,② 减损了缔约国科考权。

(三)《斯约》并未赋予挪威对科考队无线电报台的专属管理权

新奥尔松战略规定,新奥尔松是一个无线电静默区。③ 一些重要的探测仪器,如挪威大地测量实验室的 VLBI 射电望远镜,需要保持无线电静默才能达到最佳工作状态。在没有许可的情况下允许使用普通设备,但新奥尔松 20 km 半径内频率为 2~32 GHz 的无线电设备不允许适用,④ 如需使用 2~32 GHz 频段的无线电,应得到挪威通信管理局(The National Communications Authority, Nkom)许可,这一规定与《斯约》对无线电自由使用的规定相违背。《斯约》第 4 条规定在第一条所指的地域内⑤由挪威政府建立或将要建立或得到其允许建立的一切公共无线电报台应根据 1912 年《无线电报公约》或此后为替代该公约而可能缔结的国际公约的规定,永远在完全平等的基础上对悬挂各国国旗的船舶和各缔约国国民的通信开放使用,这一规定赋予缔约国国民自由使用无线电通信的权利。《斯约》没有明确规定挪威政府有对科考队无线电报台的专属管理权。实践中,缔约国之间曾就无线电的使用问题产生过争议,20 世纪 60 年代末,挪威政府发现苏联科考站不当使用无线电发射机,苏联依据《斯约》不接受挪威管理,挪威政府宣称对除苏联外其他缔约国科考站无线电通信实施行政控制,⑥ 即使挪威基于科考需要对缔约

---

① Robin Churchill & Geir Ulfstein, The Disputed Maritime Zones Around Svalbard, in CHANGES IN THE ARCTIC ENVIRONMENT AND THE LAW OF THE SEA 582 Myron Nordquist et al. eds., 2010. Norwegian Government Paper, St. meld. No 22 (2008 – 2009), Svalbard, pp. 54 – 56.

② Supplementary provisions and guidelines to the Ny – Ålesund Land Use Plan, RESEARCH AREAS (3RD SECTION, NO. 5). p. 2, https://kingsbay.no/ny – alesund/land – use – plan,登录时间:2020 年 6 月 26 日。

③ Ny – Ålesund Research Station Research Strategy, 5.4 Radio silence.

④ 新奥尔松战略规定,所有访客,包括科学家,需要关闭手机、笔记本电脑、kindle、相机、数码手表等所有设备上的 Wi – Fi 和蓝牙。

⑤ 《斯约》第 1 条规定,挪威对斯匹次卑尔根群岛和熊岛拥有充分和完全的主权,其中包括位于东经 10 度至 35 度之间、北纬 74 度至 81 度之间的所有岛屿,特别是西斯匹次卑尔根群岛、东北地岛、巴伦支岛、埃季岛、希望岛和查理王岛以及所有附属的大小岛屿和暗礁,缔约国在第一条所指的地域及其领水具有科考权等权利。

⑥ White Paper No 39 (1974~1975) relating to Svalbard, 1975.

国在新奥尔松无线电使用加以限制，也应通过协商达成共识而非单方面强制规定。

三、新奥尔松战略对中国北极权益的影响

鉴于北极特殊的地理位置和自然环境，北极科考是各国参与北极事务的起点和实现北极利益的先导。中国也概不能外，北极科考对保障北极科研装备、提高北极认识水平和促进北极资源开发等都具有重要意义。2018年，中国政府发布《中国的北极政策》白皮书，其中四处提及北极科考的重要意义，将认识北极、保护北极、利用北极和参与治理北极作为政策目标。中国是《斯约》的缔约国，这一身份使得中国在承认挪威主权的同时获得在斯岛及其领海资源开发、科学调查、从事商业活动和自由进出等权利。这对于非北极的缔约国来说是参与北极事务重要的路径与法律基础，中国首个北极科考站"黄河站"就是依据《斯约》授权建于新奥尔松。挪威的新奥尔松战略对所有在该地设立科考站的国家来说都是一个不利信号。

（一）挪威新奥尔松战略限制了我国在北极的科考项目自主权，缩小了我国在斯岛科考范围和类型

依据新奥尔松战略规定，各国优先在新奥尔松限定的项目范围内进行科考，但各国都有自己独特的科考需求，除了以上提到的高空大气物理研究、陆地生态系统研究、Kongsfjorden 系统和冰川学研究四个领域外，我国在北极航道、旅游、生物资源的养护与利用、矿产资源开发利用等领域都可以进一步拓展的权益，在这些领域有相应的科考需求，但目前这些科考活动如不符合新奥尔松战略的规定将无法在黄河站进行。科考资源的多寡将直接决定科考知识的产量与质量，更直接决定战略决策的科学性与准确性。长期缺乏涉我权益活动的科考信息，将不利于我相关活动的开展和权益的进一步拓展。

（二）新奥尔松战略限制了我社科人员登岛考察

北极社会科学领域的研究在北极研究中占据重要地位。北极社会研究涵盖北极历史、政治、文化、法律、环境等诸多方面，国内学界对北极问题的社会科学研究起步较晚，这与中国的非北极国家属性有着重要联系。从目前斯岛科考人员专业看，自然科学和技术类科考占科考人数的90%以上，社科科学科考不到10%。长期以来，北极研究被视为自然科学的一部分，研究成果也主要服务于科学考察的需要。21世纪以来，随着北极问题呈现全球扩散

趋势，国内学界也跟随世界学术潮流，掀起一股北极研究的"社会科学热"。具体来看，国内北极社科研究主要分为对北极国家的战略政策分析和北极治理机制研究两个方面。登岛科考有利于社科人员切身处地了解北极地缘政治、自然地理、人文社会状况，对于深入研究北极治理、地缘政治、法律人文有重要的现实意义。正因如此，一些北极科考国家都加大了北极科考社科人员的参与力度，如欧盟通过"北极之窗"（Arctic Windows）计划，加大对北极原住民、科拉半岛核污染等"软安全"问题的研究。新奥尔松战略不允许社科人员登岛考察长期来看不利于我国对北极治理、地缘政治、法律人文等社会科学深入研究，也不利于我国在北极战略博弈中抢占先机。

（三）新奥尔松战略有可能影响我黄河站的科考活动正常进行

新奥尔松战略第5章"Sustainable Research Production"部分提出，王湾公司将根据研究需要调整目前为研究人员提供的科考设施。① 目前，各国在斯岛的科考站多以房屋租赁的形式获得使用权，挪威有可能调整现有设施的使用，变更租赁合同，更改出租地点，这对我黄河站的科考活动将产生较大的影响。黄河站是经中国政府批准在新奥尔松地区建立的北极科考站，应予尊重并有固定的活动场所，不应受到干扰。这也是《斯约》在赋予挪威主权同时对缔约国权利的保障，是《斯约》公平原则的应有之义。

四、我国针对挪威新奥尔松战略的对策建议

在当前国际公共事务的治理过程中，科学技术发挥至关重要的作用。北极科研成果积累与转化已经成为相关国家拓展北极权益、发挥北极治理影响力的重要基点。北极知识储备不足是导致中国难以高效参与北极事务的核心原因，维护《斯约》框架下公平与平等的科考权是中国可持续参与北极事务的根本保障。

（一）以《斯约》公平原则为基础构建斯岛科考秩序

目前，科考活动是缔约国在斯岛最为活跃也是最重视的权利之一。对于科考权，《斯约》第5条明确规定"应缔结关于在条约地区开展科学调查条件的公约"，这一规定肯定了缔约国在群岛有开展科学调查的权利。但是，科考权应如何行使未作明确规定，依《维也纳条约法公约》第31条，条约

---

① Ny-Ålesund Research Station Research Strategy, p.28.

解释因素包括序言和目标与宗旨。从《斯约》序言看，缔约国将群岛主权给予挪威是为了便于在该地区建立一种公平制度，以保证对该地区的开发与和平利用，赋予缔约国平等无歧视的科考权符合《斯约》宗旨和原则。目前，缔约国在朗伊尔、巴伦支堡、霍恩桑德、新奥尔松均设有科考站，在除新奥尔松外的其他科考站并没有对科考范围、参与人员、设备使用的限定，这实际上造成了斯岛科考权的不平等。① 斯岛科考制度应由《斯约》缔约方基于平等原则协商确立，这是条约必守原则和尊重缔约国在斯岛科考历史的必然要求，挪威单方通过国内调整科考制度不符合《斯约》规定。

（二）合作与对冲：与"冰上丝绸之路"对接

我国虽然早在1925年批准了《斯约》，但直到2004年才建成中国北极黄河科考站，开始系统的北极科考活动，相对于俄罗斯、瑞典、波兰等在斯岛有较长科考历史和经验的国家来说还是后来者。俄罗斯借助巴伦支堡定居点，在巴伦支堡的科考有一定自主性；我国除保持与挪威在斯岛科考上的合作外，也应适时启动在斯岛其他区域与俄罗斯、瑞典、波兰等国的合作。减少挪威政策对我国黄河站科考活动的影响。以巴伦支堡为例，该地区虽然主权归属挪威但实际由俄罗斯控制，是斯岛唯一剩余的俄罗斯定居点，也是历来俄罗斯与挪威在斯岛争夺管辖权的战略要地。2010年煤炭开采终结后，俄罗斯在巴伦支堡的活动转向旅游、科考。捷克的科考站Nostoc就位于Pyramiden，在挪威收紧斯岛主权和管辖权之际，我国可加大与俄罗斯在巴伦支堡科考合作，这也是中俄"冰上丝绸之路"发展布局的目标之一。"冰上丝绸之路"涉及"北方海航道"的利用、北极基础设施建设、能源合作、科考等领域，其能力建设和战略布局需要科考能力支撑，这也是中国提升北极事务"科技软实力"的目标要求。

（三）设定北极科考战略目标：梯度式提升北极事务参与能力

中国极地考察主管部门尚未从国家战略层面规划历次北极科考目标，对北极科考的优先级、技术转化、产学研联合体共建、与国内相关企业协作等战略性问题的考量不够深入，对北极科考权益的维护缺乏系统化、可延续性的目标规划与评估。《中国的北极政策》白皮书提出，中国在北极航道、旅

---

① 波兰的Stanisław Siedlecki极地站位于Hornsund Fjord，捷克北极站约瑟夫·斯沃博达站（JOSEF SVOBODA）位于朗伊尔城（Longyearbyen）的Adventfojrden。

游、矿产资源开发利用、生物资源的养护和利用等领域都有需要维护的国家利益，中俄"冰上丝绸之路"建设也明确两国在航道、油气资源勘探开发、基础设施建设等领域的合作设想，北极科考应与北极权益拓展的重点领域对接，为我国北极权益拓展提供有针对性的技术支持和智力保障。

（四）积极参与国际气象站在内的斯岛科学考察基础设施的构建与国际条约的谈判

《斯约》第 5 条第 1 款规定"缔约国认识到在第 1 条所指的地域设立一个国际气象站的益处，其组织方式应由此后缔结的一项公约规定"。该条应理解为包括挪威在内的缔约方支持建立包括国际气象站在内的斯岛科学考察基础设施，北极气候恶劣，无法进行长期、连续的观测，气象站的建设可为北极科考提供重要的物质保障。维持斯岛科察基础设施国际化，有利于保障缔约国在斯岛的科考自由，扩大斯岛科考国际影响力。

谁更了解北极，谁就能在北极战略博弈中抢占先机，北极科学知识的生产——转换体系是各北极利益攸关方能否有效介入北极事务的决定性因素。挪威新奥尔松战略对缔约国北极科考活动的诸多限定与《斯约》赋予缔约国科考权相背离，将进一步限制缔约国在斯岛的科考活动范围与科考项目。对此，我国应予以重视，加大与俄罗斯等国合作、加速北极科学信息储备与应用能力的建设、确立北极科考优先事项，为认识北极、保护北极、利用北极、参与治理北极做好技术与知识储备。

国际法视域下 COVID-19 疫苗分配的全球合作与分离

阮昊翔[*]

摘要：国际社会在这场 COVID–19 引发的全球危机中呈现出合作与分离的两种态势，这在疫苗分配问题上得以一窥。根据国际法规范，让各国人民都享有疫苗接种的机会是国家保障健康权的义务，也是国家落实健康权国际合作的义务。然而疫苗研发的特殊性致使民族主义再度兴起，知识产权保护则为拒绝合作提供了法律支撑，但这都不应是违背国际义务、走向孤立分离的理由。在这场危机中，整个国际社会都负有解决问题的责任，新冠肺炎疫苗实施计划则为共同应对提供了平台。对于实现全球健康而言，做出合作还是分离的选择对各国都不应成为一个难题。

关键词：健康权；国际义务；疫苗民族主义；新冠肺炎疫苗实施计划

Global cooperation and separation of COVID-19 vaccine distribution from the perspective of international law

Ruan Haoxiang

Abstract：In the global crisis triggered by COVID-19, the international community presents two trends of cooperation and separation, which can be seen from the issue of vaccine distribution. According to the norms of international law, it is the obligation of the state to guarantee the right to health and the international cooperation for the implementation of the right to health. However, the particularity of vaccine research and development has led to the reemergence of nationalism, and the protection of intellectual property rights provides legal support for refusing cooperation. However, these should not be grounds for violating international

---

[*] 阮昊翔，男，中国人民大学法学院 2022 级博士研究生。

obligations and moving towards isolation and separation. COVAX provides a platform for joint response in this crisis. To achieve global health, the choice of cooperation or separation should not be a difficult issue for states.

Key words: Right to Health; International Obligations; Vaccine Nationalism; COVAX

引言

根据世界卫生组织的报告,新型冠状病毒肺炎(Corona Virus Disease 2019,下面简称"COVID-19")迄今为止已经在全球范围造成超过 6 亿人感染,夺走 600 多万人的生命。① 值得注意的是,世界卫生组织也已声明其"可能严重低估直接和间接归因于 COVID-19 的总死亡人数。"② 此外,这场全球性的流行性疾病也给整个世界的经济带来巨大冲击,③ 导致国家内部和国家之间的不平等现象急剧增加。④ 放眼全球,这一流行病仍在持续传播感染。为了结束这一流行病,使人们对这种病毒产生免疫力无疑是最好的办法,而实现这一目标的最安全方法当是接种疫苗。⑤ 虽然很多国家和地区已经或正在采取积极的公共卫生干预措施缓解病毒的扩散,但疫苗作为人类过去经常赖以降低传染病死亡人数的一项技术,与促进公共卫生最具成本效益的一种方式,⑥ 毫无疑问才是遏制住这种威胁全人类健康的病毒的最大希望。

---

① WHO Coronavirus (COVID-19) Dashboard, WHO, https://covid19.who.int,最后访问日期:2022 年 11 月 28 日。

② The Impact of COVID-19 on Global Health Goals, WHO, https://www.who.int/news-room/spotlight/the-impact-of-covid-19-on-global-health-goals,最后访问日期:2022 年 11 月 28 日。

③ 这场冲击甚至视为"引发了一个多世纪以来最大的全球经济危机"。See The World Bank, World Development Report 2022: Finance for an Equitable Recovery 1 (2022).

④ See generally The World Bank, World Development Report 2022: Finance for an Equitable Recovery (2022).

⑤ 世界卫生组织将疫苗接种定义为:疫苗接种是一种简单、安全和有效的方法,在你接触有害疾病之前为你提供保护,使你免受这些疾病的危害。疫苗接种利用你身体的天然防御机制来建立对特定感染的抵抗力,并增强你的免疫系统。疫苗训练你的免疫系统产生抗体,就像暴露在疾病中一样。然而,因为疫苗只含有灭活或减弱形式的病毒或细菌,因此不会导致疾病或使你面临并发症的风险。大多数疫苗通过注射接种,但有些是口服或喷到鼻子里。参见疫苗和免疫:什么是疫苗接种? 世界卫生组织,https://www.who.int/zh/news-room/questions-and-answers/item/vaccines-and-immunization-what-is-vaccination,最后访问日期:2022 年 11 月 28 日。

⑥ Ana Santos Rutschman, *The Vaccine Race in the 21st Century*, 61 ARIZ. L. REV. 729, 730 (2019).

不可否认，医学领域已经在COVID-19的流行中取得令人骄傲的胜利，即在新病毒出现的一年内便已研发出多种高效安全的疫苗。而临床试验的积极结果现在正反映在现实之中，在疫苗接种率高的国家中死亡人数远远低于感染病例。① 事实上，在COVID-19爆发之前，世界各地的科学家已就引起严重急性呼吸系统综合征（SARS）和中东呼吸系统综合征（MERS）等疾病的冠状病毒的结构和功能建立起一套知识体系，因此COVID-19疫苗的研发工作得以加速进行。② 目前，世界各地的科学家正在以前所未有的速度开发和生产各种可以阻止COVID-19传播的疫苗。截至2022年年初，已有21种疫苗正在世界各国推广，与此同时还有137种COVID-19候选疫苗正在进行临床试验，194种候选疫苗处于临床前开发阶段。③ 因此，成功研发安全有效的疫苗并大规模生产，随后在全球范围内进行公平合理地分配，理论上可能是渡过这场危机的最终解决方案。

一、健康权与疫苗接种

（一）作为一项人权的健康权

正如有学者所指出的，当前"世界上所有国家都已接受人权是普遍的，并受到载有至少一项健康权条款的条约之约束。"④ 然而回望历史，不论是将当代人权的起源归于1776年美国《独立宣言》或是法国1789年《人权和公民权利宣言》，⑤ 这两份文书均未提及健康权是人权的一部分。而在之后的美国1791年《权利法案》中，"人民真正的、古老的、不容置疑的权利和自由"⑥ 同样不包括健康权。尽管1793年法国《人和公民权利宣言》写进了现

---

① Sarah Joseph and Gregory Dore, *Vaccine Apartheid: A Human Rights Analysis of COVID-19 Vaccine Inequity*, 31 J. Transnat'l L. & POL'y 145, 146 (2021–2022).

② See generally Yen-Der Li, Wei-Yu Chi, Jun-Han Su, Louise Ferrall, Chien-Fu Hung and T.-C. Wu, *Coronavirus vaccine development: from SARS and MERS to COVID-19*, 27 J. Biomed. Sci. 104 (2020).

③ The COVID-19 Vaccine Race, VaccinesWork, https://www.gavi.org/vaccineswork/covid-19-vaccine-race, 最后访问日期：2022年11月28日。

④ José M. Zuniga, Stephen P. Marks, Lawrence O. Gostin, ADVANCING THE HUMAN RIGHT TO HEALTH 20 (2013).

⑤ 有些学者认为当代人权起源于法国1789年《人权和公民权利宣言》中关于所有人"生而平等，在权利方面保持自由和平等"的论述。See Asbjørn Eide and August Schou, International Protection of Human Rights 19 (1968). 也有学者认为其在1776年美国《独立宣言》中已有体现。See Lynn Hunt, Inventing Human Rights: A History 15 (2007).

⑥ Lynn Hunt, Inventing Human Rights: A History 114 (2007).

在被认为是经济和社会权利的内容，如教育和社会援助等，但健康权却依旧未被列入其中。① 此外，关于健康权之定义在国际社会中迄今尚未形成统一公认的界定标准，原因在于健康权的含义似乎不可能从任何法律原则或者大量的案例中发展出来，因为每个国家和地区都在健康领域面临着不同的需求和情况。② 在这样的情况下，颇多受传统思维影响的学者甚至否认健康可以作为一项权利。③ 而时至今日，几乎没有人会反对世界卫生组织将健康理解为一项基本人权，④ 并将其定义为"健康不仅为疾病或羸弱之消除，而系体格、精神与社会之完全健康状态"。⑤ 在世界卫生组织关于健康权的定义中包括自由和权利两方面，其中自由包括控制个人健康和身体的权利（例如，性权利和生殖权利）和不受干涉的权利（如免受酷刑和未经同意的医疗和试验）；而权利则包括有权享有某种健康保障制度，使每个人有均等机会享受最高而能获致之健康水平。⑥

自 1948 年《世界人权宣言》第 25 条规定"人人有权享受为维持他本人和家属的健康和福利所需的生活水平，包括食物、衣着、住房、医疗和必要的社会服务；在遭到失业、疾病、残废、守寡、衰老或在其他不能控制的情况下丧失谋生能力时，有权享受保障"开始，健康权便逐渐被视为具有独立特征的人权体系。虽然在这一份文书中，健康权并没有视为具体的权利，而是与一系列经济和社会权利捆绑在一起，所以明确提及健康权的积极意义显然不能被忽视。1966 年与 1948 年《世界人权宣言》中的宣言被转化为《经济、社会及文化权利国际公约》中具有约束力的法律义务。国际公约第 12 条⑦进一步弥补了《世界人权宣言》第 25 条草案中诸多被遗漏的部分。⑧ 该

---

① John Tobin, The Right to Health in International Law 17 (2012).
② Steven D. Jamar, *The International Human Right to Health*, 22 S. U. L. REV. 1, 5 (1994).
③ 焦洪昌：《论作为基本权利的健康权》，《中国政法大学学报》2010 年第 1 期，第 12 页。
④ 《世界卫生组织组织法》序言明确指出"享受最高而能获致之健康标准，为人人基本权利之一。不因种族，宗教，政治信仰，经济或社会情境各异，而分轩轾。"
⑤ 《世界卫生组织组织法》序言。
⑥ Human Rights and Health, WHO, https://www.who.int/news-room/fact-sheets/detail/human-rights-and-health，最后访问日期：2022 年 11 月 28 日。
⑦ 《经济、社会及文化权利国际公约》第 12 条规定："一、本公约缔约各国承认人人有享有能达到的最高的体质和心理健康的标准。二、本公约缔约各国为充分实现这一权利而采取的步骤应包括为达到下列目标所需的步骤：(a) 减低死胎率和婴儿死亡率，和使儿童得到健康的发育；(b) 改善环境卫生和工业卫生的各个方面；(c) 预防、治疗和控制传染病、风土病、职业病以及其他的疾病；(d) 创造保证人人在患病时能得到医疗照顾的条件。"
⑧ Richard Pierre Claude and Bernardo W. Issel, *Health, Medicine and Science in the Universal Declaration of Human Rights*, 3 Health Hum. Rights 126, 131 (1998).

条第 1 项以相对的方式定义了充分健康的权利，确认不分种族、宗教、政治信仰、经济及社会地位而"人人有权享受可能达到之最高标准之身体与精神健康"。联合国经济、社会、文化权利委员会在对该条款的解释中进一步提出，"享有健康权，不应（单单）理解为身体健康的权利"，而必须理解为包括"享有实现能够达到的最高健康标准所必需的各种设施、商品、服务和条件的权利。"① 随后通过的其他国际人权条约，如《消除一切形式种族歧视国际公约》《消除对妇女一切形式歧视公约》《保护所有移徙工人及其家庭成员权利国际公约》，以及《残疾人权利公约》等，确认并扩大了健康权关于不同群体的适用范围。②

(二) 需要国际合作的一项人权保障

人权为通过获得基本药品应对传染病的主张提供了框架。③ 关于 COVID-19 疫苗的获得，除依据《公民权利和政治权利国际公约》第 6 条④所规定的生命权主张外，也可根据前述《经济、社会及文化权利国际公约》第 12 条之规定，以及经济、社会和文化权利委员会对健康权的阐述，即"享有实现能够达到的最高健康标准所必需的各种设施、商品、服务和条件的权利"。获得能够拯救生命的疫苗接种机会是享有能达到的最高标准健康权利的基本要素之一，因此毫无疑问，获取疫苗同样包含在健康权的权利范围之内。基于此，这项权利自然属于人权的内容，而人权法也为其提供了国际法基础。人权法承认所有人的平等尊严，要求公平获得基本疫苗，以预防疾病和促进健康。⑤ 诚如联合国健康权问题特别报告员在联合国 A/61/338 号文件中所指出的，各国有义务"尽其所能，确保现有药物的供应量足够"。⑥ 虽然在最新的世界卫生组织基本药物标准清单（WHO Model List of Essential

---

① See General comment no. 14 (2000), The right to the highest attainable standard of health (article 12 of the International Covenant on Economic, Social and Cultural Rights).

② John Tobin, The Right to Health in International Law 18 (2012).

③ Lawrence O. Gostin and Benjamin Mason Meier, Foundations of Global Health & Human Rights 226 (2020).

④ 《公民权利和政治权利国际公约》第 6 条中明文规定"人人有固有的生命权"。

⑤ Lawrence O. Gostin and Benjamin Mason Meier, Foundations of Global Health & Human Rights 226 (2020).

⑥ United Nations. Special Rapporteur on the right of everyone to the enjoyment of the highest attainable standard of physical and mental health. Promotion and protection of human rights: human rights questions, including alternative approaches for improving the effective enjoyment of human rights and fundamental freedoms; Sept. 13, 2006, UN Doc. A/61/338.

Medicines）中并未将 COVID-19 疫苗列入其中，① 但是，在人权法的指导下，几乎可以肯定该类疫苗会被世界卫生组织归类为"基本药物"，以此增加国家和国际义务，从而确保人们能够获得这些药物。②

国家在传统上被视为公共利益的监护人或受托人，因此一直以来保障健康权落实的义务都被限定在国境之内，公共卫生更是被看作是国家主权的核心。在这样的背景下，健康权即作为一项个人权利由国家责任承担者负责落实。然而，我们无法否认一个残酷的事实，即传染性疾病并非以公平的方式影响其所有对象。在个体层面，COVID-19 的流行对贫困人群、弱势群体和社会边缘人群造成的负担加重比例远高于富裕人群，世界既有的贫富不均因疫情更加恶化。而在国家层面，在 2020 年，即 COVID-19 爆发的第一年，全球经济萎缩了约 3%，③ 其中，经济基础薄弱的国家所受到的负面影响显然更大。那些在 COVID-19 爆发之前经济便已面临诸多挑战的低收入国家，由于其公共和私营部门债务承载量（Debt-Carrying Capacity）远低于高收入国家，因此疫情的爆发无疑加速了其国内经济危机的出现。④

此外，在全球化的进程中，随着国际贸易与跨境旅行、南北贫富差距等问题的出现，传染性病毒迅速跨境传播、席卷全球的情况越发普遍。这一情况证明了这种有限的、分散的权利不足以负担起全球卫生政策中的国际责任，反而使得国家的健康状况恶化。⑤ 世界卫生组织主导的全球天花根除计划（Smallpox Eradication Program）已经表明了进行国际合作的必要性，只有各国团结在一起才能完成此类无法由一国单独完成的事情。⑥ 如今，人们已经意识到落实健康权不单单是一个国家内部的问题，而理应同样在国际层面得到关注。随着全球化程度的深入，健康权也已经由单一政府担负责任的个人权

---

① WHO Model List of Essential Medicines – 22nd List, 2021, WHO, https://www.who.int/publications/i/item/WHO-MHP-HPS-EML-2021.02，最后访问日期：2022 年 11 月 29 日。
② Lawrence O. Gostin, Safura Abdool Karim, and Benjamin Mason Meier, *Facilitating access to a COVID-19 vaccine through global health law*, 48 J. L. Med. & Ethics 622, 623 (2020).
③ The World Bank, World Development Report 2022: Finance for an Equitable Recovery 1 (2022).
④ The World Bank, World Development Report 2022: Finance for an Equitable Recovery 2 (2022).
⑤ Benjamin Mason Meier and Ashley M. Fox, *International Obligations through Collective Rights: Moving from Foreign Health Assistance to Global Health Governance*, 12 HEALTH & HUM. Rts. 61, 65 (2010).
⑥ 世界卫生组织总干事谭德塞（Tedros Adhanom Ghebreyesus）指出，"天花是有史以来唯一被根除的人类疾病，这证明了当所有国家共同努力时，我们能够取得什么样的成就。" See WHO Commemorates The 40th Anniversary of Smallpox Eradication, WHO, https://www.who.int/news/item/13-12-2019-who-commemorates-the-40th-anniversary-of-smallpox-eradication，最后访问日期：2022 年 11 月 29 日。

利逐渐演变成为众多责任者共同负责的集体权利,① 以期用集体的国际公共卫生义务补充个人的健康权。正如世界卫生组织自成立以来一直使用的口号一般,"细菌无国界"(Germs Know No Frontiers)和"细菌不携带护照"(Germs Carry No Passports),② 在这个相互联系、相互依存的高度全球化世界中,如果不能确保每个人都安全,那么就没有人能获得安全。③

综上所述,在国际人权法的要求下,COVID-19 疫苗不应被视为一项任由市场支配的商品,而应如习近平主席在 2021 年亚太经合组织领导人非正式会议上发表重要讲话时所指出的"让疫苗成为全球公共产品"。同时,接种疫苗的权利也应视为所有人平等享有的人权,其义务应由被赋予国际人权义务的多个主体共同承担,而其实现途径则应由国际合作予以落实。

二、COVID–19 中全球合作的阻力与障碍

(一)疫苗民族主义

在 COVID-19 爆发之初,美国官员将全球分配的疫苗比作飞机上掉落的氧气面罩,并直言"你先'穿上'自己的疫苗,然后再希望尽快帮助别人。"④ 简言之,疫苗民族主义系指一国秉持"我国优先(My Country First)"观念,在疫苗获取方面利用其经济发达等优越性,直接与制药公司签署协议以确保首先获得疫苗并囤积供应。然而,正如学者对上述言论的批评,"飞机上的氧气面罩不是只在头等舱才会掉下来",⑤ 这样的比喻是毫无道理的。概言之,疫苗民族主义主张在疫苗获取方面优先考虑其国内需求,而忽视甚至可能牺牲其他国家的利益。而预购协议(Advance Purchase Agreements)正是疫苗民族主义的合法工具。所谓预购协议,也称为预先采购承诺(Advance Purchase Commitments)或预先定价或采购承诺(Advance Price or Purchase

---

① See generally Benjamin Mason Meier and Ashley M. Fox, *International Obligations through Collective Rights*: *Moving from Foreign Health Assistance to Global Health Governance*, 12 HEALTH & HUM. Rts. 61 (2010).

② Walter R. Sharp, *The New World Health Organization*, 41 AM. J. INT'l L. 509, 514 (1947).

③ 《联合国人权专家谴责对新冠疫苗进行囤积垄断》,联合国新闻,https://news.un.org/zh/story/2020/11/1071222,最后访问日期:2022 年 11 月 29 日。

④ Thomas J. Bollyky and Chad P. Bown, *The Tragedy of Vaccine Nationalism*:*Only Cooperation Can End the Pandemic*, 99 FOREIGN AFF. 96, 96 (2020).

⑤ Thomas J. Bollyky and Chad P. Bown, *The Tragedy of Vaccine Nationalism*:*Only Cooperation Can End the Pandemic*, 99 FOREIGN AFF. 96, 96 (2020).

Commitments），即是指一种具有法律约束力的合同，政府作为合同一方当事人，承诺从疫苗制造企业处购买特定数量或百分比的潜在疫苗剂量，如果疫苗得以开发、许可并最终生产出来，政府则按谈判价格购买。① 从本质上说，预购协议是对个别供应商的约束性承诺，在满足某些条件的情况下，无论对产品的预期需求是否实现，以及是否仍然需要这些产品，都必须购买尚未供应的产品。②

事实上，疫苗民族主义与预购协议并不是在此次 COVID-19 危机中才出现的新鲜事物。早在 H1N1 流感病毒席卷全球时，某些经济发达国家即与如赛诺菲、葛兰素史克等知名医药企业签订了疫苗的预购协议，确保国内对于流行病毒的威胁有充足的应对。③ 疫苗民族主义显然是有助于加快开发疫苗的进度，秉持"我国优先"的国家通过预购协议表达对候选疫苗的兴趣，给予供应商一种经济激励，促使其尽快将候选疫苗通过研发管道和监管审查。④ 而这些国家多为经济发达国家，他们提供给制药公司的资金支持与科研信息等资源不容小觑。另外，各国政府都在如此次 COVID-19 等大流行性疾病带来的危机中承受着巨大的压力。例如，来自国内民众的诉求，面临经济的停滞倒退等情况，都迫使政府不得不尽快为本国尽可能多的人口采购安全有效的疫苗。基于此，疫苗民族主义才会在屡次流行性疾病爆发中不断出现，并日益突出。然而，不可否认的是，疫苗民族主义的确忽视甚至牺牲了世界其他人口的健康，并对疫苗在世界各国中公平分配产生了不利影响。同时，这种以牺牲其他国家利益为代价为国民接种疫苗的行为，其本质无异于在追求一个不现实的目标。

由于疫苗生产数量有限，而经济发达国家又为本国提前预购了最大份额的疫苗，这即导致疫苗生产问世后在全球范围实现均衡分配势必需要更长时间。换言之，在资源有限的前提下，持久的单边主义对全球公共卫生治理的

---

① Alexandra L. Phelan, Mark Eccleston-Turner, Michelle Rourke, Allan Maleche, and Chenguang Wang, *Legal agreements: barriers and enablers to global equitable COVID-19 vaccine access*, 396 The Lancet 800, 800 (2020).

② Ian Thornton, Paul Wilson and Gian Gandhi, "*No Regrets*" *Purchasing in a pandemic: making the most of advance purchase agreements*, 18 Globalization and Health 62, 63 (2022).

③ Alexandra L. Phelan, Mark Eccleston-Turner, Michelle Rourke, Allan Maleche, and Chenguang Wang, *Legal agreements: barriers and enablers to global equitable COVID-19 vaccine access*, 396 The Lancet 800, 801-802 (2020).

④ Sam F. Halabi and Ana Santos Rutschman, *Viral Sovereignty, Vaccine Diplomacy, and Vaccine Nationalism: The Institutions of Global Vaccine Access*, 36 EMORY INT'l L. REV. 1, 9 (2022).

阻碍程度势必会加深，这一点在 H1N1 期间得到了充分体现。正是由于预购协议的大量存在，从而导致了当时在接受世界卫生组织调查的疫苗制造企业中，足有 56% 的企业甚至无法向联合国机构出售其 10% 的疫苗产品。① 事实上，仅美国就预购多达 60 万剂 H1N1 疫苗，而当时全球疫苗的生产能力据计算在 10 亿剂至 20 亿剂。如此作为的后果便是直到 H1N1 流感最严重的阶段过去，美国、加拿大及澳大利亚等经济发达国家才在已经充分满足国内接种需求的情况下，响应世界卫生组织的捐赠号召，承诺向较贫困国家捐赠其囤积的 10% 的疫苗。② 然而，当时全球已经有多达 28 万的死亡病例，在预计不会出现第二波疫情的情况下，疫苗显然没有达到它的预期效果，甚至出现了疫苗过剩的状况。这显然违背了国际人权法将疫苗作为"全球公共产品"的要求，或者说疫苗是被选择在某些具体情况下才成为一种全球公共产品。到了此次 COVID – 19 危机中，预购协议依旧在为疫苗民族主义发挥着作用。当年参与 H1N1 疫苗预购协议的医药企业，如赛诺菲、葛兰素史克等，现在同样参与到 COVID – 19 疫苗的多个研发项目中。另外，据德国报纸 Die Welt 报道称，早在 2020 年 3 月美国政府就已经开始与德国生物技术公司 CureVac 进行谈判，以期获得该公司 COVID – 19 候选疫苗的专有权。③ 人们有理由怀疑，这又是一次以预购协议为工具的疫苗民族主义的体现，所幸这场谈判由于德国政府的反对而没有取得进展。④

疫苗民族主义最大的驱动力莫过于尽快满足其国内需求，然而这样的想法显然过于短视且狭隘。当今全球化程度之高，国际贸易与跨境旅行早已变得普及。国际贸易中的产品与运输工具无疑为流行性疾病的传播提供了诸多渠道，而跨境旅行则"一直是疾病出现和传播的强大力量……在有记录的历史上，人类迁徙一直是流行病的主要来源"。⑤ 疟疾、黄热病、鼠疫、霍乱、肺结核、流感、艾滋病等传染性疾病正是借由现代交通的便利迅速在全球范围内传播。正如公共卫生专家所警告的，如果没有平等的疫苗分配，这种流

---

① Alexandra L. Phelan, Mark Eccleston – Turner, Michelle Rourke, Allan Maleche, and Chenguang Wang, *Legal agreements: barriers and enablers to global equitable COVID – 19 vaccine access*, 396 The Lancet 800, 800 (2020).

② Ana Santos Rutschman, *The Reemergence of Vaccine Nationalism*, GEO. J. INT'L AFFS. ONLINE (July 3, 2020), https://gjia.georgetown.edu/2020/07/03/the – reemergence – of – vaccine – nationalism.

③ Sapna Kumar, *Compulsory Licensing of Patents During Pandemics*, 54 Conn. L. Rev. 57, 93 (2022).

④ Sapna Kumar, *Compulsory Licensing of Patents During Pandemics*, 54 Conn. L. Rev. 57, 94 (2022).

⑤ Mary E. Wilson, Travel and the Emergence of Infectious Diseases, 1 Emerg Infect Dis. 39, 40 (1995).

行病可能会持续存在数年之久,随之而来的是更多的死亡和进一步的经济崩溃。如果该病毒仍然在任何地方流行,它将继续在任何地方构成威胁。① 因此,期待以尽快满足国内疫苗需求来确保人民在此次危机中的健康,可以说是并不现实的。

此外,根据兰德欧洲公司的一项新研究,政府的民族主义行为不仅可能会使一些国家无法获得 COVID-19 疫苗,并且可能会使全球经济每年的 GDP 损失高达 1.2 万亿美元。② 如果没有全球协调,各国可能会相互竞标,从而抬高疫苗和相关材料的价格。低收入和中等收入国家和地区将被迫等待较富裕国家和地区耗尽疫苗供应,并将不得不长时间等待新一批可能获得的疫苗。而在此期间,低收入国家的卫生保健工作者、老年人与其他高风险居民将得不到保护,这无疑将扩大疫情范围,危及其国内本已脆弱的卫生保健系统和经济。进一步而言,在寻求获得疫苗的过程中,无法获得初始供应的国家将寻找其能找到的任何形式的杠杆,包括阻止关键疫苗成分的出口,这将导致原料、注射器和小瓶的供应链中断。部分政府也可能为疫苗达成短期协议,对其长期的经济、外交和战略利益造成不利后果。③

(二) 知识产权的阻力

与疫苗民族主义一样,国际知识产权保护之于疫苗的作用同样是一把"双刃剑"。例如,在 2020 年夏天,美国面临 Gilead Sciences 公司生产的药物 Remdesivir 严重短缺的问题,这导致医生对住院患者实行定量供应。与此同时,总部位于孟加拉国的 Beximco 制药公司与其他孟加拉国制造商一起对该药物进行了逆向工程,从而产生了盈余。造成这种差异的原因是瑞德西韦在美国受专利保护,而在孟加拉国不受专利保护。④ 知识产权是人们就其智力劳动成果所依法享有的专有权利,创造者对其智力成果在一定时期内享有的专有权或独占的排他性权利,而国际法扩大了全球范围内的专利保护。这意味着疫苗对于其研发创造公司而言,在一定时间内即属于具有排他性的专属财产。如此带来的商业价值与市场回报对于疫苗的研发无疑是难以忽

---

① Vaccine Nationalism Is Doomed To Fail, The Atlantic, https://www.theatlantic.com/international/archive/2020/12/vaccine-nationalism-doomed-fail/617323/,最后访问日期:2022 年 11 月 29 日。

② COVID-19 'Vaccine Nationalism' Could Cost The World Up To $1.2 Trillion A Year, the RAND Corporation, https://www.rand.org/news/press/2020/10/28.html,最后访问日期:2022 年 11 月 29 日。

③ Thomas J. Bollyky and Chad P. Bown, *The Tragedy of Vaccine Nationalism: Only Cooperation Can End the Pandemic*, 99 FOREIGN AFF. 96, 97 (2020).

④ Sapna Kumar, *Compulsory Licensing of Patents During Pandemics*, 54 Conn. L. Rev. 57, 59 (2022).

视的动力,在与生命的赛跑中,新兴病毒疫苗的研发进度自然时刻牵动人心。然而,知识产权的严苛限制也为全球疫苗合作带来了诸多阻力,如在价格控制与信息共享等方面。换言之,目前驱动 COVID - 19 疫苗研发和销售的知识产权,与提倡将疫苗理解为"全球公共产品"的国际合作需求势必产生矛盾。

大多数新开发的疫苗中的许多成分都受专利保护,甚至由不止一个专利保护。例如美国默克制药公司研制生产的 Gardasil,即一种预防人类乳头状瘤病毒引起的子宫颈癌等疾病的疫苗,在美国获得了八十余项专利的保护。① 得益于《与贸易有关的知识产权协定》(以下简称 TRIPS 协议)第 1 条将专利保护的最低标准扩展到所有世贸组织成员,② 与 TRIPS 协议第 27 条对可授予专利的客体之规定,③ 即"只要具有新颖性、包含发明性步骤,并可供工业应用",这些疫苗研发专利也可能在全球范围内得到保护。而该条规定的例外情况,④ 即各成员可拒绝授予专利权的"人类或动物的诊断、治疗和外科手术方法",并不适用于疫苗研发的技术领域。概言之,TRIPS 协议赋予研发公司对其疫苗实施专利保护的国际法权利,这意味着这些公司得以垄断生产并追求利润最大化。⑤

虽然各国政府可能根据其国内法实行价格干预措施,以确保其国内尽可能多的人群负担得起,然而这个问题显然会因具体国情而异。对贫困国家而言,价格干预程度显然要更大才能满足需求,然而这对其国家财政而言又是巨大的挑战。虽然,TRIPS 协议第 31 条第 2 款所规定的强制许可允许贫困国

---

① Swathi Padmanabhan, Tahir Amin, Bhaven Sampat, Robert Cook - Deegan, and Subhashini Chandrasekharan, *Intellectual Property, Technology Transfer and Developing Country Manufacture of Low - cost HPV vaccines - A Case Study of India*, 28 Nat Biotechnol. 671 (2010), https://www.ncbi.nlm.nih.gov/pmc/articles/PMC3138722/.

② 《与贸易有关的知识产权协定》第 1 条第 1 款规定:"各成员应实施本协定的规定。各成员可以,但并无义务,在其法律中实施比本协定要求更广泛的保护,只要此种保护不违反本协定的规定。各成员有权在其各自的法律制度和实践中确定实施本协定规定的适当方法。"

③ 《与贸易有关的知识产权协定》第 27 条第 1 款规定:"在遵守第 2 款和第 3 款规定的前提下,专利可授予所有技术领域的任何发明,无论是产品还是方法,只要它们具有新颖性、包含发明性步骤,并可供工业应用。在遵守第 65 条第 4 款、第 70 条第 8 款和本条第 3 款规定的前提下,对于专利的获得和专利权的享受不因发明地点、技术领域、产品是进口的还是当地生产的而受到歧视。"

④ 《与贸易有关的知识产权协定》第 27 条第 3 款规定:"各成员可拒绝对下列内容授予专利权:人类或动物的诊断、治疗和外科手术方法;除微生物外的植物和动物,以及除非生物和微生物外的生产植物和动物的主要生物方法。但是,各成员应规定通过专利或一种有效的特殊制度或通过这两者的组合来保护植物品种。本项的规定应在《WTO 协定》生效之日起 4 年后进行审议。"

⑤ Rosalind Pollack Petchesky, Global prescriptions: gendering health and human rights 80 (2003).

家使用进口仿制药品,① 正如在防治艾滋病、疟疾和结核病等流行病时低收入国家所面临的局面一样,② 这些国家无法解决仿制 COVID-19 疫苗所需的基础设施、能力、技术知识匮乏的问题。因此,选择仿制疫苗对于贫困国家而言,也并非是规避疫苗高昂价格的现实选项。对经济发达国家而言,如何应对疫苗高昂的价格也并非易事,如美国卫生与公众服务部部长亚历克斯·阿扎(Alex M. Azar II)在被问及美国民众是否负担得起 COVID-19 疫苗价格时,他坦言道"我们不能控制这个价格,因为我们需要私营部门的投资"。③ 因此,对于疫苗的价格控制显然是一个难题,而高昂的接种费用也会让贫困国家甚至是经济发达国家的低收入人群无法在此次危机中获得健康权的保障,这无疑加剧了既有不公平带来的分离。

另外,由于申请专利的审核期限问题,大部分疫苗研发公司从提交申请到公布授权期间通常不会选择公开其疫苗研发技术。除此之外,疫苗研发技术中的某些部分可能还涉及商业秘密,受到其他同样严苛的法律保护。虽然私营的制药公司可能与国家研究机构合作共同研发疫苗,从而使得后者同样享有疫苗的知识产权。然而,由于上述民族主义的存在,研究机构背后的国家也可能会选择拒绝国际间的信息共享,不与他国进行合作。例如,美国国家卫生研究院与现代公司在疫苗和冠状病毒相关技术方面进行了合作。④ 根据前者声明,其国内法允许其作为共同所有者在不需要现代公司同意的情况下制造、使用和销售疫苗。然而,美国政府是否会选择信息共享等国际合作恐怕还不得而知,毕竟美国特朗普政府在 2020 年 7 月正式通知联合国退出世界卫生组织,其拒绝在此次危机中进行国际合作的态度显然不难看出。而在当前的拜登政府中,尚未看出上述态度有多少转变。

---

① Eg. see generally Srividhya Ragavan and Amaka Vanni, Intellectual Property Law and Access to Medicines TRIPS: Agreement, Health, and Pharmaceuticals (2021).

② S. K. Verma, *TRIPS Agreement and Access to Medicines*, https://www.kansai-u.ac.jp/ILS/publication/asset/nomos/29/nomos29-06.pdf.

③ Health Secretary Alex Azar Won't Promise That A Coronavirus Vaccine Would Be Affordable, Verge, https://www.theverge.com/2020/2/27/21155879/alex-azar-coronavirus-vaccine-affordableinsurance,最后访问时间:2022 年 11 月 29 日。

④ The NIH Claims Joint Ownership of Moderna's Coronavirus Vaccine, AXIOS, https://www.axios.com/moderna-nih-coronavirus-vaccine-ownership-agreements-22051c42-2dee4b19-938d-099afd71f6a0.html,最后访问时间:2022 年 11 月 29 日。

三、COVID-19 中全球合作的义务与创新

(一) 健康权的国际合作义务

如前所述,在高度全球化的背景下,流行性疾病无疑具有迅速席卷整个世界的能力,正如此次 COVID-19 的爆发即是一大例证。随着南北贫富差距问题逐渐得到重视,人们认识到许多经济薄弱国家的政府缺乏提供安全、法规、法治或福利服务的能力。① 这些政府机构无力提供基本安全或基本服务的保障,可能会导致民众因此而失去生命的后果,而经济增长和税收的乏力又会使国家陷入依赖援助的怪圈。② 对于这些国家而言,显然无法在疫情爆发的短时间内独立自主地应对威胁性巨大的流行病。因此倘若缺乏国际援助,其国内人民所遭受的灾难将是无法忽视的。基于此,国际层面需要通过寻求国际合作义务的落实以满足经济薄弱国家的现实需求。与此同时,将国际法上具有约束力的权利义务设置为国际卫生援助基础,理论上要比以政治承诺为基础来得更稳固一些。因此,各国除了承担其国内义务,满足其人民需求,还应该重视团结,尊重国际法原则、义务,坚守良法善治下的多边主义和全球治理,关照其他国家人民的健康,促进国际合作与发展。

健康权的国际合作义务始于1948年《世界人权宣言》,它确立了"所有人民和所有国家的共同成就标准",承认在实现人权方面需要国际合作,认为"每个人都有权享有一种社会和国际秩序,在该秩序中,本宣言中规定的权利和自由能够得到充分实现"。③ 利用这一国际秩序,联合国1966年的《经济、社会及文化权利国际公约》将这些国际法律义务扩展为实现健康权,并承诺"尽最大能力,单独或通过国际援助和合作,特别是经济和技术援助和合作,采取措施。"联合国专门机构认识到这种国际义务对于充分实现人

---

① See generally United Nations, World Social Report 2020: Inequality In A Rapidly Changing World (2020); Susan E. Rice and Stewart Patrick, Index of State Weakness In the Developing World (2008); Merilee S. Grindle, *Good Enough Governance: Poverty Reduction and Reform in Developing Countries*, 17 Governance 525 (2004).

② DFID Research and Evidence Division Staff, The Politics of Poverty: Elites, Citizens, and States 2 (2010).

③ 《世界人权宣言》序言部分。

权是必要的,并率先在各自的职权范围内指导该方面内的经济和技术合作。①世界卫生组织则为健康权的规范发展提供了体制框架,并通过1978年的《阿拉木图宣言》规范国际卫生义务。虽然《阿拉木图宣言》未能实现其初级保健的目标,但2000年联合国经济、社会和文化权利委员会在其第14号一般性意见中延续了基于权利的初级保健方法的尝试。该份文件借鉴了先前阐述的"国际援助与合作"义务,重新解释了这些适用于健康权的义务,并强调"各国应尽其最大能力为这项工作做出贡献……鉴于有些疾病很容易跨过国家的边界传播,国际社会都有责任解决这个问题。经济发达的缔约国有特殊的责任和利益,在这方面帮助较穷的发展中国家"。② 同时,经济、社会和文化权利委员会在重申《经济、社会、文化权利国际公约》的国际义务时还指出:"为了避免有任何疑问,委员会愿强调,缔约国和其他能够给予帮助的角色尤其有责任提供'国际援助和合作,特别是经济和技术援助和合作',使发展中国家能够履行以上第43段和第44段所述核心义务和其他义务。"③

有学者直言,COVID-19中如果国家间合作失败,那么其结果将不仅是不必要的经济和人道主义困难,而且还会引起对囤积疫苗国家的强烈不满,这将危及应对未来疫情所必需的国际合作,更遑论如气候变化和核扩散等紧迫的挑战。④ 在国际合作义务的要求下,虽然依旧存在诸多问题亟待解决,如多边援助的缺乏、对国际援助干预他国主权的抨击等。但是,贫困国家还是在这场全球危机中通过国际援助受益匪浅,获得了不少来自他国的资金、技术乃至医疗扶持的帮助。我国践行了习近平主席所提出的"共建人类卫生健康共同体"⑤ 的努力,根据《抗击新冠肺炎疫情的中国行动》白皮书,此次COVID-19疫情期间,截至2020年5月31日,中国已向27个国家派出29个医疗专家组,向150个国家提供了援助。其中,中国已指示其驻56个

---

① See generally Andrew Clapham, Mary Robinson, Claire Mahon and Scott Jerbi ed., Realizing the right to health 368-378 (2009).

② See General comment no. 14 (2000), The right to the highest attainable standard of health (article 12 of the International Covenant on Economic, Social and Cultural Rights).

③ See General comment no. 14 (2000), The right to the highest attainable standard of health (article 12 of the International Covenant on Economic, Social and Cultural Rights).

④ Thomas J. Bollyky and Chad P. Bown, The Tragedy of Vaccine Nationalism: Only Cooperation Can End the Pandemic, 99 FOREIGN AFF. 96, 97 (2020).

⑤ 《携手共建人类卫生健康共同体——在全球健康峰会上的讲话》,中华人民共和国中央人民政府,http://www.gov.cn/gongbao/content/2021/content_5612964.htm,最后访问日期:2022年11月29日。

国家的医疗队支持当地抗疫战斗，并为当地人民和海外华人提供咨询和健康信息，并已组织了400多场线上和线下的培训。中国地方政府、企业、民间组织和个人还通过多种渠道向150多个国家和地区及国际组织捐赠物资。① 毫无疑问，在应对这场全球危机的下一步中，疫苗分配将会是国际合作的内容之一。根据国际法规范，让各国人民都享有疫苗接种机会是国家保障健康权的义务，也是国家落实健康权国际合作的义务。对此，习近平主席已明确表态将疫苗作为"全球公共产品"，要"让各国人民用得上、用得起"。② 同样，德国也保证疫苗将面向全世界。③

然而，少数大国的单独努力并无法长远地改变全球卫生治理的窘境，国际义务需要各国共同履行，尤其是经济发达国家需要承担起其应有的责任。无论贫富，一个国家都要承担起本国国民的健康促进义务；国际健康援助不是施舍，而是在实现全球健康正义和全面发展过程中履行的国际义务。④ 而将疫苗作为"全球公共产品"惠及各国，即是承担国际义务的要求。

（二）新冠肺炎疫苗实施计划

2020年5月19日，世界卫生组织所有会员国代表组成的第七十三届世界卫生大会通过了WHA73.1号决议，宣布承认COVID-19疫苗作为"全球公益物（Global Public Good）在预防、控制和阻止传播方面的作用，以便在获得安全、优质、有效、可获得和负担得起的疫苗后，结束这一流行病"。⑤ 同时，全球疫苗免疫联盟、世界卫生组织和流行病预防创新联盟共同提出并牵头进行新冠肺炎疫苗实施计划（COVAX），拟于2021年底前向全球提供20亿剂新冠肺炎疫苗，供应给"自费经济体"和"受资助经济体"。而新冠肺炎疫苗实施计划也是迄今为止强调实现这一"全球公益"的国际合作，它为在各参与国之间分发疫苗收集了财政和法律资源，也让我们得以一窥全球治

---

① 国务院新闻办公室，《抗击新冠肺炎疫情的中国行动》白皮书，https://www.fmprc.gov.cn/ce/celk/chn/xwdt/P020200608530392010040.pdf。

② 习近平：《让疫苗成为各国人民用得上、用得起的公共产品》，中国新闻网，https://www.chinanews.com/gn/2020/11-22/9344526.shtml，最后访问日期：2022年11月29日。

③ Muhammad Zaheer Abbas, Practical implications of 'vaccine nationalism': A short - sighted and risky approach in response to COVID - 19 5 (2020).

④ ［美］劳伦斯·O. 戈斯廷：《全球卫生法》，翟宏丽、张立新译，中国政法大学出版社2016年版，第25页。

⑤ COVID - 19 Response, WHO, World Health Assembly Resolution WHA 73.1, https://bit.ly/34npwrp.

理的潜力。①

事实上，新冠肺炎疫苗实施计划并非国际组织，也不是国际协议。它的主旨即提供疫苗，使世界人口能够对 COVID-19 免疫。新冠肺炎疫苗实施计划的参与者首先是国际组织，其次才是国家。目前，已有 186 个国家加入，参与的国家被分为两类：一是需要自筹资金的国家，它们将自行支付通过该计划获得的疫苗；二是受援助的贫困国家，倘若满足世界银行国际开发协会制定的官方发展援助标准，即可获得由世界银行和其他捐助者支付的疫苗。相较单纯赋予其国际援助义务，这样的设计显然足够吸引经济发达国家加入。对于经济发达国家而言，加入该计划除了代表对全球团结的尊重及获得国际赞誉外，更重要的是迎合其国家利益。纵使某些经济发达国家已经签订了预购协议，但由于疫苗的最终研发成果以及是否能够获得监管部门的批准还未可知，而加入新冠肺炎疫苗实施计划意味着"双保险"的落实。除了国际组织与国家之外，非国家行为者也是该计划的参与者。如前面所提及的全球疫苗免疫联盟与流行病预防创新联盟，还有比尔及梅琳达·盖茨基金会，以及由国际药品制造商协会联合会（The International Federation of Pharmaceutical Manufacturers & Associations）和发展中国家疫苗制造商网络（The Developing Countries Vaccine Manufacturers Network）选出的制药企业代表等。此举扩大了合作的范围，使得信息共享在同一个机制下得以尽可能广泛的进行。

新冠肺炎疫苗实施计划无疑是一种创新，在促进全球合作方面其对经济发达国家的吸引，以及对非国家行为者的接纳都充分体现了这一点。疫苗"双保险"带来的好处以及对国家利益的关切考量，相比于单纯施加国际人权层面的义务，理论上显然是更能够得到经济发达国家的响应。而在全球卫生危机中的公私合作伙伴关系显然也符合全球治理的逻辑。一方面，利用国际组织的合法性、专门知识和工具，使该计划的参与者受其约束而遵守承诺；② 另一方面，也使得信息共享的范围相对广泛且接近市场。然而，尽管目前许多国家已经加入其中并提供了支持，但不可否认的是，最为重要的依旧是经济发达国家的态度，因为后者掌握的资金与研发信息无法令人忽视。目前为止，新冠肺炎疫苗实施计划尚且未获得经济发达国家的普遍支持。因

---

① See generally Armin von Bogdandy, Pedro Villarreal, *The Role of International Law in Vaccinating Against COVID-19: Appraising the COVAX Initiative*, 81 Heidelberg Journal of International Law 89 (2021).

② Gian Luca Burci, *Public/private partnerships in the public health sector*, 6 Int. Organ. Law Rev. 359, 380 (2009).

此，倘若在未来依旧没有得到经济发达国家的充分支持，或者是疫苗民族主义再度盛行以至于占据主导地位，恐怕这一计划将会面临预期落空的结果。

结语

正如有学者所言，"传染病先于初民存在，而且将会始终与人类共存，并一如既往地作为影响人类历史的基本参数和决定因素之一。"① 全人类的健康保障不仅需要国家积极承担义务，更需要全世界的团结。② 现如今，全人类正共同面临着来自 COVID-19 这一严重流行性疾病的威胁，而疫苗的安全高效研发、公平分配接种则是目前最有希望帮助我们渡过难关的方法，而这也是国际法所赋予各国人民的理应享有的健康保障。

然而，在这场全球范围的浩劫中，国际社会却呈现出合作与分离的两种态势。国家满足其国内需求，为本国人民服务是没有争议的义务，然而这并非是选择疫苗民族主义而忽视甚至牺牲其他国家人民健康权的理由。国际知识产权法固然保护创造者的权利，允许鼓励其创造价值，但这也不应成为在灾难中谋取暴利或支持民族主义的工具。正如第一位商用脊髓灰质炎疫苗（Polio Vaccine）发明者乔纳斯·索尔克（Jonas Salk）在接受采访时被问及"谁拥有该疫苗的专利"时所言，"我想说的是全人类。"③ 虽然这一发言显得有些过于极端，但无疑是反对在灾难中将疫苗过分狭隘使用的有力声音。此外，国际法要求国家，即作为负有健康权国际合作义务的主体，必须认识到这是关系到全人类的危机。各国都应尽其最大能力为应对危机做出贡献，维护联合国层面的全球健康治理新格局，破除单边主义和霸权主义，共商健康治理规则，共建健康治理机制，共迎健康发展挑战，共享健康发展成果。④ 在全球流行性疾病面前，整个国际社会都负有解决问题的责任，因此挽救生命的疫苗理应被视为"全球公共产品"。新冠肺炎疫苗实施计划的出现，则是为全球疫苗合作提供了一个值得期待的机制。

目前，一个选择摆在了世界各国面前，要么采取短视的民族主义做法，

---

① ［美］威廉·麦克尼尔：《瘟疫与人》，余新忠、毕会成译，中信出版社 2018 年版，第 237 页。

② 付子堂，庞新燕：《我国公共卫生体系搭建历程与逻辑进路——以健康权保障为研究视角》，载《人权》，2022 年第 6 期，第 53 页。

③ Ana Santos Rutschman, *The Vaccine Race in the 21st Century*, 61 ARIZ. L. REV. 729, 744 (2019).

④ 宋大平，王雨欣，赵怡璇：《作为发展权的健康权：构建健康人权国际话语体系的中国立场》，载《中国卫生法制》，2022 年第 3 期，第 4 页。

要么选择国际法要求的全球合作。答案似乎始终很明显，前者只会导向不具有现实性的追求，而后者才是"共建人类卫生健康共同体"的出路。

参 考 文 献

[1] [美] 劳伦斯·O. 戈斯廷：全球卫生法 [M]. 翟宏丽, 张立新, 译. 北京：中国政法大学出版社, 2016.

[2] [美] 威廉·麦克尼尔：瘟疫与人 [M]. 余新忠, 毕会成, 译. 北京：中信出版社, 2018.

[3] Alexandra L. Phelan, Mark Eccleston – Turner, Michelle Rourke, Allan Maleche, and Chenguang Wang, *Legal agreements*: *barriers and enablers to global equitable COVID – 19 vaccine access*, 396 The Lancet 800（2020）.

[4] Ana Santos Rutschman. *The Reemergence of Vaccine Nationalism*, GEO. J. INT′L AFFS. ONLINE（July 3, 2020）, https：//gjia. georgetown. edu/2020/07/03/the – reemergence – of – vaccine – nationalism.

[5] Ana Santos Rutschman. *The Vaccine Race in the 21st Century*, 61 ARIZ. L. REV. 729（2019）.

[6] Andrew Clapham. Mary Robinson, Claire Mahon and Scott Jerbi ed. , Realizing the right to health（2009）.

[7] Armin von Bogdandy. Pedro Villarreal, *The Role of International Law in Vaccinating Against COVID – 19*：*Appraising the COVAX Initiative*, 81 Heidelberg Journal of International Law（2021）.

[8] Benjamin Mason Meier, Ashley M. Fox. *International Obligations through Collective Rights*：*Moving from Foreign Health Assistance to Global Health Governance*, 12 HEALTH & HUM. Rts. 61（2010）.

[9] Benjamin Mason Meier, Ashley M. Fox. *International Obligations through Collective Rights*：*Moving from Foreign Health Assistance to Global Health Governance*, 12 HEALTH & HUM. Rts. 61（2010）.

[10] DFID Research, Evidence Division Staff. The Politics of Poverty：Elites, Citizens, and States（2010）.

[11] Gian Luca Burci. *Public/private partnerships in the public health sector*, 6 Int. Organ. Law Rev. 359（2009）.

[12] Ian Thornton. Paul Wilson and Gian Gandhi, "*No Regrets*" *Purchasing in a pandemic*：*making the most of advance purchase agreements*, 18

Globalization and Health 62 (2022).

[13] John Tobin, The Right to Health in International Law (2012).

[14] José M. Zuniga, Stephen P. Marks, Lawrence O. Gostin ed., ADVANCING THE HUMAN RIGHT TO HEALTH (2013).

[15] Lawrence O. Gostin and Benjamin Mason Meier, Foundations of Global Health & Human Rights (2020).

[16] Lawrence O. Gostin, Safura Abdool Karim, and Benjamin Mason Meier, *Facilitating access to a COVID-19 vaccine through global health law*, 48 J. L. Med. & Ethics 622 (2020).

[17] Lynn Hunt, Inventing Human Rights: A History (2007).

[18] Mary E. Wilson, Travel and the Emergence of Infectious Diseases, 1 Emerg Infect Dis. 39 (1995).

[19] Merilee S. Grindle. *Good Enough Governance: Poverty Reduction and Reform in Developing Countries*, 17 Governance 525 (2004).

[20] Muhammad Zaheer Abbas, Practical implications of 'vaccine nationalism': A short-sighted and risky approach in response to COVID-19 (2020).

[21] Richard Pierre Claude and Bernardo W. Issel, *Health, Medicine and Science in the Universal Declaration of Human Rights*, 3 Health Hum. Rights 126 (1998).

[22] Rosalind Pollack Petchesky, Global prescriptions: gendering health and human rights (2003).

[23] Verma S K. *TRIPS Agreement and Access to Medicines*, https://www.kansai-u.ac.jp/ILS/publication/asset/nomos/29/nomos29-06.pdf.

[24] Halabi Sam F, Ana Santos Rutschman. *Viral Sovereignty, Vaccine Diplomacy, and Vaccine Nationalism: The Institutions of Global Vaccine Access*, 36 EMORY INT'l L. REV. 1 (2022).

[25] Sapna Kumar. *Compulsory Licensing of Patents During Pandemics*, 54 Conn. L. Rev. 57 (2022).

[26] Sarah Joseph, Gregory Dore. *Vaccine Apartheid: A Human Rights Analysis of COVID-19 Vaccine Inequity*, 31 J. Transnat'l L. & POL'y 145 (2021–2022).

[27] Srividhya Ragavan, Amaka Vanni, et al., Intellectual Property Law and Access to Medicines TRIPS: Agreement, Health, and Pharmaceuticals

(2021).

[28] Jamar Steven D. *The International Human Right to Health*, 22 S. U. L. REV. 1 (1994).

[29] Rice Susan E, Stewart Patrick, Index of State Weakness In the Developing World (2008).

[30] Swathi Padmanabhan, Tahir Amin, Bhaven Sampat, Robert Cook‐Deegan, and Subhashini Chandrasekharan, *Intellectual Property, Technology Transfer and Developing Country Manufacture of Low‐cost HPV vaccines – A Case Study of India*, 28 Nat Biotechnol. 671 (2010), https://www.ncbi.nlm.nih.gov/pmc/articles/PMC3138722/.

[31] The World Bank. World Development Report 2022: Finance for an Equitable Recovery (2022).

[32] Thomas J. Bollyky and Chad P. Bown, *The Tragedy of Vaccine Nationalism: Only Cooperation Can End the Pandemic*, 99 FOREIGN AFF. 96 (2020).

[33] United Nations, World Social Report 2020: Inequality In A Rapidly Changing World (2020).

[34] Walter R. Sharp, *The New World Health Organization*, 41 AM. J. INT'l L. 509 (1947).

[35] Yen‐Der Li, Wei‐Yu Chi, Jun‐Han Su, Louise Ferrall, Chien‐Fu Hung and T.‐C. Wu, *Coronavirus vaccine development: from SARS and MERS to COVID‐19*, 27 J. Biomed. Sci. 104 (2020).

[36] 付子堂, 庞新燕. 我国公共卫生体系搭建历程与逻辑进路——以健康权保障为研究视角. 人权, 2022 (6).

[37] 焦洪昌. 论作为基本权利的健康权 [J]. 中国政法大学学报, 2010 (1): 12-19.

[38] 宋大平, 王雨欣, 赵怡璇. 作为发展权的健康权: 构建健康人权国际话语体系的中国立场 [J]. 中国卫生法制, 2022 (3): 4.

新冠疫情引发美式滥诉案件的国际法分析及中国对策

孙宁杰[*]

摘要：新冠疫情发生以来，美国一些民间组织及州政府以中国应对疫情不当，疫情造成美国国民生命财产损失为由，起诉中国国家及政府，并引发一系列美式滥诉案件。结合国际法及美国《外国主权豁免法》的相关规定，本文认为，中国政府和中国共产党应享有豁免权，中国防疫行为不属于豁免例外情况，美国法院不享有相应的管辖权。中国的防疫行为也不属于国际不法行为，与外国的疫情损害之间也不存在因果关系，因而不应承担国际责任。面对美式滥诉案件，中国应在个案中采取具体对策，同时完善我国关于国家豁免的国内立法，积极履行国际义务，推动构建人类命运共同体。

关键词：主权豁免；豁免例外；国家责任；国际不法行为

Abstract: Since the outbreak of the COVID – 19 epidemic, some non-governmental organizations and state governments in the United States have sued the Chinese state and government on the grounds that China had improperly responded to the epidemic and caused losses of lives and property of American citizens, and triggered a series of abuse cases. Combined with the relevant provisions of international law and the Foreign Sovereign immunity Act of the United States, this paper holds that the Chinese government and the Communist Party of China should enjoy immunity, the act of epidemic prevention in China is not an exception to immunity, and American courts do not have the corresponding jurisdiction. China's epidemic prevention is not an internationally wrongful act, and there is no causal relationship between China's epidemic prevention and the damage caused by the epidemic in foreign countries, so it should not take international responsibility. In the face of American-style abuse cases, China should take specific countermeasures

---

[*] 孙宁杰，法学硕士，北京德恒律师事务所律师.

in individual cases, at the same time, improve our domestic legislation on state immunity, actively fulfill international obligations, and promote the construction of a community with a shared future for mankind.

Key Words: Sovereign immunity; Exception to sovereign immunity; National responsibility; Internationally wrongful act

一、新冠疫情引发美式滥诉中国的案件

在新冠疫情下，"向中国索赔"的不和谐声音最早出现在美国。2020年3月13日，美国佛罗里达州一家律所Berman Law Group以中国政府为被告，在联邦地区佛罗里达南区法院提起集团诉讼，指控中国管控疫情不力，导致美国民众的生命和财产损失。① 随后，对中国政府提起诉讼的做法从美国民间蔓延到美国政府。4月21日，美国密苏里州总检察长Eric S. Schmitt代表密苏里州，因新冠疫情向美国联邦地区密苏里东区法院（东南法庭）提交诉状，起诉中华人民共和国、中国共产党等9名被告，指控被告隐瞒疫情情况，违反国际义务，危害了美国公民的生命健康，要求被告应为疫情给密苏里州造成的巨大死亡和经济损失负责。② 随着美国疫情的发展，美国国内又发生多起以中国政府、有关部委等为被告的与新冠疫情有关的诬告滥诉案件。这些恶意诉讼的案件，将新冠肺炎疫情政治化、污名化，不仅违背了《联合国宪章》所载明的"各会员国主权平等之原则"，也与国家主权豁免、国际责任法等国际法原则和规则相悖。本文将结合美式滥诉案件，探讨国际法中的国家主权豁免与国家责任有关问题，并对中国的应对方案提出建议。

二、美式滥诉案件中的国家主权豁免问题

根据国际法关于国家豁免的原则及美国国内法的规定，中国政府享有主权豁免，且中国政府应对疫情的措施并不在主权豁免的例外情况之列。

（一）关于国家主权豁免的国际法及美国国内法规定

1. 国家主权豁免的国际法规定

国家主权豁免是一项被广泛接受的国际法原则，指一个国家及其财产不

---

① Logan Alters v People's Republic of China and others, Case 1: 20 - cv - 21108 - UU.
② The State of Missouri v People's Republic of China and others, Case: 1: 20 - cv - 00099.

得在另一国法院被起诉,其国家财产不得被另一个国家扣押或强制执行,除非该国表示明确同意。学界普遍认为,"平等者之间无管辖权"这一公元1234年罗马教皇格里高利九世的教谕是国家主权豁免的理论来源。① 各个主权国家地位平等,如果一国的法院对另一国行使司法管辖权,则意味着这种平等被打破,一国的主权高于另一国家,因此不能被国际社会所接受。国家豁免原则对解决国家主权冲突、维护和谐的国际关系都有着重要意义。②

然而,绝对的国家豁免维护了国家的主权和尊严,却不免有损害自然人和法人的利益之虞。而且,进入19世纪晚期,国家参与商业活动的实践日渐丰富,绝对豁免已不能满足实际需要,各国开始主张相对豁免,即国家商事行为不能得到豁免。因为在商事活动中,双方主体法律地位平等,如采取国家绝对豁免可能有违公平。③ 2004年通过的《联合国国家及其财产管辖豁免公约》就采取了相对豁免的立场,规定了国家在商业交易、人身伤害和财产损害等情况下不享有豁免。④

2. 美国1976年《外国主权豁免法》

在上述背景下,1976年美国制定了《外国主权豁免法》,几经修订,确立了国家相对豁免原则及七项例外。根据《外国主权豁免法》的规定,外国国家及政府,包括其地方政府、政府部门及机构,皆可免于被诉,除非出现国家弃权、商业活动、违反国际法的征收行为、涉及在美国的不动产和产权的继承和遗赠、非商业侵权行为、仲裁协议和裁决的执行、国家支持的恐怖主义行为七种例外情况。⑤

在前述一系列美式滥诉案件中,原告主要援引以下三种例外情况,主张中国政府不享有豁免权。

(1) 商业活动例外。这是美国司法实践中应用最广泛的一类例外。要适用商业活动例外,需符合以下几个要件:第一,有关国家或政府的活动必须属于"商业活动",判断的标准是其行为性质,而非是否有商业目的;第二,原告的具体主张是基于该活动或与该活动有关的行为;第三,有关商业活动需要与美国有足够的管辖权联系。

(2) 侵权行为例外。外国国家或其政府官员、雇员,在履行其职务或职

---

① 何志鹏. 对国家豁免的规范审视与理论反思 [J]. 法学家, 2005 (2): 108-117.
② 赵建文. 国家豁免的本质、适用标准和发展趋势 [J]. 法学家, 2005 (6): 20.
③ 何志鹏. 主权豁免的中国立场 [J]. 政法论坛, 2015, 33 (3): 77.
④ 2004年《联合国国家及其财产管辖豁免公约》第10条至第17条。
⑤ The Foreign Sovereign Immunities, art. 1605.

权范围内,且在美国境内实施侵权行为,由此引起的损害赔偿诉讼不得享有管辖豁免。这种侵权行为必须与美国有密切联系,具体表现为侵权行为及侵权行为后果都必须发生在美国,但外国网络间谍行为除外。

(3) 国家支持的恐怖主义行为例外。该项例外是美国国会 2016 年通过的《对恐怖主义资助者实行法律制裁法案》规定的,该法案对 1976 年《外国主权豁免法》予以修订,如果一国实施恐怖主义行为造成损害,美国可以因此起诉外国国家。①

因此,无论是根据关于国家豁免的国际习惯法原则、国际条约还是美国国内法规定,一国国家及其政府原则上享有豁免权,但在某些例外情况下,国家不能享有豁免。此次一系列美式滥诉案件,原告正是援引了上述法律原则和规则中关于商业活动例外、侵权行为例外和恐怖主义行为例外的规定。然而,无论从法律上还是从事实上,这些指控都难以成立。

(二) 中国政府和执政党应享有主权豁免

1. 中国政府和执政党属于国家豁免的主体

中国政府,包括中央政府、地方政府以及各部委无疑属于享有豁免权的主体,但在执政党是否享有豁免权问题上,在美式滥诉中国的诸多案件中,原告存在不同认识。其中,美国密苏里州区分外国执政党和外国政府,认为外国执政党不属于外国政府本身或外国政府的机构或政治分支,主权豁免不适用于外国执政党。因此,以美国密苏里州起诉的案件中的案件中,其将中国共产党作为被告之一。而密西西比州认为中华人民共和国与执政党本质上是一个整体,一国的执政党也享有主权豁免主体地位。因此,在以美国密苏里州起诉的案件中的案件中,其并未将中国共产党作为被告之一。

本文认为,一国的执政党毫无疑问属于豁免主体范围内。根据美国《外国主权豁免法》第 1603 条第 1 款,"外国"包括:①外国的政治分支机构(a political subdivision of a foreign state);②某外国的代理机构或媒介(an agency or instrumentality of a foreign state)。第 2 款对 "外国的代理机构或媒介" 做出界定为:①独立的社团法人、非社团法人或其他法人;②外国国家机关或该机关的政治分支机构,或其大部分所有权权益属于外国国家机关或机关的政治分支机构;③既不是美国某州公民,也不是根据任何他国法律设

---

① The Foreign Sovereign Immunities Act: A Guide for Judges [M]. Federal Judicial Center, 2018. 47-78.

立的实体。在该法案制定过程中，"外国的代理机构或媒介"曾被解释为可以具有多种形式，如社团组织、航线、钢铁公司、中央银行等。① 在美国司法实践中，判断"外国的代理机构或媒介"的核心标准是其组织职能。执政党的职能属于国家主权职能，因此应当享有豁免权。② 在 Omar 案中，美国联邦法官也明确认定古巴共产党符合"外国的代理机构或媒介"的定义。③ 我国宪法中明确规定了坚持党的领导，这是一项基本原则。中国共产党作为中国的执政党，应当属于享有主权豁免的主体范围之内。把党和政府区别开来，明显是对中国国家和政治制度的故意曲解，也背离了美国《外国主权豁免法》的立法宗旨。④

2. 中国政府应对疫情的措施不符合豁免例外情形

1）中国政府的市场监管行为并非商业活动

美国州政府在诉状中指控中国政府等被告囤积个人防护用品、出口不合格的个人防护用品等，声称这些行为属于商业活动，因此不在主权豁免之列。这些指控罔顾中国政府多次向各国捐赠医疗防护用品的事实，而且不符合法律。

如前所述，要判断一国政府的行为是否为商业活动，根据美国《外国主权豁免法》第 1603 条第 4 款规定，应着眼于行为的性质而非目的。⑤ 从行为性质出发，中国政府以防控疫情为出发点，实施政府行为，并未实施生产和销售个人防护用品的商业行为，也未实施囤积个人防护用品的市场经营者行为，而是从事了强化市场监督管理的行政监管行为，显然应列入国家主权行为之列，没有任何商业性质。因此，中国政府的疫情防控行为根本不属于商业行为例外的范畴，中国政府应当享有主权豁免。

2）中国政府的防疫行为不构成侵权行为

美国密苏里州政府试图援引非商业性侵权例外，声称"被告的行为不

---

① The legislative history of the FSIA at 1976 U. S. Code Cong. & Ad. News 6614 – 6618.

② The Foreign Sovereign Immunities Act：A Guide for Judges ［M］. Federal Judicial Center, 2018. 47 – 78.

③ Omar Rodriguez SALUDES and Olivia Saludes, Plaintiffs, v. REPUBLICA DE CUBA, et al, No. 03 – 20833.

④ 霍政欣，美国就疫情损失搞所谓索赔诉讼：强借法律之名，难掩嫁祸之实，光明日报 2020.06.28. 第 8 版.

⑤ 1976 年美国《外国主权豁免权法》第 1603 条第 4 款规定：商业活动是指某种正常做法的商业行为，或是指某种特殊的商业交易或行动。是否为商业性的活动，应当根据行为的做法的性质、或特殊的交易和行动的性质决定，而不是根据其目的。

合理地干扰了一般公众的共同权利，如干扰公众健康和公共安全"。事实上，中国政府的防疫行为依据美国《外国主权豁免法》，并不构成侵权行为。

《外国主权豁免法》的立法目的是排除外国对"在美国发生的交通事故等其他侵权行为"的豁免权。① 显然，一国政府的防疫行为属于主权行为，并不在侵权行为例外的范围之内。此外，《外国主权豁免法》规定的非商业侵权例外并非赋予美国治外法权，法院只有权管辖发生在美国国内的侵权行为。如前所述，即全部的（entirely）侵权行为及侵权行为后果都必须发生在美国。在美国司法实践中，对侵权行为发生在美国境外的外国国家行为有时也行使管辖权，但仅限于战争、武装冲突、恐怖主义和酷刑等行为。然而，中国政府的防疫行为并不发生在美国境内，并且也不属于战争或恐怖主义行为，因此美国法院不能适用侵权行为例外对中国政府防疫行为行使管辖权。

3）中国政府的防疫行为不属于恐怖主义行为

2016 年，美国参议院通过了《对恐怖主义资助者实行法律制裁法案》，允许当事人在美国法院起诉支持恐怖主义行为且导致美国有关人员伤害的国家。在前述美式滥诉案件中，原告主张中国政府"未能保护被禁止且非法的生化武器，对其意外泄漏也未能提供充分保护"，并援引恐怖主义例外主张中国政府没有豁免权，但在起诉书中并未合理说明被告如何实施恐怖主义行为。实际上，至目前为止，科学界都未能确定病毒的起源地。原告认为病毒起源于中国制造的生化武器泄漏，更是无稽之谈。以恐怖主义行为例外否定中国政府的豁免权，没有任何的事实和法律依据。

三、美式滥诉案件中的国家责任问题

在前述美式滥诉中国案件中，原告均指控中国政府违反国际义务，并要求中国政府承担国家责任。本文认为这种指控同样不能成立。

（一）国家责任构成要件

国际法上的国家责任，是指国家对国际不法行为所承担的责任。2001 年，联合国国际法委员会通过了《国家对国际不法行为的责任条款草案》（以下简称《责任条款草案》）。虽然该文件尚未生效，不具有法律约束力，

---

① Argentine Republic v. Amerada Hess Shipping Corp., 488 U.S. 428, 439-40 (1989).

但其集中反映了现代国际法对于国家责任的主要考量和共识。根据《责任条款草案》，一个国家要承担国家责任，必须要存在国际不法行为，且不法行为与损害后果之间应当具有因果关系。

1. 存在国际不法行为

国家的国际不法行为引起国家责任。那么，何为国际不法行为呢？著名的国际法学者奥本海将国际不法行为定义为"一个国家的元首或政府违反国际法律义务而对另一个国家所作的任何侵害行为"。① 《责任条款草案》第 2 条规定了一国国际不法行为的两个要素："①由作为或不作为构成的行为根据国际法归因于该国；②此行为违反该国国际义务。"我国著名的国际法学者王铁崖先生将前者称为国际不法行为的主观要素，后者称为国际不法行为的客观要素。

1）主观要素：国家的不法行为归因于该国

判断国家的行为是否归因于该国是确定国家责任的前提，也是争议的焦点。《责任条款草案》的第 2 章集中规定了行为归因于一国的八种具体情形。概括起来可分为三类：①一国的国家机关、公务人员或经授权而行使政府权力要素的个人或实体的行为；②其他主体做出的体现国家意志的行为；③行为做出时不存在国家意志，但之后国家做出追认的行为。这些规则共同确定了国际不法行为的归因，明确了责任的归属。值得注意的是，在判断不法行为时，并不必然要求国家存在主观过错，这样可以有效避免国家以主观上不存在过错为由逃避本应承担的国家责任。

2）客观要素：国家行为构成对国际义务的违背

《责任条款草案》第 12 条对国家违背其国际义务做出了概括性的阐述："一国的行为如与国际义务对它的要求不符，即为违背国际义务，无论该义务的起源或性质如何。"此外，《责任条款草案》规定了分层次的国际义务，包括违反依国际法强制性规范所承担的义务和一般性的国际义务。

2. 不法行为与损害结果具有法律上的因果关系

在确定行为国的国际责任时，需要证明国际不法行为与损害结果之间具有法律上的因果关系。《责任条款草案》对因果关系的规定体现在第 31 条第 1 款："责任国有义务充分赔偿其国际不法行为所造成的损害。"其包含的推论是损害必须是由国际不法行为造成的。在证明因果关系时，国际法委员会

---

① ［英］劳特派特. 奥本海国际法（修订）：上卷第 1 分册 [M]. 王铁崖，陈体强，译. 商务印书馆1971 年版，第 253 页。

强调,"损害结果"必须限于可归因于不法行为所造成的损害,而不是不法行为产生的任何或所有后果。①

3. 不存在免除国家责任的事由

存在国际不法行为,并不一定引起国家责任。《责任条款草案》规定,在同意、自卫、不可抗力、危难等情况下,国家责任可以免除。这与国内法关于免责事由的规定是相类似的。

(二) 中国防疫行为不产生国际责任

1. 中国防疫行为不属于国际不法行为

美国密苏里州及密西西比州诉状援引《国际卫生条例》第 6.1 条,认为中国有义务在 24 小时内报告"在其境内可能构成国际关注的突发公共卫生事件",而中国违反了这一义务。

中国应对疫情的举措并未违反国际义务。与之相反,中国一直积极履行国际义务,为抗击疫情做出贡献。根据世界卫生组织发布的声明,早在 2019 年 12 月 31 日,中国武汉市卫生健康委员会就向世界卫生组织报告了武汉市的一组肺炎病例。2020 年 1 月 11 日,中国公开分享了 COVID – 19 的基因序列。1 月 28 日,世界卫生组织总干事召集突发事件委员会开会,宣布新型冠状病毒疫情构成国际关注的突发公共卫生事件。② 以上时间线表明,中国履行了《国际卫生条例》所规定的国际义务,不仅在其认识到疫情可能构成国际关注的突发公共卫生事件时,及时向世界卫生组织和世界各国做出了报告,而且配合世界卫生组织核实情况,评估疾病和控制措施,快速公布病毒基因序列,为国际社会及时正确认识疫情、控制疫情做出了贡献,并得到世界卫生组织的高度肯定。世界卫生组织在 2019 新型冠状病毒疫情《国际卫生条例》(2005) 突发公共卫生事件应急委员会第二次会议声明中指出:"中国迅速识别了禽流感病毒,并分享了其基因序列,以便其他国家能够快速诊断并保护自己,这促进了诊断工具的快速发展。中国采取了十分有力的措施,……这些措施不仅有利于中国,也有利于世界其他地区。"③

---

① Draft articles on Responsibility of States for Internationally Wrongful Acts with commentaries. United Nations,2008:92.

② 世卫组织应对 COVID – 19 疫情时间线 https://www.who.int/zh/news – room/detail/27 – 04 – 2020 – who – timeline – covid – 19.

③ WHO, Statement on the second meeting of the International Health Regulations (2005) Emergency Committee regarding the outbreak of novel coronavirus (2019 – nCoV).

2. 中国防疫行为与他国损害结果之间不存在因果关系

中国防疫行为与疫情造成的国际社会损害结果之间不具有法律上的因果关系。如前所述，中国第一时间发现并报告了疫情。正如国际法学者 David P. Fidler 所言，在中国按照《国际卫生条例》履行通报义务后，许多目前遭受疫情的国家本是有时间为病毒的跨界传播做准备的。[①] 当前世界各国遭受的严重损害结果应当归因为病毒的自然传播和国家自身防疫措施不足等原因，并不能归因于中国的行为。

3. 疫情发生属于不可抗力

新冠肺炎病毒是一种新型病毒，其病毒特点、传播途径、治疗方法等均与人类已知的病毒不同，其产生与跨国界传播属于不可抗拒的力量，疫情的爆发也是人类无法预料和不可控制的事件，因而属于不可抗力。根据《责任条款草案》，当不可抗力的情况是由国家的行为导致或该国已承担发生这种情况的风险时，才不得援引不可抗力。然而，并非因为中国的行为而产生病毒，将新冠肺炎病毒称为"中国病毒"是针对中国的污名化行为。事实上，人类历史上多次发生流行病疫情，但从未有国家因此被非难。例如，2009 年 H1N1 病毒导致全球流感大流行，美国是病毒来源地，世界卫生组织将其认定为国际关注的突发公共卫生事件，但并没有国家为此起诉美国，要求美国承担赔偿责任。因此，要求中国因疫情流行而承担国际责任是不合理的。

四、对美式滥诉案件的中国对策

上述一系列美式滥诉案件已在美国法院立案，在可预见的将来，很可能还会有类似案例发生。这不仅对中国造成法律纷扰，在国际社会也会对中国的国家形象造成不良影响。中国需要重视此等滥诉行为，综合运用法律、外交、舆论等多种方法，在个案应对上采取相应的对策。同时，也要完善我国的主权豁免制度。

（一）具体案件的应对方法

1. 援引《海牙送达公约》拒绝接受送达

对于上述滥诉中国的案件，如果美国法院保持理性和公正，应该承认中国享有豁免权，驳回原告起诉。但是，如果美国法院不承认中国的豁免权，

[①] David P. Fidler. COVID – 19 and International Law: Must China Compensate Countries for the Damage? https://www.justsecurity.org/69394/covid – 19 – and – international – law – must – china – compensate – countries – for – the – damage – international – health – regulations/.

坚持受理案件，在送达问题上，中国可依据《关于向国外送达民事或商事司法文书和司法外文书公约》（以下简称《海牙送达公约》）的相关规定拒绝接受司法文书。中国于1991年加入《海牙送达公约》时，做出了拒绝邮寄送达的保留。如果他国法院以邮寄方式向中国送达诉讼文书，中国可针对送达方式提出抗辩。如果他国法院以领事途径将文书送达中国司法部，司法部可援引《海牙送达公约》第13条，即诉讼将损害国家主权或安全时，可以拒绝接受文书。值得注意的是，需要在文书抵达时即拒绝接受并提出对送达的异议，如果其后再向他国法院提出异议，可能被法院视为出庭应诉。①

2. 主张中国享有管辖豁免和执行豁免

如前所述，中国享有管辖豁免，美国法院无权管辖以中国政府为被告的案件。中国可通过外交途径，积极与美国政府交涉并提交照会，要求美国法院拒绝受理此类案件。也可通过民间途径，请国际非政府组织和专家学者提交"法庭之友意见书"，阐述中国享有管辖豁免，滥诉于法无据。此外，还可通过法律途径，派出代表积极应诉，向外国法院主张我国享有管辖豁免的事实与理由。

如果美国法院无视我国的意见，强行做出管辖决定，进而做出我国应当承担责任的不利判决，我国仍可采取主张执行豁免的方式。如果美国法院强制执行我国国家财产，我国有权要求美国赔偿，并采取国际法认可的报复措施。

(二) 完善我国的主权豁免立法

本文认为，此次美式滥诉提醒我们，中国应当进一步完善主权豁免立法，适时出台中国的《国家豁免法》并采取限制豁免原则。

在以往的实践中，我国一直主张和坚持绝对豁免原则。但是，从关于国家豁免的国际法发展趋势上看，限制豁免已逐渐取代绝对豁免，成为国家主权豁免理论的主流观点。考虑到现实情况，中国宜采取限制豁免的立场，达到维护主权和追求公平之间的平衡。

从美国州政府诉中国案及以往的相关案件可以看出，中国主张绝对豁免，并不能保护中国国家政府免于被诉，而只能限制当事人在中国法院起诉其他国家的行为。中国对于外国国家政府没有任何有效的制约，并不利于维护中国利益，对中国当事人也并不公平。中国政府在符合商业例外、侵权例外等特殊条件的情况下，有可能在其他采取限制豁免的国家被诉，受到其他国家

---

① 王卿. 美国对外国国家的送达制度 [J]. 北方法学，2014, 8 (3)：84.

的司法管辖，这也使得中国利益的维护陷入被动境地。

中国在签署的国际条约和零散的国内立法条文中都体现了部分的限制豁免立场。例如，中国1993年批准的《国际救助公约》即承认，用于商业目的之国有船舶或国有货物不得享有豁免权；中国签署了《联合国国家及其财产管辖豁免公约》，但尚未批准。在国内法中，中国于2005年10月25日颁布了《外国中央银行财产司法强制措施豁免法》，确立了对外国中央银行财产给予财产保全和执行的司法强制措施的豁免的一般原则，以放弃豁免为例外。在未来，中国可适时批准《联合国国家及其财产管辖豁免公约》。此外，应加快国内立法，明确国家主权限制豁免原则及豁免例外情形，为国际争端中中国当事人维护自身权益提供法律依据。

（三）积极履行国际义务，展现负责任大国形象

此次美式滥诉案件中，关于中国不履行国际义务因而应承担国际责任的指控虽然是无稽之谈，但我们仍应当思考，中国如何更好地履行国际义务，提升大国形象，推动构建人类命运共同体。

事实上，如外国学者所言，此次疫情转而成为宣传中国政府治理能力、政治制度和全球领导地位的案例。中国应对疫情措施得当，抗疫效果显著，并广泛开展国际援助，得到了世界卫生组织等国际组织以及国际社会大多数国家的高度赞誉。2020年6月7日，国务院新闻办公室发布《抗击新冠肺炎疫情的中国行动》白皮书，以翔实数据和大量事实，与国际社会分享中国抗疫的经验做法，阐明全球抗疫的中国理念、中国主张。[①] 这种良性宣传与互动应当以多种方式进行。官方发言具有权威性，民间讲述更生动而易于接受，应当注重发挥民间组织的力量，发出中国声音，讲好中国故事。

当前单边主义、保护主义抬头，逆全球化思潮严重冲击全球格局。然而这次疫情再次雄辩地表明，各国团结合作，构建人类命运共同体，才符合国际社会和全人类的共同利益。目前，美国发起滥诉，启动退出世卫组织程序，种种"退群""毁约"行为，受伤害的是美国人民。中国应继续与联合国、世界卫生组织等国际组织及世界各国携手合作，共同抗击疫情，凝聚起多边主义的全球共识，践行合作共赢的中国方案。

[①] 读懂抗疫行动中的大国担当. 中新网 http://difang.gmw.cn/2020－06/18/content_33923246.htm.

参 考 文 献

[1] [英] 劳特派特. 奥本海国际法（修订）：上卷第 1 分册 [M]. 王铁崖, 陈体强, 译. 北京：商务印书馆, 1971.

[2] 王铁崖. 国际法 [M]. 北京：法律出版社, 1981.

[3] 李寿平. 现代国际责任法律制度 [M]. 武汉：武汉大学出版社, 2003.

[4] Draft articles on Responsibility of States for Internationally Wrongful Acts with commentaries [M]. United Nations, 2008.

[5] David P. Fidler. COVID – 19 and International Law：Must China Compensate Countries for the Damage. https：//www. justsecurity. org/69394/covid – 19 – and – international – law – must – china – compensate – countries – for – the – damage – international – health – regulations/.

[6] 肖永平. 应对美国滥诉的法与理 [N]. 光明日报, 2020 – 04 – 30 (14).

[7] 何其生.《海牙判决公约》与国家相关判决的承认与执行 [J]. 环球法律评论, 2020, 42 (3)：147 – 161.

[8] 何志鹏. 对国家豁免的规范审视与理论反思 [J]. 法学家, 2005 (2)：108 – 117.

[9] 何志鹏. 主权豁免的中国立场 [J]. 政法论坛, 2015, 33 (3)：64 – 80.

[10] 赵建文. 国家豁免的本质、适用标准和发展趋势 [J]. 法学家, 2005 (6)：19 – 24.

[11] 赵建文. 国际法上的国家责任 [D]. 北京：中国政法大学, 2004.

[12] 张乃根. 试析《国家责任条款》的"国际不法行为" [J]. 法学家, 2007 (3)：95 – 101.

[13] 潘灯. 商业例外之例外——"国家豁免"中一个也许因中国而创的立场 [J]. 中国国际私法与比较法年刊, 2011, 14 (1)：318 – 336.

[14] 林丹红. 大规模人身损害侵权救济中的国家责任 [J]. 法学, 2009 (7)：118 – 123.

[15] 王卿. 美国对外国国家的送达制度 [J]. 北方法学, 2014, 8 (3)：77 – 84.

从领事保护视角看保护性管辖权与中国法域外适用：以湄公河惨案处置为例

许育红*

摘要：国际公法上的国家管辖权包括属人管辖权、属地管辖权、保护性管辖权和普遍性管辖权。一国的外交或领事机构、外交或领事代表执行领事保护职务时，首先行使的是属人管辖权，必要时也行使保护性管辖权且涉及国内法的域外适用。文章以湄公河惨案处置为例，针对13名中国籍船员被杀害这一突发事件，除属人管辖权和属地管辖权外，中国的外交或领事机构、外交或领事代表更着力于保护性管辖权的行使，并通过中国法的域外适用将罪犯绳之以法，最终达到领事保护的目的和效果。当然，由于保护性管辖权与中国法域外适用体系尚存不足，不断完善该体系重要且必要。

关键词：湄公河惨案；领事保护视角；国家管辖权；保护性管辖权；中国法域外适用

Abstract: National jurisdiction in public international law includes personal jurisdiction, territory jurisdiction, protective jurisdiction and universal jurisdiction. When a State's diplomatic or consular agency, diplomatic or consular representative performs consular protection duties, it exercises personal jurisdiction first and, where necessary, protective jurisdiction and extraterritial application of domestic law. Taking the Mekong tragedy as an example, in response to the murder of 13 Chinese crew members, in addition to personal and territory jurisdiction, China's diplomatic or consular agencies, diplomatic or consular representatives are more focused on the exercise of protective jurisdiction, and through the extraterritial application of Chinese law to bring the perpetrators to justice, and ultimately achieve the purpose and effect of consular protection. of course, it is important and

---

* 许育红，女，外交部领事司官员，法学博士。

necessary to constantly improve the system because of the shortcomings of protective jurisdiction and China's extraterriter application system.

Key Words: The Mekong Tragedy, perspective of consular protection, National jurisdiction, protective jurisdiction, extraterritorial application of Chinese law

一、引言

根据《维也纳外交关系公约》《维也纳领事关系公约》、中外双边领事条约（协定）、国际惯例、一般法律原则、司法判例和公法家学说以及中国法律规章、政策规定和相关实践，领事保护的实施主体是一国的外交或领事机构、外交或领事代表，包括国内的国家元首、政府首脑、外交部门和常驻国外的或临时派出的；领事保护的客体内容是国家权益及本国公民、法人和其他组织在海外的权利和利益，包括具有派遣国国籍的船舶、飞机、火车和汽车等在海外的权利和利益；领事保护的方式途径主要是"用尽当地救济"；领事保护的宗旨和原则为：坚持各国主权平等、维持国际和平与安全以及促进国家间在商业、经济、文化及科学等各方面友好关系之可持续发展。①

在国际上，通常所谓"国际法"是专指"国际公法"而言，既不包括"国际私法"，也不包括"国际经济法"。如果要将国际公法、国际私法和国际经济法统称为"国际法"是可以的，因为这是从最广泛的意义上来理解"国际法"的。这个"国际法"是相对于"国内法"而言的。② 实践表明，领事保护职务的行使，既受国际法调整、也受国内法调整，同时涉及国际公法、国际经济法和国际私法的综合运用。正如20世纪80年代黄进所述，"国际法本身的发展已提出从宏观的角度来研究国际法的问题，这里称为'宏观国际法学'"。③

从国际公法上讲，国家管辖权包括：基于国籍的管辖，称为"属人管

---

① 参见许育红：《领事保护法律制度与中国实践研究》，法律出版社2020年版，第117－136页。
② 参见韩德培：《论国际公法、国际私法与国际经济法的合并问题——兼评新颁〈授予博士、硕士学位和培养研究生的学科、专业目录〉中有关法学部分的修订问题》，载中国国际私法学会主办：《中国国际私法与比较法年刊》（1998年），法律出版社1998年版，第241～248页。
③ 参见黄进：《宏观国际法学论》，武汉大学出版社2007年版，第1～10页（本文原载于《法学评论》1984年第2期。中国人民大学复印报刊资料《法律》1984年第9期转载）。

辖"；基于"领土"的管辖，称为"属地管辖"；为保护本国和本国公民或国民的重大利益而行使的管辖，称为"保护性管辖"；为维护国际和平与安全以及人类共同利益而行使的管辖，称为"普遍性管辖"。① 一国的外交或领事机构、外交或领事代表执行领事保护职务时，首先行使的是属人管辖权，特殊情况下行使属地管辖权，必要时也行使保护性管辖权且涉及国内法的域外适用。

湄公河惨案（也称"10·5"案件）发生于 2011 年 10 月 5 日，结案于 2013 年 3 月 1 日。本文主要以此案处置为例，针对 13 名中国籍船员被杀害这一突发事件的始末，论述除了属人管辖权和属地管辖权之外，中国的外交或领事机构、外交或领事代表更着力于保护性管辖权的行使，并通过中国法的域外适用将罪犯绳之以法，最终达到领事保护的目的和效果。

二、湄公河惨案的发生与处置

（一）湄公河惨案的发生及中国应急机制的启动

湄公河惨案发生于 2011 年 10 月 5 日上午。当时，"华平号"和"玉兴 8 号"等商船在湄公河"金三角"水域遭遇袭击。经多方核实，共有 13 名中国籍船员遇难。中共中央和国务院领导对此高度重视，中国外交部立即启动应急机制，指示中国驻泰国使馆、驻清迈总领馆尽速查明情况，全力搜寻失踪中国公民下落，做好善后等后续工作。同时，要求相关国家采取切实有效措施，加强对在湄公河相关水域航行的中国船舶及船员的保护；敦促有关国家快速调查，力求早日查明事件真相，缉拿罪犯，维护澜沧江—湄公河航运的安全。中国驻清迈总领事在第一时间率员赴事发现场开展工作。② 随后，中国驻泰国、缅甸、老挝使馆也分别向泰国、缅甸、老挝政府通报有关情况并表达中方关切。③

接着，为妥善处理中国籍船员在湄公河遇袭身亡事件，中国外交部、公安部、交通运输部组成两个联合工作组：一是赴泰国与该国警方会谈；二是

---

① 参见王铁崖：《国际法》，法律出版社 1995 年版，第 125 页。
② 参见《外交部妥善处理两艘货船在湄公河水域遇袭事件》，中央政府门户网：http://www.gov.cn/gzdt/2011-10/09/content_1964998.htm，最后访问日期：2019 年 5 月 14 日。转引自许育红：《领事保护法律制度与中国实践研究》，法律出版社 2020 年版，第 305 页。
③ 参见《外交部：两艘货船在湄公河水域遇袭事件处理进展》，中央政府门户网：http://www.gov.cn/gzdt/2011-10/13/content_1967886.htm，最后访问日期：2019 年 5 月 14 日。转引自许育红：《领事保护法律制度与中国实践研究》，法律出版社 2020 年版，第 305 页。

赴中国云南省慰问在湄公河遇难中国籍船员家属。①

（二）四方合作机制的建立及湄公河惨案的处置

针对湄公河惨案的发生，中国、老挝、缅甸、泰国在联合处置案件的过程中，逐步形成由中国倡导的与老挝、缅甸、泰国三国联合打造的四国维护湄公河航运安全执法合作机制。②

1. 中方为查清案情推动建立中、老、缅、泰湄公河执法安全合作机制

2011年10月31日，为尽快彻底查清13名中国籍船员在湄公河水域遭枪杀案件，推动建立中、老、缅、泰湄公河执法安全合作机制，有效维护湄公河流域航运安全秩序，确保四国船舶和人员的生命财产安全，中国、老挝、缅甸、泰国四国湄公河流域执法安全合作会议在北京举行。会议针对湄公河流域严峻的安全形势，通过了《湄公河流域执法安全合作会议纪要》，发表了《关于湄公河流域执法安全合作的联合声明》，研究建立中老缅泰四国在本流域的执法安全合作机制，以便进一步协调各方立场，彻底查清"10·5"案件案情。

11月25日至26日，为落实10月31日中国、老挝、缅甸、泰国《湄公河流域执法安全合作会议联合声明》，继续巩固和加强与会各国执法安全部门的务实合作，切实打击跨国犯罪，维护湄公河国际航运安全，四国执法安全部门代表在中国北京举行中、老、缅、泰湄公河联合巡逻执法部长级会议。四国同意自同年12月中旬开始，在湄公河流域开展联合执法，以共同维护和保障湄公河流域安全稳定、促进湄公河流域经济社会发展和人员友好往来；同意在中国关累港设立中、老、缅、泰湄公河联合巡逻执法联合指挥部，四国派驻官员和联络官，根据本国司法管辖权和法律规定协调、交流情报信息，充分协调各国执法船艇及执法人员开展联合执法工作。

12月9日，中国、老挝、缅甸、泰国湄公河联合巡逻执法联合指挥部在

---

① 参见《中国政府联合工作组与泰国警察副总监会谈》，中央政府门户网：http://www.gov.cn/gzdt/2011-10/16/content_1970904.htm，最后访问日期：2019年5月14日；《中国政府赴云南工作组慰问在湄公河遇难船员家属》，央视网：http://news.cntv.cn/20111015/107743.shtml，最后访问日期：2019年5月14日。转引自许育红：《领事保护法律制度与中国实践研究》，法律出版社2020年版，第305页。

② 参见《联合执法打击跨国犯罪，维护四国"湄公河利益"——从"湄公河惨案"到捍卫中国公民海外安全》，载中国警察网：http://www.gov.cn/gzdt/2011-10/16/content_1970904.htm，最后访问日期：2019年5月14日。转引自许育红：《领事保护法律制度与中国实践研究》，法律出版社2020年版，第305页。

云南西双版纳关累港码头揭牌,标志着中国、老挝、缅甸、泰国四国执法警务合作的新平台正式建立。

2. 湄公河"金三角"特大武装贩毒集团首犯糯康等犯罪嫌疑人被抓获并依法移交给中方

经中国、老挝、缅甸、泰国四国警方联合工作,有证据证明,长期盘踞湄公河"金三角"水域的特大武装贩毒集团首犯糯康及其骨干成员与泰国个别不法军人勾结策划,分工实施了造成13名中国籍船员在湄公河泰国水域被枪杀的"10·5"案件。为此,泰国警方向9名涉嫌杀害中国籍船员的泰国军人发出逮捕令。

2012年4月25日,在中老两国警方合作下,"金三角"特大武装贩毒集团首犯糯康在老挝被抓获。5月10日上午,糯康由老挝依法移交中方,16时50分被押送抵京,23时22分被押解至云南"10·5"案件专案组的工作基地。

3. 中国法院对糯康等犯罪嫌疑人进行审理、判决并执行死刑。

2012年7至8月,中国专家工作组前往泰国、缅甸等国,相互通报了各自掌握的案情,并交换了相关证据材料,老挝、泰国和缅甸也先后来华提审"10·5"案件主犯糯康等犯罪嫌疑人。9月20日,"10·5"案件在昆明市中级人民法院开庭审理,翌日一审庭审结束。11月6日,昆明市中级人民法院对糯康等被告人故意杀人、运输毒品、绑架、劫持船只案进行一审公开宣判,以故意杀人罪、运输毒品罪、绑架罪、劫持船只罪数罪并罚,判处被告人糯康等人死刑。宣判后,各被告人均当庭表示上诉。12月26日,云南省高级人民法院驳回上诉,维持原判。

2013年2月22日,昆明市中级人民法院收到糯康等6名被告的死刑复核裁定和死刑执行命令。2月24日,将死刑复核裁定向4名被告人进行送达。3月1日,"10·5"案件6名罪犯在云南昆明依法执行死刑。①

如前所述,领事保护职务的行使涉及国际法和国内法。那么,如何以领事保护实践为视角看湄公河惨案的处置呢?

三、湄公河惨案处置的领事保护视角

(一)惨案处置的实施主体涉及中国国内国外的机构和代表

1961年签订的《维也纳外交关系公约》第3条第2款规定:"本公约任

---

① 《糯康今日在昆明被注射死刑,伏法前8警员陪其聊天》,载中国新闻网:http://www.chinanews.com/gn/2013/03-01/4605649.shtml,最后访问日期:2019年5月14日。

何规定不得解释为禁止使馆执行领事职务。"1963 年签订的《维也纳领事关系公约》第 3 条"领事职务之行使"规定:"领事职务由领馆行使之。此项职务亦得由使馆依照本公约之规定行使之。"中外双边领事条约(协定)也有类似条款规定。自 2010 年 1 月 1 日起施行的《中华人民共和国驻外外交人员法》第 2 条第 2 款规定:"本法所称驻外外交机构,是指中华人民共和国驻外国的使馆、领馆以及常驻联合国等政府间国际组织的代表团等代表机构。"

据此,并依国际惯例、一般法律原则、司法判例、法学家学说以及中国对外政策和相关实践,领事保护的实施主体为:一国的外交或领事机构、外交或领事代表,包括中央外交机关及其代表、临时派出的外交机关及其代表、常驻外国的外交或领事机构及其代表。① 实践表明,湄公河惨案处置的实施主体涉及中国国内国外的机构和代表,具体可分析如下。

1. 领事保护实施主体采取的第一阶段保护措施

如前所述,湄公河惨案发生后,中共中央和国务院领导对此高度重视。中国外交部立即启动应急机制,指示中国驻泰国使馆、驻清迈总领馆尽速查明情况,全力搜寻失踪中国公民下落,……。随后,中国驻泰国、缅甸、老挝使馆也分别向泰国、缅甸、老挝政府通报有关情况并表达中方关切。

这是中国的中央外交机关及其代表、中国驻外的外交或领事机构及其代表作为领事保护的实施主体,采取的第一阶段领事保护措施。

2. 领事保护实施主体采取的第二阶段保护措施

如前所述,为妥善处理中国籍船员在湄公河遇袭身亡事件,中国外交部协同公安部、交通运输部等组成两个联合工作组:一是赴泰国与该国警方会谈;二是赴云南省慰问在湄公河遇难的中国籍船员家属。

这是中国的中央外交机关、中国临时派出的外交机构或其代表作为领事保护的实施主体,采取的第二阶段领事保护措施。

3. 领事保护实施主体采取的第三阶段保护措施

如前所述,中国的中央外交机关及其代表通过与泰国、缅甸、老挝代表举行会谈,以《湄公河流域执法安全合作会议纪要》及《关于湄公河流域执法安全合作的联合声明》的形式,有效协调了各方立场,逐步形成湄公河航运安全执法合作机制并最终将罪犯绳之以法。

这是中国的中央外交机关或其临时代表作为领事保护的实施主体,采取

---

① 参见许育红:《领事保护法律制度与中国实践研究》,法律出版社 2020 年版,第 136~170 页。

的第三阶段领事保护措施。

(二) 惨案保护的客体内容涉及中国公民在海外的生命安全

《维也纳领事关系公约》第 5 条"领事职务"第 1 款规定：领事职务包括"于国际法许可之限度内，在接受国内保护派遣国及其国民——个人与法人——之利益"。中外双边领事条约（协定）亦有类似条款规定。《中华人民共和国驻外外交人员法》第 5 条第 1 款规定，驻外外交人员应当根据职务和工作分工，履行"维护国家主权、安全、荣誉和利益""贯彻执行国家外交方针政策""代表国家提出外交交涉""维护中国公民和法人在国外的正当权益"等职责。

据此，并依国际惯例、一般法律原则、司法判例、法学家学说以及中国对外政策和相关实践，领事保护的客体内容为：国家权益及本国公民、法人或其他组织在海外的权利和利益，包括具有派遣国国籍的船舶、飞机、火车和汽车等在海外的权利和利益。① 事实表明，湄公河惨案保护的客体内容涉及中国公民在海外的生命安全，具体可分析如下。

1. "持续国籍"原则是领事保护的首要原则

领事保护的实施主体须确认领事保护的客体即受害人是否具有本国国籍。国籍是指个人作为特定国家的成员而隶属于这个国家的一种法律上的身份。由于他对这个国家来说具有这种身份，他就同它发生一种特别的法律关系：他被认为是该国的国民，他对该国享有外国人所不能享有的一些权利，负担外国人所不能负担的一些义务。② 从国际法上讲，"持续国籍"原则，指的就是受保护客体从遭受侵害、损害或威胁发生之日起到求偿之日止都持续具有保护国国籍。根据这一原则，如一个主权国家向另一个主权国家主张"领事保护权"或"外交保护权"，应当保证所受保护的客体持续地具有本国国籍，不得中途变更、中断甚至丧失本国国籍。

在中国外交部启动应急机制后，经多方核实，根据《中华人民共和国宪法》第 33 条"凡具有中华人民共和国国籍的人都是中华人民共和国公民。中华人民共和国公民在法律面前一律平等。国家尊重和保障人权。任何公民享有宪法和法律规定的权利，同时必须履行宪法和法律规定的义务"的规定，确认湄公河惨案 13 名被害船员均为中国公民。

---

① 参见许育红：《领事保护法律制度与中国实践研究》，法律出版社 2020 年版，第 170~192 页。
② 参见李浩培：《国籍问题的比较研究》，商务印书馆 1979 年版，第 1 页。

2. "受害或受威胁"原则是领事保护的重要原则

领事保护的实施主体须确认领事保护的内容即本国公民的海外权益是否已经或正在遭受损害、伤害或威胁。在湄公河惨案的处置过程中,中外司法机关根据被告人供述、证人证言、现场勘验结果以及枪支、毒品等鉴定报告,证实 13 名中国籍船员全部被枪杀后抛尸湄公河。①

(三)惨案处置的方式途径符合"用尽当地救济"原则

"用尽当地救济"原则(Exhaustion of Local Remedies),是指通过所在国的行政和司法途径,充分正确地使用所在国法律规定可利用的方法,又称"用尽国内救济"原则。此原则得以广泛运用是在 19 世纪至 20 世纪早期和中期,除了各国实践、国际组织及国际判例的支持和肯定之外,还得到著名国际法学家的赞同,成为国际法上一项既古老又著名的重要原则。②

这里需要说明的是,根据"用尽当地救济"原则,领事保护职权有别于外交保护职权。即对领事保护职权而言,领事保护实施主体用尽海外当地救济的过程,实际上就是行使领事保护职权的过程;对外交保护职权而言,领事保护实施主体只有用尽海外当地救济即行使领事保护职权之后,仍无法得到权益保障的情况下,才有可能进入行使外交保护职权的阶段。换句话说,领事保护是外交保护的前提,外交保护是领事保护的升级。③

纵观中国的领事保护实施主体对湄公河惨案处置的过程,主要是"用尽当地行政和司法救济"的过程。具体做法如下。

1. 中国的领事保护实施主体"用尽当地救济"的前期做法

如前所述,湄公河惨案发生后,中共中央和国务院领导对此高度重视,中国外交部立即启动应急机制,指示中国驻泰国使馆、驻清迈总领馆尽速查明情况,全力搜寻失踪中国公民下落,做好善后等后续工作。同时,要求相关国家采取切实有效措施,加强对在湄公河相关水域航行的中国船舶及船员

---

① 参见《湄公河惨案审理实现多个第一次》,载中国新闻网:https://www.chinanews.com/fz/2012/09-22/4203651.shtml,最后访问日期:2020 年 12 月 9 日。

② 参见王家宏、陈华荣:《用尽体育行业内部救济原则反思——兼谈奥运会对我国社会治理的部分影响》,《体育与科学》2009 年第 1 期;温先涛:《〈中国投资保护协定范本〉(草案)论稿(三)》,《国际经济法学刊》2012 年第 2 期;杜萱:《试析用尽当地救济规则在国际投资法中的适用》,《青海师范大学学报》(哲学社会科学版)2007 年第 3 期;刘炳辉:《用尽当地救济原则在国际投资领域的适用问题》,《合作经济与科技》2011 年第 5 期;杜凯、薛建:《海外中国公民权益保护探讨》,《现代商贸工业》2011 年第 7 期。

③ 参见许育红:《领事保护法律制度与中国实践研究》,法律出版社 2020 年版,第 247 页。

的保护；敦促有关国家快速调查，力求早日查明事件真相，缉拿罪犯，维护澜沧江—湄公河航运的安全。中国驻清迈总领事已在第一时间率员赴事发现场开展工作。① 随后，中国驻泰国、缅甸、老挝使馆也分别向泰国、缅甸、老挝政府通报有关情况并表达中方关切。②

这就是中国的领事保护实施主体"用尽当地行政和司法救济"的第一阶段做法。

接着，为妥善处理中国籍船员在湄公河遇袭身亡事件，中国外交部、公安部、交通运输部等组成两个联合工作组：一是赴泰国与该国警方会谈；二是赴云南省慰问在湄公河遇难的中国籍船员家属。其中"赴泰国与该国警方会谈"，亦属中国的领事保护实施主体"用尽当地行政和司法救济"的前期做法。

2. 中国的领事保护实施主体"用尽当地救济"的中后期做法

如前所述，中国的中央外交机关及其代表通过与泰国、缅甸、老挝代表举行会谈，以《湄公河流域执法安全合作会议纪要》及《关于湄公河流域执法安全合作的联合声明》的形式，有效协调了各方立场，逐步形成湄公河航运安全执法合作机制并最终将罪犯绳之以法，其中包括通过跨国司法合作及采用外国证人证言等做法。

这是中国的领事保护实施主体"用尽当地行政和司法救济"的第二、三阶段做法。

（四）湄公河惨案处置的结果符合领事保护的宗旨和总体原则

《维也纳领事关系公约》序言写道："本公约各当事国，查各国人民自古即已建立领事关系，察及联合国宪章关于各国主权平等、维持国际和平与安全以及促进国际间友好关系之宗旨及原则，鉴于联合国外交往来及豁免会议曾通过维也纳外交关系公约，该公约业自 1961 年 4 月 18 日起听由各国签署，深信一项关于领事关系、特权及豁免之国际公约亦能有助于各国间友好关系之发展，不论各国宪政及社会制度之差异如何，认为此等特权及豁免之目的

---

① 参见《外交部妥善处理两艘货船在湄公河水域遇袭事件》，中央政府门户网：http://www.gov.cn/gzdt/2011-10/09/content_1964998.htm，最后访问日期：2019 年 5 月 14 日。转引自许育红：《领事保护法律制度与中国实践研究》，法律出版社 2020 年版，第 305 页。

② 参见《外交部：两艘货船在湄公河水域遇袭事件处理进展》，中央政府门户网：http://www.gov.cn/gzdt/2011-10/13/content_1967886.htm，最后访问日期：2019 年 5 月 14 日。转引自许育红：《领事保护法律制度与中国实践研究》，法律出版社 2020 年版，第 305 页。

不在于给与个人以利益而在于确保领馆能代表本国有效执行职务，确认凡未经本公约明文规定之事项应继续适用国际习惯法之规例"。第 5 条第 2 款规定：领事职务包括"依本公约之规定，增进派遣国与接受国间之商业、经济、文化及科学关系之发展，并在其他方面促进两国间之友好关系"。中外双边领事条约（协定）也有类似条款规定。

《中华人民共和国驻外外交人员法》第 5 条第 1 款规定，驻外外交人员应当根据职务和工作分工，履行"发展中国与驻在国之间的关系，参与国际组织活动，促进双边和多边友好交流与合作"以及"报告驻在国情况和有关地区、国际形势"和"介绍中国情况和内外政策，增进驻在国和世界对中国的了解"等职责。

据此，并依国际惯例、一般法律原则、司法判例、法学家学说以及中国对外政策和相关实践，领事保护的宗旨和原则为：坚持各国主权平等、维持国际和平与安全以及促进国家间在商业、经济、文化及科学等各方面友好关系之可持续发展。① 实践表明，湄公河惨案的处置结果完全符合领事保护的宗旨和原则，促进了该地区国家的友好合作关系。

（1）湄公河惨案中 6 名主犯在云南昆明依法执行死刑，离不开泰国、老挝、缅甸三个相关国家与中国的友好关系和密切合作。

（2）以《湄公河流域执法安全合作会议纪要》及《关于湄公河流域执法安全合作的联合声明》为基点，经中国、泰国、老挝、缅甸等各方持续推进全面合作机制的进一步完善，建立了澜沧江—湄公河合作机制。

建立澜沧江—湄公河合作机制是中国国务院总理李克强在 2014 年 11 月第 17 次中国—东盟领导人会议上提出的重要倡议，旨在通过深化澜湄六国睦邻友好和务实合作，促进次区域国家经济社会发展，缩小地区国家发展差距，助力东盟共同体建设和地区一体化进程，为推进南南合作和落实联合国 2030 年可持续发展议程做出新贡献。机制成员包括中国、柬埔寨、老挝、缅甸、泰国、越南六国，得到有关各方的积极响应。截至 2018 年年底，各方已举行两次领导人会议、四次外长会、七次高官会和九次外交联合工作组会。②

那么，基于前述领事保护视角，如何探析湄公河惨案所涉国家管辖权与中国法域外适用之关系呢？

---

① 参见许育红：《领事保护法律制度与中国实践研究》，法律出版社 2020 年版，第 117 – 136 页。
② 参见中华人民共和国外交部政策规划司：《中国外交》，世界知识出版社 2019 年版，第 281 页。

四、从领事保护视角析国家管辖权与中国法域外适用之关系

(一) 属人管辖权和属地管辖权的行使无关中国法的域外适用

如前所述,领事保护的客体内容为:国家权益及本国公民、法人或其他组织在海外的权利和利益,包括具有派遣国国籍的船舶、飞机、火车和汽车等在海外的权利和利益。由此,在湄公河惨案中,中国籍和外国籍船舶上13名中国船员惨遭杀害,必然涉及国际公法上国家管辖权中的属人管辖权和属地管辖权的行使,但几乎无关中国法的域外适用。具体可分析如下。

1. 在属人管辖权方面

如前所述,一国的外交或领事机构、外交或领事代表执行领事保护职务时,首先行使的是国家管辖权中的属人管辖权。

传统意义上国家的属人管辖权,指的是一国有权对所有具有本国国籍的人实行管辖,而无需问其究竟是居住在国内还是国外,也称"依据国籍的管辖"。① 与此同时,领事保护的首要原则是受害者持续具有保护国国籍的原则。事实上,湄公河惨案的首要因素是受害者均为在海外的中国公民,因此具有领事保护属性。

2. 在属地管辖权方面

如前所述,一国的外交或领事机构、外交或领事代表执行领事保护职务时,特殊情况下行使国家管辖权中的属地管辖权。

国家管辖权中的属地管辖权,主要是基于"领土"的管辖。② 与此同时,具有派遣国国籍的船舶和飞机等通常称为"移动的领土"。事实上,湄公河惨案的相关"移动的领土"行驶在湄公河"金三角"流域,且涉及中国公民的生命安全问题,因此具有领事保护属性。

3. 属地管辖权和属人管辖权都是国家管辖权的重要内容

如果属人管辖权与属地管辖权产生冲突时,一般是属人管辖权服从属地管辖权。③ 而在湄公河惨案中,有的属地管辖权与属人管辖权产生了重合。例如,糯康集团成员在中国船舶"玉兴8号""华平号""正鑫1号""中油1号""渝西3号"上杀害中国船员,被视为在中国领域内犯罪。按照《中华人民共和国刑法》(2011年修正案、2020年修正案不变,下同)第6条

---

① 参见王铁崖:《国际法》,法律出版社1995年版,第127页。
② 参见王铁崖:《国际法》,法律出版社1995年版,第125页。
③ 参见王铁崖:《国际法》,法律出版社1995年版,第128页。

"凡在中华人民共和国领域内犯罪的，除法律有特别规定的以外，都适用本法。凡在中华人民共和国船舶或者航空器内犯罪的，也适用本法。犯罪的行为或者结果有一项发生在中华人民共和国领域内的，就认为是在中华人民共和国领域内犯罪"的规定，中国司法机关对上述犯罪嫌疑人拥有属地司法管辖权。①

总之，从某种程度上讲，湄公河惨案处置所行使的属人管辖权和属地管辖权，均具有领事保护属性，但它们几乎均未涉及中国法的域外适用。而处置此案所涉保护性管辖权的行使，则涉及中国法的域外适用。

（二）惨案处置中保护性管辖权的行使涉及中国法的域外适用

湄公河惨案6名被告中，糯康是缅甸国籍，桑康·乍萨是泰国国籍，依莱、扎西卡、扎波、扎拖波国籍不明，犯罪行为和犯罪结果均发生在中国境外。② 从表面上看，这是一起外国人在境外实施的犯罪，中国司法机关的管辖权似存疑义，其实不然。

如前所述，一国的外交或领事机构、外交或领事代表执行领事保护职务时，必要时也行使保护性管辖权且涉及国内法的域外适用。具体可分析如下：

（1）传统意义上国家的保护性管辖权，指的是国家以保护本国重大利益为基础对外国人在外国的犯罪行使管辖的权利。在国际实践中，国家一般情况下并不主张对在外国的外国人行使民事和刑事管辖权。但是，许多国家的法律都规定在有限的特殊情况下允许行使这种权利。国家主张对外国人在国外的犯罪行使刑事管辖权时，其罪行一般限于直接针对国家本身的犯罪（如杀君罪、伪造货币罪等）和针对其国民的犯罪（如谋杀罪、纵火罪和诽谤罪等），属于世界各国公认的犯罪行为。国家的保护性管辖权，在某种意义上与属地管辖权的客观适用有一定联系，因为国家所保护的是本国及本国国民的重大利益和人身安全，而国家主张实行刑事管辖的罪行，均为其后果触犯本国利益和本国国民人身安全的罪行。一般认为，这种管辖权的行使与国际法并不冲突。③

---

① 参见《联合打击跨国犯罪推动国际司法合作——云南高院副院长黄为华就"10·5"案件答记者问》，《人民法院报》2012年12月27日，第4版。
② 参见《联合打击跨国犯罪推动国际司法合作——云南高院副院长黄为华就"10·5"案件答记者问》，《人民法院报》2012年12月27日，第4版。
③ 参见王铁崖：《国际法》，法律出版社1995年版，第128~129页。

国际法的主要渊源包括国际条约和国际习惯,① 随着越来越多的国家承认和接受保护性管辖原则,有些国际公约对此也有了更加明确的条款规定。例如,《联合国禁止非法贩运麻醉药品和精神药物公约》(以下简称《公约》)。公约第4条第1款第1项规定:各缔约国在遇到下述情况时,应采取可能必要的措施,对其按《公约》第3条第1款确定的犯罪,确立本国的管辖权……该犯罪属于按《公约》第3条第1款(c)项(4)目确定的罪行之一,并发生在本国领土外,而目的是在其领土内进行按《公约》第3条第1款确定的某项犯罪。《公约》第3款规定:本公约不排除任意缔约国行使按照其国内法确立的任何刑事管辖权。又如,《制止危及海上航行安全非法行为公约》。公约第6条第1款第1项规定,在下列情况下,每一个缔约国应采取必要措施,对《公约》第3条所述的罪行确定管辖权:罪行发生时是针对悬挂其国旗的船舶或发生在该船上。《公约》第2款第2项和第3项规定,在下列情况下,一个缔约国也可以对任何此种罪行确定管辖权:在案发过程中,其国民被扣押、威胁、伤害或杀害;或犯罪的意图是迫使该国从事或不从事某种行为。《公约》第5款规定:本公约不排除按照国内法行使的任何刑事管辖权。据此,缔约国行使保护性管辖权时可能涉及其国内法的域外适用。

从领事保护的角度看,国家的保护性管辖权,是指一国的外交或领事机构、外交或领事代表对在境外直接侵害或损害本国或其公民、法人和其他组织的人身或财产权益的行为予以谴责,并授权执法部门协同相关国家从速破案后直接将罪犯绳之以法的权利。② 鉴于此,由于湄公河惨案所涉人数之多、手段之残忍、影响之恶劣实属罕见,除了属人管辖权和属地管辖权之外,中国的外交或领事机构、外交或领事代表更着力于保护性管辖权的行使,并通过中国法的域外适用将罪犯绳之以法。

(2)国内法域外适用指的是,国家将具有域外效力的法律适用于其管辖领域之外的人、物和行为的过程,既包括国内行政机关适用和执行国内法的行为,也包括国内法院实施司法管辖的行为,但不包括国内法院适用双方当事人意思自治所选择的国内法律规则,或者适用冲突规范所指引的国内法来

---

① 周鲠生指出,"所以惯例和条约很正确地被肯定为国际法渊源"(所谓的"惯例"就是"习惯")。周鲠生:《国际法》(上册),商务印书馆1976年版,第11页。转引自王铁崖:《国际法》,法律出版社1995年版,第10页。

② 参见许育红:《领事保护法律制度与中国实践研究》,法律出版社2020年版,第304页。

解决争端的行为。此过程所产生的法律拘束力，即为国内法的域外效力。①从湄公河惨案的处置依据上看，主要情形如下。

《中华人民共和国刑法》（以下简称《刑法》）第 8 条规定："外国人在中华人民共和国领域外对中华人民共和国国家或者公民犯罪，而按本法规定的最低刑为 3 年以上有期徒刑的，可以适用本法，但是按照犯罪地的法律不受处罚的除外。"《刑法》第 239 条第 1 款规定："以勒索财物为目的绑架他人的，或者绑架他人作为人质的，处 10 年以上有期徒刑或者无期徒刑，并处罚金或者没收财产；情节较轻的，处 5 年以上 10 年以下有期徒刑，并处罚金。"第 2 款规定："犯前款罪，杀害被绑架人的，或者故意伤害被绑架人，致人重伤、死亡的，处无期徒刑或者死刑，并处没收财产。"

据此，被告糯康在一审庭审中明确表示愿意以其个人财产 600 万元人民币对被害人家属进行赔偿，庭审后司法机关将之追缴到案。这说明糯康确实认罪并具有一定的悔罪表现。尽管如此，但由于被告糯康组织实施的多起犯罪，危害公共安全，手段极其残忍、后果极其严重。依照《刑法》，其所犯故意杀人罪、运输毒品罪都是应当判处死刑的严重犯罪，且还应当承担被并处没收个人全部财产的附加刑罚。因此，糯康的悔罪表现不足以削减对其数罪并罚的执行刑罚。为体现罪刑相一致，二审法院维持了一审法院对糯康等 6 名被告判处死刑的判决。

上述表明，糯康集团成员在老挝客船"金木棉 3 号"上绑架中国船员之后将其杀害并抛尸湄公河，适用上述《刑法》中的"保护性管辖权"条款规定。② 也就是说，在湄公河惨案处置中，中国法的这一"保护性管辖权"条款，可以在中国领域之外适用并产生效力。

五、结语

综上所述，针对湄公河惨案 13 名中国籍船员被杀害这一突发事件，除了国际公法上国家管辖权中的属人管辖权和属地管辖权之外，中国的外交或领事机构、外交或领事代表基于保护性管辖权实施领事保护。主要采取三大步骤：一是外交部门及驻外使领馆启动应急机制；二是派出两个联合工作组，赴泰国与泰方联合研究破案事宜及赴中国云南省安抚遇害者家属；三是建立

---

① 参见廖诗评：《中国法域外适用法律体系：现状、问题与完善》，《中国法学（文摘）》2019 年第 6 期。

② 参见《联合打击跨国犯罪推动国际司法合作——云南高院副院长黄为华就"10·5"案件答记者问》，《人民法院报》2012 年 12 月 27 日，第 4 版。

湄公河航运安全执法合作机制并最终将罪犯绳之以法。

湄公河惨案的处置,开创了新中国领事保护史上的一个先例,同时,实现了新中国司法史上的多个首例。例如:中国司法机关第一次通过跨国司法合作实现审判域外犯罪嫌疑人;第一次遇到被告和证人均为外国人的情形;第一次根据国际惯例和中国法律规定对所有证人采取了保护措施等。① 从领事保护的角度看,这是一起主要基于国际公法上国家管辖权中的保护性管辖权、通过中国法的域外适用将罪犯绳之以法、最终达到领事保护的目的和效果的成功案例。

此外,构建中国法的域外适用体系是一项系统工程,涉及中国法域外效力的确定规则、域外适用制度、支撑措施等环节。实际上,中国法的域外适用法律体系至少应包括两个部分:确立中国法域外效力的规则和实施中国法域外适用的规则。前者主要包括各类具有域外效力的法律规则,后者主要包括各类保障中国法域外适用实施效果的规则。这两部分规则并非彼此独立,而是相互依存和互为保障的关系。② 而目前,中国只有少数法律明确规定了其域外效力,多数法律没有规定域外效力问题,甚至只规定其仅具域内效力。中国法院的司法实践虽然填补了一些立法疏漏、扩张解释了若干条文,但也存在认识偏差、审查不严、尺度不一等问题,中国法的域外适用体系远未形成。只有坚持全面依法治国原则、国际法原则、合理性原则和问题导向原则,从立法、执法、司法、守法四个维度逐步推进,才能完善中国法的域外适用体系构建。③ 可以说,中国的保护性管辖权与中国法的域外适用体系尚存不足,根据习近平法治思想不断完善该体系重要且必要。

---

① 《湄公河惨案审理实现多个第一次》,中国新闻网:https://www.chinanews.com/fz/2012/09-22/4203651.shtml,最后访问日期:2020年12月9日。
② 参见廖诗评:《中国法域外适用法律体系:现状、问题与完善》,《中国法学(文摘)》2019年第6期。
③ 参见肖永平,焦小丁:《从司法视角看中国法域外适用体系的构建》,《中国应用法学》2020年第5期。

二、国际经济法学

欧式 FTA – plus 的新近发展及其对中国的启示
——以引领国际经贸规则为视角

张贻博[*]

摘要：欧式 FTA – plus 是欧盟基于促进内部经济社会发展，引领亚太市场经贸规则，以及抵制逆全球化与贸易保护主义的考量而推出的带有明显欧式特征的新一代自由贸易协定，对国际经贸新规则的发展具有引领作用。该类协定结构严谨，特点鲜明，涵盖范围综合且全面，大幅提升了货物贸易的自由化，有效扩大了多个领域的市场准入，对知识产权保护采用了高标准，着重强调了国有企业的竞争中立要求，并且在可持续发展规则上有了新的突破。协定的陆续生效将会给世界政治经济秩序、欧盟自身和中国带来多方面影响。对此，我们应借鉴欧式 FTA – plus 的先进之处，兼顾自身发展差异，形成有中国特色的高水准 FTA 范本，依托现有平台和尝试欧式谈判思路推动中欧自贸区早日建成，还要运用战略性眼光从多边、区域、双边、区际和国内 5 个层次共同推广中式新规则，探索引领国际经贸规则的全方位、综合性路径体系。

关键词：欧式 FTA – plus；自贸协定；国际经贸规则；启示

欧盟是坚定的自由贸易支持者，在世贸组织多哈回合严重受阻后，欧盟只得将之前所依赖的以多边机制推动自由贸易规则的战略转变为"有选择的双边主义"策略。[①] 2006 年 4 月，欧盟委员会发布了《全球的欧洲：在世界中的竞争》贸易政策文件，明确指出了将新一代自由贸易协定（FTA）作为多边机制的补充[②]，确立了欧盟将在全球实施自贸区战略。带有鲜明欧盟模

---

[*] 张贻博（1994.01—），男，山东滕州人，上海市第一中级人民法院法官助理，研究方向：国际经济法、国际私法。

① 叶斌：《欧盟贸易协定政策的变化和影响——法律的视角》，《欧洲研究》2014 年第 3 期，第 104 – 122 页。

② European Commission. Global Europe：Competing in the World – A Contribution to the EU's Growth and Jobs Strategy. Brussels, 4.10.2006, COM（2016）567 final.

式烙印的欧式FTA①自此开始成熟,并在2008年金融危机后日益发展成"全面高标准"的欧式FTA升级版,这里称为"欧式FTA-plus"。

一、欧式FTA-plus的推广背景

近年来,世界经济持续疲软和双边贸易冲突的逐步升级势必会威胁全球贸易体系,中断来之不易的全球经济协同复苏的步伐,直接破坏全球自由贸易秩序,严重危及全球产业链和价值链安全。在此大背景下,欧盟迅速推广欧式FTA-plus是基于多种考量的结果。

(一)回应欧盟域内经济社会发展的诉求

自2008年9月始,欧盟历经金融危机、欧债危机二次震荡探底,全球经济绝对份额减少约1.2万亿美元②,急需开拓海外市场,缓解危机。③欧盟意识到,将更加全面的自由贸易协定作为提振经济的杠杆,是在不增加国家预算负担的情况下撬动域内改革、拉动国民消费的为数不多的捷径。对此,2009年欧盟与加拿大启动了《全面经济与贸易协定》(CETA)的谈判,力求将双方贸易投资往来的各个领域都囊括其中,创造性地引入了一系列经贸投资新规则,并以专设投资章节④的形式纳入原本双边投资协定(BIT)中有关投资的规定,使得贸易与投资规则相互融合与衔接。经济危机的阵痛还日渐引发了欧元区严峻的社会问题和自身危机。欧盟希望借助综合性自贸协定激发内部经济活力,与民粹主义势力争夺选票,维护政治稳定。根据欧盟委员会的数据,欧盟七分之一的就业岗位取决于出口,每出口10亿欧元就能支持约1.4万个岗位⑤,这将有利于化解欧洲社会危机。于是,继欧加CETA之后,欧盟又分别在2010年、2012年、2013年陆续启动了与新加坡、与越南

---

① 以欧韩FTA、欧哥秘FTA等为代表。此阶段的欧式FTA一般自2006—2008年启动谈判,至2011—2013年间完成签署,且协定内容相较上一阶段只涵盖货物贸易的FTA更为全面,更加重视非关税壁垒的削减、服务与投资的市场准入、政府采购的开放、知识产权的保护,强调公平竞争,设立有效的争端解决机制,同时要求保护人权、劳工及环境等。

② 钟飞腾:《欧日"零关税",会引发怎样的大变局》,https://baijiahao.baidu.com/s?id=1606319066509530659&wfr=spider&for=pc,最后访问时间:2018年8月3日。

③ 宋锡祥,张贻博:《〈欧盟—日本经济伙伴关系协定〉透视及中国的应对之策》,《国际商务研究》2019年第3期,第57-68页。

④ 该投资章节中的ISDS机制改革与常设国际投资法庭体系(ICS)也是欧式FTA-plus的新亮点,但碍于篇幅限制,本文不再专门探讨。

⑤ The EU-Japan agreement explained. http://ec.europa.eu/trade/policy/in-focus/eu-japan-economic-partnership-agreement/agreement-explained/, last visited at September 15th, 2019.

的 FTA 谈判，与日本的《经济伙伴关系协定》（EPA）谈判以及与美国的《跨大西洋贸易与投资伙伴协定》（TTIP）谈判①。此类协定标准高，所涉议题广，远超 WTO 规则和现有 FTA，均属欧式 FTA – plus 的范畴，有助于充分挖掘市场潜力，为消费者、工人和小企业带来实实在在的经济成果，推动欧盟社会的整体福利水平提升。②

（二）争取亚太市场经贸新规则的话语权

在金融危机过后，以中国为代表的新兴经济体在国际事务上的发言权得到了扩大。对此，美国奥巴马政府推行了亚太再平衡战略，其中经济层面的战略中心便是在亚太地区积极筹划国际经济体系的新制度架构，借助《跨太平洋伙伴关系协定》（TPP）来垄断亚太市场，并独享该区域经贸规则的规制权。对欧盟来说，尽管自身并非亚太国家，但参与到亚太区域紧密而广泛的价值链中，对其把握住该地区的商机与未来的发展至关重要。因此，欧盟也将目光转向亚太，选择与该地区的重要贸易伙伴签订新的欧式 FTA – plus，或将原有的 FTA 进行更新换代。之后，美国特朗普政府退出 TPP 之举为欧盟创造了在亚太市场争取更多经贸规则话语权的空间，欧盟正抓住机会推广具有竞争力的欧式经贸新规则，影响地缘政治格局，与加拿大、日本、新加坡、越南、新西兰相继签署了自贸协定，并正在与澳大利亚、印度、印尼、菲律宾等国进行磋商谈判，同时已完成与墨西哥、智利等国的协定升级谈判。③欧盟通过此种低风险、高回报的方式与这些 TPP/CPTPP 的成员国构建起紧密的经济伙伴关系，着实为其在全球经贸规则博弈中提升了主导权、话语权和影响力。

（三）抵制逆全球化与保护主义带来的冲击

近年来，美国政府在"美国优先"的执政理念下，不仅宣布退出 TPP 并冻结 TTIP 谈判，还将所有对美存有贸易顺差的国家视作"占美国便宜"，断然宣布对诸多贸易伙伴国增加产品进口关税。美国在经贸领域所采取的一系

---

① TTIP 谈判已于 2016 年底暂停，欧盟理事会 2019 年 4 月 15 日的决定指出，TTIP 的谈判指令已经过时且不再适用。

② Trade for all：Towards a more responsible trade and investment policy. https://trade.ec.europa.eu/doclib/docs/2015/october/tradoc_153846.pdf, last visited at September 16th, 2019.

③ 欧盟委员会官网，https://policy.trade.ec.europa.eu/eu-trade-relationships-country-and-region/negotiations-and-agreements_en，2022 年 11 月 30 日访问。

列单边主义举措,实质上都是要重构对美国有利的国际新规则,在这个根本目的面前,与欧盟的传统盟友关系也要"让路"。① 另外,英国脱欧运动未能在脱欧期限之前与欧盟达成最终协议,最终走向了硬脱欧。作为自由贸易的受惠方,波云诡谲的国际形势使欧盟勾勒的贸易格局版图落空,而且面临了空前强大的逆全球化浪潮和贸易保护主义压力。经过短期彷徨后,欧盟更加确信其所推行的欧式 FTA – plus 对扩大自由贸易发展经济、巩固既有全球贸易优势的作用,因此对于待批准或待签署的自贸协定都采取了加速推进的策略,以抵抗美国保护主义行为的持续施压和抵消域内逆全球化造成的冲击。为促进协定尽快落实生效,欧盟对欧式 FTA – plus 分别采取了临时生效、另谈协议和拆分通过等缔约技巧,避免了旷日持久的繁琐手续及拉锯战,为维护自由贸易注入了一针"强心剂"。

二、欧式 FTA – plus 的议题与结构特征

欧式 FTA – plus 议题多、标准高、结构完整,带有明显的欧式特征,有一定的规律可循。从欧加 CETA、欧日 EPA、欧新 FTA 和欧越 FTA 的文本入手,对其议题与结构进行梳理和归纳,通过重点分析欧式 FTA – plus 的共同特征及规则间的相互关系,对此类协定予以总体的把握,避免仅对某一规则背后的理论进行深入探讨而造成窥一斑见全豹式的认识偏颇,并为进一步研究奠定基础。

(一) 欧式 FTA – plus 的议题和框架特点总览

随着传统贸易与众多经济、社会甚至政治问题关联度的增强,众多经贸问题需要综合治理解决。欧式 FTA – plus 的全面性首先体现在对同一被调整对象的多重规制上,即多个议题的相关规则对同一对象共同加以规范。例如,除专门知识产权章节外,投资章节中涉及大量知识产权保护或限制的内容,数字产品待遇中也涉及知识产权问题,政府采购、国企、中小企业、争端解决等章节中都涉及知识产权问题。这一方面表明不同议题义务的共同适用性,也提示人们同一被调整对象可能受到多重约束,谈判时要考虑不同议题的协调性和互补性,注意不要以偏概全、以一代全,以免出现调整漏洞或真空。此外,该类协定的全面性还体现在规范的多样性和针对性上。协定的框架主

---

① 李晓喻:《欧盟自贸合作为何提速》,http://www.oushinet.com/china/eiec/20190711/325668.html,2019 年 9 月 9 日访问。

要由正文、附件、议定书与独立解释组成,正文是协定的骨架,规定了缔约方的基本权利和义务,众多附件是协定的有机组成部分,就正文中的义务做出更加深入和全面的规定,或就特定问题作进一步的明确规定,如以负面清单的方式提出义务保留或例外条款。缔约方相互之间还可以就彼此关注的问题缔结议定书。这些协议的稳定架构可以确保欧盟有效行动并为欧盟成员及其谈判伙伴提供可预测性的能力①,同时,使协定的权利义务如同一个具有结节和网孔的网络,疏而不漏。它不仅是议题上的全面性,也是方法和技术上的全面性,真正体现权利义务的统一、平衡和协调。②

高标准是欧式 FTA – plus 的另一个特点,是引领全球自贸协定的"风向标"。在协定谈判前和谈判过程中,议题的选择与义务的确定至关重要,它成为判断协定水平高低的一个因素。③ 欧式 FTA – plus 的高标准:一方面,体现在以关税趋近于零的目标来完成关税减免义务、以程度远超 WTO 和现有 FTA 的负面清单来完成市场准入义务等一系列高强度的承诺,这对于缔约国的经济实力和市场弹性是一个不小的挑战;另一方面,高标准还体现在价值理念上的进步性。劳工权利保护、环境保护、商业反腐、企业社会责任、发展、中小企业、政府监管改革等,代表了当今国际社会的普遍关注,欧盟通过有约束力的国际协定的方式,与不同发展程度国家共同促进解决这些问题,既是理念引领也是责任担当。

(二) 欧式 FTA – plus 的主要议题透视

欧式 FTA – plus 以双边合作引领国际经贸规则的影响力不言而喻,很可能成为欧盟未来推进其他自贸谈判的重要参考模板。它除了在体例上继承欧盟一如既往的高标准,还在具体的调整对象上体现了许多特点或创新。因篇幅有限,本文仅就其中几个具有显著特征的、对未来国际经贸规则将有重大影响的议题进行重点分析。

1. 大幅提升货物贸易的自由化

在协定生效后立即取消关税或逐步降低关税直至为零,这是欧式 FTA – plus 的最大亮点。在欧加 CETA 中,98.2% 的加拿大商品和 97.7% 的欧盟商

---

① Report on the Implementation of the Trade Policy Strategy Trade for All——Delivering a Progressive Trade Policy to Harness Globalisation. https://eur – lex. europa. eu/legal – content/EN/TXT/? uri = CELEX:52017DC0491,last visited at September 16th,2019.
② 韩立余:《TPP 协定的规则体系:议题与结构分析》,《求索》2016 年第 9 期,第 4 – 13 页。
③ 韩立余:《自由贸易协定新议题辨析》,《国际法研究》2015 年第 5 期,第 77 – 91 页。

品被确定为零关税的自由化商品。其他产品关税将逐步在 7 年内降至零,最终实现加拿大 98.6% 的商品和欧盟 99.0% 的商品零关税,其中包括双方 100% 的工业产品和渔业产品。① 在欧日 EPA 中,双方商定消除日本对欧盟出口约 99% 商品的关税,其余 1% 则通过配额及关税递减等途径逐步实现。同时,立即取消约 94% 的欧盟出口到日本的商品关税,其中包括 82% 的农林水产品和 100% 的工业制成品,这一比例在未来数年内终将上升到 99%。② 在欧新 FTA 生效后,新加坡将实质性降低来自欧盟所有产品关税,欧盟则将立即取消 84% 来自新加坡产品的关税,并在未来 3 年内将该比例提升至 90%,余下 10% 产品的关税将在 5 年内取消。③ 欧越 FTA 中也包含了取消几乎所有关税的条款,协定生效后欧盟对越南出口的 65% 商品和从越南进口的 71% 商品立刻免税,之后将根据产品的敏感程度分别以 3 年、5 年和 7 年为限逐步取消剩余产品的关税,以达到取消约 99% 的关税目标,考虑到越南的发展情况,双方约定越南对部分农产品的关税可放宽到 10 年内取消。④

此外,欧式 FTA – plus 还消除了许多非关税壁垒。例如,欧加 CETA 要求加拿大破除葡萄酒和烈酒的垄断现状,改变计价方式和包装规定,消除对通常价值较高的欧盟产品的不平等待遇。双方承诺加快植物、果蔬和肉制品的出口审批程序,同意接受另一方境内的合格评定机构颁发的合格证书,尤其在电气、电子产品、玩具、机械或测量设备领域避免双重检验。欧日 EPA 将重点放在双方之前达成的共同承诺上,日本在汽车、医疗器械、纺织品等领域确保国内标准和技术法规尽可能以国际标准为基准,并简化审批和清关程序,消除官僚作风,欧盟则废除了对日本酒类的非关税措施。欧新 FTA 要求新加坡将通过评估检验和认证系统来促进欧盟肉制品的出口,承认目前的欧盟标准以及汽车和零部件的测试,避免对某些电子产品进行重复的安全和电磁兼容性测试,欧盟则确保所有技术法规和强制性合格评定程序均有利于促进可再生能源设备的贸易和投资。欧越 FTA 承诺要确保技术法规、标准和

---

① THE ECONOMIC IMPACT OF THE COMPREHENSIVE ECONOMIC AND TRADE AGREEMENT. https://trade.ec.europa.eu/doclib/docs/2017/september/tradoc_156043.pdf, last visited at August 13th, 2019.

② 《欧日 EPA 概要》,日文原文载 https://www.mofa.go.jp/mofaj/files/000382204.pdf,2019 年 8 月 5 日访问。

③ EUROPEAN UNION – SINGAPORE TRADE AND INVESTMENT AGREEMENTS. https://trade.ec.europa.eu/doclib/docs/2019/february/tradoc_157684.pdf, last visited at August 17th, 2019.

④ GUIDE TO THE EU – VIETNAM TRADE AND INVESTMENT AGREEMENTS. https://trade.ec.europa.eu/doclib/docs/2016/june/tradoc_154622.pdf, last visited at August 17th, 2019.

合格评定程序的非歧视性,不会对贸易造成不必要的障碍,越南的汽车和药品将对接国际标准,欧盟产品则由于已符合标准而无须在越南接受额外的检验和认证程序。①

2. 有效扩大多领域的市场准入

扩大市场准入是欧式 FTA – plus 与生俱来的任务和使命,对此协定沿用了"负面清单"模式,并允许各方提出相关保留或例外。具体来说,欧盟将有更多机会在加拿大市场提供财务会计、海运和工程等服务,并首次能进入加拿大省级的环境、电信和金融市场。加拿大仅对供水、医疗、保健、教育等社会公共服务提出了保留或引入数量限制。② 日本开放了邮政和快递服务、电子商务、国际海运服务、金融服务、电信服务、自然人入境和临时居留等领域③,同时在保健、保险和社会保障、能源、初等及中等教育等敏感部门作了大量保留措施。欧盟和新加坡同意为彼此的企业提供更优惠的市场准入,包括电信、金融、计算机、运输、环境、邮政等市场,并确保将同样的规则适用于某些行业的国内外服务提供商。新加坡还在保留监管和引入新法规权利的前提下,首次开放了零售银行业务。欧越协定开放部门与上述协定大同小异,但在教育这一传统保留项目上,越南首次承诺欧盟供应商可以从欧盟直接向越南消费者提供跨境高等教育服务。协定还为欧盟投资者在越南投资发展制造业创造了机会,放宽了食品制造、水产加工及部分工业制品生产等行业的准入限制。

欧式 FTA – plus 还对政府采购市场开放做了详尽的规定。第一,进一步扩展政府采购主体,由中央政府扩展到地方政府,甚至是承担公共职能的企业或实体。例如,加拿大扩展到次级中央政府(13 个省或地区)及皇家企业,日本扩展到地方上的都道府县及 48 个"核心城市",新加坡扩展到次级中央政府和公用事业部门,越南扩展到省级政府、国有企业、部分医院和高校等。第二,政府采购市场部门更加广泛,涵盖了许多之前未能开放的领域。例如,加拿大允许欧盟企业在其能源和公共交通领域进行投标,日本开放了铁路行业,将使欧盟火车制造商得以在公平竞争的环境下竞购该类合同项目,

---

① 吴泽林:《欧盟越南自贸协定签署的影响及中国应对》,http://ex.cssn.cn/gjgxx/gj_bwsf/201907/t20190705_4930014.shtml,2019 年 8 月 8 日访问。

② 欧委会官网,https://ec.europa.eu/trade/policy/in – focus/ceta/ceta – explained/,2019 年 7 月 30 日访问。

③ 《欧盟—日本经济合作协议(EPA)实况报道》,日文原文载 https://www.mofa.go.jp/mofaj/files/000382020.pdf,最后访问时间:2019 年 8 月 4 日。

新加坡开放了能源市场，扩大了透明度和不歧视承诺所涵盖的公共服务合同类型，越南做出了对外国企业开放其政府采购的首次承诺，其市场产品范围在货物方面比较广泛（农产品除外），特别包括卫生部及部分医院采购的药品，在服务方面主要有计算机服务和建筑工程服务等。第三，信息公开与共享机制日益健全。欧式 FTA – plus 要求各缔约方均开发一个专门的政府采购网站，将各级政府或国有企业的采购信息全部公布在其中，确保投标商能够通过访问该网站便可全面、准确、快捷地获取采购信息，而且是完整版的英文信息，以此使招标过程更加透明，破除中小企业进入海外市场时获取信息不平衡这一较大障碍。第四，考虑到不同缔约方的发展程度不同，欧式 FTA – plus 在政府采购开放水平上采取了允许保留和设置过渡期的方式，对比较敏感的产业分别商定了渐进性过渡措施，最终创造更多政府采购市场准入机会。

在原产地规则和程序方面，欧式 FTA – plus 沿用了欧盟最具影响力的"泛欧"原产地规则，即将原产地标准分为"完全获得产品"和"经过充分加工或实质处理的产品"。这意味着欧盟已逐步建立起完整统一的原产地规则，对"原产"的定义及种类等方面做了详尽的规定，并进一步推动该规则的对外推广适用。此外，为降低货物原产地证明难度和提高认证效率，欧盟在原产地证明形式的问题上赋予了出口商一定的灵活性，即由海关总署对符合条件的出口商颁发原产地证书或由出口商凭借发票等相关商务性文件做出声明。① 在欧式 FTA – plus 中，欧盟与加拿大、日本及新加坡采用的皆为单一的"出口商申报"模式，而与越南则采用"原产地证书"和"出口商申报"并行的"双轨制"模式，由此可以看出欧盟在提高贸易自由化与便利化水平的同时，也注重对缔约方监管能力和承受能力进行考量，采取了有区别的做法。

3. 着力打造知识产权保护的高标准

在知识产权领域，欧式 FTA – plus 的缔约方均做出了远高于 TRIPS 的承诺。第一，对于版权保护，欧式 FTA – plus 除了遵守 TRIPS 纳入的《巴黎公约》和《伯尔尼公约》外，还增加了履行《世界知识产权组织版权条约》（WCT）、《世界知识产权组织表演与录音制品条约》（WPPT）和《保护表演者、录音制作者和广播组织条约》的义务，以保护原始创新素材，如音乐、

---

① European Commission. Preferential Rules of Origin. http：// madb. europa. eu /madb/rulesoforigin_preferential. htm, last visited at July 15th, 2019.

戏剧、设计和文学作品等。其中，WCT 和 WPPT 又称为"互联网条约"，它们解决了当今数字技术所带来的挑战，确保在通过诸如互联网等新技术和通讯系统传播其作品时，这些版权的拥有者将继续得到充分有效的保护。此外，相比于 TRIPS，这些欧式协定还进一步扩展了保护期限，将版权条款保护期最长延长至 70 年。① 第二，在专利方面，欧式 FTA – plus 对药品和农药产品的专利保护期限进行了延长，规定各缔约方对药品和农药产品有关的发明授予专利时，应在由于上市批准程序而无法使用专利专有权的期间内规定补偿性保护期，最高补偿期限为 5 年。② 欧盟还借鉴其内部规定，首次在自贸协定中将商业秘密和未公开的测试或其他数据列入知识产权章节，为其提供保护，以防商业秘密和关键数据被非法侵占。第三，在商标保护方面，缔约国需要遵守 2006 年新加坡《商标法条约》和《国际商标注册马德里协定》。欧式 FTA – plus 要求各方建立和健全各自的商标注册制度，运用数字信息化技术，设立公开的商标申请和注册的电子数据库。③ 另外，协定还适用了 WIPO 关于保护驰名商标的建议，该建议在认定问题上不仅仅衡量某个商标在一个国家相关消费者中的知名程度，还考虑了其他因素，并就撤销驰名商标的理由做出了进一步的规范，包括有使用要求的义务和防止误导性使用名称的保护。④ 最后，在执法程度上，欧式 FTA – plus 并没有沿用 TRIPS 协定和《反假冒贸易协定》（ACTA）中关于民事执法、刑事执法、数字环境执法和边境措施等分类方式，而是以民事司法保护为主，对民事执行措施做出了详细的规定，包括禁令、证据、临时措施、损害赔偿、中介服务提供者的责任等重要问题。

强调地理标志保护是欧式协定的又一特征，作为地理标志保护制度最完备和最先进的经济体，欧盟在欧式 FTA – plus 中的地理标志保护部分体现了一贯的高标准严要求。⑤ 欧盟以清单的方式在附件中对各方地理标志保护范围进行了界定，借鉴了欧盟内部对地理标志的保护体例，并且这一体例是第

---

① European Union – Singapore Trade and InvestmentAgreements. https://trade. ec. europa. eu/doclib/docs/2019/february/tradoc_157684. pdf,last visited at August 13th,2019.
② GUIDE TO THE EU – VIETNAM TRADE AND INVESTMENT AGREEMENTS. https://trade. ec. europa. eu/doclib/docs/2016/june/tradoc_154622. pdf,last visited at August 14th,2019.
③ 宋锡祥，戴莎：《欧盟和加拿大自贸协定的特色及其对我国的启示》，《上海大学学报（社会科学版）》2019 年第 1 期，第 1 – 15 页。
④ THE ECONOMIC IMPACT OF THE EU – VIETNAM FREE TRADE AGREEMENT. https://trade. ec. europa. eu/doclib/docs/2019/february/tradoc_157686. pdf,last visited at July 8th,2019.
⑤ 韩立余：《自由贸易协定新议题辨析》，《国际法研究》2015 年第 5 期，第 77 – 91 页。

一次应用在欧盟对外签订的 FTA 中。此外，欧盟还删除了申请人用于注册地理标志的所有相关费用或税款，取消了请求相关保护的行政成本。从四个欧式 FTA – plus 文本中可以看出，欧盟清单中的酒类产品多于农产品，农产品以奶酪、水果制品、加工肉制品、油和脂肪、面包为主，酒类产品以葡萄酒为主，地理标志的数量分别有 169~219 个，足见欧盟对地理标志保护的重视程度，也预示了欧盟在未来谈判自贸协定时保留长的地理标志保护清单将会常态化。而对于保护力度，与 TRIPS 协定地理标志条款相比，无论是一般法律保护与行政保护，还是就商标、通用名称、惯用术语等方面的例外，欧式 FTA – plus 均超越了 TRIPS 的水平。

4. 专设国有企业竞争中立的新章节

欧式 FTA – plus 将国有企业（包括指定垄断企业）的相关条款从传统的竞争章里独立了出来，单独规定成章。这一举措从结构上体现了欧盟对国有企业规制的重视，从内容上强调了国有企业参与商业竞争的纪律，同时还是对竞争政策的具体落实和对竞争中立规则的一种强化。

欧加 CETA 是首个做出这种变动的协定，其国有企业一章仅有 5 条，这些条文所规范的内容较为零散，且多为原则性规定。之后，欧盟又在欧日 EPA 和欧越 FTA 的国有企业章进行了充实与完善。对照这些欧式 FTA – plus 的文本可以看出，国有企业规则主要包含国有企业的内涵界定、适用范围、一般规定、非歧视待遇和商业考虑、规章制度、透明度要求以及例外等条款，它不阻止缔约方设立或维持国有企业及政府垄断企业。但是，它针对该类企业建立了一套相对独立、完整的制度，不允许任何一方要求或鼓励国有企业抵触和违背。协定将国有企业定义为主要从事商业活动的企业，在该类企业中，缔约方直接拥有超过 50% 的股本，或通过所有权权益直接或间接控制 50% 以上表决权的行使，或者缔约方有权任命企业董事会及其他类似管理机构的大多数成员，或是有权依法指导企业的行为，依法对企业的战略决策进行控制。这表明，欧式 FTA – plus 中的国有企业定义发生了很大变化，国有企业的核心不再是国有，而是国控，即通过股权、投票权、任命权和决策权的形式明确了企业与政府的关系。

国有企业章创设了非歧视待遇和商业考虑①的保证义务，要求缔约方应确保其国有企业在从事不属于公共任务的商业活动时按照商业考虑行事，在

---

① 根据欧日 EPA 文本 Art13.1（b），"商业考虑"是指对价格、质量、可获得性、适销性、运输和其他购销条款和条件的考虑，或通常在私营企业按照市场经济的有关商业或行业的原则在商业决策中应当考虑的其他因素。

购买或出售一项商品或服务时给予另一方企业或另一方在其境内投资的企业不低于对己方企业提供的同类商品或类似服务给予的待遇。同时，为确保遵守竞争中立原则，协定加入了规章制度条款，要求各方尊重并充分利用包括《OECD 国有企业公司治理准则》在内的国际公认的公司治理标准，并要求监管机构及职能部门独立于其所监管的任何企业或实体，在相同情况下对所有企业公正行事，一视同仁地适用法律法规。另外，该章还规定了义务的例外情形，即不适用于为应对国家或全球经济紧急情况而临时采取的措施，不适用于作为采购实体为政府采购的情况，不适用于行使政府职责的国有企业提供的支持进出口或支持私人境外投资的合乎条件的金融服务，不适用于负责国防、公共秩序和公共安全的国有企业和连续 3 年商业活动年收入不超过按其附件公式计算的一定数额的国有企业等。此外，该章还包含详细的透明度要求。缔约方有合理理由相信其在本章下的利益受到另一方国有企业的商业活动带来不利影响时，可以书面形式要求另一方全面提供有关该企业运营的详细信息。例如，国有企业的组织结构及其董事会或任何其他同等管理机构的组成、企业股权和表决权结构、与不同国有企业的交叉持股和其他联系、对管理该国企的政府部门或公共机构的说明以及任职官员的说明、国企的年度财务报告和总资产、国企依法享有的优惠待遇和任何豁免等，但不得要求一方披露与其法律法规相抵触、妨碍执法或者以其他方式违反公共利益、损害特定企业合法商业利益的保密信息。

5. 坚持推行可持续发展的严要求

欧式 FTA - plus 显示了欧盟在可持续发展规则上的新进程和新突破。

首先，在条款纳入方式上，将"缔约方认识到"的口号式条文纳入协定序言部分的上一代欧式自贸协定仅树立起了可持续发展原则，其宣告意义大于实质意义。因此，欧式 FTA - plus 改用直接在正文中纳入条款的方式，使可持续发展要求上升为实质性义务。欧加 CETA 序言和正文部分均纳入了可持续发展条款，并在欧日 EPA、欧新 FTA 和欧越 FTA 中进行延续。这种混合方式体现出欧盟对于推广可持续发展规则的最新策略，通过"原则 + 规则"的模式将条款予以最大限度落实，既传递了贸易伙伴间的合作意图，又有助于履行可持续发展义务。[①]

其次，对于正文的结构，欧加 CETA 受到 TPP 的影响，在编排可持续发

---

① 王玫黎、陈雨：《论欧盟的可持续发展条款——基于〈欧加全面经贸协定〉》，《西北民族大学学报（哲学社会科学版）》2019 年第 4 期，第 95 - 104 页。

展议题时采用了类似 TPP 的篇章结构,将以往单独的"贸易与可持续发展"一章拆分成"贸易与可持续发展""贸易与劳工""贸易与环境"三章。这种人为拆分不免使协定文本更显冗长,且某种程度上不合理地切断了三者间的联系。因此,欧盟在之后分别与日本、新加坡和越南签署协定时又恢复和延续了设置单一的可持续发展章的结构,并在某些领域超越了与加拿大的保护承诺。

再次,从内容上看,欧式 FTA – plus 加强了利益攸关者的参与、透明度和有效合作,在强化国家主导作用的同时,不断提升全社会实施战略的能力并重视社会共享,突出了持续监管和评估的重要作用,制定了完善该领域可行的时间表。具体来说,对于劳工保护,欧盟确认了国际劳工组织宣言所含的四项权利①,列出了实施程序和行政程序,要求各缔约方不得为了鼓励贸易和投资而放松劳工法的要求和降低执法力度,防止"逐底竞争"的风险,鼓励企业自愿承担社会责任,鼓励公众和非国家行为者就劳工标准进行讨论,并充分考虑来自工人、雇主、社会组织代表的意见。在保护环境方面,欧盟强调必须承诺执行国际环境条约,以国内立法为依据,在节能减排的立法、技术和行动方面付出努力,力求在各自的法律及相关政策中建立高的环保标准,不断升级低碳技术等其他环保技术。欧日 EPA 又加入了一个新亮点,即明确承诺有效执行《气候变化框架公约》和《巴黎协定》,以实现公约所定的最终目标,这一点在与欧新 FTA、欧越 FTA 中得以延续。

最后,欧式 FTA – plus 缔约方还承诺践行保护和可持续地管理自然资源、保存和可持续地利用渔业资源、保护和管理海洋生态系统、保护生物多样性、打击非法采伐林木等可持续发展的办法,并同意促进企业承担社会责任和支持生态标签、公平贸易、回收利用、使用和推广无害环境的商品和服务等体现可持续发展的贸易和投资举措。② 为了保障上述承诺的有效履行,欧式 FTA – plus 建立了民间社会对在贸易和可持续发展领域所作承诺的监督机制,规定与民间社会组织进行共同对话,在对话中对本领域规则的实施提供反馈信息。如果缔约方就本章内容的解释和适用问题存在意见分歧,则此时不适用本协定的争端解决程序,而是由双方协商达成满意的解决方案或举行贸易和可持续发展委员会进行规定。如果仍旧无法达成一致,则另一个缔约方可

---

① 结社自由和有效承认集体谈判权利、消除一切形式的强迫或强制劳动、有效废除童工、消除就业和职业歧视。

② A new EU trade agreement with Japan. http://trade.ec.europa.eu/doclib/docs/2017/july/tradoc_155684.pdf, last visited at September 18th, 2019.

以要求召集独立专家小组进行外部审查,待专家小组提出报告后,双方必须在考虑专家小组报告的同时讨论解决问题的方法和措施。

三、欧式 FTA – plus 的多维影响

欧式 FTA – plus 的推广将深刻关系到新一代国际经贸活动的议题设置和规则塑造,不仅对欧盟这个主导者意义非凡,还给世界政治经济秩序带来了具有里程碑意义的长期影响。同时,作为高标准、综合性的双边自贸协定,它们的陆续出台也会给包括中国在内的新兴经济体带来较大的冲击。

(一) 对世界政治经济秩序的影响

在当前全球贸易保护主义抬头、多边贸易体制受到挑战、"逆全球化"态势尚未好转的大背景下,欧式 FTA – plus 的推广具有了不一样的意义,即欧盟接手全球自由贸易的大旗,借此向世界各国强调贸易自由化的重要性,坚持基于规则、公平、自由、开放的国际秩序,引领世界经济往深入融合的方面继续稳步前进。① 由此可见,欧式 FTA – plus 向世界其他国家所发出的抵制保护主义的强有力信号,对维护全球政治和经济秩序具有积极的正面影响。它也可能是一柄双刃剑,毕竟全球自贸区重叠交叉的现状对多边贸易体制的阻碍作用是与促进作用并存的。随着超级自贸区、巨型自贸区影响力的扩大,会有更多的国家或地区参与进来。届时,经济全球化与区域经济一体化的地位和影响力的交替变化程度将会进一步加深,造成国际贸易流向发生较大变化,区域内贸易在国际贸易中的比重上升,加剧全球范围内各国间的竞争向区域集团间的竞争演变。然而,由于大国对当前多边贸易规则的意见分歧显著,自 2018 年开始的新一轮 WTO 现代化改革至今迟迟无法有效展开,这使全球多边贸易体系发展严重受挫。欧式 FTA – plus 作为规则先进水平超越 WTO 的新一代自贸协定,便可能日益架空甚至最终取代 WTO,成为世界贸易体制的新宠。② 因此,我们不得对这种负面影响掉以轻心。

(二) 对欧盟自身的重大意义

从条约带来的经济效益来说,作为高度开放的经济体,自由贸易对欧盟

---

① [日] 戴二彪:《日欧签署经济伙伴协定对世界政治经济的影响》,《21 世纪经济报道》2018 年 7 月 23 日。
② 张晓兰:《欧盟全球自贸区战略对世界经贸格局的影响》,http://www.sic.gov.cn/News/456/4451.htm,2019 年 9 月 7 日访问。

而言至关重要。欧式 FTA-plus 对欧盟与贸易伙伴间的经贸合作和相互投资产生了强烈的刺激作用,大大激发欧盟的经济潜力,提升了双边贸易的便利性和开放性,最大程度地刺激对外进出口贸易,增加投资,创造更多的就业机会,使其与亚太地区重要经济体之间的经济纽带得以加强。据欧盟委员会预测,欧加 CETA 完全生效后,将促进双边贸易增长 23%,贸易量增长约 260 亿欧元,给欧盟国内生产总值带来超过 120 亿欧元的增量;欧日 EPA 生效后,欧盟对日出口增长约 32%,将推动欧盟经济增长 0.6% 至 0.8%,在欧盟创造 42 万个就业机会;欧新 FTA 的生效会使欧盟继续在新加坡这个东南亚最大贸易伙伴拓展市场,贸易顺差地位将持续扩大,超过 1 万家欧盟企业在新加坡设立公司并将其作为整个太平洋地区的枢纽;欧越 FTA 的生效则会给欧盟带来对越南的出口增长 29% 的机遇,欧盟公司将从出口中获益 80 亿欧元。① 尽管这些经济效果的测算不一定很精确,但是无论从国际贸易理论还是以往的经验看,自贸协定的签署和生效无疑会给欧盟和缔约方的经济带来双赢的正面影响。

在条约结构模式与规则引领方面,欧加 CETA 临时生效、欧日 EPA 先行生效再另谈 ISDS 机制、欧新和欧越均将综合性自贸协定文本拆分成 FTA 和投资保护协定(IPA)两个独立文本来分别批准通过,这些灵活运用的缔约和生效方式为未来欧式 FTA-plus 的出台创造了有效的新途径。欧式 FTA-plus 是综合性、高标准、宽泛的自贸协定,由于这一根本特征的存在。在《里斯本条约》对欧盟整体对外进行自贸谈判混合权限的规制下,这种含有 ISDS 机制和间接投资内容的"大型"自贸协定的生效需要经欧盟成员国依次进行国内审批,导致协定短期内难以通过。因此,经过已有的尝试,欧盟今后在谈判欧式 FTA-plus 时可根据自身的现实需要和另一国的意愿灵活选择条约文本的结构形式,或缔结纳入投资章节的"大型"自贸协定后使欧盟专属权限部分临时生效,或将 ISDS 条款从主要协定中移除后再商签附属协定,或同时谈判贸易与投资议题但最终拆成两个协定分别缔结和批准。无论审批的前景如何,这些模式都能为聚焦制度和规则统一的新一代自贸协定的生效提供正面的示范效应。此外,欧式 FTA-plus 为国际经贸领域提供了良好范本和新近规则,在经济全球化过程中,规则现代化和大国竞争的特点十分突出,规则创新和供给决定着大国的利益实现机制。目前,传统的国际经贸格

---

① 欧委会官网,https://ec.europa.eu/trade/policy/countries-and-regions/negotiations-and-agreements/,2019 年 9 月 4 日访问。

局出变动，欧盟将贸易作为联结众多议题的手段，有针对性地弱化或强化了现有规则，甚至根本性地变更了 WTO 相关规则。数个欧式 FTA-plus 的成功布局意味着欧盟在亚太地区引领新的国际经贸规则的博弈中已占有了一席之地，获得了与超级大国美国争夺规则主导地位和影响力的实力。

（三）对中国的冲击与压力

根据我国商务部 2022 年 3 月更新的数据，在过去的 17 年中，欧盟曾连续 15 年是中国最大的贸易伙伴，还是中国最大进口来源地和第二大出口市场，2022 年第一季度，欧盟超过东盟重新成为中国第一大贸易伙伴。中国也多年保持欧盟第二大贸易伙伴地位，是欧盟第一大进口来源地和第二大出口市场，并在 2020 年首次超越美国成为欧盟最大贸易伙伴。① 另据欧盟统计局 2022 年 11 月数据显示，2022 年前 9 个月，欧盟对华贸易额为 6 412 亿欧元，其中对华出口 1 705 亿欧元，同比增长 2.8%，进口 4 707 亿欧元，增长 41.6%。② 其中，对欧出口产品主要为机电产品、纺织品、服装、鞋、轻工等。由于中国与欧盟尚未建立自贸区，所以近些年众多欧式 FTA-plus 的生效对我国进口贸易的直接冲击不大，但鉴于自贸协定对其他国家或地区的贸易会带来实质性的歧视，不可避免地造成贸易转移。因此，中国将面临这些协定对出口贸易引发替代效应的负面影响，丧失部分欧盟市场及其他市场的原有份额。具体来说，欧加 CETA 的出台对中国的影响整体上弊大于利，其贸易壁垒的取消使得两个经济体进出商品的价格大幅度下降，与欧加出口产品相同或相似的中国产品可能因此受到严峻的市场挑战。有经济学者采用出口相似度指数、贸易互补性指数和显示性比较优势指数来综合反映欧盟、中国、日本三大经济体的竞争替代关系、贸易互补关系和产业竞争力，其计算结果表明，欧日 EPA 达成后中国在 GDP、国内生产、社会福利、贸易条件、投资等方面均将受到不利影响。③ 欧新协定的签署则会使中国的相关行业在市场准入、出口关税、政府采购等多个方面处于不利的境地，部分受影响企业可能通过多种方式投资新加坡，以求得在事实上享受该国的关税优惠和投

---

① 外交部官网，https://www.fmprc.gov.cn/web/gjhdq_676201/gjhdqzz_681964/1206_679930/sbgx_679934/，2019 年 9 月 19 日访问。

② 中国贸促会官网，https://www.ccpit.org/belgium/a/20221119/20221119frtf.html，2022 年 11 月 30 日访问。

③ 关兵：《欧日 EPA 对欧盟、日本和中国的经济影响》，《现代日本经济》2018 年第 3 期，第 15-26 页。

资便利，这可能使中国企业原本用于国内投资或扩张的计划延后，对我国经济发展产生一定负面影响。而作为越南的重要邻国，中国或多或少也会受到欧越协定的影响。首先，由于贸易扩大和贸易转移效应，自贸协定会进一步刺激欧越间的相互贸易，压制对"中国制造"的需求，尤其会使中国服装、鞋类、玩具、电子产品等劳动密集型产品的竞争优势减弱，给中国对欧盟部分产品的出口带来一定压力。其次，由于越南优越的地理位置、稳定的政治经济环境、较低的劳动力成本以及东南亚贸易投资纽带的功能性作用，协定将会推动企业进一步向越南转移的潮流，助力越南发展成新的"世界工厂"，导致中国国际市场拓展空间受到严重挤压，不利于开放经济的发展和国内经济增长。

欧式 FTA – plus 还提高了引领国际经贸规则的标准，对中国未来进行 FTA 谈判构成压力。① 可以看出，这些欧式 FTA – plus 的缔约方大部分为发达国家，更容易接受如降税范围大、程度高的标准，而且对推动服务贸易与投资市场大幅度开放、要求国有企业竞争中立与摒弃非市场导向、保护知识产权与反对强迫技术转移和网络空间盗窃、保护劳工罢工权等议题持统一或相似态度。与它们相比，作为发展中国家的中国存在国家体制不同、发展阶段不同、对规则的理解不同、优势行业不同等差异，如果这些议题的标准都被拔高，未来我国同欧盟之间的经贸纠纷可能会更多，并且再和欧盟、日本、加拿大进行谈判时会承受更多的压力，要么让步接受对方苛刻的要求，要么在新一代国际经贸规则制定上进一步被边缘化。②

四、欧式 FTA – plus 对中国的启示

面对欧式 FTA – plus 将会带来的种种影响：我们一方面须认识到该类协定不会在短期内给中国带来难以挽回的损失；另一方面应受到其背景和特征的启示，有计划分步骤地学习、尝试和推广高标准的新规则，采取更积极的措施参与国际经贸规则的建构和引领，提高我国在该领域的国际话语权。

（一）借鉴欧式先进经验形成中国特色 FTA 范本

当前，中国应学习代表高标准的欧式 FTA – plus 的先进经验，借鉴其文本结构、缔约技巧和创新制度安排，并融入体现中国核心利益需求和国情现

---

① 肖光恩，袁盼盼：《欧盟加拿大经济贸易协定的影响与中国对策》，《亚太经济》2014 年第 2 期，第 140 – 151 页。
② 王灏晨，孙伟：《欧盟—日本新经济协定的影响刍议》，《中国经贸导刊》2019 年第 1 期，第 10 – 11 页。

状的条款，形成既能提高贸易投资自由化水平、又具有多重保障机制的综合性高标准中式 FTA 范本，以便在今后的谈判中为规则的推广和引领做好准备。

1. 中式 FTA 范本的结构框架与缔约技术

众多经贸问题日益增强的复杂性对我国在设计中式 FTA 的结构方面提出了更高的要求。首先，我们应当参照欧式 FTA – plus 对同一调整对象通过多个议题加以共同规范，打破各章节各自为政的传统结构设计，考量不同议题的互补与协调，在协定结构安排上体现前后议题的照应与关联影响。其次，对于我国未来 FTA 中负面清单存在方式的结构安排，应效仿欧式 FTA – plus 将其与发挥解释说明作用的附件区别开来，以更好地实现其义务保留的可预测性效果。最后，在缔约技术上，我国已初步掌握了在重要敏感领域设置多重保障机制、采用渐进的方法划定相应过渡期或事先设定例外条款等方法，使谈判议题尽早成文、尽快落地生效。我国还在实践中依据具体情况逐步升级了某些规则，为形成区域性高标准经贸机制预留了空间。我国还应探索欧式 FTA – plus 的"临时生效"方式、"先缔结整体再另谈局部"方式以及"贸易与投资拆分签约"方式，使这种审批难度较高却急需生效的 FTA 早日出台，以提高谈判工作的效率和成果转化率，避免中澳 FTA 十年磨一剑的艰难缔约历程的再次出现。这些灵活缔约技术和生效方式将为未来中式 FTA 的出台创造有效的新途径，为国家加速自贸区战略布局和运用中国模式引领国际经贸规则发挥出抢占先机的优势。

2. 中式 FTA 范本的议题设计与制度安排

第一，在关税减让方面，欧式 FTA – plus 中的零关税产品比重都高达近 99%，工业品几乎完全零关税。未来中式 FTA 的关税减让思路应充分考虑"分阶段、分对象、高标准"的问题，即对于大部分产品，尤其是中国优势产品，要敢于在 FTA 谈判中承诺立即取消关税，实现零关税；对于实力较薄弱产业的产品，可设置年数不等的实现零关税的过渡期，逐步适应关税减让带来的影响；对于易遭受冲击的关系国计民生的产品，可效仿欧盟做法进行保护，如设定"准入价格表"，待国内市场基本消化该类外来产品所带来的影响后，再完全实现其进口准入价格自由化，由市场进行调控，① 或由主管部门通过降成本、树品牌、提质量、允补贴等不同方式对其进行对口支援；对于最敏感的产品，则要保留应有的关税，在谈判中坚持不将其放在承诺免

---

① 宋锡祥，傅萧扬乐：《〈欧盟—哥伦比亚、秘鲁自由贸易协定〉透视及其对中国的启示》，《国际商务研究》2018 年第 4 期。

税之列，但要严格把控该类产品的数目，只留少数核心产品。

第二，在市场准入方面，欧式 FTA - plus 反映了对扩大市场准入的新要求。中国今后应结合具体服务部门和投资领域在国际上竞争力的情况，采用负面清单模式并尽量缩减清单条目，引入更多良性竞争。同时，应注重国内立法及修法事宜，构建完备的政府采购体制机制，适时纳入国民待遇、非歧视、透明度等国际基本原则，扩大政府采购主体，健全对投标企业的救济机制，争取尽快达成首个相对务实的开放政府采购市场的承诺。对于原产地证明，中国当前仅对传统发达国家采取"出口商申报"模式和原有的"原产地证书"模式的双轨适用，对新兴市场国家和发展中国家则统一适用单一的"原产地证书"模式。中国应多方面评估缔约方综合国力，今后只对一般发展中国家采用"原产地证书"模式，对新兴市场国家推广采用"双轨制"，并通过设置过渡期和加强事中事后监管来逐步适应与发达国家采用的单一"出口商申报"模式，降低货物原产地证明难度，提高准入认证效率。

第三，在知识产权保护方面，目前我国仍主要采用国际通行的 TRIPS 标准，这与欧式 FTA - plus 中设置的高标准保护规则差距甚远，尤其体现在药品专利保护和数据保护上。因此，中式 FTA 范本既要体现立法层面的发展，如在公共健康问题领域，尽量包含对 TRIPS 协定的修订内容，从药品专利的试验数据、注册程序及完备的数据库三方面构建一个较为系统全面的药品专利保护体系，提高药品生产商与仿制药制造商的保护；也要回应社会关注的热点议题，如网络安全，对涉及网络环境下窃取商业秘密做出详细规定。我国还应建立专家型执法队伍来提高知产执法水平，公布打击侵权的最佳实践信息以增强执法透明度。[①] 并且要在今后的 FTA 中健全地理标志保护体系，杜绝已签署的 FTA 中仅存在不具有实质性意义、缺乏针对性的单一条款的现状。通过学习借鉴欧式 FTA - plus 这类对地理标志保护最为积极且完善的制度安排，尽快形成蕴含中国特色元素的地理标志保护清单，在未来与欧盟或其他国家进行 FTA 谈判时予以运用。

第四，在国有企业方面，欧盟要求国企成为按照非歧视和商业考虑行事的真正的市场主体，和非国有企业公平竞争，并受到竞争法的同等监管。欧式 FTA - plus 对国企的诉求在很大程度上切中了我国国企的软肋，我们应在中式 FTA 内纳入具有中国特色的、先进的国企规制条款，为今后同发达经济

---

① 孙益武：《〈欧盟加拿大经济贸易协定〉知识产权条款研究》，《电子知识产权》2015 年第 10 期，第 38 - 45 页。

体开展谈判打下良好基础。具体来说，首先，要将竞争中立规则纳入我国竞争法和竞争政策，用规则本身来保护国企免遭外国的反向歧视和非公平竞争；其次，要规范非商业援助制度，要求国企通过合理的成本预算避免政府的补贴；再次，要建立健全透明度审查机制，提高信息披露的执行力度，逐步扩大披露范围，包括所有权和权益、政府给予的优惠政策及与政府的关系、经营的市场与市场份额、重大风险因素等；最后，要向限制豁免的立场转变，明确从事商业活动的国有企业的管辖权不再是绝对豁免，与国际社会接轨。但要强调的是，我们在力争达成高标准FTA范本时，对一些国企的原则性立场始终不能放弃。

第五，在可持续发展方面，对于劳工保护，中国社会接纳更高的劳工标准是必然趋势，可以在未来的谈判中承诺加入涉及同工同酬、反对就业歧视、最低工作年龄和儿童劳动保护等内容的条款，但是应妥善处理涉及中国宪法制度的问题，尤其是在中国现行宪法中未进行修改增加罢工权之前，中国对罢工权条款要争取获得例外性安排。对于环境保护，中国应尽快将"原则+规则"的混合式模式纳入中式FTA范本中，提升环保条款的实际操作性，并制订"分阶段调整计划"来将标准动态化，在各自成功履行了现阶段承诺后，启动新阶段的标准谈判工作以逐渐优化和提高双方的环境标准。同时，在气候问题上承诺执行《气候变化框架公约》和《巴黎协定》，建立民间社会组织的监督与对话机制，通过协商或召开贸易和可持续发展委员会或召集独立专家小组进行外部审查的方式解决争端。

最后，我们应当在中式FTA范本中纳入体现中国关切的条款，注入更多中国智慧与中国元素。例如，消除贸易和投资中的行贿与腐败行为、明确应规定为犯罪的具体行为及应对措施，恰恰能够代表国际经贸规则的重要发展，中国需要推广自身反腐经验来引领这一规则。可以在未来FTA中设立专门的反腐败章节，对腐败违法行为进行界定，对合法性抗辩、起诉与惩处进行一般性规定，并要求缔约方接受《联合国反腐败公约》的义务。对设立账外账户、虚列开支、使用虚假单据等腐败行为，可要求法人应承担相应的责任。又如，增加防止贸易战的条款以避免今后缔约方采取单边措施引发类似中美贸易战的情形，在协定中列入明确贸易战的判定标准和范围、赋予受单边制裁方临时反制的权利、采取双暂停机制来防止贸易战进一步扩大的条款。[①]

[①] 贺小勇，陈瑶：《"求同存异"：WTO改革方案评析与中国对策建议》，《上海对外经贸大学学报》2019年第2期，第24-38页。

相信通过设置该类章节或条款，中式 FTA 范本将会更加丰富和完善，成为引领国际经贸规则的中坚力量。

（二）依托现有的平台推动中欧自贸区早日建成

据欧洲政策研究中心（CEPS）报告，中欧 FTA 的签署将使中国的 GDP 增加 1.87%，使欧盟的 GDP 增加 0.76%。① 目前，《中欧双边投资协定（BIT）》谈判已完成，中欧之间的其他谈判与合作进程都在加速推进。比如，中欧已经完成了关于民用航空安全的双边协定签署工作，也已实现了《中欧地理标志协定》的生效，并表示在 2015 年中欧 5G 联合声明基础上开展产业界之间的技术合作。双方还强调落实《巴黎协定》和《蒙特利尔议定书》的坚定承诺，在 2018 年《中欧领导人气候变化和清洁能源联合声明》的基础上推动了 2019 年 9 月联合国可持续发展峰会及联合国气候行动峰会取得成功。此外，"中欧班列"的开行数量正在加速提升，中欧"一带一路"互联互通平台建设、中欧共同投资基金建设正处于积极推进中，这些均是中欧双方经济合作的丰硕成果，能够为达成中欧 FTA 提供更多平台和基础。相信今后达成中欧 FTA 这一目标将不再遥远。

因此，中国应把握当前中欧相向而行的宝贵时间窗口期，争取实现中欧在经贸领域的突破性进展。在对欧式 FTA – plus 进行学习借鉴后，我们可以尝试欧式思路来谈中欧 FTA，尽快克服欧式自贸圈带来的贸易转移效应和排他性效应等负面影响，最大程度地释放双边经济红利，为构建中欧自贸区做好准备：首先，深入研究欧盟在谈判中提出的要求和谈判规律，为中欧 FTA 谈判提供参考，并做出符合中国利益的预备方案。其次，双方需各自承担责任，克服各自市场中存在的结构性矛盾，中国要继续深化服务业开放，消除市场和行政垄断，深化国企市场化改革，推进国有资本的战略性调整，提高法律法规的透明度。而欧盟要推进劳动力市场改革，尽快开放对华高新技术出口限制，降低绿色壁垒。再次，双方应继续办好中欧论坛，加强中欧经贸高层对话在指导和促进中欧谈判中发挥的重要作用，同时促使中欧智库尽快就中欧自贸区建立涉及的重大问题及战略应对开展联合研究。最后，中国应继续力推"一带一路"倡议与欧盟倡议的对接，包括欧洲投资计划以及扩大的泛欧运输网络，通过兼容的陆海空运输、能源和数字网络促进中欧间的

---

① 王金波：《日本—欧盟 EPA 的影响与中国的应对之策》，《中国发展观察》2018 年第 22 期，第 57 – 59 页。

"硬联通"和"软联通",为构建中欧自贸区提供机会和平台。①

(三) 探索引领国际经贸规则的多层次路径体系

中国应在当前全球经贸格局和国际经贸规则将变未变之际,运用战略性眼光将规则引领策略定位于多边、区域、双边、区际和国内这一"五体联动"的基础之上,从这5个层次共同推广中式新规则,有序衔接,有效配合,形成引领国际经贸规则的全方位、综合性路径体系。

1. 在多边舞台上力推中国版改革方案

目前,以WTO为代表的多边机制正面临着前所未有的危机。中国商务部已发布的《立场文件》和《建议文件》阐明了中国关于WTO改革的三项原则和五点主张②,明确了自身基本立场与核心关切。WTO改革是中国在多边舞台上贡献切实可行的制度草案、引领国际经贸规则的重大机遇。中国有关部门今后在此方面开展工作的思路,应是首先提炼全球现有的主要改革方案中各方关注的WTO现代化改革核心问题,对其从学理上加以分析,揭示发达经济体与发展中经济体立场差异背后的战略考量,寻求与大多数WTO成员方在改革议题方面的最大公约数,有针对性地为国家在规则与制度层面更好地参与乃至引领WTO改革建言献策,关于西方国家改革方案中对中国发难之处,要进行有理有利有节地回应。例如,提出以开放性诸边模式补充协商一致原则、进一步完善特殊与差别待遇的实施规则、将"关税战"转移至"全球化新规则博弈"之中、反对不加区分引入通报义务的惩罚性措施、积极考虑上诉机构停摆后的其他备选方案,以及加入贸易战处理机制条款、非市场导向认定条款和反对成员边缘化条款等,最终推动"契约性"组织向全球贸易治理组织成功转变。这将有利于加强我国在多边层面重构国际经贸规则中的话语权,防止在WTO改革进程中被边缘化,为其他层面引领规则的措施打下最广泛的基础。

2. 从区域一体化实践中引领话语建构

2022年1月1日,中国参与的《区域全面经济伙伴关系协定(RCEP)》已正式生效。RCEP涵盖人口占全球47.4%,国内生产总值占全球32.2%,

---

① 潘上上:《〈欧盟—日本经济伙伴关系协定〉的最新动向及对中国的启示》,《中国欧洲学会欧洲法律研究会第十二届年会论文集》,第38-56页。

② 《中国关于世贸组织改革的立场文件》,http://www.mofcom.gov.cn/article/i/jyjl/k/201812/20181202818736.shtml,2019年8月3日访问。

外贸总额占全球 29.1%，是全球涵盖人口最多、最具潜力的自贸区谈判。①它的生效，将进一步促进本地区产业和价值链的融合，整合和优化东盟与其他六国已签署的 FTA，抵御贸易保护主义和逆全球化思潮，增强中国周边地区的稳定性。因此，中国应在印度退出后继续发挥"促谈、促合、促成"作用，力争尽快调整因迁就印度而降低标准的条款，形成 RCEP2.0 版本，在一些重点议题的规则设置上加入成熟的中国经验以实现对区域经贸规则的引领。"一带一路"倡议是我国参与区域经济治理的另一重大抉择，它没有走"制度先行、承诺先行"的老路，而是以具体合作项目的方式来推进，避免了相关方"在开放承诺上的压力"。随着该倡议逐渐需要具象的规则加以规范，中国亟须解决与"一带一路"沿线国家规则供给不足的问题。在将合作倡议转化为区域经济一体化协定，继而引领该区域经贸规则时，中国应笃定他国为"合作伙伴"，在平等的基础上制定"源自大家的规矩"，倚重一种"自下而上"的国际经济立法模式，遵循一种求同存异的路径，为形式多样、标准灵活的"契约性"立法留出足够的空间，真正实现中国引领规则所追求的伙伴间"平等、互利、共赢"之目标。②

3. 需要规划编织宽范围的双边协定网络

中国对双边自贸协定缔约方的选择应该具有前瞻性，避免"应对式"的谈判。截至 2022 年 11 月，中国已对外签署了 21 个自贸协定，同时还在推进 10 个自贸协定谈判或升级和 8 个自贸协定的可行性研究。③从我国 FTA 网络布局来看，不难发现我们与主要发达国家甚至是某些发展中国家在签订 FTA 方面，无论是质量还是数量均存有一定差距，并且在北美洲、非洲大陆、加勒比地区和中东地区还是空白，与 G20 内的国家订立的 FTA 屈指可数。中国今后应当把握时机，积极推进同类型更多、规模有别的国家商签精准对接的中式 FTA。例如，在 G20 国家中，中国可以优先规划同英国开展建立自贸区的可行性研究。当前中英双方一致同意继续深化中英在"一带一路"下的合作，英国政府也曾在多个场合表示愿在脱欧之后与中国构建高规格 FTA。在以"金砖五国"为代表的新兴经济体中，中俄关系处于历史最好时期，中国可以选择俄罗斯作为首要谈判对象，在能源经济、数字经济、科技创新投资

---

① 《〈区域全面经济伙伴关系协定〉第二十七轮谈判为北京部长会议做好准备》，载 http://fta.mofcom.gov.cn/article/zhengwugk/201908/41137_1.html，2019 年 9 月 18 日访问。

② 徐崇利：《软/硬实力与中国推引局域性国际经济法律制度的创建——以"原则"为制高点的"自上而下"之路径》，《国际商务研究》2018 年第 2 期。

③ 中国自由贸易区服务网，http://fta.mofcom.gov.cn/，2022 年 11 月 30 日访问。

等领域加强合作,实现与金砖国家签订 FTA 零的突破。此外,中国依旧不能放缓与发展中国家商签 FTA 的速度,可以降低一些标准或是做出合理让步,以此将各种经济资源转化为实际经济利益与规则影响力,最终形成合作伙伴遍天下的有利国际环境。

4. 应深化区际间经济合作与经贸安排

借用国际私法学中区际私法的概念,中国大陆与港澳台之间的经贸往来属于区际间的经贸合作。签订于 2003 年的《关于建立更紧密经贸关系的安排》(CEPA)是致力于实现港澳与内地间优势互补、资源共享的区际间优惠贸易安排。目前,CEPA 及其升级版协定的付诸实施成为我国探索和引领区际经贸规则路径的"先行者"与"探路者"。尤其是 2019 年 1 月 1 日实施的内地与港澳《CEPA 货物贸易协议》,为粤港澳三地的货物贸易往来提供了更全面的规则保障,在经过 2021 年的修订后,原有的原产地标准从单一标准修订为具有选择性的或选标准,操作更加灵活,也更符合相关产业多元发展的客观实际。此外,《深化港澳合作推进大湾区建设框架协议》和《粤港澳大湾区发展规划纲要》对于粤港澳三地如何协同发展、深化全面务实合作和各种市场要素的流动,尤其是在促进人员、物质、资金、信息便捷有序流动提出了原则性的指导意见。① 对此,当地政府有必要制定更加细化的先进性规则。例如,参考欧式 FTA - plus 的合理成分以及有关跨境自然人流动的科学分类,结合大湾区的实际需要,通过友好磋商签订跨境自然人流动的专门性协议,分门别类地对于短期商业访客、合同服务提供者、独立专业人士和公司内部调任人员等提供出入境的便利和根据不同情况给予其长短不一的逗留期限,发挥各自专业人士的服务特长和优势。另外,大陆与台湾省于 2010 年签署了《两岸经济合作框架协议》(ECFA),但其大多的后续协议因"太阳花学运"、台湾地区领导人更迭等事件而被陆续搁置。当前,两岸关系严峻,国务院只得先后发布"惠台 31 条"和"惠台 26 条",使在内地生活的台胞感到更加便利,也为寻求在内地发展的台企创造有利的条件。待两岸关系缓和后,双方应尽快重启谈判,构建两岸自由贸易规则体系,同时也帮助我国台湾深度融入大陆经济,实现对尚未统一的区际间经贸规则的创新和引领。

---

① 《中共中央 国务院印发〈粤港澳大湾区发展规划纲要〉》,载 https://www.guancha.cn/politics/2019_02_18_490557.shtml,2019 年 9 月 10 日访问。

5. 将国内自贸区升级为规则供给高地

当前，我国国内自贸试验区已增至 18 个①，负面清单在九年内减少近九成，并在全国范围进行了推广适用。国内自贸区的优势在于国家鼓励其对于准备开放的领域进行"先行先试"，通过制度与规则同国际水平接轨来使园区成为国内贸易最为便捷、投资最为自由、市场准入最为宽松、监管模式最为先进的市场抗压测试区。但是，我国一贯倡导的以开放促改革，实则是以外部标准倒逼国内改革，处于一个规则跟跑者、接受者的角色。中国欲成为规则供给者，实现经贸规则的输出和引领，国内规则建设是一个必要条件。②因此，国家应当考虑在未来重点发展领域，尤其是在已显现新优势的产业上，不仅要对标全球贸易和投资最高标准，还要放权自贸区所在地政府与领头企业合作，以国际视野和引领国际规则的高度来创新和健全相关规则制度。在这方面，我国正在探索建设的海南高水准自由贸易港、大力推进的中国（上海）自由贸易试验区临港新片区和中国特色社会主义先行示范区有义务作为自贸区升级版率先营造一个稳定公平透明、可预期的国际一流法治化营商环境③，构建一个高质量发展的体制机制以提供企业在激烈的市场竞争中实现效益最大化的平台④，提供一个既出于本身的需求又实现贸易中互惠互利的国际经贸投资新规则公共产品，把内部经验转变成中国特色现代规则供给，打造出几片经贸规则溢出高地，使我国从容应对全球自贸区格局变化，并满足国家引领国际经贸规则的战略需求。

---

① 包括上海、天津、广东、福建、辽宁、浙江、河南、湖北、重庆、四川、陕西、海南、山东、江苏、广西、河北、云南、黑龙江。
② 韩立余：《〈跨太平洋伙伴关系协定〉全译本导读》，北京大学出版社 2018 年版，第 6 页。
③ 贺小勇：《上海自贸试验区法治深化亟需解决的法律问题》，《东方法学》2017 年第 1 期，第 132－140 页。
④ 胡加祥：《我国自由贸易港建设的法治创新及其意义》，《东方法学》2018 年第 4 期，第 13－22 页。

美国外资国家安全审查制度对敏感个人数据的界定及其启示
——对中国企业在美投资的影响及对策分析

杨雨洁*

摘要：《外国投资风险审查现代化法案》扩大了美国外国投资委员会对外国投资的审查权，敏感个人数据成为美国安全审查需要考量的部分。《外国投资风险审查现代化法案实施细则》首次对敏感个人数据进行了界定，规定了敏感数据的判断标准、个人数据的具体类型以及敏感个人数据的例外，完善了国家安全审查制度。随着敏感个人数据在实施细则中得到界定，对中国投资的数据审查呈现出广泛性、模糊性和不可预测性的特点，使得中国企业对美投资出现了很多障碍。在这样的背景之下，国家应优化境外收购保险体系，并界定我国个人敏感数据；企业应积极主动申报和沟通，合理选择并购项目，可通过联合多方资本，淡化中国资本。

关键词：敏感个人数据；敏感人群；数据审查

2018年8月3日，美国国会通过了财政部制定的《外国投资风险审查现代化法案》（The Foreign Investment Act of 2018，以下简称《现代化法案》）[①]，修订了1950年《国防生产法案》（Defense Production Act of 1950）第721节，一部分内容马上生效，另一部分内容最迟不超过2020年2月13日生效[②]。这个法案扩大了美国外国投资委员会（Committee on Foreign Investment in the U.S.，以下简称投资委员会）对四种"被涵盖交易"

---

* 杨雨洁，北京市海淀区人民法院法官助理，外交学院硕士，联系电话：15600536377。

① Foreign Investment Risk Review Modernization Act of 2018, see Title XVⅡ—Review of Foreign Investment and Export Controls: Subtitle A—Committee on Foreign Investment in the United States, H. R. 5515, pp. 1701–1728.

② Federal Register/Vol. 84, No. 185/Tuesday, September 24, 2019/Proposed Rules, Supplementary information, pp. 50174–50175.

(covered transaction) 的管辖权①，其中一项"被涵盖交易"是关于"关键技术、关键基础设施、敏感个人数据"的交易。2019 年 9 月 17 日，美国财政部发布了《外国投资风险审查现代化法案实施细则》（征求稿）②，10 月 24 日征求意见之后，联邦登记办公室出版了《外国投资风险现代化法案实施细则》(Proposed CFIUS Regulations to Implement FIRRMA，以下简称《实施细则》)③。《实施细则》首次对"敏感个人数据"（Sensitive Personal Data）做出了规定，并强调敏感个人数据可能威胁到国家安全，赋予美国外国投资委员会审查的权力。

在现当今时代，各个企业都拥有一定量的客户个人数据，例如财务数据、地理位置数据等，此时对外国企业的投资就会涉及数据保护问题。在投资领域对个人敏感数据进行保护，已得到了各国的认可，并在很多法律体系中体现。随着投资委员会审查权的扩大，中国企业对美投资会面临更多的难题，敏感个人数据越来越成为关注点。

一、美国外国投资国家安全审查制度对敏感个人数据的界定

（一）《外国投资风险审查现代化法案》的修订内容

《现代化法案》扩大了投资委员会对四项"被涵盖交易"的管辖权，而"被涵盖交易"的类型在《实施细则》中具体规定。《实施细则》规定了四种"被涵盖交易"，包括受控制的交易（Covered Control Transaction）、被涵盖投资（Covered Investment）、外国投资者权利的变化（A Change In The Rights）、企图规避721条适用的交易④。其中，《实施细则》又对"被涵盖投资"进行了规定，即"被涵盖投资"是指外国投资者没有控制美国企业，但是对美国企业拥有重大决策权⑤。也就是说，外国投资者虽然没有获得传统意义的企业控制权，但是有决策影响力。《实施细则》具体规定了三种"被涵盖投资"：①对重大非公开技术信息的访问权；②董事会或类似管理机构

---

① Federal Register/Vol. 84, No. 185/Tuesday, September 24, 2019/Proposed Rules, Supplementary information, p. 50 – 174.
② Billing Code 4810 – 25 – P.
③ 《实施细则》（征求稿）与正式版《实施细则》在"敏感个人数据"的相关规定中并未做改变。
④ Provisions Pertaining to Certain Investments in the United States by Foreign Persons, 31 CFR Part 800, §800. 213.
⑤ Federal Register/Vol. 84, No. 185/Tuesday, September 24, 2019/Proposed Rules, Supplementary information, p. 50 – 176.

的成员或观察员席位（Membership or Observer rights）；③对美国企业涉及敏感个人数据、关键技术、或关键基础设施的特定行动做出实质性决策的参与权①。其中，敏感个人数据放在关键技术、关键基础设施之前，说明了美国对个人数据的重视。《实施细则》又进一步对"敏感个人数据"以及"实质性决策"做出了规定，明确了敏感个人数据的含义与具体的类型，进一步细化了投资委员会的审查权。

（二）敏感数据的判断标准

《现代化法案》和《实施细则》都确定了外国人对拥有敏感数据的美国企业投资需要受到审查，因为敏感数据可能会损害国家安全。《实施细则》关注数据本身的敏感性和数据针对人群的敏感性②，规定了敏感数据的两种情形③，只要符合某一种，极可能达到《实施细则》对敏感数据的要求。

第一，收集对象的敏感性。《实施细则》首先关注的是数据本身针对的对象，即如果美国企业为美国政府部门或其官员、承包商提供定制服务或产品，那么此美国企业收集或保存的数据就达到了敏感数据的要求，此时外国人对此美国企业的投资会受到投资委员会的审查。美国政府部门及其官员、承包商就可以称为"敏感人群"。条款中的"美国政府部门"是指具有情报、国家安全或军事部门（Intelligence, National Security or Homeland Security）的行政机构或军事部门④。需要补充的是，对于一般企业的雇员信息是不作为敏感数据，因为雇员不具有特殊身份，但是如果某企业是持有美国政府人员安全许可的承包商，那么此企业的雇员信息也是作为敏感数据⑤。

第二，数据数量的敏感性。若被投资企业维持或收集超过100万人的数据，则构成达到敏感数据的标准。这个标准的确立不是因为数据本身的庞大

---

① Provisions Pertaining to Certain Investments in the United States by Foreign Persons, 31 CFR Part 800, §800.211.

② Federal Register/Vol. 84, No. 185/Tuesday, September 24, 2019/Proposed Rules, Supplementary information, Covered Investments Involving Sensitive Personal Data.

③ Provisions Pertaining to Certain Investments in the United States by Foreign Persons, 31 CFR Part 800, §800.241.

④ Provisions Pertaining to Certain Investments in the United States by Foreign Persons, 31 CFR Part 800, §800.241 (1) (i) (A).

⑤ Provisions Pertaining to Certain Investments in the United States by Foreign Persons, 31 CFR Part 800, §800.241 (a) (1) (i) (B).

性，而是在于庞大数据极大可能得到上述敏感人群的个人数据。很多美国企业不是专门针对美国政府部门或其官员提供产品或者服务，但是政府官员可能会使用一些企业的产品和服务，而且很大可能隐藏自己的身份信息，此时，拥有政府官员信息的企业在外界看来没有政府官员的信息，但是实际上它的数据库包含着政府官员的信息。确定该标准，是为了防止美国企业潜在拥有敏感人群的信息。

"100万"的数据标准到底是准确数字还是约数？对于企业收集的数据来说，我们要清楚两种情况：一是，用户的数量不能反映数据的大小，因为企业也可能收集到非用户的个人数据，企业实际拥有的数据量大于客户量；二是，企业出于自身的考量，对外公布的用户数据可能与实际不符合，所以很难对一个企业拥有的数据量进行准确评估。"100万人的数据"是一个相对模糊的概念，并不是准确的数字概念，我们只能对企业的规模、企业的用户量、企业的数据库大小等方面对进行估算，当企业的规模越大、企业用户越多、企业的数据库越大，那么就到达此标准。下面分为两种情况讨论。

第一种情况，已收集或维持超过100万人的数据①。首先，《实施细则》对已收集或维持超过100万人数据的企业提出了时间要求，即在过去12个月内的任何时间节点曾维持或者收集超过100万人的数据。细则中并没有规定把什么时间点作为过去12个月的起算点，这给投资委员会一定的考量权，特别是多次对某企业进行投资以哪次投资为12个月的起算标准。一般来说，以外国人投资美国企业达到投资委员会审查标准的投资时间点作为起算点②。其次，"收集"和"维持"是数据的不同状态。"收集"（collect）超过100万人的数据是一个临界时间点，是一个渐进的过程，只要在过去的12个月内达到这个临界时间点就可能会触发投资委员会的审查。但是，"维持"（maintain）是一个时间状态，这说明超过100万的数据可能是在过去12个月内收集并维持，也可能是在12个月以前收集并维持。最后，在过去12个月内维持或收集超过100万人的数据是一种事实状态，也就是这些企业确实收集或维持过超过100万人的数据，这不是应然状态，而是实然状态。

---

① Provisions Pertaining to Certain Investments in the United States by Foreign Persons, 31 CFR Part 800, §800.241（a）（1）（i）（B）.

② 例如，外国人对某美国企业投资了一小部分，占企业股权0.1%，但是后来外国人又在对此美国企业进行投资，占到企业的股权10%，此时以后一次投资的时间作为起算点，因为第一次投资还不足以达到投资委员会审查的地步。

第二种情况,未收集或维持超过 100 万人的数据①。《实施细则》规定一个企业如果以"收集或者维持超过 100 万人的数据"为企业目标,而且这个目标是明确的,那么即使这个企业还未收集或者维持超过 100 万人的数据,也构成敏感数据。一些企业的主营产品或服务需要专门收集或整理数据,这些企业具有明确的企业目标,需要收集大量的数据,并且这些数据对于这些企业的主营产品或服务而言是不可分割的组成部分。所以对于这些企业不要求已经收集或者维持超过 100 万人的数据,只要其企业目标是维持或者收集超过 100 万人的数据即可。但是,收集或维持超过 100 万人数据的企业目标什么时候才是"明确"的呢?细则里面没有进行规定,这就给投资委员会留下了很多的考量余地,对外国投资者是极为不利的。

(三) 个人数据的具体类型②

《实施细则》明确规定了 9 种个人数据的类型,当企业收集该 9 种数据极易受到审查。

第一,个人财务数据。个人财务数据不是传统意义上的金融机构所收集的数据,而是指新型金融技术产业所催生出来的金融平台和应用程序所拥有的数字数据,如移动银行、数字支付、点对点贷款和电子商务。在金融交易数字化之前,个人使用现金或个人支票购买物品或服务,不会透露购买信息或者只会透露出少量的购买信息。但是,随着金融交易的数字化程度的提高,金融平台和应用程序已经拥有了巨大的数据,而且这些数据被永久储存,甚至用户无法删除自己的数据③。当使用这些金融平台的时候,在平台的交易信息都会被记录下来,包括用户的支付信息和个人的姓名、账单、发货和联系方式。即使用户不使用这些金融服务,他们的财务也可能会被记录下来④,能够完全放映出一个人的财务状况。

第二,消费者报告中的数据。虽然细则没有对消费者数据做出具体的规定,但是美国联邦明确了一些收集消费者数据的企业,包括 13 岁以下儿童个

---

① Provisions Pertaining to Certain Investments in the United States by Foreign Persons, 31 CFR Part 800, §800.241 (a) (1) (i) (C).
② Provisions Pertaining to Certain Investments in the United States by Foreign Persons, 31 CFR Part 800, §800.241 (a) (1) (ii) (A) – (J).
③ The Privacy Act of 1974, §552 (a).
④ Dina Moussa, "Protection Privacy in Our Financial Transactions: an Alternative Method to Think about Our Privacy in the Digital Era", 1 *Geo. L. Tech. Rev.* 342, 2017, p.384.

人信息的网站①、收集个人信息的金融机构②、患者个人信息的健康护理提供者③、信用报告机构收集的关于消费者信息的信用历史④。联邦贸易委员会是主要的联邦消费者保护机构，拥有调查和纠正不公平或欺骗性商业行为的法定权力。在 FTC 处理的案件中，对消费者报告中的数据做出了如下列举。①姓氏和名字；②住所或其他实际地址，包括街道名称和城市或城镇名称；③电子邮件地址或其他在线联系信息；④电话号码；⑤社保保障号码；⑥信用卡或借记卡信息，包括信用卡或借记卡号码、到期日期和存储在信用卡或借记卡磁条上的数据；⑦持久化标识符⑤；⑧与上述项目相结合的其他消费者信息⑥。根据联邦委员会的报告，消费者数据还包括扩大到一些匿名数据，这些数据与特定消费者联系⑦。

第三，多种类型的保险数据。这里的保险数据包括健康、长期护理、专业责任、按揭或者人寿保险申请中的一套数据。

第四，与健康状态相关的数据。这里所述的健康不仅仅是指人的身体健康，也指精神或者心理健康状态。欧盟《通用数据保护条例》也有相类似的规定。健康信息涉及"身体或精神的内部运作"，在美国法律中得到了更高的保护，因为在这一领域侵犯隐私可能侵犯"个人自我意识"。认识到"健康信息的数字化传播"以及个人健康数据需要得到保护，美国制定了《健康保险携带和责任法案》⑧，专门为"个人可识别健康数据"提供保护⑨。

第五，非公共电子通信。《实施细则》中规定的"非公共电子通信"，是

---

① Children's Online Privacy Protection Act of 1998, Div C, Title XIII, §1301, 112 Stat, 2681 – 728, Act Oct. 21, 1998, Pub. L. No. 105 – 277, codified at 15 USCS §§ 6501 – 6506 (2019).

② Gramm – Leach – Bliley Act of 1999, Title V, Subtitle A, §501, 113 Stat. 1436, Nov. 12, 1999, Pub. L. No. 106 – 102, codified at 15 USCS §6801 – 6809 (2019).

③ Health Insurance Portability and Accountability Act of 1996, Title II, Subtitle F, §262 (a), 110 Stat. 2024 – 25, Aug. 21, 1996, Pub. L. No. 104 – 191, codified as amended at 42 USCS. §1320d – 2 (2019).

④ Fair Credit Reporting Act of 1970, 84 Stat. 1114, Pub. L. No. 91 – 508, codified at 15 USCS §§1681 (2019).

⑤ 持久化标识符：例如保存在"cookie"或处理器序列号中的客户编号，该编号可与识别单个消费者的其他可用数据相结合。

⑥ F. T. C. Decision and Order in the matter of BJ's Wholesale Club, Inc., No. C – 4148 (Sept. 20, 2005).

⑦ F. T. C report：Protecting Consumer Privacy in an Era of Rapid Change：Recommendations For Businessand Policymakers, 2012. 3, p. 4.

⑧ Health Insurance Portability and Accountability Act of 1996, Pub. L. No. 104 – 191, 110 Stat. 1936, 2029 (1996).

⑨ Health Insurance Portability and Accountability Act of 1996, §1177.

指通过电子邮件、聊天软件等进行信息传递、交流,而且信息传递、交流的双方是美国企业产品或服务的用户。企业提供交流的平台,必然会存储用户之间的聊天数据,不仅有文字数据,也会有语音数据、视频数据,如果是政府官员作为用户可能会涉及国家机密。细则中规定的"非公共电子通信"需要满足三个条件:①美国企业提供第三方使用的通信平台,如电子邮件、聊天软件等;②第三方在这个通信平台上进行信息传递、交流所产生的数据;③美国企业与自己用户的通信不是这里所说的"非公共电子通信"。

第六,地理位置数据。从生活中的地图导航、手机定位、健身跑步等,到军事领域的定位发射、导弹投射,滥用地理位置数据的范围从侵入性但无害的移动广告到电子跟踪[①]。《实施细则》中的"地理位置数据",是指使用定位系统、手机信号塔、Wi-Fi 点收集的地理数据。地理位置数据可以随时让企业追踪其用户实时地点,也可以分析在某段时间内用户行踪轨迹,将其作为个人数据的一种,是为了防止地理位置数据被不法使用。

第七,生活识别录入数据(biometric enrollment data)。《实施细则》并没有对生物识别数据下定义,而是列出来一部分的生物识别数据,如面部、声音、视网膜和虹膜、手掌和指纹等模板。根据欧盟《通用数据保护条例》第 4(14)条的规定,生物识别数据是由与自然人的身体、生理或者行为特征有关的特定技术处理产生的个人数据,通过这些技术可以确定某一自然人。根据欧盟的定义,生物识别数据是通过特定技术处理,而生物特征识别技术分为三个步骤:①把生物特征录入到系统中;②通过算法将样本中包含的信息提取,并转化为标签或数字;③将生物特征样本与先前记录的模板进行比较[②]。《实施细则》中规定"生物识别登记数据"与欧盟条例中规定"生物识别数据"是不一样的,按照《实施细则》的规定第一阶段所产生的样本数据就是个人数据,而不是按照《通用数据保护条例》中规定经过三步技术处理之后产生的数据才是个人数据。这对投资者提出了更高的要求,使得外国投资者很难接触到涉及生物特征的数据。

第八,有关政府人员身份证数据、安全许可、公众信任职位申请的数据。这些数据都是关系联邦或州政府工作人员的数据,这些数据与国家安全密切

---

① Nancy J. King and V. T. Raja, "What Do They Really Know About Me in the Cloud? A Comparative Law Perspective on Protecting Privacy and Security of Sensitive Consumer Data", 50 *Am. Bus. L. J.* 413, 2013, p. 424.

② Jasserand Catherine, "Legal Nature of Biometric Data: From Generic Personal Data to Sensitive Data", *European Data Protection Law Review* (*EDPL*), vol. 2, no. 3, 2016, pp. 302–303.

相关，不是一般的商业机构所持有的。实际上，这些数据是对可以接触国家秘密的人进行评价，并据此来查明潜在的外国影响和国家安全风险①。安全许可是指获取机密信息的资格，机密信息是指如果披露不当会对美国造成一定程度损害的信息②。安全许可根据机密信息的不同级别进行区分③，拥有安全许可意味着一个人有资格处理在一定级别上受到保护的信息。对这些人首先要进行背景调查，而且背景调查的严格程度各不相同，而且很多拥有安全许可的人员都提交了自己的生物识别信息④。

第九，基因数据⑤。基因信息是决定和表征个体特征的重要信息，与传统隐私相比具有自身鲜明的特点，有独特性和多样性、稳定性和不可变更性、区域性和家族相关性⑥。基因有大量的人体信息，一旦公开会给其生活、工作造成不良影响。若携带有家族遗传疾病基因或缺陷基因的个人隐私为他人所知，那么此人在升学、就业、保险等方面会受到一系列的歧视和不合理待遇，相关的家族、种族也会被牵涉，导致公众对他的歧视。基因数据与其他的个人数据不同，只要涉及人体基因，就是敏感数据。

（四）敏感个人数据之例外

《实施细则》规定了两种例外：不可识别的信息⑦和公众所知信息⑧。实施细则规定了个人数据都必须是可以识别的⑨。"可识别"是指数据是能够被

---

① Jonathan Schnader, "Alexa, Are You a Foreign Agent? Confronting the Risk of Foreign Intelligence exploitation of Private Home Networks, Home Assistants, and Connectivity in the security clearance process", 25 *Rich. J. L. & Tech.* 1, 2019, p. 4.

② See 18 USCS §798.

③ See Exec. Order 12968, 60 Fed. Reg. 40245, 1995.

④ Kyle Ebersole, "Continuous Evaluation: Welcome Government Employees to the World of Mass Surveillance", 23 *Geo. Mason L. Rev.* 445, 2016, p. 798.

⑤ Provisions Pertaining to Certain Investments in the United States by Foreign Persons, 31 CFR Part 800, See §800.241 (a) (2).

⑥ 刘仁忠，代薇：《基因隐私的伦理和法律规范》，《自然辩证法研究》2004年第9期，第77-78页。

⑦ Provisions Pertaining to Certain Investments in the United States by Foreign Persons, 31 CFR Part 800, See §800.241 (1).

⑧ Provisions Pertaining to Certain Investments in the United States by Foreign Persons, 31 CFR Part 800, See §800.241 (b) (2).

⑨ Provisions Pertaining to Certain Investments in the United States by Foreign Persons, 31 CFR Part 800, See §800.227.

访问的,包括通过使用任何个人标识符①而不受限制地使用的数据,这就要求美国企业对个人数据是有访问权的,如果因为加密等原因无法访问个人数据,将不在投资委员会考虑的范围内。公众所知信息,例如法院记录等,是被公众通过一定方式可以了解到的信息,这就不是个人敏感数据的范围。

二、敏感个人数据的界定对中国企业的影响

(一)中国企业对美投资的具体实例

中国对拥有敏感个人数据的美国企业的投资受到了很多阻碍(表1),近几年出现了很多被投资委员会拒绝的投资。例如,昆仑万维科技股份有限公司(以下简称昆仑万维)收购Grindr案、蚂蚁金服收购速汇金案、碳云智能科技有限公司(以下简称碳云智能)收购PatientsLikeMe案、复星国际有限公司收购Wright&Co案等,还有正在进行审查的字节跳动收购musical.ly案,这些针对不同个人数据的审查无疑使得中国企业承担了巨大的负担。

表1 因CFIUS审查而失败的中国对拥有个人数据的美国企业的投资②
(2016年12月初至2019年10月底)

序号	中国投资方	投资标的	终止时间	个人数据类型
1	蓝色光标	63% Cogin 股份	2018-02-20	消费者报告中的数据(大数据营销)
2	蚂蚁金服	MoneyGram	2018-01-02	个人财务数据
3	东方洪泰	AppLovin	2017-11-21	消费者报告中的数据(广告)

---

① Provisions Pertaining to Certain Investments in the United States by Foreign Persons, 31 CFR Part 800, See §800.239.

② 资料整理:(a) George Shen, "CFIUS Takes a Consistent Approach o Chinese Investments in U.S. Assets under Trump Administration – Data Shows", *Dealreporter* (*an Acuris company*), 27 July 2018. 这份报告主要围绕着美国总统唐纳德·特朗普政府2017年1月上台后美国外国投资委员会对50宗中国对外交易的数据进行评估,发表时间为2018年7月。本文选择的案例来自法报告。这个报告中的"表2:因CFIUS审查失败的中国对美投资"统计的时间是从2017年1月20日到2018年7月27日之间中国企业被投资委员会拒绝的案例,将其中关于个人数据的案例选择了出来。(b) 李巍、赵莉:《美国外资审查制度的变迁及其对中国的影响》,《国际展望》第2019年1期,第63—64页。此论文"表6 因CFIUS审查而失败的中国对美投资(2017年1月至2018年7月底)"分行业对中国企业被拒绝的案例进行了总结,借鉴了表格中的一些数据。(c) 结合近一年来的市场数据,增加了昆仑万维和碳云智能的两个典型案例,并将2016年年底发生的复星国际有限公司案例放到了表格中,这个表格中不包括正在接受审查和将要接受审查的对美投资。

续表

序号	中国投资方	投资标的	终止时间	个人数据类型
4	四维图新、腾讯、新加坡政府投资公司	10% Here 地图股份	2017-09-27	地理位置数据
5	昆仑万维	Grindr	2019-05-13	与健康状况相关的数据
6	碳云智能	PatientsLikeMe	2019-04-12	基因数据
7	复星国际有限公司	Wright & Co	2016-12-06	多种类型的保险数据

1. 美国企业拥有或者可能拥有敏感人群的数据

1）昆仑万维收购 Grindr 案

2019 年 2 月，投资委员会要求已收购美国同性恋交友软件 Grindr 的中国游戏公司昆仑万维出售 Grindr 的所有股权。昆仑万维经过 2016 年和 2018 年的两轮收购，持有了 Grindr 100% 的股权，2019 年 5 月 13 日，昆仑万维回应将于 2020 年 6 月之前出售 Grindr。

《实施细则》中并没有将公民的性取向作为个人数据，但是世界上很多国家已经把性取向数据纳入个人敏感数据之中。例如，葡萄牙将健康、性生活数据单列出来并予以保护、欧盟《通用数据保护条例》第 9 条将性取向、性生活列为受保护的数据。这个被投资委员会拒绝的案例也说明性生活、性取向数据也是个人数据，可以将其纳入"与健康相关的数据"。

那 Grindr 收集的数据是否能构成敏感数据呢？投资委员拒绝昆仑万维收购 Grindr 的理由是：①昆仑万维可能应中国政府要求分享 Grindr 用户的个人信息，而这些信息可能被用来勒索美国公民或持有安全许可的个人；②Grindr 用户的地理位置信息可能被用于情报目的①。可以看到，投资委员会实际上是担心政府人员或者持有安全许可的保密人员的信息被泄露，虽然 Grindr 并不是针对特定的人员，但是有极大可能会收集到"敏感人群"信息。

2）复星国际有限公司收购 Wright&Co 案

2015 年 11 月，中国复星国际有限公司（Fosun International Ltd）成功购买了美国财产和人身保险公司 Ironshore。但是，Iroshore 旗下的 Wright & Co 是为美国政府部门职员提供责任险，这其中职员包含了执法人员、国家安全

---

① https://www.cliffordchance.com/content/dam/cliffordchance/briefings/2019/03/cfius-stonewalls-chinese-investor-unwinds-gay-dating-app-investment.pdf, last visited to 2019.11.11.

官员,甚至是美国中情局人员。虽然 Wright & Co 在 Iroshore 总体比例比较小,但是复星国际在 CFIUS 审查之后剥离了 Wright & Co。

保险数据是属于个人数据的一种,而且这种个人数据是针对政府部门职员,属于《实施细则》对"敏感数据"的要求,所以构成了敏感个人数据。

2. 美国企业收集或维持超过 100 万人的数据

1) 蚂蚁科技集团股份有限公司(简称蚂蚁金服)收购速汇金案

2017 年 3 月,蚂蚁金服与全球领先的国际汇款公司美国速汇金国际有限公司(简称速汇金)达成并购协议,并承诺收购完成后继续将速汇金主要数据中心保留在美国本土。为使项目获得批准,2017 年 3 月至 2018 年 1 月,蚂蚁金服和速汇金三次向投资委员会提交联合自愿通知①,投资委员会以"蚂蚁金服有中国国有股东背景""速汇金业务涉及大量美国公民个人及敏感信息"为由,认定并购交易可能会对"美国国家安全产生难以克服的不利影响",并以涉及美国国家机密为由拒绝向申报方给出涉及"国家安全风险"的具体原因。

速汇金是全球第二大汇款机构,存储了大量的财务信息,属于个人数据,那么是否构成敏感数据呢?这里采取的标准就是数据的大小问题,"收集或者维持超过 100 万人的数据"只是一个大概的判断标准,只要是美国企业业务量大则极可能受到审查。虽然速汇金并未披露有多少用户,但是作为全球第二大汇款机构一定是有大量用户的数据,构成了实施细则的标准。

2) 抖音国际版 TikTok(字节跳动)收购 musical.ly 案

2017 年年底,字节跳动以近 10 亿美元的价格收购了社交媒体应用 musical.ly,而这个应用在欧美年轻人群很受欢迎,在欧美拥有约 6 000 万的用户。尽管这交易已完成,但是美国国会议员一致呼吁对字节跳动进行审查,理由是"字节跳动可能分享平台数据""中国可能审查美国用户看到的内容"。

美国的这个社交媒体储存的数据是"非公共电子通信",属于个人信息的一种。由于它的用户很多,达到了敏感数据的判定标准,所以现在投资委员会已经正式启动对字节跳动的审查。

3. 基因数据之特殊性——碳云智能收购 PatientsLikeMe 案

PatientsLikeMe 是主营患者社区平台的美国初创企业,以 1 亿美元向碳云

---

① 雷蕾:《由蚂蚁金服收购美企速汇金失败案例引发的思考》,《对外经贸实务》2018 年第 5 期,第 71 页。

智能出售了多数股权，碳云智能的 CEO 和首席投资官因而进入 PatientLikeMe 的董事会。自 2018 年年底开始，PatientsLikeMe 开始接受审查，最终碳云智能被要求出售已收购股权，PatientsLikeMe 被迫另寻买家。

PatientsLikeMe 是一家位于美国的个性化病患社交平台，收集了很多个人的健康数据，但是出现的问题是在对一些疾病的研究中它还收集到了一些基因数据。由于基因数据被排除在普通的个人数据之外，只要是涉及基因数据就是敏感数据，不可避免会受到投资委员会的审查。

（二）美国外国投资委员会对中国数据审查的特点

从 2016 年起，中国对美国投资势头大幅度增长，但因投资委员会的审查，2017 年和 2018 年增长幅度降低。根据投资委员会最近的一次年度报告①，2013—2015 年中国被审查案件共计 74 件，并逐年增加，是被审查案件最多的国家②。在 2015 年，投资委员会共拒绝了 13 项投资③，多是关于关键技术领域。随着科技的发展，社交媒体、大数据、地理定位等传统上不被视为涉及国家安全的经济领域也成为了关注重点，从《现代化法案》到《实施细则》都体现出了美国对敏感个人数据的兴趣。

1. 数据审查对象的广泛性

判定敏感数据的标准之一就是美国企业的数据是否涉及敏感人群，实施细则中将敏感人群界定为"美国政府部门或者其官员、承包商"，这是一个极为广泛的概念。首先，只要是专门针对政府部门及其官员、承包商提供商品或者服务，那么企业储存的数据就是敏感数据。在复星国际有限公司收购 Wright&Co 案中，因为 Wright&Co 是针对政府部门提供保险，提供服务的对象是政府人员，所以复星国际直接被要求剥离 Wright&Co。其次，美国企业的产品或者服务并不是直接针对敏感人群，但是可能收集到敏感人群的数据，由于存在这种潜在的可能性，对这些美国企业的投资也有可能受到投资委员会的审查。例如，在昆仑万维收购 Grindr 的案子中，Grindr 是美国最大的同性恋交友软件，很大可能会有政府部门人员是同性恋者，这种"潜在的可能性"也会使得中国投资受到审查。

---

① 美国财政部公布的最近一次投资委员会向美国国会递交的年度报告是 2015 年度报告，于 2017 年 9 月公开发布。

② See Committee on foreign investment in the United States, Annual report to congress, CY 2015, p. 18.

③ See Committee on foreign investment in the United States, Annual report to congress, CY 2015, p. 20.

由于"专门"或者"潜在可能性"针对敏感人群都可能导致审查，极大扩大了投资委员会的审查权。实际上，投资委员会对涉及特定美国公民或者项目信息的美国公司的交易呈现出越来越多的兴趣。

2. 数据审查标准的模糊性

敏感数据的判定标准很模糊，都是建立在国家安全基础之上。例如，收集或者维持超过 100 万人的数据是判定敏感数据的标准之一，但是在实际审查中对"超过 100 万人数据"判定标准很模糊；"政府部门及其官员、承包商"也是一个相对模糊的感念。通常情况下，受投资企业的规模越大、数据库越大、资源越多，越有可能受到审查，如字节跳动收购 musical.ly 案件。

就保护主义而言，美国不对国家安全做明确定义而只是列举国家安全考虑的因素，增强了审查标准的模糊性，使得投资委员会可以借助审查限制外国的投资以保护美国的重要产业，国家安全审查也因此成为美国单边实施投资保护主义的完美借口①。

3. 数据审查结果的不可预测性

美国外国投资委员会 2018 年的报告显示，2017 年外国投资共有 153 起交易项目接受初步审查，而中国就占据了 32 项，占到了 20.9%，审查的交易项目从高端制造业扩大到数据领域②。虽然实施细则对敏感数据加以规定，但由于数据审查标准的模糊性给与投资委员会更多操作空间，投资委员会更多情况下会考虑到国家安全，这会导致同一行业的性质相同的并购案件，结果会截然不同③。在蚂蚁金服收购速汇金案中，双方交易获得了美国反垄断局的批准，并进行了积极主动的申报，采取了相应的承诺与保障措施，但是最终还是被投资委员会拒绝。

《现代化法案》的制定不仅意味着美国对中国的压制从贸易领域扩大到投资领域，更带有毫不掩饰的针对中国近几年在全球科技领域崛起的政治意图④。虽然美国并没有公布"特别关注国"的名单，但是法案中要求对中国

---

① 陈云龙，冯纯纯：《美国外国投资国家安全审查制度解析与应对》《湖南科技大学学报（社会科学版）》2018 年第 3 期，第 107 页。

② 腾涛，徐雪峰：《美国对中国企业在美并购安全审查的现状、趋势以及应对之策——兼论美国投资安全审查机制的新紧张》《对外经贸实务》第 2019 年第 9 期，第 42 页。

③ 杜仲霞：《美国外资并购国家安全审查制度及对我国的启示——兼评三一重工、华为在美投资并购受阻案》，《现代经济探讨》2013 年第 3 期，第 76 页。

④ 刘岳川：《投资美国高新技术企业的国家安全审查风险及法律对策》《政法论坛》2018 年第 6 期，第 121 页。

的投资进行报告,表明中国对美国的投资将受到更多的限制。由于意识形态和政治制度的不同,以美国为首的资本主义国家对社会主义国家充满了疑虑,因而对中国的国有企业也是高度不信任①,这种不信任会导致审查结果的不可预测性。

三、中国对美投资的应对策略

(一)国家层面的应对

1. 优化境外收购保险体系

进入21世纪,我国企业海外投资活动发展较快,特别是对美国的投资,但有关的立法方面显得较为滞后。目前,对海外投资的管理主要以国务院各部门颁布的规章为依据,而各部门颁布的规章又较为零散、不配套②。优化既有的境外收购保险体系,提供对美海外投资保险,降低中国企业对美投资的风险,只有这样才能支持和鼓励中国企业走出去。

2. 界定我国个人敏感数据

中国法律中并没有"敏感数据""个人数据"相关规定,只提及"个人信息",对个人信息的法律法规散见于不同部门发布的规范性文中。在法律层面上有《中华人民共和国电子商务法》《网络安全法》等,《网络安全法》虽然对个人信息进行界定,但是并未对个人信息的类型进行进一步区分。国家质量监督检验检疫总局、国家标准化管理委员会2012年11月5日批准发布《信息安全技术、公共及商用服务信息系统个人信息保护指南》明确对个人敏感信息和一般信息进行了区分。然而,高位阶的法律并未充分认识到个人信息区分的必要③。数据作为个人信息的载体,已经能承载大量、完整、不可删除的个人信息,一旦个人数据被泄露将会对个人造成损害。一些个人数据是敏感的,可能关于国家安全的数据,这类数据将会对一个国家产生致命的影响。

在当今社会,对个人敏感数据进行界定确有必要。界定我国个人敏感数据;一方面能在敏感数据领域加强对外来投资者的审查;另一方面是能降低投资东道国对中国投资的质疑。创造良好数据的环境,对个人敏感数据进行

---

① 屠新泉,周金凯:《美国国家安全审查制度对中国国有企业在美投资的影响及对策分析》,《清华大学学报(哲学社会科学版)》2016年第5期,第82页。
② 余劲松:《国际投资法》,法律出版社2007年版,第175页。
③ 胡文涛:《我国个人敏感信息界定之构想》,《中国法学》2018年第5期,第238页。

保护,能提高外国对中国投资的信心和认可度。在确定个人敏感数据的时候,可以考虑的因素包括:是否能识别出特定的人;是否能通过某些数据获得其他关联的数据①;泄露了某些数据会对个人、国家造成多大的风险;是否是政府工作人员的个人数据;数据量等。

(二) 企业层面的应对

1. 主动积极申报和沟通,降低投资风险

虽然主动申报与沟通不是对美投资的必要程序,但是向投资委员会提出安全申请可以展现出中国企业对美国外资并购安全审查制度的积极遵守。投资委员会现在可以对已经交割的交易进行审查,如果影响到国家安全,可以强制投资者退出。所以提前主动与投资委员会进行沟通,虽然不一定取得效果,但是可以将投资风险降到最低。

2. 合理选择并购项目,明确交易风险

美国安全审查制度对国家安全的界定模糊,相关的规定也给投资委员会留下了很多发挥的空间,为此企业可以做的是,全面综合评估交易可能触碰的安全审查的"红线",尽量避免可以被拒绝的领域②,提前对交易进行规划。

3. 联合多方资本,淡化中国资本

虽然《现代化法案》没有公布特别关注国(special concern),但是要求对中国的投资进行分析并提交报告③,中国对美投资会出现很多的障碍。为降低风险,中国企业可以设置投资并购实体,联合外资企业,以合资企业的名义进行并购,淡化中国企业的政府背景。

参 考 文 献

一、中文参考文献
(一) 专著、编著

[1] [美] 阿丽塔·L. 艾伦、[美] 理查德·C. 托克音顿. 美国隐私法:学说、判例与立法. 冯建妹,石宏,郝倩,编译 [M]. 北京:中国民主法制出版社,2004.

---

① 刘雅辉,张铁赢,靳小龙,程学旗:《大数据时代的个人隐私保护》《计算机研究与发展》2015 年第 52(1)期,第 242 页。
② 蒲红霞,葛顺奇:《美国的外资安全审查制度与我国企业跨国并购的对策》《国际贸易》2018 年第 3 期,第 55 页。
③ Foreign Investment Risk Review Modernization Act of 2018, Sec. 1719 (b)。

[2] 余劲松. 国际投资法. 5 版 [M]. 北京：法律出版社，2007.

[3] 王贵国. 国际投资法. 2 版 [M]. 北京：法律出版社，2008.

（二）期刊

[1] 刘仁忠，代薇. 基因隐私的伦理和法律规范 [J]. 自然辩证法研究，2004（9）77-78.

[2] 李巍，赵莉. 美国外资审查制度的变迁及其对中国的影响 [J]. 国际展望，2019（1）：63-64.

[3] 雷蕾. 由蚂蚁金服收购美企速汇金失败案例引发的思考 [J]. 对外经贸实务，2018（5）：71.

[4] 陈云龙，冯纯纯. 美国外国投资国家安全审查制度解析与应对 [J]. 湖南科技大学学报（社会科学版），2018（3）：107.

[5] 腾涛，徐雪峰. 美国对中国企业在美并购安全审查的现状、趋势以及应对之策——兼论美国投资安全审查机制的新紧张. 对外经贸实务，2019（9）：42.

[6] 杜仲霞. 美国外资并购国家安全审查制度及对我国的启示——兼评三一重工、华为在美投资并购受阻案 [J]. 现代经济探讨. 2013（3）：76.

[7] 刘岳川. 投资美国高新技术企业的国家安全审查风险及法律对策 [J]. 政法论坛，2018（6）：121.

[8] 屠新泉，周金凯. 美国国家安全审查制度对中国国有企业在美投资的影响及对策分析 [J]. 清华大学学报（哲学社会科学版），2016（5）：82.

[9] 胡文涛. 我国个人敏感信息界定之构想 [J]. 中国法学，2018（5）：238.

[10] 刘雅辉，张铁赢，靳小龙，等. 大数据时代的个人隐私保护 [J]. 计算机研究与发展，2015，52（1）：242.

[11] 蒲红霞，葛顺奇. 美国的外资安全审查制度与我国企业跨国并购的对策 [J]. 国际贸易，2018（3）：55.

（三）学位论文

[1] 李媛. 大数据时代个人信息保护研究 [D]. 重庆：西南政法大学，2016.

二、外文参考文献

[1] Dina Moussa. "Protection Privacy in Our Financial Transactions: an Alternative Method to Think about Our Privacy in the Digital Era", 1 *Geo. L. Tech. Rev.* 342, 2017, p. 384.

[2] Müge Fazlioglu. "Beyond the 'Nature' of Data: Obstacles to Protecting Sensitive Information in the European Union and the United States", 46 *Fordham Urb. L. J.* 271, 2019, p. 283.

[3] Jasserand Catherine. "Legal Nature of Biometric Data: From Generic Personal Data to Sensitive Data", *European Data Protection Law Review* (*EDPL*), vol. 2, no. 3, 2016, pp. 302-303.

[4] Jonathan Schnader. "Alexa, Are You a Foreign Agent? Confronting the Risk of Foreign Intelligence exploitation of Private Home Networks, Home Assistants, and Connectivity in the security clearance process", 25 *Rich. J. L. & Tech.* 1, 2019, p. 4.

[5] Kyle Ebersole. "Continuous Evaluation: Welcome Government Employees to the World of Mass Surveillance", 23 *Geo. Mason L. Rev.* 445, 2016, p. 798.

[6] King Nancy J, Raja V T, "What Do They Really Know About Me in the Cloud? A Comparative Law Perspective on Protecting Privacy and Security of Sensitive Consumer Data", 50 *Am. Bus. L. J.* 413, 2013, p. 424.

中国国际商事专家委员会的角色定位

郑 潼[*]

摘要： 国际商事专家委员会是我国国际商事法庭建设的一大制度创新，它具有机构目标多重性、组成人员特殊性、工作职责复杂性的特点。国际商事法庭的相关制度目前尚未明确专家委员会的角色和性质问题，本文尝试从三个层面对其角色做出定位。从宏观层面来看，它是我国为化解国际商事纠纷当事人，尤其是跨国公司所面临的全球法律风险而提供的新型公共产品，也是我国积极参与全球风险治理的一大证明。从中观层面来看，它并不是对类似 SICC 国际法官角色的替代，也不是因无法突破我国法官选拔制度而做出的无奈让步，而是为保障"一带一路"倡议实施而设计的配套基础设施，能够为造福沿线人民、构建人类命运共同体的最终目标保驾护航。从微观层面来看，它是为构建多元化纠纷解决平台而设立的法律服务机构，能够为建立和完善多元化纠纷解决机制提供支持和保障。

关键词： 全球风险治理；一带一路；国际商事法庭；专家委员会

引言

随着国际商事法院（庭）建设越来越成为世界范围内国家的关注焦点，除传统的商人驱动型国际商事法院之外，一些国家驱动型国际商事法院也应运而生，我国国际商事法庭就是其中之一。自 2018 年 6 月最高人民法院第一、第二国际商事法庭分别揭牌开始，我国国际多元化纠纷解决机制正式投入运行，开始接受各国商事纠纷当事人的检验。

从目前制度现状来看，专家委员会的角色定位仍需明确，以增强当事人对我国争议解决机制的信心。一方面，专家委员会的设立的确是一种制度创新，体现我国法院在调和法官国际化需求与我国法官选拔制度之间矛盾的智慧；另一方面，专家委员会的制度设计尚不完善，仅仅对其任职资格、职责、

---

[*] 郑潼，女，全国人大常委会办公厅干部，投稿时为中国人民大学硕士.

选拔等做出系统性规定,尚未触及专家委员会的角色定位问题以及与法院的关系等问题。例如,专家委员会可以独立应当事人要求而主持调解,还是必须依附于诉讼程序;又如,国家商事法庭法官是否还会再承担调解职能,还是已全部赋予给专家委员会及调解机构。如果没有厘清专家委员会的角色和功能定位,可以想象,这些模糊不定之处会给国际商事法庭的运行,甚至给"一带一路"倡议的实施带来一定阻碍。

从理论研究看,我国学者对国际商事法庭的研究多从整体性角度出发,考虑国际商事法庭的角色定位、制度构建、未来抉择等问题,① 而有关专家委员会的角色定位问题尚未有较多讨论,仅将其作为国际商事法庭的制度组成部分加以介绍,或对其中不明确之处提出疑问或建议。目前,大多数学者赞同专家委员会的设立是为弥补法官国际化之不足,也都承认这是受制于我国法律规定的无奈之举。② 也有学者认为,通过设置专家委员会来实现国际商事法庭的国际性与专业性"似乎并不令人信服",是否能够达到预期目标还有待实践检验。③

基于实践需求和理论研究之需要,本文试图在介绍专家委员会成立和特点的基础上,从三个层面来探究国际商事法庭专家委员会角色定位:第一,宏观层面,即从国际社会积极参与全球风险治理,化解法律风险之现状,探究专家委员会可发挥的作用;第二,中观层面,即从我国"一带一路"倡议实施之实际需求来探究专家委员会的定位;第三,微观层面,即从国际商事法庭争议解决机制构造的角度考虑专家委员会的角色,具体又可细分为探究专家委员会与法院、其他调解机构以及仲裁机构的关系。

一、国际商事专家委员会的成立和特点

国际商事专家委员会的成立主要经历三个阶段:一是做出成立决定;二是聘任首批专家委员;三是发布工作规则(试行)。

第一阶段,2018年1月,中央全面深化改革领导小组第二次会议审议通过《关于建立"一带一路"争端解决机制和机构的意见》(以下简称《意见》),做出了成立国际商事专家委员会的决定。根据这一决定,成立专家委

---

① 参见何其生课题组:《论中国国际商事法庭的构建》《武大国际法评论》2018年第3期。
② 参见何其生课题组:《当代国际商事法院的发展——兼与中国国际商事法庭比较》《经贸法律评论》,2019年第2期。
③ 参见覃华平:《"一带一路"倡议与中国国际商事法庭》《中国政法大学学报》2019年第1期。

员会的目标是"加强国际交流与合作,保障与促进国际商事法庭审判工作的顺利开展,支持调解、仲裁、诉讼等多元方式解决国际商事纠纷",组成人员是中外专家,主要职能是"接受国际商事法庭的委托为当事人解决国际商事纠纷提供调解等服务,为人民法院审理国际商事纠纷案件所涉专门性法律问题提供咨询意见,为最高人民法院制定相关司法解释及司法政策提供意见和建议"。

第二阶段,2018年8月,最高人民法院发布了聘任首批32位专家委员的决定,明确聘任专家委员的目标是"为进一步提高人民法院国际商事审判专业化水平,加强国际交流与合作,保障与促进国际商事法庭审判工作的顺利开展"。根据国际商事法庭对常见问题的解答,[1] 专家委员具有专业性和普遍代表性,"专业性"体现在专家委员在相关领域、相关国际法和本国法,特别是在投资贸易法律方面造诣很深;"普遍代表性"体现在专家委员来自不同法系、不同国家和不同地区。

第三阶段,2018年12月,最高人民法院制定《最高人民法院国际商事专家委员会工作规则(试行)》(以下简称《工作规则》),规定了专家委员会的组成、选任、职责、调解程序等事项。其中,设立专家委员会的目标进一步明确为"为最高人民法院国际商事法庭构建调解、仲裁、诉讼有机衔接的多元化纠纷解决机制提供支持与保障"。专家委员会职能明确为两大部分:一是主持调解国际商事案件;二是就国际商事法庭以及各级人民法院审理案件所涉及的专门性法律问题、国际商事法庭发展规划、制定司法解释和司法政策等方面提供意见和建议。

根据其成立过程,可以概括出专家委员会有以下几方面特点。

第一,机构目标的多重性。从宏观层面看,专家委员会肩负着加强国际交流与合作的使命,这意味着专家委员会并不是一个纯粹管理本国事务的内设机构,而是我国对外交流与合作的新型窗口,也是我国参与全球治理的一个重大尝试。从中观层面看,专家委员会是我国"一带一路"争端解决机构机制和机构的组成部分,意味着专家委员会应当在保障"一带一路"倡议实施上发挥其应有作用。从微观层面看,专家委员会应当保障与促进国际商事法庭审判工作的顺利开展,支持调解、仲裁、诉讼等多元方式解决国际商事纠纷,因此必须要处理好专家委员会与法院(包括国际商事法庭和各级人民

---

[1] 最高人民法院国际商事法庭网:《常见问题》,http://cicc.court.gov.cn/html/1/218/19/154/index.html,最后访问时间:2019年11月19日。

法院）、其他调解机构和仲裁机构的关系。

第二，组成人员的特殊性。前已述及，专家委员具有专业性和普遍代表性。其中，专业性要求是最高人民法院应对专门性国际商事案件的举措。国际商事法庭管辖的案件具有审判语言要求高、案情复杂、法律问题多元化特点，非专业性国际人才所不能处理，因而专家委员具有普通学者所不能及的丰富学识和经验，尤其在国际投资与国际贸易领域。普遍代表性要求主要是应对"一带一路"沿线国家当事人解决商事纠纷需求的举措。沿线国家法律状况极其复杂，据学者梳理，沿线国家至少涉及三大法系、七大法源，其中伊斯兰教法国家占据多数。[1] 因此，来自不同法系和不同国家的专家委员可以为当事人提供一定选择空间。除这两大特点之外，专家委员的特殊性还体现在选任方式上，即由最高人民法院直接聘任，且可根据工作需要择优聘任，而非适用我国普通公务人员的选任制度。

第三，工作职责的复杂性。从主持调解的角度分析，专家委员会主要负责的是审前调解，即"国际商事法庭在受理案件后 7 日内，经当事人同意，可以委托国际商事专家委员会成员或者国际商事调解机构调解"。我国传统的法庭调解采取的模式是由法官兼任调解员，这种做法固可节省人力和时间，但是毕竟违背法官中立性要求。试想，当事人调解不成恢复诉讼程序后，又怎能期待一个已对案情有清晰了解的法官能够按照案件证据秉公裁判？因此，英美国家将调解员与法官身份区别开来是不无道理的。由专家委员会来承担调解职能是对我国传统法庭调解制度的突破和创新，当然也带来了如何协调法院与专家委员会关系的问题。例如，法院是否还应审查经专家委员会调解后达成的调解书，如果需要，则应在多大程度上进行审查。

从提供法律意见和建议角度分析，《规则》明确了专家委员会的职责是提供"相关咨询意见"以及"法律意见和建议"，意味着该类意见并无约束力，最终是否被采纳仍然由法院自主定夺。从这一角度可以窥知，最高人民法院无意赋予专家委员会过多权重，以直接决定国际商事法庭的运行和司法制度的建立，因此将专家委员会定位为法律服务机构似乎并无不妥，只是需要进一步明确其所提供法律服务的对象、性质、范围等问题。

基于上述对专家委员会的设立过程和特点分析可知，专家委员会看似是一个小小的职能机构，却关涉我国的国际合作之开展、"一带一路"倡议之

---

[1] 参见何佳馨：《"一带一路"倡议与法律全球化之谱系分析及路径选择》，《法学》2017 年第 6 期。

实施以及国际争端解决机制之构建。因此，对专家委员会的角色定位也应当从这三个方面依次展开，形成三位一体、综合全面的认识，以为日后制度之构建、实践之深入提供指导。

二、宏观之定位：为化解全球法律风险而提供的公共产品

要想厘清专家委员会在宏观层面的定位，就不得不先对全球治理与国家治理的关系做出梳理。

全球化进程加快是全球治理产生的前提。自 20 世纪 80 年代以来，基于科技创新的推动以及国际政治的变化，人类生存和发展问题得以超越国界而影响全球，导致人类社会进入一个高度不确定的"全球风险社会"时代。[①] 在这一时代，传统民族国家的治理不足以应对和解决全球问题，而必须在国际层面谋求交流与合作，通过国际性规则来解决国际事务。[②] 与单个国家治理相比，全球治理超越了传统的民族国家视域，将民族国家与超国家关系紧密相连，通过主体之间的协同合作来解决单一主体无法解决或者难以解决的全球事务。[③]

但是，当今社会仍以民族国家为核心要素，意味着国内治理的作用永远不会被全球治理所取代。因此，全球治理与国内治理是并行的关系，两者所处领域及表现形式并不相同，在运行过程中会产生冲突，却又能够相互渗透和影响。国家治理是全球治理的核心成分，良好有序的国内治理会促进全球治理的发展；而全球治理则是国家治理在全球化时代的延伸，[④] 其所形成的国际制度渗入国内社会，制约和影响着国家治理的发展。

在全球化时代，制度已经逐步取代武力成为国际社会主要治理方式。[⑤] 但是，在现代治理结构中，主权国家与国际组织、社会团体等治理主体的作用并不均衡，大国在全球风险治理中具有更多发言权，因而集体行动达成总是会受到大国制约，导致很多国家的意愿无从体现或表达。以国际货币体系建构为例，目前货币体系仍以一国主权货币作为全球贸易尺度和衡量基准，

---

① 参见范如国：《"全球风险社会"治理：复杂性范式与中国参与》《中国社会科学》，2017 年第 2 期。
② 参见赵骏：《全球治理视野下的国际法治与国内法治》《中国社会科学》2014 年第 10 期。
③ 参见肖安容，张沙沙：《全球治理实践的维度论析》《江西师范大学学报（哲学社会科学版）》，2019 年第 3 期。
④ 参见陈承新：《国内"全球治理"研究述评》《政治学研究》2009 年第 1 期。
⑤ 参见刘勇，王怀信：《全球治理制度变革的中国方案优势》《江西师范大学学报（哲学社会科学版）》2019 年第 3 期。

且实力越雄厚的国家，其货币越有可能被其他国家选择为国际储备货币。出于保持本国货币优势的考虑，很多大国对超主权国际货币的构建并不热衷，即便这一构建对全球金融风险的防范和治理具有重大意义。因此，在全球治理过程中，国家治理也很有可能会阻碍全球治理作用的发挥，这就要求各国在国际层面建立起基于共同价值的协同治理模式，形成全球共同的价值体系和应对风险的文化，并在国内层面建立与全球风险治理相配套的基础设施，为参与风险机制的建立而提供必需的公共产品。

基于上述背景，国际商事专家委员会，就是我国为化解全球法律风险而设计和提供的新型公共产品。在全球化进程中，中国是全球风险治理的积极参与者。早在 2012 年，党的十八大就明确提出要倡导"人类命运共同体"意识，在追求本国利益时要兼顾他国合理关切。作为负责任的大国，我国并不是消极等待国际风险的到来，而是积极谋求以合作促发展，以合作促安全，探索建立全球治理新体系。在这一背景下，我国于 2018 年设立的国际商事法庭，应当以促进互利、共赢的人类命运共同体之构建为根本追求，以积极防范和应对各国当事人，尤其是"一带一路"沿线国家当事人在经济交往中所发生的各种法律风险为有效手段。由于沿线国家在政治经济运行状态、法律体系构建方式、技术标准与商业规则、宗教文化等方面差异较大。其中，部分国家政治环境不稳定、经济基础较为单薄、市场诚信意识相对欠缺，由此产生法律纠纷风险不容忽视。① 因此，专家委员会的建立，不仅应当以提供高效纠纷解决机制为目标，还应当以有效化解国际商事交往过程中可能遇到的各类法律纠纷风险为目标。

如果更进一步思考就会发现，专家委员会的设立，主要是为化解跨国公司在经济交往过程中所遇到的法律风险。考虑到国际商事法庭管辖案件范围，自然人之间的跨国经济交往难以达到如此庞大的规模和影响力，意味着专家委员会作为公共产品，其服务对象应当主要是经济实力雄厚、国际经济交往频繁的跨国公司，国际商事法庭自成立以来所审理的一系列案件也印证了这一点。既然如此，专家委员会就不得不考虑跨国公司的风险防范需求和法律服务需求。从风险防范角度来看，跨国公司在经济交往过程中主要遇到的是国际贸易风险和投资风险；从法律服务角度来看，跨国公司寻求专家委员会帮助，无非是想要高效、便捷地解决纠纷，且一般并不愿意损害双方的持续

---

① 参见初北平：《"一带一路"多元争端解决中心构建的当下与未来》《中国法学》2017 年第 6 期。

性经济交往关系。因此,专家委员会在主持调解时,应当以中立性、独立性为前提,以促进纠纷解决和不影响持续性经济合作关系为要义,努力为跨国公司寻求纠纷解决方案而提供一切便利条件。

三、中观之定位:为保障"一带一路"而设计的配套基础设施

从宏观层面考虑已知,专家委员会是为化解全球法律风险而提供的公共产品,而从中观层面需要考虑的主要是专家委员会与"一带一路"倡议实施之间的关系。

"一带一路"倡议由习近平主席于2013年出访期间正式提出,是有关造福沿线人民、带动沿线国家经济增长和社会繁荣进步的重要倡议。① 2015年3月发布的《推动共建丝绸之路经济带和21世纪海上丝绸之路的愿景与行动》系统阐述了"一带一路"建设的基本框架、合作机制等内容。自提出以来,"一带一路"倡议得到了国际社会的欢迎和支持,全球已经有140多个国家和80多个国际组织积极支持和参与"一带一路"的建设。

在"一带一路"建设初期,各方对其认知主要局限于经济合作、商贸往来等传统领域,尚未涉及法治因素与经济因素的互动和关联。直至2015年,最高人民法院发布《关于人民法院为"一带一路"建设提供司法服务和保障的若干意见》(以下简称《意见》),详细阐述了司法为"一带一路"建设提供司法服务保障的使命,以及提高司法服务国际公信力、营造良好法治环境等需求,极大拓展了倡议内涵,具有重大理论和实践意义。② 但是,如果仔细研究《意见》内容会发现,法院的工作重点仍然是围绕现有制度进行改良,使其适应"一带一路"倡议实施的要求,并没有针对"一带一路"的发展需求有针对性地推出相关司法服务产品。

"一带一路"建设在司法领域具有划时代意义的文件是2018年6月公布的《最高人民法院关于设立国际商事法庭若干问题的规定》(以下简称《规定》)。《规定》指出,国际商事法庭的设立目标之一是"服务和保障'一带一路'建设"。据此,国际商事法庭是我国出于国家战略实施需要而设立的配

---

① 参见杨临宏:《遵循共商共建共享原则建设法治化的"一带一路"》《法学论坛》2019年第3期。

② 参见寥宇羿:《论"一带一路"倡议下中国国际商事法庭的定位》《经贸法律评论》2019年第2期。

套国内基础设施,属于国家驱动型国际商事法院。①

与我国同属战略驱动型商事法院的有新加坡国际商事法庭(SICC)和迪拜金融中心法院(DIFC),其中 SICC 与我国国际商事法庭同属于内国法院体系中新设的国际商事法庭。基于两国国际商事法庭的相似发展路径以及相同时代背景,SICC 的设立经验或可为我国专家委员会角色定位提供指导。实际上近年来我国学者也多对 SICC 的建立模式进行过研究和做出介绍。

SICC 希望通过建立一个提供优质法律服务的无国界的国际商事法庭,来实现将新加坡建设成为亚洲的"国际争议纠纷解决中心"的目标。② 为追求法官专业化与国际化,新加坡不惜修改宪法,以允许外籍法官担任国际商事法庭的法官。因此,SICC 的法官具有非常多元的背景,来自不同国家和不同法系,且在案件审理过程中也发挥了实际的重要作用。所以,吸收多元化法官的确可以提高国际商事法庭的审判质量,但我国是否有必要以突破现行制度为代价而做出效仿呢?这就需要进一步探究国际法官在 SICC 产生的原因。

国际法官在 SICC 的产生有其独特的地理环境原因、法律传统原因和政策定位原因。从地理环境角度看,新加坡作为一个面积狭小、资源有限的港口国家,发展方向非常有限,因而高度重视提供国际法律服务为经济发展带来的收益。③ 从法律传统角度看,新加坡继受普通法系传统,能够为国际商事纠纷当事人提供更加便利和适宜的法律服务。从政策定位角度看,新加坡把自己定位为提供离岸服务的国际商事法律服务中心,允许 SICC 管辖与本国没有实际联系的国际案件,并基于离岸制度建立完全注册制度和有限注册制度。④ 因此,SICC 吸纳国际法官的做法完全符合把新加坡"建立成为国际争议纠纷解决中心"的基本国策,也符合其对自身提供离岸法律服务的功能定位。正如新加坡开国总理李光耀所言,"无论世界怎么样,新加坡都得去接受它,因为它实在小得无法改变世界",新加坡建立 SICC 并非出于改变世界的雄心,而是其迅捷把握时机,顺应时代发展潮流而做出的机变之举。

相比之下,我国在这三个方面都与新加坡存在显著不同。首先,从地理环境和资源角度考虑,我国幅员辽阔,资源丰富,经济体量发展巨大,因而

---

① 参见何其生课题组:《论中国国际商事法庭的构建》《武大国际法评论》2018 年第 3 期。
② 参见赵蕾,葛黄斌:《新加坡国际商事法庭的运行与发展》《人民法院报》2017 年 7 月 7 日。
③ 参见姜丽丽:《国际商事法庭的未来抉择》《人民司法(应用)》2019 年第 10 期。
④ 参见何其生课题组:《当代国际商事法院的发展——兼与中国国际商事法庭比较》《经贸法律评论》2019 年第 2 期。

并不需要依赖国际法律服务市场来拉动国内经济发展，这也是我国长期以来不重视提供国际司法服务产品的原因之一。其次，从法律传统角度考虑，我国法律制度历经几十年的发展变化，逐步形成了具有中国特色的社会主义法律体系，但由于我国在国际交往中多主张以和平协商谈判方式解决纠纷，而较少以国家身份参与国际争端解决程序，导致部分国家对我国是否参与国际法治心存疑虑或有不解。① 因此，我国需要借助"一带一路"倡议的推广来澄清我国法律制度现状，以国际治理积极参与者的姿态与各国开展国际交流与合作。最后，从政策定位角度来看，虽然国际商事法庭也是战略驱动型国际法庭，但我国的战略明显与新加坡的战略不同：我国建立国际商事法庭，并不是要把中国建立成为所谓国际争端解决中心，甚至也不是要大力争夺国际争端解决市场，而是为了保障"一带一路"倡议的实施，为造福沿线人民、构建人类共同体的最终目标保驾护航。

总的来看，虽然目前我国很多学者呼吁学习 SICC 模式，在现行法官制度外建立国际法官序列，甚至希望国际商事法庭取消"实际联系"限制以扩大管辖权范围。② 我们认为，我国与新加坡国情存在重大差异，尤其在战略目标方面有根本不同，不能生搬硬套新加坡模式。只要专家委员会的制度设计足以为实现"一带一路"倡议目标提供应有保障，那么就没有必要执着于追求国际法官建设。

因此，从中观层面考虑，不难发现专家委员会并不是对国际法官角色做出的简单替代，也不是因为难以突破我国现行法官选拔制度而做出的无奈让步，而是有其独立存在价值，是为"一带一路"倡议保驾护航的一个配套司法基础设施。与这一角色定位相适应，专家委员会的后续制度设计应当从提升我国司法服务的国际公信力，以及为"一带一路"营造良好法治环境的根本需求出发，不断摸索和创新。

四、微观之定位：为构建多元化纠纷解决平台而设立的法律服务机构

结合前面的分析可知，专家委员会是我国在参与全球风险治理过程中为应对全球法律风险而提供的公共产品，也是我国在"一带一路"倡议实施过程中设计的配套司法基础设施。解决了宏观和中观层面的角色定位之后，下

---

① 参见初北平：《"一带一路"多元争端解决中心构建的当下与未来》《中国法学》2017 年第 6 期。
② 参见卜璐：《"一带一路"背景下我国国际商事法庭的运行》《求是学刊》，2018 年第 5 期。

一个逻辑问题在于,专家委员会在国际商事法庭内部的角色应如何定位?换言之,专家委员会与法院、其他调解机构以及仲裁机构之间究竟应当是何种关系?

根据《工作规则》第1条,设立专家委员会是"为国际商事法庭构建调解、仲裁、诉讼有机衔接的多元化纠纷解决平台提供支持与保障"。因此在微观层面,专家委员会的主要功能是支持和保障多元化纠纷解决平台的构建。

在分析之前,首先需要了解一站式纠纷解决平台的运作模式。根据国际商事法庭对常见问题的解答,国际商事法庭的争端解决是把调解、仲裁、诉讼整合到一个平台,以供当事人有更多选择。其中,调解与诉讼的衔接体现在,当事人如果选择调解,国际商事法庭可以委托专家委员会或国际商事调解机构进行调解,并可以根据达成的调解协议制作调解书或者判决书。诉讼与仲裁的衔接体现在,当事人如果选择仲裁,可以要求国际商事法庭提供相应的证据保全、财产保全等措施。仲裁裁决做出后,当事人还可向国际商事法庭申请撤销或者执行仲裁裁决。除此以外,为了实现争端解决机制有效衔接,国际商事法庭还采取其他配套制度。例如,在国际商事法庭办公场所所在地为仲裁机构、调解机构设立办事处,以及建立信息化工作平台,通过电子化、网络化手段来提供便利。

在了解多元化纠纷解决平台的运行模式之后,需要进一步思考的问题就是要如何发挥专家委员会的支持和保障作用。下面从三个方面进行考察。

首先,从专家委员会与法院的关系考虑,主要有以下几个问题:①由专家委员会或其他调解机构主持调解,是否意味着国际商事法庭不再进行调解?②专家委员会调解后达成的调解协议,国际商事法庭是否还需要进行审查,如果需要,是进行何种程度的审查?③专家委员会可否根据当事人请求而非国际商事法庭委托而主持调解国际商事案件?

第一,我国法庭调解的传统模式是由法官主持调解,这种模式有其固有缺陷而并不符合现代调解模式的设计。既然专家委员会的设立已经对传统模式进行突破,且当事人选择专家委员进行调解的自由意志理应受到尊重,调解工作应当根据当事人的自由选择,全部交由专家委员会或者其他调解机构完成,而国际商事法庭不再进行调解工作。第二,我国《民事诉讼法》第96条规定:"调解达成协议,必须双方自愿,不得强迫。调解协议的内容不得违反法律规定。"据此,法院一般可对调解协议的自愿性和合法性进行审查。但是,考虑到国际商事案件特殊性和专家委员的专业性、普遍代表性,国际商事法庭可适当放宽审查标准,甚至一般不再审查,除非存在当事人提出异议情形。虽然根据《规定》第 13 条，国际商事法庭对专家委员会主持调解后达成的调解协议，是"可以"而非"应当"制发调解书或判决书，但是制发调解书或判决书应当成为一般原则，只有在极其例外的情形才能予以拒绝。第三，关于专家委员会是否可以直接依据当事人请求来主持调解，从现行规定当中并不能找到允许当事人直接请求专家委员会进行调解的依据，且由国际商事法庭代为委托也并不会对当事人的相关权利造成影响，因此没有必要赋予当事人直接向专家委员会提出调解请求的权利。

其次，从专家委员会与其他调解机构的关系看，两者主要是互为替代的关系。目前最高人民法院仅将中国国际贸易促进委员会调解中心、上海经贸商事调解中心纳入"一站式"国际商事纠纷多元化解决机制的调解机构。可以预见，随着我国调解机构的国际影响力和信息化建设能力提高，越来越多的调解机构将参与到多元化纠纷解决机制当中来，因此需要加强调解机构与专家委员会的通力合作。为此，专家委员会不仅可以就国际商事法庭发展规划提供意见，也可与其他调解机构交流调解经验，为更好地发挥调解机构作用提供意见。

最后，从专家委员会与仲裁机构的关系看，由于我国目前仍然不认可非机构仲裁的地位和作用，专家委员会兼任仲裁员的可能性并不存在。但是，这并不妨碍专家委员与我国目前纳入多元化纠纷解决机制的五家仲裁机构保持积极沟通联络，以充分发挥专家委员的专业性和普遍代表性的优势，毕竟我国仲裁机构与国际上知名的仲裁机构相比仍存在很大差距，因而吸收借鉴有益经验对我国仲裁机制的建设也大有裨益。

因此，从微观角度分析，应当把专家委员会定位为国际商事法庭的法律服务机构，能够通过主持调解、提供咨询意见等方式为构建多元化纠纷解决平台提供支持和保障。另外，专家委员会职能的发挥也离不开相应的制度支撑，为此，最高人民法院应当在后续阶段对专家委员会的角色定位问题进行明确规定。

结语

专家委员会并不是单纯主持调解以及为国际商事法庭提供法律建议的机构，其角色定位要放到我国参与全球治理、实施"一带一路"倡议的需求中思考。

从全球治理角度考虑，专家委员会的构建，以及整个国际商事法庭的建设，都是我国作为一个负责任的大国，积极参与全球法律风险治理，打造人类命运共同体的证明。习近平主席提出的构建人类命运共同体的理念，其本质是在呼吁各主体加强各领域协调合作，促进资源信息共享，实现优势互补，建立和完善全球风险处理机制，以回应复杂风险社会治理的要求。为此，我国应当致力于为应对和化解全球法律风险提供更多优质公共产品，以让全球人民，包括商事纠纷当事人，深入了解和认同我国的法治思想、战略目标，以及我国为建立互利共赢的全球经济秩序而做出的不懈努力。

从实施"一带一路"倡议需求角度考虑，专家委员会并不是要模仿 SICC 的国际法官模式，而是要真正为"一带一路"倡议目标的实现做出有益贡献。因此，在探索建立一项新的制度时固然可以去借鉴他国有益经验，但是在借鉴的过程中必须时刻牢记本国制度建设的根本目标和价值追求，否则盲目跟风只会阻碍我国战略目标的实现。我国成立国际商事法庭以及专家委员会，并不是有积极争夺国际争端解决市场的野心，而是为了便利国际商事当事人，向其澄清我国法治现状，增强当事人对我国法治的信心，从而为"一带一路"建设扫清法律障碍，保证"一带一路"行稳致远。

总而言之，专家委员会的建立和完善必须在全球治理和"一带一路"倡议实施的框架下进行。"一带一路"注定是一条机遇之路，也是一条法律风险之路。为全球治理提供公共产品，并在国内建立配套基础设施，是化解法律风险，稳步推进"一带一路"建设的有益尝试和重大创新。

基于"协商一致"决策原则的 WTO 改革建议

兰 兰 欧阳艺文[*]

摘要：WTO 成立以来，其争端解决机制对世界多边贸易体制的良性运转发挥了不可或缺的作用，但美国利用 WTO "协商一致"的决策原则持续阻挠上诉机构大法官的甄选，通过施加"少数人暴政"来满足其一国之诉求，严重影响到争端解决机制的正常运转和世界多边贸易的发展。本文基于美国能实现有效阻挠的程序性原因——"协商一致"的决策原则展开分析，深挖其暴露的缺陷，试图提出一些合理的改革建议，以帮助上诉机构彻底摆脱危机和困境，使争端解决机制这颗"皇冠上的明珠"重现昔日光芒。

关键词：上诉机构停摆；协商一致；否决权；少数人暴政

一、问题的提出

作为 WTO 争端解决机制的重要组成部门，上诉机构（Appellate Body）可以对争端双方提交的专家小组报告进行法律上的审理，发挥着相当于国内"二审法院"的重要作用。根据《关于争端解决规则与程序的谅解》（Understanding on Rules and Procedures Governing the Settlement of Disputes，简称：DSU）第 17 条第 1、2 款，该机构应当由 7 名常设大法官构成，任期为 4 年，每个上诉案件至少需要 3 名大法官负责审议。然而，从两三年前，由于韩国籍法官辞任以及比利时籍、墨西哥籍和毛里求斯籍法官任期相继届满，WTO 上诉机构只剩下 3 名大法官在任（表 1），人员的减少，再加上各国法律传统或法律体系存在差异以及审理中需要回避的情况，都极大地影响了上诉案件审理的效率，审理结果的合法性也会大打折扣。面对大法官亟待补足的情况，美国特朗普政府却从 2017 年 7 月开始，多次在争

---

[*] 兰兰，中国政法大学国际法学院副教授，硕士研究生导师；欧阳艺文，中国政法大学 2016 级法律硕士研究生。

端解决机构例会上阻挠 WTO 启动上诉机构新成员的甄选程序,① 直至将 WTO 上诉机构最终"逼"到了停摆的困境中。2019 年 12 月,随着两名在任大法官的任期届满,上诉机构只剩下一名大法官在任,最终陷入停摆的局面。

面对 WTO 上诉机构的僵局,不少学者都提出了各自的解决方案。其中,孔庆江教授建议"建立一个新的开放式的上诉机构,接受此项提议的 WTO 成员可以自动选择加入",该上诉机构就"能决定新上诉机构协定参与成员之间的争议。"② 韩立余教授认为可以"进一步发挥现有机制中磋商、调解和仲裁的作用,维持现有争端解决机制的运转。"③ 李居迁教授主张通过"政治解决"和"法律规则解决"两种途径来摆脱目前困境。其中,"政治解决"是指"针对所谓'体制性'问题,与美国进行沟通,通过外交努力解决目前问题",而"法律规则解决"则建议"形成新的'双轨制'规则,突破目前争端解决机制统一化的模式,通过绝大多数成员方'守则(code)'式的解决争端。"④

诚然,上述学者们的解决方案都各有可取之处,特别是建立新的开放式上诉机构的提议已经开始实施,其对维持多边机制具有重要意义。但是,从长远来看,要从根本上为 WTO 上诉机构危机带来"一劳永逸"的解决效果,则必须从 WTO 的深层次改革着手。原因在于,从程序上来说,美国政府之所以能有效阻挠大法官的甄选任命,是由 WTO 决策机制所决定的。由于 WTO 将决策的原则规定为"协商一致"模式,意味着 WTO 上诉机构大法官的甄选任命程序必须经过参会成员全体一致同意才可以启动,而美国正是不正当利用了这一规定达到其目的。因此,WTO 上诉机构要想摆脱困境并且预防将来再发生类似的情况,对 WTO "协商一致"决策原则进行改革尤为必要。

---

① 冯迪凡:《美国造成上诉机构僵局,再遭 WTO 总干事"不点名批评"》《第一财经》, https://www.yicai.com/news/5421152.html, 最后访问日期:2019 年 12 月 25 日。
② 孔庆江:《一个解决 WTO 上诉机构僵局的设想》《清华法学》2019 年第 13 卷第 4 期,第 204 页。
③ 朱绵茂,陈卫东,陈咏梅等:《WTO 改革的中国学者方案笔谈》《南海法学》2019 年第 1 期,第 7-8 页。
④ 朱绵茂,陈卫东,陈咏梅等:《WTO 改革的中国学者方案笔谈》《南海法学》2019 年第 1 期,第 8 页。

表1 WTO上诉机构七位常设大法官①

姓名	国籍	任期
Hyun Chong Kim	韩国	2016.12.1—2017.8.1
Peter Van den Bossche	比利时	2009.12.12—2013.12.12 2013.12.12—2017.12.11
Ricardo Ramírez-Hernández	墨西哥	2009.7.1—2013.6.30 2013.6.30—2017.6.30
Shree Baboo Chekitan Servansing	毛里求斯	2014.10.1—2018.9.30
Ujal Singh Bhatia	印度	2011.12.11—2015.12.10 2015.12.11—2019.12.10
Thomas R. Graham	美国	2011.12.11—2015.12.10 2015.12.11—2019.12.10
Hong Zhao	中国	2016.12.11—2020.11.30

二、WTO"协商一致"决策原则之精髓——有利于保护少数阵营的利益

经过关税及贸易总协定（General Agreement on Tariffs and Trade，以下简称：GATT）长达将近50年的实践，强调通过谈判讨论而不是投票的途径来达成共识的"协商一致"决策方式逐渐演变成一种惯例，WTO决策机制的建立直接受到了这一"惯性"的影响，以正式法律规定的形式将这种不成文的决策方式成文化为WTO的基本决策原则。根据《马拉喀什建立世界贸易组织协定》（Marrakesh Agreement Establishing the World Trade Organization，WTO Agreement，以下简称《WTO协定》）第9条第1款的规定："WTO应继续实行GATT1947所遵循的经协商一致做出决定的做法。非另有规定，否则无法经协商一致做出决定，则争论中的事项应通过投票决定。"② 同时，脚注部分

---

① WTO Trade Organization: "Appellate Body Members", available on-line at https://www.wto.org/english/tratop_e/dispu_e/ab_members_descrp_e.htm，最后访问日期：2019年9月16日。

② 《马拉喀什建立世界贸易组织协定》第9条第1款规定："WTO应继续实行GATT1947所遵循的经协商一致做出决定的做法。除非另有规定，否则如无法经协商一致做出决定，则争论中的事项应通过投票决定。在部长级会议和总理事会会议上，WTO每一成员拥有一票。如欧洲共同体行使投票权，则其拥有的票数应与属世贸组织成员的欧洲共同体成员国的数目相等。部长级会议和总理事会的决定应以所投票数的简单多数做出，除非本协定或有关多边贸易协定另有规定。"

还进一步说明了"协商一致"究竟该如何界定，即"如在做出决定时，出席会议的成员均未正式反对拟议的决定，则有关机构应被视为经协商一致对提交其审议的事项做出了决定。"①

显而易见，《WTO 协定》第 9 条第 1 款明确赋予"协商一致"作为 WTO 决策机制首要原则的地位。对于提交至部长级会议或总理事会以及各理事会、委员会的各项议案（除了 WTO 法律规定的解释、修改条款等特殊事项以外），必须通过成员方之间不断磋商、互相妥协的方式来取得基本一致而不能直接采取投票的方式。"如无法经协商一致做出决定，则争论中的事项应通过投票决定"，② 这里就存在一个适用表决方式的先后顺序问题，只有在经过大量充分的协商之后依然无法达成共识并做出决定的情况下，才能借助投票表决的方式。换句话说，在一般情况下，"协商一致"原则是 WTO 决策机制中的核心，而投票方式只是作为一种补充，为成员协商陷入僵局、议题无法获得基本同意时提供一个类似"安全阀门"的补救手段。这样的设置主要考虑到投票表决存在的弊端，由于各成员基于本国利益会对 WTO 公布的各项议题持有不同的且无关对错的立场和态度，并且在会议进程中将分化成明显的多数阵营和少数阵营，而一般情况下的投票表决（不考虑加权投票制）属于一国一票的简单多数表决模式，多数阵营凭借多数票事实上就掌握了各项议题的最终决策权，极有可能会不顾少数阵营的反对意见而强行通过某项议题，从而对少数阵营形成一种"暴政"，类似于法国政治家托克维尔提出的"多数人的暴政"，③ 少数阵营相关利益无法得到保障。这对于发达国家来说自然是非常不希望见到的，因为越来越多发展中国家加入 WTO，发达国家作为少数阵营的相对规模越来越小，在各项决策中丧失投票优势，而发展中国家就会很容易地掌握谈判会议上的多数票，从而实现对决策制定过程的主导和掌控。但是如果必须先采用"协商一致"的决策方式，发达国家和发展中国家在最后表决之前就可以进行充分的协商谈判，努力达成一个让各成员基本满意的"合意"，正式表决会议上也不会形成明显且极端的成员分化，从而可以有效预防"多数人的暴政"。

另外，《WTO 协定》以脚注的形式进行解释说明极大提高了"协商一

---

① 《WTO 协定》第 9 条脚注 1 规定："如在做出决定时，出席会议的成员均未正式反对拟议的决定，则有关机构应被视为经协商一致对提交其审议的事项做出了决定。"
② 《马拉喀什建立世界贸易组织协定》第 9 条第 1 款。
③ ［法］阿历克西·德·托克维尔：《论美国的民主》，董果良译，商务印书馆 1995 年版，第 324 页。

致"原则在实际决策过程中的可操作性。根据第9条第1款脚注1的内容,做出决定的过程必须在参加会议的各成员之间进行,缺席的成员则不包括在内,也不会对最后达成"一致"结果构成影响,并且还"将被推定(assumed to imply)该成员对拟通过的决定没有意见或不反对"。① 对于参加会议的成员,只有在表示正式反对的情况下才能被认定为各成员就某一拟议议题没有达成"一致"结果,而按照WTO的惯例,"正式反对"必须表现为"在现场举牌发言或者会前散发书面意见并且在发言或书面意见中明确表示不同意拟议的决策",② 因此,在场成员的弃权、摇头、窃窃私语、沉默不语、起哄等都无法构成阻止其他成员达成协商一致的理由。这种巧妙的规则建构在一定程度上提高了各成员方磋商各项议题达成基本一致的效率,从而有效促进了最后决策的顺利通过。

由此可见,WTO"协商一致"原则的精髓在于扬弃了传统的"简单多数"通过的决策机制,有利于保护少数阵营的利益。当然,"协商一致"决策机制还有利于成员各方充分展开讨论,便于沟通,体现充分的民主,也有利于决策形成后的有效实施,这些都是其不言而喻的优势所在。

三、WTO"协商一致"决策原则之缺陷

(一)否决权下的少数人暴政

诚然,"协商一致"决策原则在一定程度上能预防多数阵营对少数阵营的"暴政",但是正如硬币的正反面一样,任何事情有利则也有其弊。通过此次美国长期阻挠上诉机构大法官的甄选和任命致使上诉机构陷入成立以来最大危机的事件中可以看出,该决策原则也暴露出一个明显缺陷:"协商一致"不仅给予了各成员充分协商的机会,也赋予了每一位成员"正式反对"某项决议的否决权。虽然理论上否决权的制度设计可以适当增加"小国在谈判中讨价还价的能力",③ 并且通过互相妥协"在协商和谈判中'消解'成员国的反对意见"。④ 但是,实际上由于每一次决议所涉及的领域以及相关利益

---

① Decision - Making Procedures under Articles IX and XII of the WTO Agreement - Statement by the Chairman - As Agreed by the General Council on 15 November 1995,WT/L/93.
② 傅星国:《WTO决策机制的法律与实践》,上海人民出版社2009年版,第110页。
③ Bernard Hoekman & Michel Kostecki:"The political economy of the world trading system: the WTO and beyond",New York: Oxford University press,2001,pp. 56 - 57.
④ 周跃雪:《WTO决策机制法律问题研究》,法律出版社2016年版,第38页。

的深度不同,在事关本国重要经济领域或深层次利益时,成员国往往不愿意妥协或者交换利益,再加上随着加入 WTO 的国家越来越多,在众多议题上都能做到妥协让步几乎是一种妄谈。因此,即便在正式的表决会议上大多数成员对某项议题的通过不表示反对,少数成员也会利用否决权加以阻挠,而且只要有一个参会成员反对就可以阻挠成功。虽然成员国行使否决权以防止做出不符合本国利益的决策本无可厚非,但如果经常性地提出反对意见,不仅是对"协商一致"合作模式的破坏,还会由于决议重点转移到这些少数人的立场上而导致大多数人的意见得不到应有的重视,这样"不啻在惩罚合作者,奖励不合作者",最终将造成"一人向隅,满座不乐"的"少数人暴政"。①

这里我们需要明确的是,与"多数人暴政"相比,"少数人暴政"其实更加值得诟病。从民主的角度来看,"多数人暴政"更加符合民主的应有之义。作为政治学概念,"民主是一种国家形式,一种国家形态……民主意味着在形式上承认公民一律平等,承认大家都有决定国家制度和管理国家的平等权力,"② 简而言之,所谓的民主就是人民大众当家作主、拥有平等资格掌握国家事务主权的政治制度。但在操作中,由于人民大众的利益诉求不尽相同,不可能同时满足所有人的要求,因此经过长期的实践,民主更多地表现为按照多数人的意志来做出决策,是一个少数服从多数的过程。当然,这并不意味着完全抛弃少数人的利益诉求,在近现代民主理论中同样强调了少数人利益的不可忽视性,即民主既要体现多数人的意志又要尽量兼顾保护少数人的利益。

回到 WTO 决策原则上审视,虽然民主的多数原则并不必然导致"多数人暴政",但"多数人暴政"的出现往往都经历了一个少数服从多数的过程,这在很大程度上契合了民主必须体现多数人意志的要求。否决权的设置虽然本意上是为了保护少数人的利益,但实践中"少数人暴政"的出现却会对多数人的利益造成损害,即便实现了少数人的民主也不是真正的民主,只是一种"伪民主"。民主尽管有兼顾少数人利益这一层要义,但是从根本来说,民主的天平始终还是向多数人利益倾斜的。

(二) 决策效率的低下

从效率的角度而言,"少数人暴政"比"多数人暴政"更容易产生决策效率低下问题。由于"多数人暴政"是一种多数人利用多数规则做出符合多

---

① 傅星国:《WTO 决策机制的法律与实践》,上海人民出版社 2009 年版,第 111 页。
② [俄罗斯] 列宁著;中共中央马克思恩格斯列宁斯大林著作编译局编:《列宁选集》,人民出版社 1995 年版,第 3 卷第 25 页。

数人利益的决策而忽视少数人利益的模式,因此各成员国在进行协商讨论的过程中,只需要在多数人之间达成一个基本满足多数人利益诉求的方案就能顺利做出决策,而这个结果通过互相妥协或交换条件等方式就可以在可预期的时间内实现。然而,一旦有少数成员国利用"协商一致"原则下的否决权经常性地对协商谈判的内容表示反对,那么显而易见的结局是,会议议程毫无进度可言,会议议题将长期处于议而不决的状态中。长此以往,不仅会让各方代表身心疲惫,也会使 WTO 作为全球最大多边贸易组织的功能大打折扣,进而影响全球贸易发展进程。正如 Patrick Low 所言,"由于一票否决权的存在,协商一致的决策模式是效率低下的"。① 反观 GATT 时期及 WTO 的历次多边谈判,也可以看到,随着成员方越来越多,多边谈判达成协商一致的难度也越来越大。乌拉圭"回合"长达十几年,已经创了 GATT 谈判的新高,而多哈回合谈判则更是迁延绵长了二十多年仍未有实质性结果或进展。因此,相较于"多数人暴政"的弊端,解决"少数人暴政"的问题在 WTO 决策机制改革中更显重要。

此次上诉机构危机中,美国正是利用了否决权这一点对上诉机构及其他成员国施加了"暴政"。由于 WTO 上诉机构大法官甄选程序的启动需要经过成员国协商一致同意,而美国特朗普政府以上诉机构自行授权不具有合法性、上诉机构不遵守 90 天裁决期限等问题为由在数十次争端解决机构例会上否决了其他成员关于启动大法官甄选程序的提议,② 但又不提出解决方案或建议,导致上诉机构最终面临瘫痪的局面,危及 WTO 整个多边贸易体系,其根本目的是通过给 WTO 施压逼迫其在规则方面做出更多维护美国利益的改革,践行"美国优先(America First)"③ 的理念。此时,"协商一致"决策原则赋予的否决权俨然成为美国实现其称霸野心的一种工具。

(三) 否决权在事实上只有利于发达国家

我们应该看到,虽然"协商一致"条款赋予了各成员相同的否决权,但

---

① Patrick Low:"WTO Decision – making for the future", *WTO Staff Working Paper*, NO. ERSD – 2011 – 05, available on – line at https://www.wto.org/english/res_e/reser_e/ersd201105_e.htm, 最后访问日期:2019 年 11 月 13 日。

② 冯迪凡:《阻碍程序还倒打一耙,美国在 WTO 又跟所有人干了一仗》,《第一财经》,https://www.yicai.com/news/5433840.html, 最后访问日期:2019 年 12 月 25 日。

③ The White House:" National Security Strategy of the United States of America", available on – line at https://www.whitehouse.gov/wp – content/uploads/2017/12/NSS – Final – 12 – 18 – 2017 – 0905 – 2.pdf, 最后访问日期:2019 年 11 月 13 日。

由于发达国家往往会"利用各种'优惠待遇'对发展中国家进行'贿买'以及落后弱小的发展中国家惧怕发达国家的政治或者经济报复"①等原因,实际上发展中国家真正拿起否决权"武器"的情况非常少。

相反的是,发达国家由于具备一定的经济实力,并不会像发展中国家那样十分惧怕来自其他发达国家的报复,而是"更有能力'劫持'谈判,并且更有能力去抵制与其利益不符的共识"。②"绿屋会议"的出现和存在,更是加剧了这种局面。③ 显而易见,"协商一致"决策原则表面上赋予了所有成员平等的话语权,但实际上经济落后的发展中国家并不能实现真正意义上的平等参与。这种形式上的公平而事实上的"大国一致",是明显不符合实质公平原则的。因此,在做出决策的过程中,WTO 的发达成员比发展中成员更有可能行使其否决权,而美国如今利用否决权实现其野心的做法无疑对其他发达国家起到不良的示范作用。

即便 WTO 为了摆脱上诉机构的危机而满足了美国的要求,日后或许还会有其他发达国家效仿美国的做法,借助否决权的作用在表决会议上向 WTO 上诉机构及其他成员施加"暴政"来实现其意图,同时也难保下一次美国不会故技重演,这将对 WTO 争端解决机制及其他相应机制的正常运转构成巨大的潜在危机。事实上,在最近的 WTO 新任总干事人选的推荐问题上,美国在故技重施,又一次提出了和大部分 WTO 成员不一致的反对意见。④

由此可见,只有从根本上对"协商一致"决策原则进行改革,才能有效地摆脱"少数人暴政"。

---

① South Centre:"Comparative Assessment of Developing Country Participation in the Governance of Global Economic Institutions", available on – line at https://www.g24.org/wp – content/uploads/2016/01/COMPARATIVE – ASSESSMENT – OF – DEVELOPING.pdf, 最后访问日期:2019 年 12 月 26 日。

② Bellmann C & Hepburn J & Wilke M:"The Challenges Facing the Multilateral Trading System in Addressing Global Public Policy Objectives", In Carbonnier G eds. *International Development Policy*:*Aid, Emerging Economies and Global Policies*, 2012, pp. 117 – 140.

③ 所谓"绿屋会议",是指乌拉圭回合时期,为推动谈判进程,时任 GATT 总干事的邓克尔经常以个人身份召集少数缔约方在他的"绿屋"会议室召开非正式会议;WTO 成立以后,这一做法被保留下来,逐渐发展成为《WTO 协议》明文规定之外的一种非正式决策机制;由于"绿屋会议"每次邀请的成员方主要以发达成员为主,这种非正式决策机制实质上加剧了发展中成员方参与多边谈判的程度明显不足。傅星国:《WTO 非正式决策机制"绿屋会议"研究》,《世界贸易组织动态与研究》2010 年 3 月第 17 卷第 2 期,第 30 页。

④ 相关信息参见 WTO 官网,https//:wto.org/english/news_e/news20_e/dgsel_28oct20_e.htm,最后访问日期:2020 年 11 月 28 日。

四、WTO"协商一致"决策原则之改革建议

(一) 采用积极协商一致决策方式

鉴于"协商一致"原则一直是 WTO 的核心决策机制，其不仅有利于保护少数阵营，还有利于成员各方充分展开讨论，便于沟通，也有利于决策形成后的有效实施，因此不宜也不应该全盘抛弃"协商一致"原则。但是，对其进行必要的改革确是必须的。

其实，关于 WTO 决策机制的质疑与讨论，并非此次上诉机构停摆事件才刚刚引起。早在 WTO 成立不久，人们即对此有所担忧并展开了广泛的讨论，此次上诉机构停摆事件只不过印证了这种担忧而已。

学术界普遍认为，协商一致可以分为积极协商一致 (Active Consensus) 和消极协商一致 (Passive Consensus)，而现行的 WTO "协商一致"决策原则实际上是一种消极协商一致，[①] 即出席会议的成员必须正式提出反对意见，才能阻碍达成共识，而缺席、沉默都被推定为没有反对意见，也就意味着"沉默等于默许"，这样在参会成员之间达成的共识其实是一种"被动共识"。相反，积极协商一致是指"对于正在讨论的待决事项，应该需要得到成员方积极表态的支持才能被认为是得到了通过，而不仅仅是成员方的沉默或不反对"，[②] 即出席会议的成员国对某项议题明确表示同意或支持才算达成共识，这里与要求全体成员对待决事项表示同意的全体一致又有所区别。由此可见，如果采用积极协商一致的决策方式，可以有效淡化"否决权"的概念和作用。消极协商一致赋予的"否决权"存在着一种"增大发展中国家的讨价还价能力"的应然状态和"发展中国家不敢行使也不愿行使而是由发达国家行使"的实然状态之间的悖论，在决策实践中"否决权"对于提高发展中国家的话语权和决策权并没有发挥其应有的作用，还会导致少数反对意见被重视而多数意见被轻视，出现某些国家"挟否决权以令 WTO"的情况。然而，积极协商一致要求出席会议的成员对待决事项明确表达同意或不同意的意见，并没有单独规定"正式反对"的作用，而且无论是同意还是不同意，成员的

[①] 余锋：《WTO 表决制度论：民主的视角》，《厦门大学法律评论》2007 年第 x 期，第 237 页。
[②] Amrita Narlikar: "WTO Decision – Making and Developing Countries", available on – line at https://www.iatp.org/documents/wto – decision – making – and – developing – countries, 最后访问日期：2019 年 12 月 26 日。

具体意见都会被完整地记录下来，围绕少数意见可以在多数意见基础上通过相互妥协的方式达成参会成员都能接受的意见，从而使少数意见和多数意见都能得到同等的重视。

（二）区分决策性质适用不同决策方式

值得一提的是，仅仅采用积极协商一致并不能有效摆脱上诉机构的困境，毕竟积极协商一致仍旧属于"协商一致"方式，当少数意见阵营和多数意见阵营始终无法达成一致时，势必让会议的进程停滞不前，依然会产生类似此次上诉机构大法官甄选程序迟迟无法启动的结果。虽然《WTO协定》第9条明确要求"除非另有规定，否则如无法经协商一致做出决定，则争论中的事项应通过投票决定"，① 但由于发展中国家具有绝对数量优势，发达国家不愿拱手让出WTO的话语主导权和决策权，导致在实践中各成员宁愿让会议陷入漫长的谈判僵局也不愿采用投票表决来做一个"了断"，而投票表决仅仅在修改条款、解释条款等WTO法律规定的特殊事项②上得以适用。对此，我国商务部世界贸易组织司傅星国处长认为可以考虑区分不同类型和性质的决策，根据决策类别的不同适用不同的决策方式，③ 本文十分认同这种解决方案，下面将对其详细展开使该方案更加具有可操作性。

首先需要明确的是，投票表决的方式始终不能放弃。同消极协商一致一样，积极协商一致的核心内涵依然是不经过投票而是通过大量充分的磋商讨论与谈判在出席会议的成员国之间达成共识，这种强调平等民主参与的方式同样会不可避免地产生效率问题，而投票表决的方式在一定程度上可以弥补效率上的缺陷。此外，尽管WTO发展至今投票表决只是一种理论上的权利，在谈判实践中很少作为"协商一致"原则的补充而被适用，但不可否认的是，在法律条文中规定投票表决的权利不失为一种"威慑"，为各成员国尤其是发展中成员在与发达成员利益交换的谈判过程中增加一点筹码，从而推

---

① 《马拉喀什建立世界贸易组织协定》第9条第1款规定："WTO应继续实行GATT1947所遵循的经协商一致做出决定的做法。除非另有规定，否则如无法经协商一致做出决定，则争论中的事项应通过投票决定。在部长级会议和总理事会会议上，WTO每一成员拥有一票。例如，欧洲共同体行使投票权，则其拥有的票数应与属世贸组织成员的欧洲共同体成员国的数目相等。部长级会议和总理事会的决定应以所投票数的简单多数做出，除非本协定或有关多边贸易协定另有规定。"

② 1995年11月15日，WTO总理事会通过的《关于〈WTO协定〉第9条和第12条项下决策程序的决定》规定，今后新成员加入WTO和豁免成员义务将采取协商一致的方式通过，只有在无法达成协商一致的情况下才投票表决，这相当于进一步缩小了投票表决的适用范围。

③ 傅星国：《WTO决策机制的法律与实践》，上海人民出版社2009年版，第136页。

动各成员互相妥协、让步以达成基本共识的谈判进程。因此,在适用积极协商一致的前提下,投票表决的权利必须保留下来,同时还要重新划分积极协商一致与投票表决的适用范围。

积极协商一致和投票表决两种决策方式的适用范围需要根据决策的性质来定,具体来说,WTO所有的决策事项大致可以分为三类:程序性决策、日常决策和造法性决策。其中,程序性决策往往是一些WTO内部的程序性事务,例如选举总干事和各机构的主席、缴纳会费、甄选上诉机构大法官、确定部长级会议开会的时间和地点等,并不会涉及成员国的实体性权利和义务,此类决策就可以适用效率比较高的投票表决决策方式,只要出席会议的成员国2/3多数通过即可。日常决策和造法性决策都涉及成员国的实体性权利和义务,只不过两者有些微的区别,前者并不会给成员国创设新的权利义务,如解释协定一般条款、豁免成员国义务等需要由部长级会议和总理事会经常作决定的事项;而后者则是为成员国创设了新的权利和义务,如在关税减让、市场准入、"两反一保"、投资等重要议题上制定新的规则以及对现有的重要条款进行修改等决策。由于这两类决策涉及WTO成员国自身的贸易利益和相关的优惠条件,各成员国之间必须开展大量的磋商和谈判,将决议结果对自身的不利程度尽可能降到最低,因此应该适用积极协商一致的决策方式,并且将其依然作为基本决策原则也符合WTO"成员驱动"之本质。同时,投票表决在这里仍旧要发挥补充作用,当正式的表决会议上少数意见阵营和多数意见阵营之间无法达成一致意见时,会议主席应当及时启动投票环节,避免会议议程陷入瘫痪局面。其中,创设新的权利义务的造法性决策按照出席会议成员的3/4多数通过,日常决策则按照出席会议成员的2/3多数通过。此外,为了保证有足够的成员参与投票,各决策的表决会议应该允许无法出席的成员国通过书面投票或视频投票的方式来参与决策,视为出席了会议。

综上所述,我们即可以看到,类似美国利用"协商一致"决策原则来阻挠上诉机构大法官甄选程序启动的问题就可以迎刃而解了。根据决策性质,上诉机构大法官的甄选和任命属于程序性决策,由出席争端解决机构例会的成员进行投票表决,无法出席的成员可以通过书面投票或视频投票的方式来参与决策,只要有2/3多数投票通过即可,并不需要经过各成员在正式会议上达成积极协商一致,从而可以有效粉碎"少数人的暴政",避免WTO上诉机构陷入停摆的僵局。

(三) 提升发展中成员方的参与度与议事能力

在完善与强化"特殊与差别待遇"规则的同时，改造"绿屋会议"为"玻璃屋会议"，以提升其透明度，并着力打造"红屋会议""黄屋会议"乃至"灰屋会议"等，使更多的发展中国家能够参与到不同范围、不同议题的协商与谈判中来，大大提升其话语权和参与度。当然，为发展中国家尤其是极不发达国家提供资金和技术援助也是必不可少的。

众所周知，特殊与差别待遇（Special and Differential Treatment，简称SDT规则）是WTO各协议规定的在经贸往来过程中由发达国家提供给发展中国家的特殊优惠待遇。但因规则分散，条款措辞模糊不清，缺乏执行力和约束力，实践中SDT规则的实施几乎形同虚设。要改变这种现状必须完善与强化SDT规则，如达成《特殊与差别待遇框架协定》，对SDT规则条款进行集中规范，并强化其约束力与可操作性，提升"贸易与发展委员会"的职能，监督SDT规则的落实，压缩发达国家对SDT规则条款任意解释的空间，从而大大提高SDT规则在实践中的约束力与执行力，为发展中国家的经贸往来营造更加公平合理的国际环境，同时吸引发展中国家参与多边协商和谈判的积极性。

为了提高"协商一致"的决策效率，"绿屋会议"具有其积极意义，但其不透明、不民主的做法饱受诟病，尤其是使被排除在外的发展中国家产生强烈不满。因此，改造"绿屋会议"为"玻璃屋会议"，增强其透明度，增设发展中成员席位及选取具有广泛代表性的成员等成为必要的改革措施。同时，还可以考虑打造具有不同诉求、不同范围及不同议题的多边联席会议，使发展中成员方能够更充分地参与到多边协商机制中来，提升其参与度和话语权。

此外，受自身财力、技术及资金的影响，发展中成员方参与多边协商机制的能力也受到极大约束。为发展中成员方尤其是极不发达成员方提供资金及技术援助也是必不可少的，建立专门的"WTO服务与援助中心"是可以考虑的较佳方案。

五、结论

自WTO成立后的二十余年里，WTO争端解决机制在解决各国贸易纠纷上发挥了至关重要的作用，为各国经贸往来提供了保障和支撑，被誉为WTO

"皇冠上的明珠"。① 目前，这颗"皇冠上的明珠"不仅蒙尘，还正处于摇摇欲坠的危险之中：美国特朗普政府为了实现本国经济利益最大化，利用 WTO"协商一致"决策原则赋予的否决权长期对争端解决机制中重要组成部分——上诉机构大法官的甄选程序进行阻挠，使上诉机构濒临乃至最终陷入"停摆"危机。美国政府不仅没有合理行使其权利，还发动了一场"少数人暴政"，侵害了其他成员国以及 WTO 的权益。诚然，美国的行为值得我们谴责，但从 WTO 自身的角度来看，"协商一致"决策原则的缺陷也不容小觑，需要我们加以改革完善。值此 WTO 改革呼声频起，各方试图重启 WTO 上诉机制之际，本文对症下药，尝试为目前 WTO 上诉机构的困境寻找合理的出路——根据决策的性质适用不同的决策方式，程序性决策直接适用投票表决方式，日常决策和造法性决策优先适用积极协商一致的表决方式，形成以积极协商一致为主、投票表决为辅的决策原则，既能在最大程度上为发达成员方和发展中成员方提供平等参与决策的机会，又能适当提高 WTO 各项决议事项的效率，不失为帮助 WTO 上诉机构摆脱和预防"少数人暴政"的一剂良药。更为重要和有意义的是，这样的改革机制，将杜绝未来类似事件的再度发生或刻意模仿，有利于 WTO 的长远运行和进一步发展。

参 考 文 献

1. 著作类

[1] [法] 阿历克西·德·托克维尔. 论美国的民主 [M]. 董果良，译，北京：商务印书馆，1995.

[2] 傅星国. WTO 决策机制的法律与实践 [M]. 上海：上海人民出版社，2009.

[3] 周跃雪. WTO 决策机制法律问题研究 [M]. 北京：法律出版社，2016.

[4] [俄罗斯] 列宁. 中共中央马克思恩格斯列宁斯大林著作编译局编：《列宁选集》[M]. 北京：人民出版社，1995.

[5] Bernard Hoekman, Michel Kostecki. "The political economy of the world trading system：the WTO and beyond" [M]. New York：Oxford University

---

① World Trade Organization："20 Years of the WTO：A Retrospective", available on – line at https://www. wto. org/english/res_e/booksp_e/20years_wto_e. pdf, pp. 76 – 85, 最后访问日期：2020 年 8 月 13 日。

press，2001.

2. 期刊类

［1］孔庆江. 一个解决 WTO 上诉机构僵局的设想［J］. 清华法学，2019，13（4）.

［2］朱绵茂，陈卫东，陈咏梅，等［J］. WTO 改革的中国学者方案笔谈. 南海法学，2019（1）.

［3］Decision – Making Procedures under Articles IX and XII of the WTO Agreement – Statement by the Chairman – As Agreed by the General Council on 15 November 1995，WT/L/93.

［4］Bellmann C，Hepburn J，Wilke M："The Challenges Facing the Multilateral Trading System in Addressing Global Public Policy Objectives"，In Carbonnier G eds. *International Development Policy*：*Aid*，*Emerging Economies and Global Policies*，2012.

［5］余锋. WTO 表决制度论：民主的视角. 厦门大学法律评论［J］. 2007 年 12 月.

3. 网址及其他

［1］冯迪凡. 美国造成上诉机构僵局，再遭 WTO 总干事"不点名批评". 第一财经，https：//www. yicai. com/news/5421152. html.

［2］WTO Trade Organization："Appellate Body Members"，available on – line at https：//www. wto. org/english/tratop_e/dispu_e/ab_members_descrp_e. htm.

［3］冯迪凡. 阻碍程序还倒打一耙，美国在 WTO 又跟所有人干了一仗. 第一财经，https：//www. yicai. com/news/5433840. html.

［4］Patrick Low. "WTO Decision – making for the future"，*WTO Staff Working Paper*，NO. ERSD – 2011 – 05，available on – line at https：//www. wto. org/english/res_e/reser_e/ersd201105_e. htm.

［5］The White House. "National Security Strategy of the United States of America"，available on – line at https：//www. whitehouse. gov/wp – content/uploads/2017/12/NSS – Final – 12 – 18 – 2017 – 0905 – 2. pdf.

［6］South Centre. "Comparative Assessment of Developing Country Participation in the Governance of Global Economic Institutions"，available on – line at https：//www. g24. org/wp – content/uploads/2016/01/COMPARATIVE – ASSESSMENT –

OF – DEVELOPING. pdf.

［7］ Amrita Narlikar. "WTO Decision – Making and Developing Countries", available on – line at https：//www. iatp. org/documents/wto – decision – making – and – developing – countries.

［8］ World Trade Organization. "20 Years of the WTO：A Retrospective", available on – line at https：//www. wto. org/english/res_e/booksp_e/20years_wto_e. pdf.

效果原则的域外实践及我国应用

韩婧颖*

摘要：效果原则管辖权发轫于1927年"荷花号"案，后被美国法院借用以管辖对本国或本国市场产生直接、实质和可预见影响的案件，大多数国家视之为美国实现霸权主义的工具而予以抵制，但随着国家间经济联系的日益密切，美国、欧盟等众多国家的判例或法律条文表明，效果原则在反垄断法领域成为一种正在形成的一般法律原则。近年来，效果原则在各国刑事领域的适用也逐渐增多，尤其体现在跨国犯罪、网络犯罪领域。在国际刑法层面，国际刑事法院在缅甸情势、巴勒斯坦情势中的裁决也均体现出自身属地管辖权扩张的趋势。面对日益复杂的国际形势，《中华人民共和国反垄断法》《中华人民共和国证券法》以及《中华人民共和国刑法》均为适用效果原则提供了立法依据，应利用好我国法律工具箱中的资源，更好地维护我国国家安全和公民的合法权益。

关键词：效果原则；域外适用；反垄断法；证券法；刑法

Abstract: Effect doctrine originated in 1927 Lotus case. Then, the U.S. courts employed it to judge cases which cause direct, substantial and foreseeable effect to its territory or market. Because of this, most countries regarded it as a tool of U.S. hegemony. However, as economic ties between countries grow closer, effect doctrine has become an emerging general principle of law in antitrust law. In recent years, the application of effect doctrine in criminal field has been gradually increasing, especially in transnational crimes and cyber crimes. In international criminal law, the decisions of the International Criminal Court in the Myanmar and Palestine situations have also shown the trend of expanding its territorial jurisdiction. Encountered with the increasingly complex international situation, China's Anti－Monopoly Law, Securities Law and Criminal Law all

---

* 韩婧颖，北京师范大学刑事法律科学研究院2021级硕士研究生。

provide legal basis for the application of effect doctrine, and the resources in China's legal toolbox should be utilized to better protect our national security, the legitimate rights and interests of citizens.

Key Words: Effect Doctrine; Extraterritorial Application; Anti – monopoly Law; Securities Law; Criminal Law

一、问题的提出

根据传统国际法原则，一国国内法具有属地性，主权国家仅在其领域范围内享有立法管辖权、执法管辖权与司法管辖权。1927 年，"荷花号"案[①]突破了国家属地管辖权的严格限制，允许基本的属地原则有主观属地管辖与客观属地管辖之分，二者分别以行为发生地和结果发生地作为管辖依据，前者允许对在国家领域内开始而不在那里完成的罪行有管辖权，后者允许对在国家领域内完成而不在那里开始的罪行有管辖权。[②] 至于以影响作为域外管辖依据的效果原则（Effect Doctrine）则是美国基于该案更进一步扩张属地管辖权的产物，指一个国家可以对在境外发生，但对境内产生严重影响的案件主张管辖权，[③] 而不要求犯罪构成要件之一发生在该国领土上。[④]

效果原则使得美国法院可以将外国人在境外实施的，即便在境外是合法、甚至是受到鼓励的行为，只要对美国境内产生了直接、实质和可合理预见（Direct, Substantial and Foreseeable）的影响，该人便应依据美国法承担法律责任。因此，效果原则从诞生之初便饱受争议。支持者认为，在国际法项下，国家行使管辖权最重要的限制是在国内领土和境外发生的事实之间建立合理联系（reasonable link）或实质紧密联系（Sufficiently Close Contact），[⑤] 效果原则具有严格的限制条件，必须在具有合理联系的基础上，达到直接、实质

---

① The Lotus Case, France v. Turkey, PCIJ Res Ser. A, No. 10 (1927).

② ［英］詹宁斯，瓦茨修订：《奥本海国际法》（第一分册），王铁崖、陈公绰等译，中国大百科全书出版社 1995 年版，第 329 页。

③ Michail Vagias *The Territorial Jurisdiction of the International Criminal Court*, Cambridge University Press, Cambridge, 2014, p. 24.

④ 2006 年联合国国际法委员会第五十八届会议通过《国际法委员会会议工作报告》附件 E. 域外管辖权，第 281 页。

⑤ F. A. Mann, *The Doctrine of Jurisdiction in International Law*, 111 Recueil des Cours, 1964 I, p. 43.

和可合理预见三个标准时才可以行使,① 并不会过度威胁到国家主权;此外,效果原则是属地管辖权的一个方面,② 适应全球化背景下针对跨国企业反竞争行为的规制要求,弥补了现有国际法管辖权原则的不足。③ 反对者认为,主权国家必须尊重其领土以外其他主权国家的权利,不得将本国立法适用于外国人在本国领土之外所为的行为,④ 否则会导致严重的管辖权抵牾和法律冲突,⑤ 效果原则实质是将一国的经济和政治价值输出到其他国家。⑥

近年来,美国频繁以"影响"为连接点,对涉中国事项行使效果原则管辖权。疫情冲击下,美国国内民众的排外反华情绪进一步高涨,为转移国内矛盾,可以预见,美国政府极有可能针对中国延续之前的打压策略,对我国的公民、企业采取更严厉的制裁或处罚。因此,明晰效果原则的概念及其实践应用,吸收域外经验建立自身的域外法治体系对我国应对外部风险具有重要意义。本文首先,梳理了效果原则在反垄断法领域的历史演变和各主要国家的实践;其次,指出了效果原则在各国国内刑法和国际刑法中应用逐渐增多的趋势;最后,从我国管辖权立法层面而言,《中华人民共和国反垄断法》《中华人民共和国证券法》及《中华人民共和国刑法》均为依据效果原则对境外行为管辖提供了可能性,为应对反干涉、反制裁和反长臂管辖等提供了重要的法治保障,我国应在执法和司法层面利用好这些法律法规,更好地维护我国国家安全和公民的合法权益。

二、效果原则的历史演变

美国是国际社会上第一个制定并真正执行反垄断法的国家,分别于1890年和1914年制定了《谢尔曼法》(Sherman Act)、《克莱顿法》(Clayton Act)及《联邦贸易委员会法》(Federal Trade Commission Act),统称《反托拉斯法》,构成美国反垄断法领域的基本框架。作为反垄断法领域的始祖,美国的反垄断立法和执法措施一直是各国借鉴和模仿的对象。从其反垄断法的发

---

① *Restatement of the Law*: *The Foreign Relations Law of the United States*, Vol. 1, 3rd Edition. http://www.kentlaw.edu/perritt/conflicts/rest403.html(last accessed 17 October 2021).
② *Restatement of the Law*: *The Foreign Relations Law of the United States*, Vol. 1, 3rd Edition, Comment d, http://www.kentlaw.edu/perritt/conflicts/rest402.html (last accessed 17 October 2021).
③ 戴龙:《反垄断法域外适用制度》,中国人民大学出版社2015年版,第63页。
④ F. A Mann, *Further Studies in International Law*, Clarendon Press, 1990, p. 5.
⑤ 王晓晔:《效果原则——美国反垄断法的域外适用》,《国际贸易》2002年第1期。
⑥ Stanford, *The Application of the Sherman Act to Conduct Outside the United States: A View from Abroad*, Cornell International Law Journal, 1978.

展历史可以看出，最初美国在反垄断法领域秉持严格属地主义的限制，直至 1945 年美国法院正式确立效果原则，将反垄断法的适用范围扩展至美国境外。即便如此，美国法项下依据效果原则行使管辖权并非毫无规则可言，国际礼让、合理原则（Rule of Reason）、平衡测试（Balancing Test）都曾对效果原则起到限制作用。

在国际社会中，最初效果原则的提出与适用遭到众多国家的极力反对，并引发了外交抗议、国际争论和一致批判。英国是效果原则最激烈的反对者之一，[①] 1964 年，通过了《航运合同和商业文件法》（Shipping Contract and Commercial Documents Act），授权部分政府机构禁止任何个人对可能损害英国管辖权的外国法院或权力机关做出回应。此后，又于 1980 年颁布了《贸易利益保护法》（Protection of Trading Interests Act），规定在外国反垄断诉讼中被罚支付损害赔偿金的被告企业具有向胜诉方索要超额赔偿金的权利。除英国外，澳大利亚、[②] 法国、[③] 加拿大[④]等国家也纷纷立法，抵制外国反垄断法的域外适用。然而，各国对于美国反垄断法域外适用的指责和自身阻断法规的建立也未能完全阻挡效果原则管辖权。实际上，各国在批判美国的同时，也不约而同地建立起自身的反垄断法域外管辖体系，散见于各国判例或立法文件中的效果原则，逐渐成为一种正在形成的一般法律原则。

（一）效果原则在美国的创立及发展

在管辖权问题上，根据美国成文法，效果原则适用于对美国产生直接、实质和可合理预见影响的境外商业行为。[⑤] 在判例法中，1911 年美国国内便出现效果原则的雏形，如法官在 Strassheim 案[⑥]的判决便称，各州有权惩治在自己管辖领域之外但意图或已经对本管辖领域产生损害影响的行为。直至 1945 年，美国联邦第二巡回上诉法院在"美国诉加拿大铝业公司案"[⑦] 中正式确立效果原则，彻底打破了自 1909 年"美国香蕉公司诉联合水果公司案"[⑧] 以来秉持严格属地主义原则的先例。在"铝业公司案"中，美国指控

[①] J. Philip Rosen, *The Protection of Trading Interests Act*, International Lawyer, p. 217.
[②] *Foreign Antitrust Judgements（Restriction of Enforcement）Act*（1979）.
[③] *Law No. 80 – 538*（1980）.
[④] *Foreign Extraterritorial Measures Act* 1985.
[⑤] *Foreign Trade Antitrust Improvements Act* 15 U. S. C. §6a.
[⑥] *Strassheim v. Daily*, 221 U. S. 280（1911）.
[⑦] *United States v. Aluminium Co. of America*, 148F. 2d, 416（2d Cir. 1945）.
[⑧] *American Banana Co. v. United Fruit Co*, 213 U. S. 347（1909）.

加拿大铝业有限公司加入了在美国境外订立的由英国、法国、瑞士等国签订的铝业出口价格协议,产生了限制美国铝业生产和出口的效果,影响到美国的商业市场,主张《谢尔曼法》第一条具有域外效力。汉德(Hand)法官强调,如果外国企业在美国境外订立的协议,意图影响并实际上影响了美国的商业贸易,那么法院就可以适用美国反垄断法。① 该案中对于是否适用效果原则的判断依据为"意图影响"(Intent - Effects)标准,即在适用《谢尔曼法》时,必须同时存在对美国进出口贸易的意图和实际效果。此后,效果原则在美国很快得到广泛认可,1987 年《美国对外关系法重述(第 3 版)》第 402 条第 1 款第 3 项规定:"美国对发生在境外的行为具有管辖权,只要其意图或已经对境内产生实质性影响。"在"意图影响"标准中,效果原则适用的条件是"意图"和"实质影响",在该法中只需"意图"或"实质影响",效果原则的适用范围进一步扩大。

美国法项下效果原则管辖权的行使由法院自行决定,面对国际社会的质疑,法院试图通过权衡其他国家的利益和美国利益,表明自身对其他国家主权的尊重,在一系列判例中对效果原则的适用做出了不同的限制。

1. 国际礼让

国际礼让指一国依据国内法对境外行为进行管辖时,要充分考虑该行为涉及的其他主权国家的利益。1976 年,"Timberlane 诉美洲银行案"对域外管辖权与国际礼让的关系有过详细论述,体现了对效果原则的限制。② 在该案中,总部位于美国的 Timberlane 公司与位于洪都拉斯的子公司意图收购洪都拉斯的 Lima 公司,以扩大美国的木材进口来源。由于 Lima 公司陷入经营困难,当地工会主张对 Lima 公司的财产享有优先受偿权,债权人美洲银行也欲对其财产进行拍卖;Timberlane 公司为此在美国提起反垄断和侵权之诉,声称他们共谋阻止 Timberlane 公司从洪都拉斯出口木材到美国。法院认为,在反垄断案件中行使域外管辖权的考量要素包括行为的种类、行为人的主观意图以及该行为对美国商业产生的影响;与此同时,也不能忽视国际礼让和公平公正。③ 不顾其他国家利益而径直采用效果原则是不完善的,在决定是否行使域外管辖权时应权衡当事双方对于美国商业市场的影响程度以及与该案有关的其他国家的利益。④ 鉴于洪都拉斯商业所受影响远大于美国,法院

---

① *United States v. Aluminium Co. of America*, 148 F. 2d, 416, 443 (2d Cir. 1945).
② J. Philip Rosen, *The Protection of Trading Interests Act*, International Lawyer, p. 218.
③ *Timberlane Lumber Co. v. Bank of America*, 749 F. 2d 1378, 1379 (1984).
④ *Timberlane Lumber Co. v. Bank of America*, 549 F. 2d 597 609 (9th Cir. 1976).

秉持国际礼让原则放弃了域外管辖，显示了法院对外国政府的尊重。

然而，在 1993 年"Hatford 火灾保险公司案"中，法院似乎又否认了国际礼让对效果原则的限制作用。在该案中，位于英国伦敦的 Hartford 再保险公司与美国国内的一些再保险公司签订了再保险协议，内容为固定国内商业责任险保险单的承保范围。Hatford 公司认为，与美国再保险公司签订的协议完全符合英国的法律和政策。基于国际礼让原则，美国法院并不享有管辖权。地区法院同样依据国际礼让原则以不具有管辖权为由驳回该案。美国最高法院则认为，国际礼让只有在两种特殊情况下才会阻碍域外管辖权的行使：一是，外国主权国家的法律要求被告以不符合《谢尔曼法》的方式从事商业活动；二是，美国法与被告人本国法存在法律冲突。本案不属于上述任何一种情形，鉴于英国再保险公司与国内公司的非法串通已经对美国保险市场产生了实质影响，因而国际礼让原则不能阻止美国在该案中对位于境外的公司行使管辖权。① 该案判决受到广泛批评，有学者将之称为"美国反垄断法充满野心的扩张"。②

2. 合理原则

管辖权"合理原则"于 1976 年 Timberlane 案中被提出后，③ 在 Mannington 案④中再次得到应用。该案中，原告 Mannington Mill 公司与被告 Congoleum 公司均为美国企业，原告向美国新泽西州地区法院提起诉讼，主张被告在国外市场上以欺诈的方式获取专利的行为违反《谢尔曼法》，限制了美国的出口贸易，并意图垄断相关市场。法院认为，如果基于属人管辖，因为原、被告双方均为美国企业，并不存在管辖权问题，但本案涉及的是标的管辖（Subject Matter Jurisdiction），即美国企业在国外的行为是否受美国法院管辖的问题。因此，同样涉及法院能否域外管辖。与 Timberlane 案类似，法院不再简单遵循铝业公司案中的"预期影响"标准，提出了一系列的、在判断美国反垄断法是否可以域外适用应衡量的因素。从三个层面核查该案是否可予域外管辖：首先，判断该行为是否意图或已经对美国商业贸易产生影响；其次，判断原告受到的影响是否严重到致使被告承担反垄断法民事责任的程度；

---

① *Hartford Fire Ins. Co. v. California.* 509 U. S. 764, 796 (1993).

② Julian Wilson, *U. S. Exports in Antitrust: The Primacy of Economic Muscle over International Law*, 1995 INT'L LITIG NEWS 3.

③ Timberlane 案要求对涉及反垄断法域外效力的案件进行三方面分析：(a) 被诉行为是否意图或已经影响到美国贸易；(b) 被诉行为的类型和规模是否可以被认定为违反《谢尔曼法》；(c) 从国际礼让和公平原则考量，美国进行域外管辖是否具有正当性。

④ *Mannington Mills, Inc. v. Congoleum Corporation*, 595 F. 2d 1287 (1979).

最后，判断该行为与美国的利益和联系是否足够密切，对美国造成的影响是否比其他任何国家更加严重，以至于美国行使域外管辖权具有足够的正当性。

3. 平衡标准

限制效果原则的标准在美国判例法上并不完全一致。例如，在同一时期判决的 Westinghouse 案[①]中，法院既没有采取国际礼让，也没有采取管辖权合理原则。该案中，原告 Westinghouse 公司因国际市场上铀价格大幅上涨和铀供应短缺导致无法如约履行铀供应合同。原告调查后认为合同履行不能的原因是 20 家境内公司与 9 家境外公司共谋固定世界市场上铀原料的价格，导致国际卡特尔产生的有害影响发生在美国境内。[②] 因此，原告指控上述行为违反了美国反托拉斯法。英、澳等国法庭之友提出"有合理根据认为美国的效果原则并不是既定法（settled law）"，指责地区法院滥用裁量权扩大效果原则适用范围。对此，上诉法院支持地区法院的判决理由，综合考量当前多方国家和多方当事人参与诉讼的复杂性、被诉行为的严重性和违约者的主观态度，认定地区法院并没有滥用裁量权以扩大自身管辖权范围，[③] 进而可以依据《谢尔曼法》进行域外管辖。

（二）欧盟对效果原则的变通适用

从美国提出效果原则至 20 世纪 60 年代，英、法、德、澳等国均反对效果原则的适用。这些国家认为，如果国家因境外行为受到损害，正确的方式是通过两国政府寻求双边外交谈判。但是，随着时间的推移，为维护本国竞争秩序这一重大经济利益，越来越多国家的态度变得缓和，纷纷效仿美国，主张依据本国反垄断法进行域外管辖。1966 年，欧共体委员会协商会议的法律委员会便在提交的报告中称，每个国家都有权根据其法律对在其领土外达成的协议做出判决，即使双方当事人不是该国公民。[④] 2004 年发布的《竞争机构网络内合作指南》更是直接认可效果原则在反垄断法领域的适用。[⑤]

---

① In re Westinghouse Electric Corporation Uranium Contract Litigation 436 F. Supp. 990 (1977).
② In re Westinghouse Electric Corporation Uranium Contract Litigation 436 F. Supp. 990 995 (1977).
③ *Westinghouse Electric Corporation v. Rio Algom Corp*, 617 F. 2d 1248, 1256 (7ᵗʰ Cir. 1978). https://law.justia.com/cases/federal/appellate-courts/F2/617/1248/41203/(last accessed 17 October 2021).
④ Case 48/69 *Imperial Chemical Industries Ltd（ICI）v. Commission*［1972］, ECR 619.
⑤ *Commission Notice on cooperation within the Network of Competition Authorities*, OJ EU [2004] C 101/43.

在欧盟反垄断法能否域外适用的问题上，欧洲法院与欧共体委员会仅在适用依据方面存在分歧，法院并未采纳委员会直接适用效果原则的提议，而是对效果原则进行变通，提出了"同一经济体"（single economic entity）学说和"履行地测试"（Implementation Test），在一定程度上达到了直接适用效果原则的目的，而且避免了理论和实践中对效果原则合法性与合理性的无休止争论。

1. 同一经济体学说

"同一经济体"学说是欧共体针对跨国公司实施垄断行为域外管辖的依据。在1972年"帝国化工诉委员会案"① 中，位于欧共体之外的英国ICI集团与位于法国、德国、意大利的企业协同定价，导致染料价格发生了三次一致增长。当时的欧共体委员会认为，外国企业虽然没有直接在欧共体境内销售产品，但却命令他们设在欧共体当地的分支机构或子公司提高价格，基于母子公司之间的特殊关系，固定价格的行为可视为母公司在欧共体境内所为。因此，构成了《欧洲共同体条约》第85条第1款的协同定价行为，客观上影响了成员国之间的贸易，并产生了阻碍、限制或扭曲共同市场内竞争的目标或效果。此外，即使认为ICI集团的所有行为均发生在共同体境外，但是其行为造成的影响或损害发生在共同市场内，基于效果原则，欧共体也享有管辖权。② 欧洲法院没有适用委员会提出的效果原则，而是通过对共同体属地管辖权的解释，认可了"同一经济体"理论。法院认为，英国母公司持有共同体境内子公司的全部或多数股份，母公司能够对子公司在共同市场上的价格销售政策产生决定性影响，并且在三次提价中行使了这一权力。子公司具有的独立法律人格不足以排除将其行为归咎于母公司的可能性，尤其是当子公司受制于母公司的命令，不能独立在市场中做出自己的决定时。法院据此得出结论，境外母公司和境内子公司虽然经营地点不同且分别具有独立法人资格，但并没有突破它们在欧共体市场上属于同一经济体的事实。事实上，境外公司在共同体内实施了协同定价的行为，③ 欧洲法院对ICI集团的诉讼具有管辖权。在1973年的"大陆罐头公司案"④ 中，该学说再次得到运用，法院强调子公司具有独立法人人格并不能排除子公司遵守母公司指令的可能性，尤其是在子公司不能自主决定自身市场行为的情形下。

---

① Case 48/69 *Imperial Chemical Industries Ltd（ICI）v. Commission* [1972]，ECR 619.
② Ibid，ECR 629.
③ Ibid，ECR 662.
④ Case 6/72 *Europemballage Corporation and Continental Can Co Lnc v. Commission* [1972] ECR 215.

2. 履行地测试

1988 年的 Woodpulp 案①为欧共体适用竞争法进行域外管辖创造了新的理论，即"履行地测试"。该案中，欧共体委员会处罚了涉嫌在欧共体内固定商品价格的加拿大、芬兰和美国等外国企业，由于固定价格协议是在境外达成的，并且这些企业中绝大多数在欧共体内并无分公司或子公司，若严格遵循"同一经济体学说"，则法院至少需要承认委员会对部分外国企业没有管辖权，这可能会纵容非欧共体企业通过人为设定协议签订地的方式规避欧盟反垄断法，与维护欧共体内部市场竞争秩序的利益不符。欧共体委员会再一次提出效果原则，认为有关企业的固定价格协议和一致行动虽然发生在欧共体范围外，但对欧共体产生了直接、重大和故意的经济影响，在不违反国际法强制性规范的情形下，欧共体委员会有权对境外行为进行管辖。然而，法院并没有直接依效果原则做出判决；与此相反，法院认为根据《欧共体条约》第 85 条（现《欧盟职能条约》第 101 条），固定价格协议的行为有两个构成要件：一是协议的形成；二是协议的实施。② 无论是定价行为本身（协议的形成），还是以固定价格在市场上销售产品（协议的实施），都在欧共体竞争法规制范围内。因此，法院对这种行为行使管辖权体现了国际公法中普遍承认的属地原则。③ 通过"履行地测试"，欧洲法院实际上放弃了自"染料案"以来的"同一经济体学说"，从而使自己理解的属地原则实际上更加接近效果原则。④

3. 效果原则

从上述案例中可以看出，欧共体委员会与欧洲法院之间存在一定分歧，委员会倾向于直接适用效果原则，而法院对效果原则进行变通，既维护了共同市场的整体利益又避免了招致他国的激烈反对。但是，法院在适用"同一经济体"理论和"履行地测试"的同时，也并未完全摒弃效果原则。在 1999 年 Gencor 案⑤中，欧共体委员会禁止了一起发生在一家南非企业和一家英国企业通过收购另一家南非企业的共同控制权而进行的合并，所有相关公司都向欧共体出口铂金，但其合并和实施行为均不发生在欧盟内部。委员会认定

---

① Joined Cases C‑89/85, C‑104/85, C‑114/85, C‑116/85, C‑117/85 and C‑125/85 to C‑129/85, *Ahlström Osakeyhtiö et al. V. Commission* [1988], ECR I.
② Ibid, ECR I‑1411.
③ Ibid, ECR I‑1331.
④ 于馨淼：《欧盟反垄断法域外适用研究》，法律出版社 2015 年版，第 158 页。
⑤ Case T‑102/96 Gencor Ltd. v. Commission [1999], ECR Ⅱ‑759.

该起合并将导致在铂金市场上产生双寡头垄断地位，适用欧共体反垄断法是基于该合并会对共同体市场产生即时性和实质性的限制竞争效果。法院同样认为，如果可以预见涉案并购在欧共体范围内将产生直接和重大影响，那么欧共体《并购条例》的适用就是合理的。①

（三）其他国家对效果原则的吸收

全球经济一体化趋势使各国利益相互交织的程度远高于历史上的任何时代，各国不可能对发生在国外，但对本国产生严重影响的限制竞争行为坐视不理。因此，效果原则越来越频繁地出现在世界各国的判例或立法中，似乎逐渐成为一种正在形成的一般法律原则。例如，德国1998年第6次修订的《反限制竞争法》第130（2）条规定："本法案应适用于所有在本法适用领域有影响的限制竞争行为，即使这些行为源自该领域之外的行为"。此外，波兰1991年《反垄断法》第1条规定："本法旨在确立制止在波兰境内造成影响的经营者或者经营者联合体的垄断行为的基本原则和基本程序"。俄罗斯1995年《关于竞争和在商品市场中禁止垄断活动的法律》第2条第1款也明确规定："当上述主体在俄联邦领域外从事的活动或者订立的协议，可能对俄罗斯市场的竞争产生限制性或其他不利影响时，本法也将予以适用"。韩国2004年修订的《垄断规则和公平贸易法》第2条规定："即使有关行为发生在境外，若对国内市场产生影响，仍适用本法"；《孟加拉国竞争法》第19条规定："孟加拉国委员会有权调查发生在境外但对国内市场产生影响的行为"。

三、效果原则在刑事领域的扩张适用

刑事管辖权的主要依据是领土，一国不能忽视其他主权国家在国际法上的权利而任意界定刑罚权限。② 因此，效果原则最初虽是从"荷花号"案这一刑事领域的管辖权中引申而来，但当时将其应用于传统刑事领域的国家极其少见。进入21世纪以来，随着全球化的纵深发展，国家之间的联系愈发紧密，主权逐渐失去其想象出来的至高无上性，各主权国家通过扩张管辖权对域外行为适用本国法律已不仅限于反垄断法，刑法领域也有诸多体现。尤其在跨国经济犯罪、网络犯罪日益猖獗的今天，效果原则在打击犯罪、维护国

---

① Ibid, ECR Ⅱ-785.
② 刘艳红：《论刑法的网络空间效力》，《中国法学》2018年第3期。

际社会和平与稳定方面凸显出越来越重要的作用。

(一) 各国国内刑法中效果原则的适用

在传统刑事犯罪领域适用效果原则主要体现了刑法防止有罪不罚的功能。Mharapara 案①便充分体现了这一道理。该案中，被告人是津巴布韦国民，就职于在比利时进行访问的津巴布韦使团。其被指控盗窃使团钱财，由于津巴布韦法律未规定属人管辖权，盗窃罪的全部构成要件又发生在比利时境内，严格适用属地原则将造成津巴布韦无法管辖本案。法院认为，传统属地管辖随着全球化的加剧越来越不适合国际社会的现实需求，虽然犯罪发生在比利时，但基于津巴布韦感受到罪行的有害影响，法院据本案拥有属地管辖权。

在跨国经济犯罪等新兴犯罪领域，越来越多的国家基于所受的有害影响主张刑事管辖权。这既有利于保护国内受害者利益，又有利于维护国际秩序。1997 年，"美国诉日本 Nippon 公司案"② 是美国第一次依据效果原则对外国企业做出刑事制裁。起诉书指控 Nippon 公司与日本的制造商签订横向协议固定价格，以该价格向日本的贸易公司出售传真纸，并指示日本贸易公司再次以固定的价格向美国转售传真纸，对美国商业贸易造成了实质性的不利影响，因此违反了《谢尔曼法》。据此，起诉书所指控的犯罪行为全部发生在日本，而且均为日本传真纸制造商所为。Nippon 公司辩称，被控行为均发生在日本，《谢尔曼法》的刑事条款不适用于完全发生在美国境外的行为，地区法院也对《谢尔曼法》做出严格解释，以"被控罪行均发生在境外"为由驳回了起诉。上诉庭却推翻了地区法院的裁定，认为尽管被告人的行为全部发生在国外，但行为所产生的不利影响发生在美国境内，"法条构建的基本准则 (The Basic Canon of Statutory Construction)"说明对于相同法规的相同条款应做出相同解释，《谢尔曼法》无论在民事诉讼还是在刑事诉讼中均应得到统一适用，并进一步表示国际礼让并非固定的国家义务，因而不能阻却检察官对被告人提起公诉。法院首要考虑的不是领土、国际礼让这些过时的概念，而是境外行为是否对国内产生了预期中的实质性影响。

在互联网时代，全球网络互联、互通的本质使得诈骗犯罪可以轻而易举地跨越国境，犯罪所造成的效果或影响常常不局限于现实的国家领土，传统属地管辖无法解决网络犯罪不存在现实物理空间的难题。因此，效果原则可

---

① *S v. Mharapara* [1986] 1 SA 556 (Zimbabwe SC).
② *United States v. Nippon Paper Indus. Co.* 109 F. 3d 1 (1997).

以保障一国突破地域限制，对与本国产生实际影响的犯罪拥有管辖权。互联网并没有削弱国家管辖境内活动的责任和权力，允许国家对境内造成实质影响的境外行为适用本国法律成为一种国际习惯法，① 如北约制定的《塔林手册》，明确规定国家可以对其境外发生的，产生直接、实质和可预见性影响的网络活动行使效果原则管辖权。② 德国、③ 法国、④ 意大利、⑤ 加拿大⑥和澳大利亚⑦等国家，也都曾对跨国诽谤、散播色情信息和宣扬极端暴力言论做出过刑事处罚。其中，法国 Yahoo! 案的裁决最具典型意义。Yahoo! 总部位于美国并依据美国法律提供网络服务，目标人群定位为使用英语的美国居民，其与法国的 Yahoo! 公司不具有附属关系，二者共同被指控在法国可以公开访问的拍卖网站上销售纳粹纪念品。这样的行为虽违反了法国刑法，但受到美国宪法第一修正案的保护。据此，Yahoo! 辩称拍卖行为发生在美国，法国不能行使管辖权，其合作创办人 Jerry Yang 也曾在新闻发布会上声称"法国法院不能要求美国的公司做任何事情"。⑧ 法院则认为，主权国家能够在其境内决定何种言论和行为是合法的，本案中被告人的行为导致有害影响发生在法国境内，因此可以适用法国法。

（二）国际刑法中属地管辖权扩张的趋势

随着国际刑事犯罪的大量产生，传统的属地管辖将管辖权严格限制在一国领土范围内，致使众多犯罪嫌疑人躲在国家主权的庇护下未受惩罚。为解决这一难题，国际刑法中的属地管辖权也体现出了扩张的趋势。例如，在国际刑事法院（International Criminal Court）所审理的情势中，法庭对于缅甸/孟加拉国情势的管辖权裁决引起了国内外学者的较大争论，争论焦点是法院是否能够未经非缔约国同意便对其境内发生的犯罪行使管辖权。

国际刑事法院是历史上第一个以惩治国际社会最严重罪行为宗旨的独立

---

① Jack L. Goldsmith, Against Cyberanarchy, 65 U. CHI. L. REV. 1199, 1208 (1998).

② ［美］迈克尔·施密特：《网络行动国际法塔林手册2.0版本》，黄志雄等译，社会科学文献出版社2017年版，第97－98页。

③ BGH 46, 212, Urteil vom 12.12.2000.

④ *Yahoo!, Inc. v. La Ligue Contre Le Racisme et L'Antisemitisme*, 169 F. Supp. 2d 1181 (2001).

⑤ Moshe D., Italy. Cass., closed session, Nov. 17 - Dec. 27, 2000, Judgment No. 4741.

⑥ Bangoura v. Washington Post, Decision of Jan. 27, 2004, available at https://www.ontariocourts.ca/decisions/2005/september/C41379.htm. (last accessed 17 October 2021).

⑦ *Dow Jones & Company Inc v. Gutnick* [2002] HCA 56.

⑧ Edouard Launet, "La justice française est très naïve," Libération, 16 juin 2000. http://www.liberation.fr/multi/actu/20000612/20000616venzc.html (last accessed 17 October 2021).

常设性国际刑事审判机构。根据《罗马规约》，除联合国安理会将某种情势提交给检察官或非缔约国声明自愿接受管辖外，法院仅可在两种情况下行使属地管辖权：第一，有关行为发生在缔约国领土上或有关犯罪发生在缔约国船舶或飞行器上；第二，被告人是缔约国国民。① 但是，在缅甸/孟加拉国情势中，只有孟加拉国是缔约国，缅甸并非《罗马规约》缔约国且强烈反对法院对于缅甸情势的管辖权。该情势未被联合国安理会提交至国际刑事法院，也没有任何缔约国国民参与到清剿行动中。因此，领土成为法院唯一可行的管辖权来源。然而，《罗马规约》并未解决"发生有关行为"的"领土"是否可能涵盖犯罪发生的多个国家的领土，即是否可能包括非缔约国领土。预审分庭认为，对这一问题的回答，应综合适用《维也纳条约法公约》的解释方法进行解读。

预审分庭首先指出，与"强行迁移"不同，"驱逐"必然涉及通过胁迫等强制人员跨越国际边界的行为。因此，驱逐出境本质上具有跨境因素，即驱逐罪至少有一个要素发生在缔约国孟加拉国领土上。其次，根据体系解释，对《罗马规约》第12（2）（a）条的解释，应结合上下文相邻条款。该条在提及国家领土时使用了"行为"一词，提及船舶飞行器时使用了"犯罪"一词，即使"行为"一词在《罗马规约》的不同上下文中可能有不同的含义，但在同一条款中的含义应该是相同的。否则若赋予这些同一条款中的相同术语不同的含义，将会导致法庭对发生在陆地和发生在海洋或天空中的同一犯罪具有不同的管辖权。另外，作为《罗马规约》第12（2）（a）条的大前提，第13条第1款或第3款使用的术语是"情势"或"犯罪"，因此将"行为"与"情势"或"犯罪"进行联系，行为效果也能表示"情势"或"犯罪"已经发生，属于其中的一部分。最后，结合国际刑事法院"致力于惩治国际社会中最严重犯罪并防止罪犯免罚"的宗旨，将"行为结果"纳入"有关行为"与《罗马规约》宗旨相符。② 除上述解释外，法庭另指出，截至2018年，超过67万的罗兴亚难民在孟加拉国寻求庇护，难民的大量涌入在孟加拉国造成严重的人道主义危机，③ 在缔约国的领土上造成了严重的经济和社会影响。孟加拉国已是世界上人口最稠密的地区之一，法庭借此暗示即

---

① 《罗马规约》第12（2）（a）条。

② *Decision on the "Prosecution's Request for a Ruling on Jurisdiction under Article 19（3）of the Statute"*, ICC-RoC46（3）-01/18, 6 September 2018, p. 52-73.

③ *Prosecution's Request for a Ruling on Jurisdiction under Article 19（3）of the Statute*, ICC-RoC46（3）-01/18-1, 9 April 2018, p. 11.

使犯罪要素在其领土上不存在,驱逐出境的影响在缔约国孟加拉国确实体现了出来。①

在2009年国际刑事法院《罗马规约》缔约国大会上,曾有代表提议将第12(2)(a)条属地管辖权解释为"行为或结果有一项发生在缔约国领土内,法院便可行使管辖权"。② 另有代表提议"若行为发生在缔约国境内或能够感受到犯罪结果影响的国家是缔约国,法院可行使属地管辖权"。③ 上述提议虽当时因多数代表的反对最终未被法院采纳,但目前缅甸情势的裁决已经体现出法院扩张自身属地管辖权的趋势,并可能会对国际刑事法院在其他类似情况下可能采取的做法产生重大影响。这明显体现在2021年巴勒斯坦情势的裁决中。预审分庭宣布国际刑事法院可以对非缔约国以色列自1967年以来占领的领土,包括约旦河西岸、加沙和东耶路撒冷行使管辖权,以调查潜在的战争罪。④ 在安理会难以有效介入的情形下,国际刑事法院扩张属地管辖权会造成何种影响,目前还尚未明朗。

四、我国国内法通过效果原则域外适用之进路

"国家的域外管辖权是国内法域外适用的前提和基础"。⑤ 只有具备合理的管辖权基础,适用一国国内法对发生在境外行为进行管辖才具有正当性。在"荷花号"案中,国际常设法院针对国家管辖权的边界做出了一段经典论述,即"国家不能在他国领土内行使管辖权。除非国际法对此有明确规定……但这并不意味着国家不能在本国领土内对发生在本国领土外的行为进行管辖,除非存在国际法上的禁止性规则……然而国际法只是在少数领域存在这种禁止性规则,其他情况下,国家有权自行决定是否管辖。"⑥ 这意味着除非存在国际法上的禁止性规范,否则主权国家享有并有权行使域外刑事管

---

① Tanushree Nigam, *Basis and Implications of the ICC's Ruling Against Myanmar*, https://www.publicinternationallawandpolicygroup.org/lawyering - justice - blog/2020/5/22/basis - and - implications - of - the - iccs - ruling - against - myanmar,(last accessed 17 October 2021)

② ICC Assembly of States Parties, *Report of the Special Working Group on the Crime of Aggression*, ICC - ASP/7/SWGCA/2, 7th Session of the Assembly of States Parties (Second Resumption) (9 - 13 February 2009), p. 38.

③ Ibid, para. 12.

④ Decision on the "*Prosecution request pursuant to article 19 (3) for a ruling on the Court's territorial jurisdiction in Palestine*", No. ICC - 01/18, 5 February 2021.

⑤ 廖诗评:《国内法域外适用及其应对——以美国法域外适用措施为例》,《环球法律评论》2019年第3期。

⑥ The Lotus Case, France v. Turkey, PCIJ Res Ser. A, No. 10 (1927), pp. 18 - 19.

辖权。从理论而言，在遵守国际法规的前提下，一国有权以任何方式制定自身的管辖权规则，只是由于被管辖对象位于本国领土之外，域外刑事管辖权的行使受到诸多限制。

若没有立法管辖权，则无法产生执行、司法管辖权。在我国的法律体系中，明确规定效果原则管辖权的只有《中华人民共和国反垄断法》与《中华人民共和国证券法》。《中华人民共和国反垄断法》第2条后半句规定："中华人民共和国境外的垄断行为，对境内市场竞争产生排除、限制影响的，适用本法"，该条明确将《中华人民共和国反垄断法》适用于境外垄断行为的条件界定为"对我国市场竞争产生排除、限制影响"，赋予了我国反垄断执法机构及法院在特定情形下管辖域外反垄断案件的权力。在"华为公司与美国交互数字集团垄断侵权争议案"①中，法院认定，交互数字集团对华为的标准必要专利授权许可行为，直接对华为等企业在中国境内的生产活动、出口机会以及出口贸易产生重大、实质和可合理预见的影响，因此受我国反垄断法约束。该案是《中华人民共和国反垄断法》依据效果原则域外适用的典型案例，为今后类似案件的审理发挥了裁判指导作用。2020年，新《中华人民共和国证券法》的修订增加了对境外发行和交易活动的监管条款，明确了《中华人民共和国证券法》的域外适用效力，第二条规定："在中华人民共和国境外的证券发行和交易活动，扰乱中华人民共和国境内市场秩序，损害境内投资者合法权益的，依照本法有关规定处理并追究法律责任"。这意味着新《中华人民共和国证券法》以行为的影响效果为导向，如果证券交易欺诈行为对我国证券市场或投资者造成损害，即使该欺诈行为发生在我国境外，我国证券法律同样可以适用于该项非法交易行为，法院有权对该行为行使管辖权。

在刑法领域，《中华人民共和国刑法》第六条第三款明确规定了客观属地管辖。有学者认为，"荷花号"案的判决表明法院意图从客观属地管辖中合理推导出效果原则。② 也有学者将犯罪效果视为犯罪行为结果的组成部分，认为效果原则属于客观属地管辖的延伸适用。③ 我国台湾学者也持有类似观点，认为"所谓'结果'系指犯罪行为所导致之法益侵害状态或所引起之外

---

① 广东省高级人民法院（2013）粤高法民三终字第306号民事判决书。
② Jones Sufrin, *EU Competition Law*, 4th ed, Oxford University Press 2011, p. 1239.
③ 王铁崖：《国际法》，法律出版社1995年版，第127页；Bernard Oxman "Jurisdiction of States" in R Wolfrum（ed）*The Max Planck Encyclopedia of Public International Law*（Oxford University Press, Oxford, 2012）vol 6 546, p. 23.

界影响。"① 从这一角度而言，可将犯罪结果所造成的"影响"涵盖于犯罪"结果"范围之内，故效果原则的适用便有了可行性。依上述观点，结合美国 Nippon 案和法国 Yahoo！案的司法实践，从刑事管辖权角度，在非传统刑事犯罪领域，至少在跨国经济犯罪和网络犯罪中，如果境外行为对我国产生不利影响，对我国经济利益造成严重破坏，那么我国出于维护本国市场秩序和重大经济利益的目的，主张依据效果原则行使域外管辖权，追究相关企业和个人的刑事责任便具有了可行性。

五、结语

通过梳理效果原则诞生与发展的过程，可以发现它适应了全球化背景下国家与国家之间交往联系日益密切的要求，是属地管辖的最新发展，在反垄断法领域业已成为一项正在形成中的一般法律原则，目前在刑法领域也时有应用。各国国内司法实践和国际司法实践表明通过效果原则实现本国法的域外适用，并非是霸权主义的体现，而是弥补了现有国际法管辖权原则的不足，在一定程度上有利于惩治犯罪，维护国家合法利益。因此，我国应积极借鉴国际法中管辖权发展的最新成果，完善国内法域外适用体系，引领相关国际法规则朝着建设开放型世界经济与人类命运共同体的方向发展。

---

① 李维宗：《网络犯罪之审判权与管辖权》，台湾地区《军法专刊》2013 年第 59 卷第 1 期。

欧盟《阻断法令》应对美国经济制裁的评析及对中国的启示

左 思[*]

摘要： 美国总统特朗普执政后，美国开始频繁地适用经济制裁措施解决国际问题并将其作为推行美国外交政策的一项重要工具。这种滥用域外管辖权的行为严重威胁国际贸易自由和以主权平等为基础的国际秩序，引发了各国的关注与反对。2018 年，欧盟更新《阻断法令》用来反制美国对伊朗和古巴新一轮经济制裁。该法令不仅禁止在欧盟管辖权范围内适用、遵守或执行具有域外效力的美国法律法规，同时增加了欧盟同美国进行磋商谈判的政治筹码，迫使美国做出一定的妥协与豁免，为欧盟及其运营商提供必要的保护救济。中国与众多受美制裁的国家保持着良好的政治与经贸的合作关系，自身更是面临美国经济制裁的严重威胁与妨害。当务之急，如何有效反制美国对外经济制裁扩张态势，构建自身的反制裁法体系值得思考。本文研究欧盟《阻断法令》的核心制度、实践效果以及反制经验与教训可以为中国完善阻断立法、保障企业与个人的合法权益提供借鉴与参考，极具现实价值。

关键词： 欧盟；阻断法令；经济制裁；域外管辖

引言

特朗普执政后一直积极倡导"美国利益优先"原则，频繁且严苛地采取经济制裁措施解决国际问题。在 2020 年新冠肺炎疫情肆虐全球，各国经济亟待复苏之际，美国却加强对特定国家适用经济制裁措施的节奏，将其作为推行美国外交政策的一项战略武器，这无疑给世界各国尤其是中国带来前所未有的影响与挑战。

值得注意的是，美国对目标方和第三国采取经济制裁，呈现出以贯彻执行联合国安理会制裁决议为旗号的特点，看似为美国将单边制裁转化为多边

---

[*] 左思，法学博士，华北电力大学讲师。

行动披上合法性外衣，实则严重威胁国际贸易自由和以主权平等为基础的国际秩序。① 美国这种滥用域外管辖权的行为遭到了欧盟在内的世界重要经济体的强烈反对。2018 年 6 月 6 日，欧盟更新了《阻断法令》（Commission Delegated Regulation（EU）2018/1100）。并于 8 月 3 日和 7 日相继出台了《阻断法令实施条例》（以下简称《实施条例》Commission Implementing Regulation（EU）2018/1101）；《指南——关于更新阻断法令的问与答》（以下简称《指南问答》Guidance Note：Questions and Answers：adoption of update of the Blocking Statute（2018/C 277 I/03）），试图通过采取法律手段阻断美国有域外效力的制裁法律法规在欧盟境内的效力与执行。

欧盟《阻断法令》目前适用于反制美国对伊朗、古巴的部分经济制裁，尽管在实践中还存在不足，但的确对欧洲运营商（EU operators）② 起到了重要的保护作用，减轻了美国经济制裁（包括初级制裁与次级制裁）的新一轮冲击，并间接影响美国经济制裁政策在欧盟境内的实施。反观中国，作为与欧盟同样的世界重要经济体，更是美国经济制裁政策的共同受害者，更是与众多受美国经济制裁的国家保持着良好的政治与经贸的合作关系，却尚未制定抵御美国经济制裁的国内阻断法（Blocking Status）。尤其是美国已宣布于 2020 年 9 月 21 日起全面恢复对伊朗的制裁③，势必大量的中方企业及自然人将面临制裁与妨害。此严峻局势下，研究欧盟应对美国经济制裁的反制实践

---

① 以对伊朗制裁为例：2018 年 5 月 8 日，美国政府单方面宣布退出伊核协议，而伊核协议是 2015 年 7 月，伊朗与美国、英国、法国、俄罗斯、中国、德国和欧盟签署的《联合国全面行动计划》（Joint Comprehensive Plan of Action，缩写为 JCPOA），涵盖了全面解决伊核问题的几乎所有关键领域。2015 年 7 月 20 日，联合国安理会一致表决通过了第 2133 号决议，对该协议表示赞同与支持，同时要求国际原子能机构对伊朗的落实协议情况开展核查与检测，并考虑逐步取消对伊朗核项目相关的所有国际制裁措施。美国单边退出后却于 2020 年 9 月 19 日宣布，自己将根据安理会第 2231 号决议中的"快速恢复制裁机制"，重新恢复实施联合国对伊朗的制裁措施，并誓言如果俄罗斯和中国向伊朗出售武器，美国将以违反联合国安理会的决定为由对俄中两国采取制裁措施。这些具有明显次级制裁性质的措施，意在迫使如中国、欧盟等第三国对目标国采取与美国同样的制裁措施，否则将视为对联合国安理会决议的违背，此举值得中国引起警觉和重视。https://www.state.gov/the-return-of-un-sanctions-on-the-islamic-republic-of-iran/. 访问时间：2020-10-06；

② 《指南——关于更新阻断法令的问与答》将阻断法令保护对象定义为"欧盟运营商"Guidance Note：Questions and Answers：adoption of update of the Blocking Statute（2018/C 277 I/03）. SECTION 1：GENERAL：What is the Blocking Statute? The Blocking Statute aims at countering the unlawful effects of third-country extra-territorial sanctions on the natural and legal persons specified in its Article 11 (hereinafter referred to as 'EU operators'). https://eur-lex.europa.eu/legal-content/EN/TXT/?qid=1602833230774&uri=CELEX:52018XC0807(01). last accessed on 5-October-2020.

③ https://www.state.gov/the-united-states-imposes-sweeping-new-sanctions-on-the-islamic-republic-of-iran/. last accessed on 6-October-2020.

与教训，其更新《阻断法令》文件的出台背景、核心内容、特征分析、实施情况及法律效果等，不仅对我国颁布阻断法令乃至进一步构建自身的反经济制裁体系提供借鉴参考，同时为我国与欧盟开展国际法律协调行动，共同应对美国经济制裁提供法理支持。

一、欧盟制定及更新《阻断法令》的背景与美国经济制裁

（一）美国经济制裁的域外效力分析

传统国际法认为，国家行使管辖权的范围一般是以领土范围为界，域外管辖并不是一类独立的管辖权，而是主权国家在实践中发展出来的行使管辖权的一种具体方式。[①] 历史上，美国最高法院直到1945年"美国铝业公司案"才首次确定国内法院对境外发生的且对美国可产生效果的行为拥有管辖权。[②] 目前，国家在一定程度上行使域外管辖权确实是合理合法的行为，但"度"的把握需要"国家行使域外管辖时，所管辖事项和管辖权之间必须存在真实有效且充分的联系。"[③] 但近年来，国家间对管辖权呈现争夺的态势，何为"真实有效且充分"的联系又缺乏明确的界线，导致一些国家的肆意滥用，侵犯到他国的主权和利益。最近10年，美国经济制裁的立法与适用均呈现扩大蔓延的趋势。[④] 尤其应对新冠肺炎疫情不利，使得美国社会秩序与经济状况每况愈下。因此，美国在实施初级制裁外也加强次级制裁（Secondary Sanction）的适用，以便转移国内矛盾同时打压特定国家。

经济制裁（Economic Sanction），是指一国针对其他国家所采取的胁迫性经济手段，以迫使对方改变其政策。[⑤] 美国的制裁法体系源自1917年《与敌国贸易法》（Trading With the Enemy Act，TWEA）与1977年《国际紧急经济

[①] 参见廖诗评：《国内法域外适用及其应对——以美国法域外适用措施为例》，《环球法律评论》2019年第3期，第169页。

[②] Symeon Symeonides, Choice of Law, Oxford：OxfordUniversity Press, 2016：635—636；Curtis A. Bradley, International Law in the U. S. Legal System, Oxford：Oxford University Press, 2013, pp. 179 - 185.

[③] 参见［英］伊恩·布朗利：《国际公法原理》，曾令良、余敏友等译，法律出版社2003年版，第333页。

[④] 参见黄风：《美国金融制度及其对我国的警示》，《法学》2012年第4期；黄风：《国际金融制裁法律制度比较研究》，《比较法研究》2012年第3期。

[⑤] Barry E. Carter, International Economic Sanctions：Improving the Haphazard U. S. Legal Regime, Cambridge：Cambridge University Press, 1988, p. 4. 王佳：《美国经济制裁立法、执行与救济》，《上海经贸大学学报》第27卷第5期（2020年9月），第52页。

权力法》（International Emergency Economic Powers Act，IEEPA）这两部法律。作为美国经济制裁的基础性法律，尤其是 IEEPA，通过赋权美国总统依据特定情形可根据上述法律的授权和定义宣布进入紧急状态，从而采取对相关国家、实体、组织或特定群体和个人相应的制裁措施。① 这两部法律没有直接规定次级制裁措施的适用，而是通过初级制裁扩大对人对物管辖，将美国人拥有或控制的外国公司均列入管辖对象，并把源自美国的高科技产品、金融技术和服务等列入禁止范围；再通过直接把第三国个人和实体纳入制裁对象，禁止第三国个人和实体与目标国及其个人和实体从事某些特定交易，实施次级制裁。② 通过将美国的管辖权进行扩张性解释以产生域外效力。

尽管并不是所有国内法的域外适用措施都涉嫌违反国际法，但美国此种国内经济制裁法律的域外滥用，却是霸权主义在国家对外关系中的映射，不仅破坏国际法治，还给国际秩序和各类多边体制的稳定带来负面影响，必将引发各国的强烈不满与反击。

（二）欧盟《阻断法令》出台的背景与更新发展

自 20 世纪 70 年代，随着美国全球经济霸权地位的确立，为应对美国在反垄断法、证券法和对外经济制裁问题上频繁对他国经济主体行使域外管辖权的行为。③ 许多国家先后制定了本国的阻断法令。例如：英国的《贸易利益保护法》（Protection of Trading Interests Act 1980）；加拿大的《外国域外措施法》（Foreign Extraterritorial Measures Act 1996）；澳大利亚的《外国反垄断判决（限制执行）法》（Foreign Antitrust Judgment（Restriction of Enforcement）

---

① International Emergency Economic Powers Act, Sec. 202 (a)：只有当外国因素导致的某一局势或者发生的某一事件对美国的国家安全、外交政策和经济利益构成"非同寻常的威胁"时，美国总统才可根据上述法律的授权和定义宣布进入紧急状态，从而采取对相关国家、实体、组织或特定群体和个人相应的制裁。

② 美国采取的初级制裁：实践中主要适用于美国人或第三国人，是对与目标制裁国进行特定交易受美国管辖的实体所采取的制裁。通过扩大对人管辖权与对物管辖权的方式扩大美国经济制裁法的管辖权。次级制裁：实践中主要适用于第三国人，是对与目标制裁国过进行特定交易但不受美国管辖的实体所采取的制裁。禁止第三国及其个人和实体与目标国进行某些特定的交往，意在迫使第三国对目标国采取与它同样的制裁措施。杨永红：《次级制裁及其反制——由美国次级制裁的立法与实践展开》，《法商研究》2019 年第 3 期，第 165 页。

③ Curtis A. Bradley, International law in the U.S Legal System, Oxford University Press, 2013, p. 199；Barbara S. Thomas, "Extraterritorial in an Era of Internationalization of the Securities: the Need to Revisit Domestic Policies", Rutgers law Review, Vol. 35, No. 3, 1983, pp. 453 – 471. 叶研：《欧盟〈阻断法案〉述评与启示》，《太平洋学报》2020 年 3 月，第 28 卷第 3 期，第 52 页。

Act 1979）等。1996 年 11 月 22 日，欧盟颁布第 2271/96 号条例（《关于反对第三国立法域外适用效果以及基于此或由此产生的行为的条例》），即 1996 年《阻断法令》，该法令的颁布与同年美国制定的针对伊朗和古巴的两部具有域外效力的制裁法案有着密切关系。

1. 《赫尔姆斯－伯顿法》——对古巴的制裁

1959 年，古巴发生了"卡斯特罗革命"，推翻巴蒂斯塔的亲美独裁统治，并征收了所有在古巴的美国资产，这导致美国与古巴间的矛盾空前尖锐。为此，1996 年 3 月 12 日，美国国会根据《与敌国贸易法》和《国际紧急状态法》制定了《古巴自由民主团结法案》（又称《赫尔姆斯－伯顿法案》），该法案第 3 篇和第 4 篇是具有域外效力，涉及典型的次级制裁措施。①

根据《赫尔姆斯－伯顿法案》第 3 篇的规定：在古巴 1959 年革命中被征收财产的美国国民可以向美国法院提起诉讼，起诉那些利用其被征收的财产进行交易活动的外国公司；并可以要求美国法院判处那些"非法收购"（Trafficking）该被征收资产的外国公司承担赔偿责任，最高索赔额可以达到 3 倍之多，且美国法院不得以国际法上的国家行为原则为由驳回美国公民的索赔诉讼。② 第 4 篇规定：美国政府有权拒绝向与被没收的美国财产有关联的外国人或实体，其中包括政府官员、控股股东、管理人员、委托人以及他们的配偶、未成年子女发放签证。③ 此外，该法案还规定有：禁止第三国在美销售古巴产品，包括含有古巴原材料的制成品；反对国际金融机构向古巴提供贷款，或反对接纳古巴加入有关组织等制裁措施。④ 该法规定的次级制

---

① 《古巴自由与民主巩固法案》，其主要提出者是共和党的极端保守派、美国参议院外交委员会主席杰西·赫尔姆斯，以及共和党众议员丹·伯顿，又称《赫尔姆斯－伯顿法》，该法案实际上是 1994 年年底提出的反古措施的汇编。

② Cuban Liberty and Democratic Solidarity (Libertad) Act of 1996, (Codified in Title 22, Sections 6021－6091 of the U. S. Code), P. L. 104－114. TITLE. https://home. treasury. gov/policy－issues/financial－sanctions/sanctions－programs－and－country－information/Cuba－sanctions. last accessed on6－October－2020.

③ TITLE IV—EXCLUSION OF CERTAIN ALIENS: SEC. 401. EXCLUSION FROM THE UNITED STATES OF ALIENS WHO HAVE CONFISCATED PROPERTY OF UNITED STATES NATIONALS OR WHO TRAFFIC IN SUCH PROPERTY. https://home. treasury. gov/policy－issues/financial－sanctions/sanctions－programs－and－country－information/Cuba－sanctions. last accessed on 6－October－2020.

④ TITLE I—STRENGTHENING INTERNATIONAL SANCTIONS AGAINST THE CASTRO GOVERNMENT SEC. 102. ENFORCEMENT OF THE ECONOMIC EMBARGO OF CUBA. https://home. treasury. gov/policy－issues/financial－sanctions/sanctions－programs－and－country－information/Cuba－sanctions. last accessed on 6－October－2020.

裁措施引起了在古巴有经济利益的国家，尤其是欧盟的强烈反对，当即将有关争议提交 WTO 争端解决机构。联合国大会以绝对多数票通过谴责《赫尔姆斯－伯顿法案》的决议。① 迫于压力，美国与欧盟在 1998 年 5 月达成协议，暂时冻结了《赫尔姆斯－伯顿法》中具有次级制裁性质条款的适用。

直到 2019 年 5 月 2 日，美国首次解除对《赫尔姆斯－伯顿法》第 3 篇和第 4 篇的"冻结"，9 月 6 日起美国财政部和商务部加强对古巴制裁规则的修改。② 这些举动意味着美国将开展新一轮针对第三国（如中国、俄罗斯、欧盟等）的，旨在阻止其与古巴之间的金融、贸易往来的制裁。解冻后，包括法国兴业银行、亚马逊、美利坚航空公司、古巴石油公司、缤客网等多家企业遭遇索赔。其中，法国兴业银行被索赔约 7.92 亿美元。为此，法国于 2019 年 5 月 3 日表示：美国自 2 日起允许实施"赫尔姆斯－伯顿法"第 3 篇的全部内容，这种在其司法管辖范围以外使用单边限制措施，是违反国际法的。将和欧洲伙伴采取一切适当措施来阻断美国的单边制裁，来保护法国侨民和法国企业在古巴的合法经济活动和投资，包括使用欧盟的《阻断法案》阻断美国的单边制裁在欧盟境内发生效力。利益受损的欧洲企业和侨民可以根据欧盟成员国司法管辖权对美国相关个人、企业和代表提起诉讼、要求赔偿。③

2.《达马托法案》与《伊朗制裁法案》——对伊朗、利比亚的制裁

1995 年 3 月 15 日，美国总统克林顿发布了第 12957 号行政命令，禁止美国投资伊朗的能源部门。随后，1996 年 8 月 15 日，美国国会以利比亚、伊朗"支持恐怖主义"为名通过了总统克林顿提交的《伊朗—利比亚制裁法》，又称《达马托法案》④。这部法案旨在禁止外国公司对利比亚和伊朗的石油能源产业进行大规模投资，否则美国将会对违反法案的外国公司进行制裁。

2006 年，《伊朗—利比亚制裁法案》更名为《伊朗制裁法案》。此后，美

---

① United Nations General Assembly, Resolution the Necessity of Ending the Economic, Commercial, and FinancialEmbargo Imposed by the United States of America Against Cuba, U. N. Doc. A/RES/52/10, Nov. 5（1997）.

② https://home. treasury. gov/system/files/126/Cuba_fact_sheet_20190906. pdf. last accessed on 6 - October - 2020.

③ https://www. diplomatie. gouv. fr/en/country - files/cuba/news/article/cuba - extraterritorial - u - s - sanctions - 02 - 05 - 19. last accessed on 6 - October - 2020.

④ Iran and Libya Sanctions Act（ILSA）, Public Law NO. 104 - 17, 110 Sta. 1541（1996）《达马托法》由美国共和党参议员达马托提出，1996 年 8 月 5 日由总统克林顿正式签署通过。《达马托法将》打击正在伊朗、利比亚石油、天然气行业投资 4000 万美元以上的外国公司 See: https://home. treasury. gov/system/files/126/isa_1996. pdf. 最后访问时间：2020 年 10 月 6 日。

国国会和总统又陆续通过或发布了一系列制裁伊朗的法案和行政命令。① 根据这些法案和行政命令的规定,进一步扩大了《伊朗制裁法案》的制裁范围并提高了措施严苛程度,从石油领域到与能源相关领域、金融银行业均规定了大量的次级制裁措施。2016 年 12 月 15 日美国国会又更新了《伊朗制裁法案》并规定:要求总统对每年在伊朗能源领域投资超过 2 000 万美元,或在利比亚超过 4 000 万美元的外国公司(实体、个人)实施六项中不少于两项的制裁措施:主要包括有条件地禁放贷款、禁发技术许可证、禁止投标美国工程项目等。②

欧盟自身的经济发展与社会安稳都与中东局势密切相关,这种"池鱼困境"在《达马托法》及《伊朗制裁法案》出台后尤为加剧。因制裁伊朗—利比亚问题的进一步恶化,影响国际油价的稳定性,打击了欧盟试图构建欧元跟伊朗进行石油交易的"石油欧元"格局,大量欧洲企业纷纷撤资或遭受制裁,欧洲经济面临重创威胁。在此背景下,无论是《赫尔姆斯—伯顿法案》《达马托法》或《伊朗制裁法案》,均引发了欧盟的坚决反击,1996 年的欧盟《阻断法令》(第 2271/96 号条例)以及 2018 年更新的《阻断法令》(第 2018/100 号条例)应运而生。

二、欧盟《阻断法令》的核心制度内容解析与评价

(一) 1996 年《阻断法令》

1996 年《阻断法令》由序言、正文和附录组成。通过阻止附录中美国

---

① 法案主要包括:2010 年 6 月国会通过了《全面制裁、问责、撤资伊朗法案》、2011 年的《减少伊朗威胁和叙利亚人权法案》及 2013 年的《伊朗自由与反扩散法案》;行政法令主要包括:第 13553 号 - 因伊朗政府严重侵犯人权而冻结某些人的财产并采取某些其他行动(生效日期:2010 年 9 月 29 日)、第 13599 号 - 冻结伊朗政府和伊朗金融机构的财产(生效日期:2012 年 2 月 6 日)、第 13606 号 - 因伊朗和叙利亚政府通过信息技术严重侵犯人权而冻结某些人的财产并暂停其进入美国(生效日期:2012 年 4 月 23 日)、第 13608 号 - 禁止与伊朗和叙利亚的外国制裁规避者进行某些交易并暂停其进入美国(生效日期:2012 年 5 月 1 日)、第 13846 号 - 对伊朗重新实施某些制裁、第 13876 号 - 对伊朗实施制裁、第 13876 号 - 对伊朗实施制裁、第 13902 号 - 对伊朗其他部门实施制裁、第 13949 号 - 冻结某些人与伊朗常规武器活动有关的财产。

② (a) 禁止美国进出口银行向被制裁的外国公司提供发放贷款、信贷延期和担保服务;(b) 禁止美国政府向被制裁的外国公司发放技术出口许可证;(c) 禁止任何美国金融机构在任何 12 个月内向任何被制裁人员发放贷款或提供总额超过 1 000 万美元的信贷,除非该人员从事减轻人类痛苦的活动;(d) 禁止被制裁的外国公司作为一级经销商向美国出口其他产品;(e) 禁止被制裁的外国公司投标美国的工程项目;(f) 禁止被制裁的外国公司成为美国政府债券的主要交易商。Iran Sanctions Act of 1996, as Amended, 50 U. S. C. § 1701 note (As Amended Through P. L. 114 – 277, Enacted December 15, 2016); SEC. 5. IMPOSITION OF SANCTIONS; SEC. 6. DESCRIPTION OF SANCTIONS. https://home. treasury. gov/system/files/126/isa_1996. pdf. last accessed on 15 – October – 2020.

特定的制裁法律在欧盟境内的效力与执行，禁止第 11 条项下的欧盟自然人和法人遵守相关法律，授权事涉主体对所遭受的损失可提出索赔等阻断法机制，达到对抗与保护的效果。《阻断法令》正文共计 12 条，规定的制度内容也较为全面，不仅在第 1 条、第 11 条以及附录中明确了适用对象与阻断对象，同时建立报告及保密制度、禁止承认与执行制度以及索赔制度等。

1. 序言阐明立法缘由、目的与政治立场

正如条例序言所指出的："欧盟一直致力于促进成员国之间或成员国与第三国间资本的自然流动，但一些国家所颁布的法律法规试图对欧盟成员国管辖下的自然人和法人的行为行使管辖权，这违反了国际法和欧盟的目标与宗旨。因此，该《条例》旨在对抗第三国域外适用的经济制裁法律法规对欧盟成员国的国民、企业与他国间合法经贸往来的不利影响。"[①] 鉴于《条例》附录所列的应禁止在欧盟产生法律效力的具有域外管辖权的外国法律均为美国的法律法规，1996 年《阻断法令》主要为应对《赫尔姆斯—伯顿法案》《达马托法》产生的经济制裁威胁，支持欧盟成员国自然人及实体在伊朗、古巴以及利比亚开展合法正常的经贸活动。

2. 明确法令保护主体、阻断对象和适用条件

根据 1996 年《阻断法令》第 1 条规定了法令的适用条件及阻断对象。"此条例附录中具有域外适用效力的法律法规以及由此产生的措施如若妨碍本条例第 11 条下的自然人和法人在国际贸易或资本流动中（涉及欧盟和第三国）的商业利益情况下，则禁止这些具有域外效力的法律法规在欧盟境内适用。"根据 1996 年《阻断法令》的附录包括 1992 年《古巴民主法案》的第 1704 节和 1706 节、1993 年《国防授权法》、1996 年《赫尔姆斯—伯顿法案》以及 1996 年的《达马托法》等。[②] 此外，《阻断法令》第 11 条明确了法令的保护主体，共分为五类（统称为欧盟运营商 EU operators）。

[①] Protecting Against the Effects of the Extra – territorial Application of Legislation Adopted by a Third Country, and actions based thereon or resulting therefrom, Council Regulation (EC) No 2271/96 of 22 November 1996. https：//eur – lex. europa. eu/legal – content/EN/TXT/? qid = 1602744985159&uri = CELEX：31996R2271. last accessed on 15 – October – 2020.

[②] Council Regulation (EC) No 2271/96, ANNEX：National Defense Authorization Act for Fiscal Year 1993；Title XVII 'Cuban Democracy Act 1992, sections 1704 and 1706；Cuban Liberty and Democratic Solidarity Act of 1996；Iran and Libya Sanctions Act of 1996；1 CFR (Code of Federal Regulations) Ch. V (7 – 1 – 95 edition) Part 515 – Cuban Assets Control Regulations, subpart B (Prohibitions), E (Licenses, Authorizations and Statements of Licensing Policy) and G (Penalties) . https：//eur – lex. europa. eu/legal – content/EN/TXT/? qid = 1602744985159&uri = CELEX：31996R2271. last accessed on 15 – October – 2020.

（1）定居与欧盟并拥有某一成员国国籍的所有自然人；

（2）在欧盟境内注册登记的所有法人；

（3）第4055/86号条例第1款第2项下所列举的自然人和法人；

（4）不再其国籍国居住，但定居在欧盟境内的其他自然人；

（5）在欧盟境内，包括成员国领水、领空以及所有隶属于某一成员国司法管辖或控制之下并从事其职业交易活动的航空器、船舶中的所有自然人。只有当这五类自然人和法人在国际贸易或资本流动中（涉及欧盟和第三国）的商业利益遭到具有域外效力的法律法规的妨害时，法令开启适用。

3. 建立信息提供、报告及保密机制

一方面，根据1996年《阻断法令》第2条规定，明确了相关主体具有提供信息并及时上报的义务。"如果本条例第11条项下的自然人和法人的经济利益遭受因附录中所列举的法律法规所产生的行为的妨害，相关人员应当在获得此类信息后，30日内向欧盟委员会报告；如果是法人主体遭受妨害，则由其董事、业务经理和其他领导人员承担报告责任，并提供与条例立法目的相关的全部信息。"① 另一方面，根据第3条规定了欧盟委员会需承担保密义务，对所获取的信息和秘密弥补的对外披露且须用于特定用途。②

4. 通过"阻断条款"构建禁止承认与执行机制

1996年《阻断法令》的第4条构建起该阻断法的一项核心机制，即阻断美国法院基于《赫尔姆斯—伯顿法案》第3篇做出的法院判决域外效力以及对相关欧盟运营商提起的赔偿诉讼在欧盟的可执行性。"任何欧盟外的法院或由欧盟外的行政机关依据附录中所列举的法律法规所做出的的裁决均不得

---

① Council Regulation (EC) No 2271/96, Article 2: Where the economic and/or financial interests of any person referred to in Article 11 are affected, directly or indirectly, by the laws specified in the Annex or by actions based thereon or resulting therefrom, that person shall inform the Commission accordingly within 30 days from the date on which it obtained such information; insofar as the interests of a legal person are affected, this obligation applies to the directors, managers and other persons with management responsibilities （3）. At the request of the Commission, such person shall provide all information relevant for the purposes of this Regulation in accordance with the request from the Commission within 30 days from the date of the request.

② Council Regulation (EC) No 2271/96, Article 3: All information supplied in accordance with Article 2 shall only be used for the purposes for which it was provided. Information which is by nature confidential or which is provided on a confidential basis shall be covered by the obligation of professional secrecy. It shall not be disclosed by the Commission without the express permission of the person providing it. Communication of such information shall be permitted where the Commission is obliged or authorized to do so, in particular in connection with legal proceedings. Such communication must take into account the legitimate interests of the person concerned that his or her business secrets should not be divulged.

在欧盟境内得到承认和执行。"① 这其中包含了这样两层含义：一是这些具有次级制裁性质的规则和措施本身在欧盟管辖权内并无效力；二是拒绝承认和执行外国法院、行政机关等依据这些次级制裁规则做出的决定或采取的行动。

5. 设立禁止遵守制度与豁免制度

除《阻断法令》第4条规定的禁止承认与执行制度外，《阻断法令》第5条同时规定了"禁止遵守制度"，要求包括自然人、法人和其他社会组织等更广泛的主体不得遵守被《阻断法令》附录列举的外国法律。这是该法令对欧洲经济实体影响最大的一项条款：一方面要求"任何欧盟的自然人和法人不得遵守外国法院依据附录中所列举的法律法规所做出的要求或禁令，包括外国法院的请求"②；另一方面在第9条规定"如果欧盟自然人或法人违反本条例相关规定，应当受到制裁。"欧盟委员会将制定制裁措施的义务赋予各成员国，但对制裁措施提出了有效性、合比例性和具有劝诫威慑效果的处罚方案。③

为最大限度保护欧盟整体的经济利益与欧盟内自然人和法人的正常商业活动，《阻断法令》第5条第2款同时设立了适用主体有权在申请后遵守外国的相关法律的"豁免制度"。"如果不遵守外国法律的要求或禁令将严重损害自然人、法人或欧盟本身的利益，相关人员可以依据《阻断法令》第7条和第8条所允许的程序，全部或部分遵守外国法律的要求或禁令，此规定的适用标准依据《阻断法令》第8条的程序进行确定，即欧盟委员会应毫不延迟地向《阻断法令》第8条所规定的委员会提交按照本条例的指示所做出的合适措施的草案。"④

---

① Council Regulation (EC) No 2271/96, Article 4: No judgment of a court or tribunal and no decision of an administrative authority located outside the Community giving effect, directly or indirectly, to the laws specified in the Annex or to actions based thereon or resulting there from, shall be recognized or be enforceable in any manner.

② Council Regulation (EC) No 2271/96, Article 5 - 1: No person referred to in Article 11 shall comply, whether directly or through a subsidiary or other intermediary person, actively or by deliberate omission, with any requirement or prohibition, including requests of foreign courts, based on or resulting, directly or indirectly, from the laws specified in the Annex or from actions based thereon or resulting therefrom.

③ Council Regulation (EC) No 2271/96, Article 9: Each Member State shall determine the sanctions to be imposed in the event of breach of any relevant provisions of this Regulation. Such sanctions must be effective, proportional and dissuasive.

④ Council Regulation (EC) No 2271/96, Article 5 - 2: Persons may be authorized, in accordance with the procedures provided in Articles 7 and 8, to comply fully or partially to the extent that non - compliance would seriously damage their interests or those of the Community. The criteria for the application of this provision shall be established in accordance with the procedure set out in Article 8. When there is sufficient evidence that non - compliance would cause serious damage to a natural or legal person, the Commission shall expeditiously submit to the committee referred to in Article 8 a draft of the appropriate measures to be taken under the terms of the Regulation.

6. 通过"索回条款",建立损害追偿机制

1996 年《阻断法令》的第 6 条构建起该阻断法的另一项核心机制——"索回条款"。作为《阻断法令》中最具有威慑力的一项规定,更是《阻断法令》最后的保护屏障,授予因适用附录中外国法律或基于该法产生的行为而遭受妨害的欧盟运营商获取赔偿的权利,包括在诉讼中产生的法律费用在内的损害赔偿金。索赔的执行上还规定"索赔可以向造成损害的自然人、法人或任何其他实体或其代理人和中间人做出……获得赔偿的方式可以通过扣押或出售上述人员在欧盟的资产等(包括在欧盟注册的公司中所持有的股份)。"[①]

(二) 2018 年更新《阻断法令》《实施条例》与《指南问答》

时隔 22 年后,随着特朗普政府单方面退出伊核协议,解冻《赫尔姆斯-伯顿法》第三篇和第四篇并重启实施新一轮对伊朗的全面制裁,欧盟面临更加严峻的美国经济制裁的威胁。尽管欧盟积极寻求获得美国对欧盟运营商的制裁豁免,但效果不佳,而且 swift 协会已遵照美国的要求完全切断与伊朗银行的联系、大量欧盟跨国公司撤离伊朗或者停止在伊朗的经营活动。[②] 欧盟被迫于 2018 年 6 月 6 日颁布了第 2018/1100 号条例。作为对 1996 年《阻断法令》的更新,该条例于美国重启对伊朗经济制裁的次日(8 月 7 日)正式生效。同时,8 月 3 日出台了配套的《实施条例》,细化解释了《阻断法令》第 5 条第 2 款的内容,8 月 7 日制定了《指南——关于更新阻断法令的问与答》(以下简称《指南》)。尽管 2018 年《阻断法令》并未对 1996 年《阻断

---

① Council Regulation (EC) No 2271/96, Article 6: Any person referred to in Article 11, who is engaging in an activity referred to in Article 1 shall be entitled to recover any damages, including legal costs, caused to that person by the application of the laws specified in the Annex or by actions based thereon or resulting therefrom. Such recovery may be obtained from the natural or legal person or any other entity causing the damages or from any person acting on its behalf or intermediary. The Brussels Convention of 27 September 1968 on jurisdiction and the enforcement of judgments in civil and commercial matters shall apply to proceedings brought and judgments given under this Article. Recovery may be obtained on the basis of the provisions of Sections 2 to 6 of Title II of that Convention, as well as, in accordance with Article 57 (3) of that Convention, through judicial proceedings instituted in the Courts of any Member State where that person, entity, person acting on its behalf or intermediary holds assets. Without prejudice to other means available and in accordance with applicable law, the recovery could take the form of seizure and sale of assets held by those persons, entities, persons acting on their behalf or intermediaries within the Community, including shares held in a legal person incorporated within the Community.

② SWIFT Cut off Sanction Iranian Central Bank – US Treasury, 11.12.2018, https://sputniknews.com/radio_loud_and_clear/201601271033803419 – iran – breaking – free – from – chains/, last accessed on 16 – October – 2020.

法令》的制度内容做出实质性大范围的修改，但仍对部分条款和附录进行了更新并出台了配套的实施条例和指南。

1. 列明更新理由与适用范围

2018 年《阻断法令》的序言和指南中指明了更新条例的理由。指南第一节强调："《阻断法令》是欧盟统一反对第三国域外法律法规产生非法影响的重要成果，欧盟不承认相关域外立法对《阻断法令》第 11 条规定的自然人和法人的适用性，上述主体有义务不应遵守所列的域外法律法规、决定或裁决。"① 由此可见，欧盟在美国对伊朗、古巴和利比亚等国的制裁问题上，坚决反对次级制裁的域外适用的。

《阻断法令》序言（4）（5）指出了更新理由："鉴于 2019 年 5 月 8 日美国宣布重启对伊朗等国家的制裁措施，若干次级制裁措施具有域外效力，且会妨害欧盟和欧盟的自然人、法人的利益。因此，为了针对这些限制措施，该条例的相关条款和附件应当得以更新。"② 2018 年《阻断法令》附录扩大了阻断对象，增加了三部法律和两部条例，其中包括：2012 年《伊朗自由与反扩散法案》、2012 年《国防授权法案》、2012 年《减少伊朗威胁和叙利亚人权法案》《伊朗交易和制裁条例》以及《古巴资产管制条例》。同时，2018 年《阻断法令》第 1 条第 2 款还授权欧盟理事会根据《阻断法令》第 7 条 c 款的规定，可以根据实践需求灵活增删附录中的法律法规，使得更新后的法令更具灵活性。

2. 细化《阻断法令》第 5 条第 2 款 "豁免制度" 的实施标准

对 2018 年《阻断法令》第 5 条第 2 款的授权性规定，在《阻断法令》第 7、8、11 条规定了申请的豁免的基本程序，同时欧盟委员会专门颁布了一项《实施细则》，明确相关主体申请授权遵守美国经济制裁时的判断标准。③

---

① Guidance Note: Questions and Answers: adoption of update of the Blocking Statute (2018/C 277 I/03) https://eur - lex. europa. eu/legal - content/EN/TXT/? qid = 1602833230774&uri = CELEX: 52018XC0807(01). last accessed on 15 - October - 2020.

② Commission Delegated Regulation (EU) 2018/1100: Whereas: (4) On 8 May 2018, the United States announced they will no longer waive their national restrictive measures relating to Iran. Some of those measures have extra - territorial application and cause adverse effects on the interests of the Union and the interests of natural and legal persons exercising rights under the Treaty on the Functioning of the European Union. (5) The Annex to the Regulation should therefore be amended to include those restrictive measures.

③ Commission Implementing Regulation (EU) 2018/1101 of 3 AUGUST 2018, laying down the criteria for the application of the second paragraph of Article 5 of Council Regulation (EC) No 2271/96 protecting against the effects of the extra - territorial application of legislation adopted by a third country, and actions based thereon or resulting therefrom.

这14项标准主要集中在：申请人是否会遭受重大的经济损失；利益损失的性质来源、紧迫程度以及外溢效果；欧盟运营商与美国之间是否存在"实质性联系"；是否存在对申请人提起的行政或司法调查；申请人是否采取避免或减轻损害措施；是否会影响欧盟执行人道主义和保护环境政策；是否影响欧盟内部安全、货物、人员、服务和资本的自由流动，金融体系的稳定性等。①同时，《实施条例》第3条第2款和第3款要求的申请人在提交授权申请书时也要提供充足的证据。值得注意的是，尽管2018年《阻断法令》允许提出遵守美国制裁法规的申请，但不能单独向美国政府提交豁免经济制裁的申请，因为欧盟不承认美国的域外管辖权。

3. 严格规定违反欧盟《阻断法令》的判断标准

鉴于欧盟《阻断法令》仅要求其适用主体不得以遵守外国制裁法规的目的，不参与或退出受制裁业务，而相关主体基于正常商业决策而采取上述行为并不会收到《阻断法令》的处罚。因此，实践中很多经济主体可能会以自己出于"商业考虑"为由而不参与或退出相关业务，来规避欧盟《阻断法令》对自己的适用。②因此，《阻断法令》的第5条严格规定了违反《阻断法令》的判断标准"该法案所适用的主体不得主动或故意疏忽地，直接或通过子公司或其他中间人简介遵守任何基于附录中的外国法律或由这些法律所产生的要求或禁令，包括外国法院的判决、裁决。"由此可见，直接故意规避的行为或间接故意疏忽的不作为都违反欧盟《阻断法令》的规定，避免豁免制度的滥用，加强了《阻断法令》在现实中的适用效果。

4. 扩大损害索赔的适用范围

索赔权是一项极具政治敏感性的权利，各国阻断法对此权都秉持着谨慎的态度。但2018年欧盟《阻断法令》对索赔权仍进行了精心的规定，在避免频频引发同美国在外交与司法上的冲突外，仍积极地为欧盟相关主体提供主动地反制美国域外经济制裁的利器。

在索赔事项上，根据2018年欧盟《阻断法令》第6条将索赔范围扩大至"任何损害"（Any Damages）："该法的适用主体有权就因适用附录中的外国法律或基于该法或由该法产生的行为而对其造成的任何损害获得赔偿。"并且在《指南》第12条中解释道：任何损害的范围相当广泛，留给欧盟在今

---

① Commission Implementing Regulation (EU) 2018/1101 of 3 AUGUST Article4: Assessment of Application.
② 叶研：《欧盟〈阻断法案〉述评与启示》，《太平洋学报》2020年3月，第28卷第3期，第55页。

后具体实践案件中巨大的解释空间，符合阻断法令的保护目的。① 在索赔对象上，根据《指南》第 13 条的规定，法院在判断索赔对象上具有较大的自由裁量权，而且对施害着与代表其在欧盟行事的实体和中间商进行索赔。尽管索赔对象扩大到造成该损害的自然人、法人或者其他实体（中间人或代表商）。但值得注意的是，根据《指南》第 15 条规定："欧盟成员国间就执行阻断法令进行的民商事司法协助所依据是 1968 年《布鲁塞尔公约》，不适用于'国家在行使国家权力过程中作为或不作为所产生的责任'。"由此可见，欧盟在因制裁提起索赔的问题上并不支持相关主体直接起诉美国政府，而是重申自身立场，即支持国家就其主权行为在他国享有豁免权这一重要的国际法原则。

（三）评析

在《阻断法令》颁布后不久，1996 年欧盟将有关争议提交 WTO 争端解决机构启动政治谈判，指控美国《赫尔姆斯－伯顿法》和《达马托法》剥夺了欧盟根据 GATT 和 GATS 项下的自由贸易权利。起初，美国曾声称通过援引 GATT 项下国家安全例外条款进行抗辩，但遭到欧盟的质疑，国家安全例外条款恐不能涵盖《达马托法案》中影响极大的条款，于是美国迫于压力与欧盟进行了多轮政治谈判。最终，1997 年 4 月 11 日双方签署了谅解备忘录，美国同意暂时中止制裁欧盟违反《赫尔姆斯－伯顿法》和《达马托法》的行为。1998 年 5 月，美国和欧盟又缔结了跨大西洋政治合作伙伴关系协议并达成了《关于加强投资保护的纪律谅解》。1996 年《阻断法令》并未在真正意义上得以实施，经验表明欧盟及其成员国通过政治谈判、法令试压以及经济方法来阻止美国域外经济制裁的攻击还是相对奏效的。

2018 年，美国对伊朗、古巴等国掀起的新一轮经济制裁，给欧盟经济利益巨大打击。若屈从于美国经济制裁，欧盟不仅面临替代卖家解决伊朗对欧石油禁运问题；现有的对伊朗能源、汽车、钢铁、航运等民生行业的投资也将毁于一旦。例如，欧洲空中客车公司、法国道达尔石油公司、斯堪尼亚货

---

① Guidance Note: Questions and Answers: adoption of update of the Blocking Statute (2018/C 277 I/03) 12. What kind of damages can EU operators recover? According to Article 6, EU operators can recover any damages, including legal costs, caused by the application of the laws specified in its Annex or by actions based thereon or resulting therefrom The scope of damages that can be claimed is thus very broad, in line with the protective aim of the Blocking Statute. https://eur－lex.europa.eu/legal－content/EN/TXT/? qid = 1602833230774&uri = CELEX:52018XC0807(01). 2020－10－15. last accessed on 16－October－2020.

车公司、法国标致公司等公司将面临撤出伊朗的局面，2018年5月8日成为欧美对伊朗政策分歧的分水岭。欧盟更新《阻断法令》并颁发配套的《实施条例》和《指南》势在必行，明确向世界传达了自身在对伊朗和古巴制裁问题上与美国截然不同的政治立场，体现了欧盟以法律的形式捍卫自身经济主权与维护国际法秩序的决心。同时，更新后的《阻断法令》完善了欧盟抵御美国域外管辖的反制体系，为欧盟运营商提供一定程度上的法律保护。

三、欧盟《阻断法令》应对美国经济制裁的实践与不足

（一）欧盟成员国对《阻断法令》的执行现状

如上所述，欧盟制定的《阻断法令》可直接适用于欧盟全体成员国[①]，但毕竟它是一部框架性立法文件，反制措施的实施还依赖于各成员国的实施意愿的强烈程度以及对国内法律的修改、解释的义务履行程度。尽管法令规定欧盟将补偿欧洲公司因为在伊朗、古巴等国进行合法的交易而受到的损失，但毕竟各成员国在目标国投资情况不同，可能导致欧盟运营商面临利益权衡时。若遵守美国相关制裁规则就将违反欧盟自身的《阻断法令》；若坚守欧盟《阻断法令》则会面临美国的严厉的制裁，陷入左右为难的窘境。"两害相权取其轻"，欧盟各成员国对《阻断法令》的态度也是微妙且复杂。

根据《阻断条例》第9条规定，成员国应为相应违反行为制定"有效、合比例性且具有劝诫威慑效果的"处罚方案。因此，英国、爱尔兰、荷兰和瑞典等成员国分别制定了国内立法，并规定对违反《阻断法令》的实体与个人可处以刑事处罚。例如，英国早在《1980年贸易利益保护法》规定，"英国公司遵守美国禁运等域外立法是非法的"。英国启动脱欧程序后，于2018年12月12日，更新了《2018美国域外立法（对古巴、伊朗和利比亚的制裁）（保护贸易利益）修正令》，该修正令于2019年2月1日正式生效。根据修正令第2条规定，在英国违反欧盟《阻断法令》第2条和第5条的规定的行为属于刑事犯罪，可处以罚款。[②] 此外，德国、意大利和西班牙等过在国内法中规定，可对违反《阻断法令》的行为处以行政处罚。例如，德国法律规定，违反欧盟《阻断法令》第5条第1款的行为违反《德国对外经济条

[①] Commission Implementing Regulation (EU) 2018/1100 of 6 June 2018, Article 2: This Regulation shall be binding in its entirety and directly applicable in all Member States.

[②] The Extraterritorial US Legislation (Sanctions against Cuba, Iran and Libya) (Protection of Trading Interests) Order 2018.

例》第 82 条第 2 款的规定,最高可处以 50 万欧元的罚款。

但也有部分国家,如法国、比利时、卢森堡等欧盟成员国并没有制定具体的实施立法。以法国为例:鉴于法国石油巨头道达尔以及汽车制造商雪铁龙、雷诺等大企业均在伊朗有重要投资项目,自美国重启对伊朗的制裁,2018 年以来,道达尔、标致母公司 PSA 和雷诺等公司纷纷宣布将停止在伊朗的业务,但法国明确表示不愿意对持有股份的雷诺等公司进行罚款。①

(二)依据《阻断法令》发起的调查案例

在实践中,存在欧盟依据《阻断法令》对成员国进行调查的案例,但案件最终并没有进入司法程序。例如,1997 年 7 月,欧盟宣布根据第 2271/96 号条例对意大利电信公司 STET 参与古巴电信系统投资案进行调查。因为古巴电信系统是古巴政府从美国国际电报电话公司 ITT 罚没得来,为避免意大利遭受《赫尔姆斯—伯顿法》第 3 篇和第 4 篇的经济制裁,意大利电信公司 STET 和美国国际电报电话公司 ITT 达成了补偿协议,此举欧盟认为违反了《阻断法令》的相关规定。最后,此案通过双方达成一揽子方案,美国承诺不会对意大利电信公司 ITT 实施制裁予以解决。②

同时,也存在成员国自身对其国内企业违反《阻断法令》提出指控的案例,最终大多以给予豁免的方式予以解决。例如,2007 年 4 月,奥地利对本国第五大银行 BAWAG 提出指控,因该银行擅自取消近 100 名古巴国民的账户,以遵守美国对古巴的相关制裁,此举违反欧盟《阻断法令》(第 2271/96 号条例)。鉴于当时美国投资公司 Cerberus Capital 正在以 32 亿欧元的价格收购 BAWAG 银行,BAWAG 银行表示如果不取消相关古巴国民的账户,根据《赫尔姆斯—伯顿法》自身与 Cerberus Capital 将无法完成并购业务。最终,以美国财政部给予 BAWAG 银行豁免,奥地利政府没有对 BAWAG 银行进行处罚的方式予以解决。③

2018 年,特朗普政府重启对伊朗、古巴等国的制裁后,欧盟成员国内已经出现了多起与之相关的国内法院判决,但态度不一。例如,德国一家法院

---

① http://m.haiwainet.cn/middle/3541083/2018/0513/content_31314956_1.html. last accessed on 9 - October - 2020.

② Harry L. Clark,"Dealing with U. S. Ex territorial sanctions and Foreign Countermeasures",*University of Pennsylvania Journal of International Economic Law*,Vol. 20. NO. 1,1999,p. 83.

③ Harry L. Clark,Lisa W. Wang,"Foreign Sanctions Countermeasures and Other Responses to U. S. Ex territorial sanctions",*Report of National Foreign Trade Council*,August 2007,p. 23.

拒绝一家被美国制裁的物流公司要求一家德国的银行继续为其提供服务的请求。该法院认为，该银行若继续为该物流公司提供服务，将可能遭受美国的制裁，上述风险符合协议约定的服务终止条件，而且《阻断法令》并没有要求欧盟企业必须继续开展涉伊朗业务。无独有偶，意大利一家法院做出的判决，要求一家意大利银行继续为一个伊朗人所拥有的意大利企业提供银行服务。该法院认为，这家意大利银行因该意大利企业为伊朗人控制而不再为其提供服务违反了《阻断法令》。该伊朗人并没有被美国制裁，也不在欧盟金融制裁名单中。

（三）欧盟《阻断法令》实施中不足与困境

尽管作为美国的盟友，但欧盟一贯反对美国过分削弱伊朗，与美国在对待制裁伊朗问题上存政策差异与认知分歧。欧盟更新《阻断法令》作为反制美国经济制裁的工具之一，这项工具承载的政治威慑功效远大于法律实施的本身，在实践中是存在不足之处，主要集中在以下四点。

1. 成员国国内执行缺乏统一的标准和机制，力度不够

从各国实施情况上看，当美国宣布重启对伊制裁后，大量欧洲企业还是选择退出利润丰厚的伊朗市场，各国国内在履行修订和解释国内法也呈现参差不齐的情况，可见欧盟《阻断法令》的法律效力是相对有限的。尽管也多次启动调查并声称会对违反法令的主体进行处罚，但实践中往往并未得到真正的施行。对阻断法令的态度相对被动与保守。同时，处罚欧盟运营商违法的权限在成员国。但是，由于大多数公司多为本国的经济引擎，成员国也并不愿对这些运营商因规避美国制裁而施加惩罚。

2. 欧洲企业"左右为难"，遵守《阻断法令》意愿不强

以法国为例：自伊核协议2015年签署以后，欧盟于2016年解除对伊朗的大部分经济制裁，伊朗随即大幅增加对欧盟的燃料和能源产品出口，包括法国在内的大量欧洲企业对伊朗投资活跃。以雷诺为例，2018年起在伊朗年产汽车15万辆。合同约定投资金额6.6亿欧元（约合50亿元人民币）。但随着美国重启对伊制裁，2018年6月，法国标致汽车母公司PSA暂停在伊朗的合资企业，而雷诺也同意遵循美国的制裁措施。5月16日，法国石油巨头道达尔公司发布公告称，因未获得美国豁免，道达尔公司将退出价值数十亿美元的伊朗的南帕尔斯气田项目。而欧洲国内出于对本国企业的保护，若严格执行欧盟《阻断法令》则会陷入"搬起石头砸自己的脚"的尴尬局面，因此加大了欧盟《阻断法令》的实践难度。

3.《阻断法令》追回与索赔权利难以执行，空间范围受限

根据《阻断法令》第 6 条的规定：允许追回因适用美国经济制裁相关法律而造成的损失，这一条款规定操作性有点商榷。尤其是追回索赔的对象，如果向美国政府提出索赔要求，则针对美国政府的损害赔偿请求将涉及主权豁免等问题。同时，欧盟也难以举证相关运营商退出伊朗的原因是美国制裁和恐吓造成的经营困难。如果向美国公司或美国在欧洲的分（子）公司提出索赔或申请强制执行，在欧盟依据其《阻断法令》做出的裁决或取得的胜诉判决在美国或者第三国很难得到顺利执行。此外，欧盟执法部门实践中对那些实则因规避美国制裁却以政治风险、营商环境恶化为名退出的运营商甄别难度较大。

4.《阻断法令》处罚较弱，企业违法成本较低

面对违反《阻断法令》相对较小的处罚，违反美国经济制裁面临的损失极其巨大，动辄上亿美元的罚款、拒发签证或禁止入境甚至面临严重的刑事、民事处罚。例如，2019 年，美国财政部外国资产管制办公室（Office of Foreign Assets Control，OFAC）做出的制裁执法决定来看，有三家欧洲企业虽然属于第三国企业，但违反美国对古巴制裁被予以处罚，分别是德国公司 AppliChem GmbH（被处以 5 512 564 美元罚款）、英国公司 Acteon Group Ltd.（被处以 227 500 美元的罚款）和瑞士企业 Chubb Limited 公司（被处以 6 621 200 美元的罚款）。此外，对第三国企业（2019 年度均为银行）的罚款较重，除英国阿拉伯商业银行被予以减免外，英国渣打银行和裕信银行的德国、奥地利、意大利分行分别被处以了超过 6 亿美元的高额罚款。① 由此可见，"两害相权取其轻"，欧洲企业选择违反或者规避阻断法令的适用而被迫遵守美国经济制裁法律法规也是情理之中。

四、欧盟《阻断法令》的影响及对中国的启示

（一）欧盟《阻断法令》的影响与意义

1. 遏制美国推行单边经济制裁政策，增加与美谈判的政治筹码

如上所述，尽管欧盟重新激活《阻断法令》更多地承担了"政治声明"

---

① 德国公司 AppliChem GmbH，在违法行为发生之前，其被一家美国企业收购，因向古巴出售 304 化学制剂，遭到处罚；英国公司 Acteon Group Ltd.，在违法行为发生时，其多数股权被一家美国投资公司的基金所持有，因出租或销售的船用设备被客户用于伊朗领海内的作业活动，遭到处罚；瑞士企业丘博公司，其前身安达公司的美国子公司的欧洲子公司违反美国对古巴制裁，向非古巴国际的旅行者提供赴古巴旅行的而保险，遭到处罚。

的职能，但是效果上美国还是屡屡受制于欧盟《阻断法令》的威慑，同意与其展开政治谈判并授予相关欧盟运营商豁免权。更新后的《阻断法令》加大了欧盟与美国间在对伊朗、古巴和利比亚等国制裁问题上的筹码，甚至起到"吓退"乃至"倒逼"的作用，这才是欧盟《阻断法令》目前最重要的功效之一。

历史上，欧盟一直有使用国内立法反制美国制裁规则的传统，早在1996年《阻断法令》颁发以前，1982年欧盟和美国在域外经济制裁问题上就初次交锋过。当时美国为遏制苏联颁布了《石油和天然气管制修正案》，禁止非美国公司将采用来源于美国的技术所生产的机器设备出口或转口至苏联，遭到包括德国在内等欧洲国家的强烈反对。其中，一些国家通过立法否认美国在这方面的司法判决。例如，荷兰当地法院根据本国法，判决这些美国公司在欧洲的子公司不得执行上述命令，否则荷兰政府将对其进行处罚。最终，美国在1982年11月13日废除了该次级制裁措施草草结束这场争端。

由此可见，美国在推行域外经济制裁措施进程中还是会不断受到来自欧盟外交抗议和阻断法令的阻挠，从而被迫暂停措施。同时，在欧盟境内有资产和业务往来的美国大型企业和跨国公司也将面临欧盟《阻断法令》的制裁，这些风险都将转化为对美国政府调整单边制裁政策的压力。当时，特朗普政府推行强硬的经济制裁政策，对欧盟的政治、经济利益已经造成了严重影响，可预见欧盟将在未来持续地利用更新后的《阻断法令》与美国在经济制裁问题上进行政治与法律上的交锋。

2. 维护当前备受挑战的多边国际秩序与国际管辖权规则

事实证明，多边主义是全球应对共同挑战的必然选择。正如1996年，联合国大会通过第51/22号决议，呼吁所有国家不要单方面承认任何国家的域外强制性经济措施或立法；强调各国有义务不利用单方面经济强制措施胁迫发展中国家。① 欧盟此刻更新《阻断法令》也表明欧盟及其成员国坚定维护联合国决议自身政治经济主权，践行多边主义的决心。

域外管辖本身并不当然违反国际法，一国法律不可避免是存在一定域外维度的，但是法律的域外性要受到国际法规则、原则和习惯国际法的限制。美国凭借自身在世界经济秩序中的主导地位，在其领土上对没有形成合理连接点（nexus）的国家及其运营商行使管辖权，这种带有次级制裁性质所导致

---

① UN General Assembly, Elimination of Coercive Economic Measures as a means of Political and Economic Compulsion, A/RES/51/22, 27 November 1996.

的域外管辖是违反国际法的,它不符合习惯国际法中的合理性规则,也违反了不干涉他国内政的国际法原则。尤其是当前,全球绝大部分国际贸易是以美元为结算货币,如果接受是以代理银行账户位于美国为根据所牵强建立的管辖权,那么美国的经济制裁具有超越其他国家主权的管辖权,这是包括欧盟、俄罗斯、中国等重要经济体在内的其他主权国家所不能允许的。况且《欧盟限制措施(制裁)实施和评估指南》第 J 部分"管辖权"第 52 段规定的那样:"欧盟将不会通过具有域外适用性的违反国际法的法律文件,并谴责第三国域外适用的立法,反对第三国强制采取限制性措施规范欧盟成员国管辖下的自然人和法人的活动,因为这违反了国际法。"欧盟颁布阻断法令也直接地维护主权为基础的国际秩序以及现代国际法上的管辖权制度。

(二) 欧盟《阻断法令》对中国的立法启示

1. 中国颁布反制裁法的紧迫性与重要性

近年来,中美外交与贸易摩擦不断加剧,美国竭力推行对外经济制裁政策导致大量的中国国家机构、企业与个人面临威胁。尤其是美国重启对伊制裁导致大量中国企业或被迫中止与退出伊朗市场或遭受美国严厉的刑事、民事制裁。例如,2018 年 9 月 20 日美国国务院宣布将我国中央军委装备发展部及其负责人李尚福列入制裁清单[①]。2020 年 9 月,包括戴纳佩能源有限公司、知行船舶管理上海有限公司在内 6 家公司以及 2 名企业家,称其破坏美国对于伊朗的制裁协议,在石油的生产以及运输销售方面都为伊朗提供了帮助等。[②] 目前,中国亟须建立适合自身的反制裁法体系,更好地维护中国企业的利益与国际多边贸易体制。

1)有利于巩固中俄、中伊等国的合作关系,推动"一带一路"倡议的顺利实现

与美欧盟友关系不同的是,目前美国主要制裁的目标国如俄罗斯、伊朗、古巴、委内瑞拉等国,均在中国"一带一路"倡议下有着重要地位。中国与俄罗斯是"全面战略协作伙伴",中国更是伊朗最大的石油出口目的国。例如,2019 年,中国同俄罗斯间的进出口总额分别为 494 亿美元和 602 亿美

---

① US Sanctions Chinese Military for Buying Russian Weapons. https://edition.cnn.com/2018/09/20/politics/russia-china-sanctions-caatsa-state-dept/index.html. last accessed on 16-October-2020.

② Treasury Sanctions Companies for Enabling the Shipment and Sale of Iranian Petrochemicals https://home.treasury.gov/policy-issues/financial-sanctions/recent-actions/20200903. last accessed on 16-October-2020.

元，占中国进出口总额的3%和2%。① 中国制定《阻断法令》一定程度上可以消除美国制裁上述国家产生的域外效力给中国带来的负面影响，维护我国与上述国家以及"一带一路"沿线其他国家的战略合作与友好关系，具有重要的政治外交意义。

2）促进中国经济未来的平稳发展，在法律层面为中方企业提供有效保护

因美国加大对外经济制裁的频率，导致大量中国企业对目标制裁国的业务风险无法判断和评估，不仅造成直接的经济损失，更是对中国经济结构和能源安全造成巨大阻碍。例如，2019年中国同伊朗之间的进出口额分别是96亿美元和134亿美元，相比较2018年的210亿美元和140亿美元的进出口额，可谓是大幅下降。2020年6月，我国更是没有从伊朗进口原油。中国此刻有必要借鉴欧盟、加拿大等国颁布《阻断法令》的模式，以国内立法的方式，明确宣布美国具有次级制裁性质的域外法律在中国不具有合法效力，不仅政府拒绝承认和执行相关判决和要求，运营商更不得遵守相关具有域外效力的外国法律法规，这为中国企业和个人对抗美国相关制裁措施提供法律依据，扭转我国目前应对制裁问题相对被动的局面。

2. 中国制定反制裁法需关注的若干重点问题

中国是一个多法域的单一制国家，在构建适合中国国情和符合政治需要的阻断法令时，不仅面临模式选择、制度设计等难题，同时还要考虑港澳台地区的阻断立法衔接问题。尤其是2020年美国通过《香港人权与民主法案》等一系列反华法案，已开始对中国内地和香港直接实施制裁。

1）立法模式、制度设计与适用范围的选择

在立法模式上，英国、加拿大、澳大利亚等国和中国香港地区采取的是直接授权有关国家机构阻断外国具有域外管辖效力的制裁法律法规。而欧盟《阻断法令》则是通过框架立法模式，采取在附录中直接列举被阻断的重要外国法律的方式。这两种模式呈现不同的立法技巧与各自优势。从我国的立法传统和资源角度出发，欧盟模式更适合我国。

在适用范围上，加拿大的《外国域外措施法》目前只适用于美国对古巴的制裁问题。例如，在美国激活《赫尔姆斯—伯顿法》第3篇后，加拿大表示其《外国域外措施法》可被用于向加拿大法院提起诉讼，该法规定按《赫尔姆斯—伯顿法》所作的裁决将不获加拿大承认或执行。欧盟《阻断法令》

---

① https://www.trademap.org/Bilateral.aspx? nvpm = 1%7c156%7c%7c364%7c%7cTOTAL%7c%7c%7c2%7c1%7c1%7c1%7c1%7c1%7c1%7c1%7c1. last accessed on 13 - October - 2020.

围绕美国对伊朗和古巴制裁问题上挑选了与自身经贸活动最密切的，限定在次级经济制裁层面的外国法律法规。因此，中国需要结合自身的外交与经济交往需求，将阻断法令的范围扩大至美国对伊朗、古巴、俄罗斯和委内瑞拉等国实施的具有域外效力的制裁规则上，并留有解释空间随时根据国际局势的变化调整适用范围。

在制度设计方面，各国阻断法的核心功能是排除准据法的适用，尤其在管辖权冲突的情况下，通过国内法的规定禁止本国管辖权范围内适用或本国国民、企业遵守外国具有域外效力的法律，并竭力消除这些外国法律法规的影响。因此，中国《阻断法令》要着重在核心制度的实现、保护本国运营商的合法权益与有的放矢地对抗美国域外经济制裁三者间的平衡。例如，我国可借鉴英国阻断法的立法经验，对违反本国阻断法的行为规定为刑事犯罪，但需要给本国企业缓冲期，同时在处罚和执法上灵活掌握节奏。

2）关注与香港特区阻断法的衔接

目前，香港特区的阻断法体系是源自英国 1980 年《保护贸易权益法案》，在 1990 年延伸到香港适用。香港特区于 1995 年颁布了全新的香港《保护贸易权益条例》（Protection of Trading Interests Ordinance），此后经历了多次修订。2020 年，美国通过《香港人权与民主法案》等一系列反华法案对香港和内地有关人员直接实施制裁，加紧审查香港地区执行美国制裁伊朗、古巴等国的情况。例如，2020 年 9 月 3 日，美国 OFAC 更新的制裁名单上，包括香港鼎麟有限公司、香港京浩科技有限公司、新远东国际物流有限公司、SINO 能源船务香港有限公司等多家香港公司及其负责人被指控参与了从伊朗购买、获取、销售、运输或营销石油或石油产品的重大交易，惨遭美国制裁。[①] 因此，中国进行阻断立法过程中，需要考虑如何同香港《保护贸易权益条例》相衔接并最大程度发挥该条例保护香港特区贸易自由和国家利益上的作用。

3）利用好国际平台多重解决争端

欧盟实践经验表明，多重措施下的共同应对，才能对美国域外制裁构成有效地反击。一是积极推进外交谈判进程。例如，2018 年 6 月 4 日，德国、法国和英国的外交与经济部长以及欧盟外交和安全政策高级代表致函美国财政部长与国务卿，要求美国豁免对欧盟人员的次级制裁域外效力，同时要求

---

① https://home.treasury.gov/policy-issues/financial-sanctions/recent-actions/20200903. last accessed on 15-October-2020.

豁免欧盟公司在能源、汽车、民用航空器和基础设施以及与伊朗的银行和融资渠道等部门可以保持经济联系。二是考虑将争端提交 WTO 或联合国大会。例如，欧盟就曾在颁布 1996 年《阻断法令》后仍较好地利用了 WTO 争端解决程序启动针对《赫尔姆斯—伯顿法案》的反制诉讼。① 三是探寻去美元化路径，例如，2019 年 1 月 31 日，法国、英国和德国外长发表联合声明，宣布建立"贸易结算支持机制（INSTEX）"这一特殊目的通道支持欧盟与伊朗间的合法贸易行为，主要针对药品、医疗器械、农产品和食品领域。②

总之，即便我国颁布本国的《阻断法令》也不能依托于这一项反制手段，对《阻断法令》作用功效的清晰定位是十分必要的。中国也可效仿欧盟，在提交争端的同时与美国展开经贸磋商，此外也可再次推动联合国大会通过决议宣布美国单方面退出伊核协议，其重启次级制裁是非法的，为中国采取措施反制美国经济制裁提供合法性依据。

---

① WTO Compatibility of United States, Secondary Sanctions Relating to Petroleum Transactions with Iran, http://wtocentre.iift.ac.in/workingpaper/Iran%20Sanctions.pdf, last accessed on 16 – October – 2020.
② "Joint Statement on the Creation of INSTEX, the Purpose Vehicle Aimed at Facilitating Legitimate Trade with Iran in the Framework of the Effects to Preserve the Joint Comprehensive Plan of Action (JCPOA)" 吕蕊、赵建明：《欧美关系视角下的伊朗核问题——基于 2016 年以欧美伊核政策的比较分析》，《欧洲研究》2019 年第 1 期，第 38 – 39 页。

三、国际私法学

司法公信力视角下区际民商事管辖权冲突的防范

张芯萍*

摘要：我国的区际民商事管辖权冲突是区际民商事诉讼中首先面临的问题。近年来，基于平行管辖权的存在，内港澳三法域之间的民商事管辖权冲突在事实上形成了法律上的多元化供给，为当事人提供了多个起诉法院的选择机会。在这种新形势下，当事人选择法院阶段对区际管辖权冲突的影响逐渐凸显并成为预防区际冲突的新途径。对此，司法公信力理论提供了新的视野，内地法院可从制度设计以及司法实务的良性互动入手，通过司法解释和指导性案例对司法行为的双重指引，全面提升内地法院确立区际民商事管辖权的司法公信力，努力打造更具竞争力与吸引力的诉讼纠纷解决机制。通过提升管辖权的司法公信力，增强对当事人的诉讼吸引以防范区际司法中的管辖权冲突。

关键词：区际民商事管辖权冲突；区际司法公信力；司法判断力；司法说服力

Abstract: The conflict of interregional civil and commercial jurisdiction in our country is the first problem in interregional civil and commercial litigation. In recent years, based on the existence of parallel jurisdiction, the conflict of civil and commercial jurisdiction between Hong Kong and Macao has in fact formed a pluralistic supply of law, which provides the parties with the opportunity to choose multiple prosecution courts. In this new form, the influence of the court selection stage on the interregional jurisdiction conflict gradually highlights and becomes a new way to prevent the interregional conflict. In this aspect,, the theory of judicial

---

* 张芯萍，女，吉林大学国家发展与安全研究院博士研究生；研究方向：国际法；联系地址：吉林省长春市前卫大街2699号吉林大学前卫南校；联系电话：17390956654；电子邮箱：2963822845@qq.com。

credibility provides a new vision. The mainland courts can start with the benign interaction of system design and judicial practice, through judicial5 interpretation and guiding cases. The dual guidance of judicial behavior comprehensively enhances the judicial credibility of mainland courts in establishing inter-district civil and commercial jurisdiction, and strives to create a more competitive and attractive litigation dispute resolution mechanism. By enhancing the judicial credibility of jurisdiction, we can strengthen the attraction of litigation to the parties in order to prevent the conflict of jurisdiction in interregional judicature.

随着"一带一路"建设和粤港澳大湾区建设的不断推进，内地与港澳之间的区际民商事纠纷随经济往来的不断密切而逐渐增加，司法实务中有关区际民商事管辖权的冲突也日趋复杂，内地法院面临着重复诉讼与竞合诉讼的实务困境。如何在上位法缺失的背景下应对我国司法中复杂的区际民商事管辖权冲突？仅从立法的角度探寻出路不足以协调我国当前严峻的区际司法困境，还需要深入实践，针对内地法院确定区际民商事管辖权的司法行为进行分析。据此，文章根据司法公信力理论中的司法信任维度，结合234起内地涉港澳的区际民商事案件，分析当事人在法院选择阶段重复起诉与竞合起诉的原因，并进一步探讨其解决路径。

一、问题的提出

区际民商事诉讼管辖权是指我国内地与我国香港地区、澳门地区、台湾地区的法院受理区际民商事案件的权限范围和法律依据。[①] 在司法中，法官需要首先识别并确立案件的连接因素，进而依据具体的法律规定合理论证其是否具有受理的权限。由于各地法院将审理其是否具有受理某案件的权限识别为程序问题，均以法院地法作为法律依据，且内地与港澳三地有关确立管辖权的法律规则又具备较大差异。因此，因当事人选择不同法院起诉，进而造成区际司法中的管辖权冲突便不可避免。我国内地法院与港澳法院在司法实践中的这种区际管辖权冲突，不同于我国内地法院与其他域外主体在国际民商事诉讼中的司法管辖权冲突。国际民商事诉讼的司法管辖权冲突涉及国与国之间司法主权的博弈，因此其管辖权竞争是国际民商事管辖权的主权性质使然。而我国的区际民商事诉讼管辖权冲突，从本质上讲，已是主权国家

---

① 黄进：《中国的区际法律问题研究》，法律出版社2001年版，第65页。

内部的司法分工问题。受我国"一国两制"等特殊历史和政治背景的影响,我国的区际司法管辖权冲突不仅涉及三大法系四大法域之间有关法律文化与法律制度的冲突,还存在法律协调冲突的空白。在我国的国际民商事诉讼与区际民商事诉讼中,司法中的管辖权冲突均造成了一定的现实困境,不仅大量司法资源被浪费,更因司法无法定分止争而影响经济社会秩序,而我国的区际司法管辖权冲突则更具复杂性和挑战性。

学者们为协调我国的区际民商事管辖权冲突贡献了诸多智慧,从比较法视野出发提出了"不方便法院原则""先受理法院管辖原则""扩大协议管辖范围"等多种解决途径。但是,上述研究有两方面值得注意:一是学者的研究背景尚处于我国区际私法形成之初的阶段;二是学者的研究视角集中于区际司法管辖权冲突产生后的协调与解决。然而,相关研究背景已经发生巨大变化,在港澳相继回归的二十余年时间里,内地与港澳三地的经济往来在"一带一路"建设、粤港澳大湾区建设的不断推动下日益密切。区际民商事诉讼也随之日益增加,法院的裁判经验得以积累,我国的区际私法也由此迈进高速发展的新阶段。在现阶段,早期立法上的区际管辖权冲突不仅是导致司法中区际管辖权冲突的原因,更是一个短期内无法改变的事实。现在,内地与港澳两地在立法上和司法中均呈现出的区际管辖权冲突在司法实践中形成了法律上的多元化供给,为当事人提供了多个起诉法院的选择机会。实务中,引起后续司法管辖权冲突的直接原因在于不同当事人针对同一诉讼标的选择了不同法域的法院起诉,或同一当事人针对同一诉讼标的向不同法域的法院起诉。因此,相关研究也应当回应经济与司法实务的变化趋势,基于新的研究背景,关注当事人在区际管辖权冲突产生前的能动作用。需要加以说明的是,根据我国民事诉讼法对民事诉讼程序的规定,选择了起诉法院并不等同于该法院就确定具有管辖权,由此而言上述观点似乎不够严谨。但是,在我国的区际司法中,各法域的法院为了更多地维护本法域当事人的利益,均在立法上和司法中肯定平行管辖权,形成了扩张区际管辖权的趋势,在区际司法实践中甚少出现因另一法域的法院已经确立管辖而拒绝行使管辖权的案例。据此,除了在冲突实际产生后对其加以协调外,也可以在冲突实际产生之前的阶段里加以预防,即当事人选择法院阶段。这便需要关注当事人的能动作用,立足于当事人选择起诉法院的角度,分析影响其做出选择的因素。对此可以从司法公信力理论中找到答案。

党的十七届六中全会中提出要大力推进司法公信力建设,司法公信力是整个社会信用体系的重要基石之一,也是保障社会主义司法制度的优越性得以充分发挥的前提条件。① 国内学术界就司法公信力的正当性基础所展开的讨论在 2012 年逐渐形成一致观点，② 即从"社会合意"的角度出发，认为司法权是公众与权力机关之间的委托—代理关系所产生的。因此，在司法权的运行过程中，司法机关与公众之间便产生了司法信用与司法信任关系，司法信用与司法信任之间的互动与平衡形成了司法公信力。司法公信力是一个具有双重维度的概念，从权力运行角度而言是司法机关凭借其司法行为获得公众信赖和信任的能力与资格，即司法信用；从受众心理角度来看，其为公众对司法行为的主观评价与价值判断，是公众愿意相信司法的心理状态。若要将司法公信力这一概念引入国际私法领域，需要先解决二者之间是否存在可借鉴的前提，将对此加以论述。一方面，有关"国际司法公信力"的相关表述，并不是一个自创的词汇。③ 2015 年最高人民法院制定并发布了《最高人民法院关于人民法院为"一带一路"建设提供司法服务和保障的若干意见》，提出要不断提升涉外案件的国际影响力与国际公信力，回应国际社会的关切。④ 另一方面，"社会合意"的角度同样可以解释国际司法公信力的来源。在国际私法的司法实践中，行为主体是私人，包括国内国外的自然人、法人以及参与国际民商事活动的其他组织。当事人具有将国际民商事纠纷诉至于法院或者仲裁机构解决的权利和自由，也具有决定由哪一国家的司法机构解决其纠纷的权利和自由。若其选择我国法院解决纠纷，便是将涉及自身利益的纠纷决定权委托至我国司法机关，由我国的司法机关作为中立第三方代理双方对利益纠纷的决定权，我国法院由此具有了处理相关国际民商事纠纷的司法裁判权。而当事人选择我国法院是对我国法院的司法能力、司法环境以及诉讼成本等因素的预判后形成的选择结果，是相信我国的司法审判更能使之利益得到最大化维护的心理博弈结果。但是，值得注意的一点在于，国际私法秩序与跨法域的民商事交往相伴而生，其实际上意味着开放的社会秩序。

---

① 张文显：《中国特色社会主义司法理论体系初探》《法制与社会发展》，2012 年第 6 期，第 14 页。

② 曹志瑜：《我国司法公信力建设的现状分析与对策建议》《中共天津市委党校学报》2012 年第 6 期，第 74 页。公丕祥：《概念与机制：司法公信力的价值分析》《法律适用》2012 年第 11 期，第 3 页。

③ 肖永平教授、霍政欣教授也分别在其最近的文章中，就"国际司法公信力"展开了相关讨论，主张提高我国的国际司法公信力。肖永平：《提升中国司法的国际公信力：共建"一带一路"的抓手》，《武大国际法评论》2017 年第 1 期。霍政欣：《论全球治理体系中的国内法院》《中国法学》2018 年第 3 期。

④ 《最高人民法院关于人民法院为"一带一路"建设提供司法服务和保障的若干意见》《人民法院报》2015 年 7 月 8 日第 2 版。

因此，涉外司法公信力的受众不仅包括我国法院受理案件的当事人，还包括潜在的可能当事人，即广大参与国际民商事活动的自然人、法人以及其他组织。我国的涉外司法公信力也是一个具有双重维度的概念，是司法机关凭借其司法行为赢得受众信任的能力也是受众愿意相信我国司法的价值评价并委托其利益纠纷决定权的选择结果。而我国的区际私法是我国国际私法领域的一部分，国际司法公信力的概念也当然适用于区际私法领域。

从司法公信力视角来看，当事人对内地司法的信任依赖于内地法院本身凭借其司法行为建立的司法信用。[①] 如果内地法院有关区际管辖权的司法信用受损，那么在当事人选择起诉法院的阶段，当事人对内地司法就不会产生信任也不会选择内地法院起诉。若另一方当事人选择了内地法院起诉，不信任内地司法的当事人也不会配合内地的司法行为而是选择另一法域的法院起诉以维护自身的利益，区际管辖权冲突中的竞合诉讼便由此产生。如果同一当事人选择内地法院起诉后，内地法院在有关区际管辖权的司法行为中没有提供足够的司法公正以展示出司法信用，该司法结果也无法得到当事人的配合以进入执行阶段，重复诉讼也就因此产生。在我国内地涉港澳民商事案件中，内地法院的司法公信力不足是导致区际管辖权冲突的一个重要原因。区际司法管辖权冲突实质上是由于内地法院有关司法管辖权的公信力不足，从而失去区际当事人诉讼信任，区际司法秩序遭遇破坏的表现。因此在现阶段，通过提升内地法院有关区际民商事管辖权的司法公信力以吸引当事人的诉讼选择，有利于从源头预防新时期下的区际民商事管辖权冲突。

二、当事人不信任内地法院所确立的区际民商事管辖权之原因分析

根据委托—代理理论对司法公信力的分析，区际民商事诉讼中的当事人与各法域的法院之间通过合同与竞争性投标构建公私伙伴关系。[②] 一方面当事人在衡量选择哪一法域起诉时，各法院之间便存在竞争关系；另一方面，当事人决定出起诉法院之后，便与该法院之间建立起合作关系，即当事人将利益纠纷的决定权委托给法院并由其做出相关决定。一旦当事人对司法失去了信任，司法的公信与权威便成了空中楼阁。法院与当事人之间相互信任的合作机制也将无法建立，并形成非合作的博弈关系，经济社会秩序必然被破

[①] 钱大军：《司法公信力应当如何构建》，《社会科学战线》2013年第3期，第220页。
[②] 关玫：《司法公信力研究》，吉林大学博士学位论文，第67页。

坏。为了厘清当事人不信任内地法院所确立区际民商事管辖权的司法原因，文章结合了 234 起内地涉港澳的民商事案例，分析其司法行为的问题所在，探究当事人不对其服从与支持的成因。

（一）司法判断力不足

在区际民商事诉讼中，当事人选择法院解决纠纷是期望客观且中立的第三方能够对有关利益的争议做出公正的判断，包括有关事实问题和法律问题。若内地法院能够在确立管辖权的司法实践中对争议的法律事实做出理性的判断，并对应该适用的法律做出正确的判断，那么就有利于化解纠纷并赢得当事人的认同。但是司法实践显示，内地法院在确立区际司法管辖权过程中的判断力不足，包括对连接因素的判断力不足以及对适用法律的判断力不足。

1. 对连接因素的判断力不足

法院对连接因素的判断力不足表现为混淆不同管辖原则中的连接因素。识别区际民商事纠纷中的连接因素是法院确立司法管辖权的第一步，法院需要结合案件事实判断出与之具有联系的地点，如合同签订地、合同履行地、标的物所在地、被告住所地、原告住所地等。在 234 起区际民商事案例中，214 起合同纠纷是内地法院对案件连接因素判断乏力的高发地带。我国民事诉讼法针对合同纠纷制定了不同的管辖原则，包括专属管辖、协议管辖、普通管辖以及推定管辖等管辖原则。不同管辖原则下包含了不同类型的连接因素，法院需结合案件事实中的地点与不同管辖原则下的连接因素多次比较并确立最终的连接因素。这是一个不断分析判断的过程，需要在二者之间反复衡量并最终完成匹配，而在所有案例中有 15% 的案件混淆了不同管辖原则中的连接因素。以"余银婵与吴强民间借贷纠纷"[①] 为例，法院最终依据原告住所地位于内地法院管辖范围内确立管辖权。但是，根据我国《民事诉讼法》第 34 条规定，原告住所地这一连接因素为协议管辖原则所特有，普通管辖、专属管辖以及推定管辖等管辖原则均无原告住所地这一连接因素。

2. 对适用法律的判断力不足

对适用法律的判断力不足是指法院将管辖权的法律规定与准据法的法律规定混同使用。我国将区际民商事管辖权识别为程序问题并规定于《中华人民共和国民事诉讼法》之中，而准据法的适用则为实体问题制定在《中华人民共和国涉外民事关系法律适用法》。二者的性质不同，适用对象和适用方

---

① （2015）珠横法民初字 408 号。

式均有所区别。但是，在 234 起内地法院确立区际民商事管辖权的司法实践中，内地法院在 22% 的案件里将二者混同使用。例如，在"洪竞渡与杨宏俊、杨舜銮等借款合同纠纷"①一案中，法院依据《中华人民共和国涉外民事关系法律适用法》第 41 条与《最高人民法院关于适用〈中华人民共和国涉外民事关系法律适用法〉若干问题的司法解释（一）》第 19 条，结合合同签订地位于法院管辖区域内，从而确立法院对该案件有管辖权。但是，《中华人民共和国涉外民事关系法律适用法》第 41 条与其司法解释第 19 条是有关涉外民事诉讼中准据法适用的规定，并不能作为确立管辖权的法律依据。

法院的主要职能在于定分止争，内地法院能否在确立管辖权的过程中做出理性而正确的判断，是当事人愿意将利益纠纷的决定权委托给法院的信用保障与基础条件。内地法院的上述司法行为会引起当事人质疑其所确立管辖权的合法性与合理性，削弱当事人对其司法公信力的信任与信赖。而上述问题的产生，究其原因：一方面似乎在于法官的职业素养不够；另一方面也有法官借此扩大内地法院管辖权的动机怀疑。但是，在凝聚了无数人类智慧的法律体系中，以上原因只是显象的、表层的，其背后的制度和理论发展无法回应高速发展变化的司法实务才是深层次的。近年来，我国区际民商事诉讼爆发式增长，大量纠纷涌入法院不仅对工作量带来了挑战；也因经济的飞速发展导致民商事法律纠纷更加复杂，而有关管辖权的法律规定和理论在一定程度上滞后于实践的发展，无法涵射实践中涌现的纠纷情况，也加重了法院的工作难度和实务困境。

（二）司法说服力不足

内地法院有关区际民商事管辖权的司法说服力是指：其司法行为以理服人的能力，这需要公正的司法程序加以保障。通过公正的司法程序做出的司法行为更容易获得公众的认同，是司法说服力的基础。公正的司法程序一般包括四个要素：参与、可信、中立和尊重。参与性是指人们被允许参与进司法程序，其相关意见受到重视与回应。可信为裁判者值得信赖，中立即为诚实、公正。尊重是指当事人的相关权利和地位受到尊重。② 内地法院有关区际民商事管辖权的司法行为违背了公正司法程序所要求的参与性与尊重性，影响了内地法院所确立管辖权的说服力。

---

① （2015）穗海法民四初字第 15 号。
② 关玫：《司法公信力研究》，吉林大学博士学位论文，第 80 页。

1. 当事人的参与性无法得到充分保障

保障当事人参与司法要求法院公开释明事实认定、法律推理过程和法律适用的逻辑思路等,[①] 而在41%的案件中,内地法院并没有释明确立管辖权的论证过程,只是以"法院对该案件有管辖权"一句话简单略过或者直接不提及管辖权。实践中的此种司法行为违背了司法公开的要求,无法使当事人见证确立管辖权的过程的公正性,不利于提升内地法院所确立管辖权的司法说服力。例如,在"何振威与李敏、李永茂民间借贷纠纷一案"[②] 中,法官在确认案件具有涉港因素为涉港案件后,直接从连接点和法律条文对事实部分适用的准据法进行说理,却并未释明确立管辖权的论证过程。上述问题中,内地法院均未充分保障当事人在区际民商事诉讼中的参与性。当事人的信任源于对司法信用的信任,若当事人的参与性未得到充分保障,其对内地法院的司法信用也缺乏了认识和理解的机会,司法说服力也无从谈起。

2. 当事人未获得足够尊重

在区际民商事诉讼中,当事人未获得足够尊重是指当事人享有的程序基本权未得到重视,包括对诉讼程序的选择或处分权以及获得正当程序诉讼权。当事人的选择权是指对民事诉讼法明文允许的程序性事项,当事人可以做出选择,主要表现为法官对当事人协议管辖的忽视与规避。《中华人民共和国民事诉讼法》第34条对合同和财产权益纠纷领域的协议管辖做出了规定。[③] 根据我国的法律规定,若当事人之间就管辖法院达成协议,且该法院与争议有实际联系,并同时遵守有关级别管辖和专属管辖的规定,则该协议管辖有效,法院应当尊重当事人对管辖法院的选择。但是在内地法院确立区际民事诉讼管辖权的实践中,法院往往采取多种形式或忽视或规避当事人对管辖法院的协议选择,具体表现为以下三种形式。[④]

(1) 内地当事人起诉后,法院并不根据法律依据从协议管辖、专属管辖、普通管辖等方面论证其是否有管辖权而直接立案,并通过公告送达后,对涉港澳一方直接做出缺席判决。

(2) 当事人之间存在协议管辖,但是法院并未根据法律依据论证协议管

---

① 季金华:《司法公信力的构成要素》,《学习与探索》2013年第4期,第58页。
② (2014) 穗荔法民二涉初字第21号。
③ 《中华人民共和国民事诉讼法》(2017年修正)第34条规定:"合同或者其他财产权益纠纷的当事人可以书面协议选择被告住所地、合同履行地、合同签订地、原告住所地、标的物所在地等与案件有实际联系的地点的人民法院管辖,但不得违反本法对级别管辖和专属管辖的规定。"
④ 张芯萍:《我国国际民商事司法公信力:指标构建与实证评估》,《中国国际私法与比较法年刊》2021年第29卷,第318页。

辖是否有效,而是通过默示管辖事由的出现,取得对案件的管辖权。

(3) 当内地当事人将案件诉讼至内地法院后,即使当事人之间存在有实际联系的协议管辖,法院也会通过论证其他符合现行管辖的连接因素确立自己的管辖权。

此外,在诉讼过程中,当事人有权获得民事诉讼正当程序保障,有得到程序公正和效率保障以及获得司法救济的权利。但是,在裁判实践中,当事人的正当程序诉讼权却并未得到有效保护,如20%的案件均忽视当事人的管辖权异议。在上诉人吴某某因产权分割协议纠纷一案中,① 上诉人吴某某就原审法院判决存在事实认定错误和管辖权异议主张撤销原审判决,但是法院并未对原审法院是否享有管辖权进行论证。尽管法院最终对事实认定进行了纠正并且撤销了原审法院的判决,但是当事人提出的管辖权异议这一正当程序请求权却并未得到保障。

在区际民商事诉讼中,内地法院确立管辖权的说服力不足会稀释内地司法的公信力,也难以满足当事人对内地司法的期望。在当事人选择起诉法院时,其将相关利益决定权委托给内地法院的意愿和积极性也会下降。内地法院在确立区际司法管辖权过程中未对当事人的参与性与尊重性予以充分保障,首先源于对效率的追求。在民商事诉讼领域,纠纷多任务重是法院面临的普遍状态,同时在法院的考核机制中办案率和结案率等硬性指标是主要考核因素。因此在客观案件数量和考核机制的双重压力下,法院往往会因追求效率而滥用自由裁量权。其次在于我国采用的是职权主义诉讼模式,缺乏了对法官程序监督的制度设计和理念意识。在历史发展中,我国的民事诉讼逐渐形成了重实体而轻程序的司法传统,尽管近年来学界顺应两大法系逐渐融合各自特点的全球趋势,主张逐渐变职权主义为当事人主义。但是,我国的司法实务出于法治环境的稳定、办案效率以及司法传统等方面的考量,对当事人程序权利的重视依然不够。

三、吸引当事人的诉讼选择以协调区际民商事管辖权冲突之路径选择

由前述分析可知,司法判断力和司法说服力不足,是当事人不信任内地法院所确立管辖权的主要原因。当事人无法信任内地法院的司法信用,二者之间也无法建立委托-代理的合作关系,当事人为维护自身利益而另诉他法

---

① (2009) 深中法民五终字第991号。

院造成的区际民商事管辖权冲突便日益增加。长此以往，因内地法院司法公信力不足而直接导致的管辖权冲突便陷入了"缺失信用—无法产生信任—当事人对管辖法院的选择无法达成一致－管辖权冲突"的恶性循环之中。所以，内地司法若能够提供充分的司法信用，便能主动打破这个循环的博弈过程，有利于在当事人选择起诉法院阶段赢得更多的信任与信赖，从而吸引当事人对内地法院的选择以减少后续过程中的管辖权冲突。

（一）充分尊重当事人意思自治，保障当事人参与司法

在确立管辖权的司法过程中，忽视对当事人相关权利的尊重，不仅不利于吸引港澳当事人，也容易丧失内地当事人对内地司法的信任。因此，要提升内地法院有关司法管辖权的说服力，需要打破现下内地法院就区际管辖权形成的地方保护主义，充分尊重跨法域的当事人在管辖权确立过程中的意思自治。

首先，就体现了尊重当事人意思自治的协议管辖制度而言，学界对其限制条件——实际联系原则的继续存在与废弃一直存在争议。但是，上述区际管辖权冲突的司法实践显示，有关协议管辖的区际实践困境不在于立法对协议管辖的限制力度是否适当，而主要在于当前的协议管辖制度的可操作与否，在于当事人达成的管辖协议并不能进入效力认定阶段，即内地法院通过各种形式或忽视或规避当事人的协议管辖。因此，充分尊重当事人的意思自治，需要首先在制度设计上细化对管辖权协议的效力认定，同时通过确定指导性案例加强对司法操作的指引。

其次，在保证当事人的协议管辖能够进入合法的效力认定阶段后，对确实存在实际联系且未违背级别管辖和专属管辖的管辖权协议，法院应当支持其协议有效，而非通过论证其他符合现行管辖的连接因素确立自己的管辖权。法院在司法实务环节尽量认定合法的管辖协议有效：一方面有利于节约有限的司法成本，提高司法效率；另一方面有利于维护法律的可预测性和确定性，避免当事人的合法行为遭遇"合法规避"的尴尬与谬论之中。同时，这也需要从法律制度层面积极做出回应与调整，我国应通过司法解释及时明确法律规定上关于选择连接因素的条件和适用顺序或者是通过不方便管辖原则等明确管辖界限，从源头上解决当事人和法官均可按照各自确立的连接因素论证不同管辖权成立的逻辑漏洞。另外，法院也需要完善司法公开的途径与方式，保证当事人有机会了解与认识内地法院确立区际民商事管辖权过程中的公平与正义。这是因为不仅司法结果体现公正，而且通过让当事人参与司法过程，同样能让理性当事人在过程中感受到内地司法的公正。

（二）以规范司法程序作保障

导致内地法院确立区际民商事管辖权的司法判断力不足和说服力不足的主要因素在于法律规定无法回应日新月异的区际民商事经济发展，而有关法官的素质问题也应当寻找制度上和理论上的原因加以解决。因此，在充分尊重当事人的意思自治，为司法注入灵活性的同时，也需要通过规范司法程序维护内地法院的司法判断力和司法说服力，保障司法的确定性和可预测性。因此，加强对程序的监督和救济机制的完善是提升内地法院司法信任的另一当然途径。内地需要在立法和司法上均做出完善的法律约束和指导：首先，需要调整现有的考核机制，在政策上设计良性的指引机制，缓解内地法院因业绩考核而陷入追求结案效率而忽视程序公正的实务困境；其次，制定监督确立区际民商事管辖权的司法过程的规范性文件和救济制度以规范司法实务，保障当事人的权利被侵犯时（如管辖权异议被不合理驳回）有可救济的途径；最后，通过指导性案例进一步就确立区际民商事管辖权的司法操作进行释明。这样不仅有利于保障内地法院的司法行为按照其内在规律有效运转，也有利于全方面为当事人选择内地法院起诉提供可信赖的法治环境。

四、结论

在区际司法发展的初期，由于区际民商事案件较少以及协调管辖权冲突的法律缺失，内地法院的区际司法实践仍处于探路的阶段。随着区际民商事案件数量的不断增加，内地法院确立区际民商事管辖权的司法行为缺乏司法公信力的问题也逐渐凸显。当事人对不同法域司法公信力的比较与选择不仅是造成区际民商事管辖权冲突的原因，也是内地法院不断树立权威、扩大司法影响力的攻克方向。因此，内地法院需要关注管辖权冲突产生之前的阶段，从当事人不信任其司法判断力与司法说服力入手。一方面充分尊重当事人的程序权利、保障其能够参与司法；另一方面规范内地法院的司法行为、提升自身的硬实力。通过不断优化组合策略，全面提升内地的司法公信力，加强对当事人的诉讼吸引并不断提升中国特色社会主义司法理论在区际司法中的影响力与话语权。

参 考 文 献

[1] 黄进. 中国的区际法律问题研究［M］. 北京：法律出版社，2001：65.
[2] 卞昌久. 审理涉港澳台经济、民事纠纷案件法律适用若干问题的调查报

告[J]. 政法论坛, 1998 (4).

[3] 邵明, 曹文华. 论民事诉讼当事人程序基本权[J]. 中国人民大学学报, 2017 (5).

[4] 戴维·M·沃克. 牛津法律大辞典[M]. 邓正来, 等译. 北京: 光明日报出版社, 1988: 261.

[5] 李拥军. 合法理还是合情理——"掏鸟窝案"背后的司法冲突与协调[J]. 法学, 2017 (11).

[6] 郭玉军, 付鹏远. 当代中国仲裁的国际化发展: 现状、挑战与应对[J]. 武汉仲裁, 2018 (1).

[7] 张淑钿. 粤港澳法律合作二十年: 成就与展望[J]. 法治社会, 2018 (4).

[8] 汪金兰. 涉外民事诉讼管辖协议的效力审查——以我国法院的裁判实践为视角[J]. 武大国际法评论, 2017 (5).

[9] 于飞. 法官自由裁量权与涉台民商事法律冲突的协调和解决[J]. 烟台大学学报（哲学社会科学版）, 2009 (1).

[10] 袁发强. 我国区际民商事司法协助"安排"的缺陷与完善[J]. 法学, 2010 (2).

[11] 李涛, 张莹. 浅析内地与澳门民事管辖权的冲突与协调[J]. 北京航空航天大学学报（社会科学版）, 2005 (1).

[12] 李亚凝. 中国区际私法冲突解决机制[J]. 黑龙江省政法管理干部学院学报, 2010 (8).

[13] 王承志. 我国区际民商事管辖权的冲突与协调——以广东省司法实践为研究对象[J]. 暨南学报（哲学社会科学版）, 2008 (4).

[14] 申亚东. 论中国统一区际冲突法的价值导向[J]. 济南大学学报（社会科学版）, 2004 (5).

[15] 马进保, 吴增光. 《纲要》背景下的粤澳司法合作与示范区建设[J]. 中国刑事法杂志, 2011 (7).

[16] Robert Stein, et al, Panel Discussion: Judicial Outreach Initiatives, Albany Law Review, 1999, 62 (4): 1401 - 1424.

[17] Beverley Mclachlin, Preserving Public Confidence in the Courts and the Legal Profession [J]. Manitoba Law Journal, 2002, 29 (3): 277 - 287.

[18] Pamela Casey, Problem - solving Courts: Malds and Trards [J]. Justice System Jourual, 2005, 26 (01): 35 - 36.

再论我国协议管辖中的"实际联系原则"
——以中国国际商事法庭为视角

赵子翟[*]

摘要：我国《民事诉讼法》中规定，当事人在协议选择管辖法院时应当选择"与争议有实际联系的地点的人民法院"管辖，称为协议管辖中的"实际联系原则"。对于是否应当继续适用实际联系原则，我国学界一直以来争论颇多，迄今未有定论。中国国际商事法庭设立后，由于受到了实际联系原则对管辖权的限制，存在着受案量少且难以通过协议管辖方式受理案件的困扰，与其国际性、包容性、开放性的设计目标不符。应当专门调整中国国际商事法庭的管辖权规则，对双方均为外国当事人的"纯粹的外国商事纠纷"取消实际联系的限制，从而扩大中国国际商事法庭的管辖权。

关键词：协议管辖；实际联系原则；中国国际商事法庭

引言

自 1991 年《中华人民共和国民事诉讼法》（以下简称《民事诉讼法》）中规定了涉外协议管辖可以"用书面协议选择与争议有实际联系的地点的法院管辖"[①] 以来，除了在《中华人民共和国海事诉讼特别程序法》（以下简称《海事诉讼法》）中有特别规定外，"实际联系原则"在我国涉外民事诉讼制度中已经存在了近三十年。在 2012 年《民事诉讼法》的修订中，立法机关将涉外协议管辖与国内协议管辖的条款合并，实际联系原则的表述基本不变。虽然立法机关坚持采用实际联系原则，但在 1991 年至今的三十年中，学界对实际联系原则的质疑之声不断。我们认为，实际联系原则会限制当事人意思自治，也对我国法院行使管辖权不利，故不应一味坚持之，而是应当参考司法工作的最新需求，进行相应的调整。

近年来，为了吸引"一带一路"倡议甚至世界范围内国家的当事人选择我国法院解决纠纷，将我国打造成像英国、新加坡、迪拜一样的"国际商事

---

[*] 赵子翟，清华大学法学院博士研究生．
[①] 《中华人民共和国民事诉讼法》（1991 年）第 244 条．

争端解决中心",最高人民法院设立了中国国际商事法庭。然而,笔者通过对国际商事法庭的运行现状进行分析,认为继续坚持"实际联系原则"不利于国际商事法庭开展工作,应当进行相应的调整。

在上述回顾与分析后,提出"删除实际联系原则"与"对国际商事法庭做出特殊立法规定"两种解决方案,并逐一进行论证,最终形成了"应当对纯粹的外国商事纠纷取消实际联系的限制"的结论。

一、实际联系原则在我国的发展与争论

在国际私法的领域中,实际联系原则既存在于冲突法方面,又存在于国际民事诉讼管辖权方面。前者指的是当事人在合意选择适用的法律时,应当选择与当事法律关系有实际联系的国家的法律作为准据法,否则受案法院有权判定该法律选择无效。这一方面的实际联系原则在我国的冲突法规则中已销声匿迹,也并非本文希望探讨的对象,在此处列明仅做概念辨析之用。而后者则指的是,在涉外民商事活动的当事人协议选择管辖法院时,必须选择与案涉法律关系有实际联系的国家的法院,否则会被法院认定为不具有管辖权而拒绝管辖。实际联系原则在我国的涉外民事诉讼法律制度中长期存在,引发了持续的争论,并在争论中不断发展。

(一)实际联系原则从无到有

我国的民事诉讼立法工作自20世纪80年代开始。在1982年试行版的《民事诉讼法》中就出现了协议管辖的相关内容,但当时仅规定外国的企业和组织之间可以进行协议管辖,也没有规定必须选择有实际联系的法院进行协议管辖。[1] 对此,有学者将其称为一种"特定协议选择",[2] 有的学者甚至直接认为这一版本中根本就没有规定协议管辖制度。[3] 可以看出,在民事诉讼立法的起步阶段,立法者对协议管辖制度本身尚处在摸索之中,对于协议管辖应满足哪些条件的认识更是需要逐步丰富的。1984年的一篇文章就认为"只有当按现行民诉法管辖规定行使管辖权确实不利于当事人的诉讼,不利于人民法院审理案件时,才能按协议管辖确定管辖。也就是其他管辖先于协议管辖"。[4] 这种观念在今天显然不妥,但在当时已属不易。到1989年,有

---

[1] 《中华人民共和国民事诉讼法(试行)》第192条第2款。
[2] 王新民:《略论涉外协议司法管辖》,《法学评论》1986年第2期。
[3] 鲁天文:《建议民事诉讼法增设协议管辖》,《现代法学》1986年第1期。
[4] 陈翠银:《协议管辖初探》,《法学》1985年第3期。

学者开始关注涉外案件的协议管辖问题,并且提出"只要当事人合意选择的法院不违背国家主权原则,不损害内国当事人的合法权益,有益于经济交往的进行,就不必硬性规定当事人只能选择我国法院,而不能选择与案件有联系的他国法院"。①

关于涉外协议管辖的上述观点,很快就体现在我国1991年正式出台的《民事诉讼法》中。该法将国内协议管辖与涉外协议管辖分开规定。对于前者,《民事诉讼法》虽然没有明确指出"实际联系"的概念,但做出了列举式规定,规定当事人只能选择"被告住所地、合同履行地、合同签订地、原告住所地、标的物所在地"的人民法院管辖;② 而对于后者,则明确规定当事人"可以用书面协议选择与争议有实际联系的地点的法院管辖",③ 系首次在我国民事诉讼制度中提出"实际联系"的概念。在立法完成之初,学者们对于这一规定赞赏有加,纷纷称赞其"提供了良好的诉讼法律环境"④"是新法的一个重大突破"。⑤ 但是,随着该法的实施,学者们开始进行反思,"实际联系原则"也伴随着这些争论逐渐发展。

(二) 实际联系原则在争论中发展

1991年《民事诉讼法》实行不久,就有学者对"实际联系原则"提出了与立法者不同的看法,认为如果将当事人协议选择管辖法院的范围仅限于与案件有实际联系的法院,就会影响民事诉讼法"为了使双方当事人能够将其争议提交他们信赖、方便的法院审理,抑制和克服地方保护主义"的目的。⑥ 另有学者认为,要求当事人选择与争议有实际联系的地点的法院管辖,就排除了当事人以合意将直接国际裁判管辖权赋予一个中立法院的可能性,而这是对国际经济往来的发展不利的。⑦

学者们的观点很快反映在了1999年制定的《海事诉讼法》中。《海事诉讼法》是为了保障1993年《中华人民共和国海商法》(以下简称《海商

---

① 白映福:《涉外民事案件管辖权的几个问题》,《法律科学(西北政法学院学报)》1989年第4期。
② 《中华人民共和国民事诉讼法》(1991年)第25条。
③ 《中华人民共和国民事诉讼法》(1991年)第244条。
④ 蔡彦敏:《简析我国新民事诉讼法的特点》,《中山大学学报(社会科学版)》1992年第4期。
⑤ 江伟:《新民事诉讼法的重大突破》,《法学评论》1991年第3期。
⑥ 章武生:《论国内民事案件协议管辖的条件》,《现代法学》1994年第1期。
⑦ 李浩培:《国际民事程序法概论》,法律出版社1996年版,第64页。

法》)实施,履行我国缔结或加入的海事国际公约义务而制定的,① 在该法与《民事诉讼法》有不同规定时,适用该法。② 《海事诉讼法》对当事人的协议管辖做出了特别的安排,即在当事双方均为外国人、无国籍人、外国企业或者组织时,即使我国与该纠纷无实际联系,我国海事法院对该纠纷也具有管辖权。③ 该规定是目前我国民事诉讼制度中对实际联系原则的唯一突破,但仍具有一定的限制:该规定将双方当事人的身份均限定为外国当事人,在一方为中国当事人一方为外国当事人的案件中无法援引此条规定。

虽然该法在突破实际联系原则上做得并不彻底,但仍然受到了大量赞许。学者们普遍认为,该突破是本法中最引人瞩目的制度设计,有利于确立我国海事审判在国际司法领域的地位,体现出我国管辖权立法方面的新思路和新观点,同时为我国海事审判走向世界创造了必要的条件。④

对"实际联系原则"的争论并没有因《海事诉讼法》的出台而停止,反而在 21 世纪愈演愈烈。多数学者主张不应当继续适用实际联系原则,也有少部分学者提出了针锋相对的观点。《民事诉讼法》的协议管辖条款也在争论中迎来了自己的两次修订。

有学者认为,实际联系原则从形式到内容无一例外的过度限制必然使当事人意思自治原则丧失自由,也使协议管辖制度丧失被广泛推广和采纳的吸引力,显然难以吸引当事人使用。⑤ 而有学者则提出反对观点,认为在国际商事交往中,当事人之间的专业知识、经济地位等因素难以做到完全的平等,强势一方可能迫使弱势一方接受其单方选择的法院,而实际联系原则能够对此做到有效的防范。⑥

而在实际联系原则对法院审判工作的影响上,有学者指出了坚持实际联系原则对法院管辖权的益处,认为这样能够避免对我国法院管辖权的不当排除,有利于避免当事人通过规避我国法律适用、拖延诉讼时间、逃避判决执

---

① 蔡鸿达:《海事诉讼特别程序法评述》《法学杂志》2000 年第 3 期。
② 《中华人民共和国海事诉讼特别程序法》第 2 条。
③ 《中华人民共和国海事诉讼特别程序法》第 8 条。
④ 金正佳:《海事诉讼法论》,大连海事大学出版社 2001 年版,第 15 页;蔡鸿达:《海事诉讼特别程序法评述》《法学杂志》2000 年第 3 期;张晓梅:《我国涉外海事诉讼管辖权之研究》《法律适用》2000 年第 7 期。
⑤ 刘力:《中国涉外民事诉讼立法研究——管辖权与司法协助》,中国政法大学出版社 2016 年版,第 118 页。
⑥ 王吉文:《我国涉外管辖制度限制条件的正当性探讨》《武大国际法评论》2011 年第 2 期。

行等方式损害我国当事人潜在的正当权益。① 这一观点又遭到了不同立场的学者的反对，认为各国立法都有专属管辖以及公共秩序保留制度的规定，这些防御性手段足以弥补"非联系"的不良后果。②

除了上述两个最重要的交锋点外，学者们还对实际联系原则提出了其他批评意见，如实际联系原则与解决争议之间并无必要联系；③ 判断实际联系的标准混乱，可操作性差；④ 实际联系原则不符合国际民事诉讼发展潮流与国际公约的要求等等观点。⑤

在持续的争论中，《民事诉讼法》中的协议管辖条款也迎来了两次修订。在2007年《民事诉讼法》修订的过程中，1991年《民事诉讼法》关于协议管辖的两个条款未做内容上的实质变动，仅调整了条文序号，仍然保持了国内诉讼与涉外诉讼分离的立法模式。然而，在2012年《民事诉讼法》修订中，立法者突破了分离立法的模式，将国内与涉外协议管辖合并至第34条，规定为"可以书面协议选择被告住所地、合同履行地、合同签订地、原告住所地、标的物所在地等与争议有实际联系地点的人民法院管辖"，在规定了实际联系原则的同时采取列举的方式说明了实际联系的判断方法。从立法工作的角度看，在本次民事诉讼法的修订过程中，立法机关确实收到了关于扩大协议管辖范围，取消实际联系原则的立法建议。⑥ 但是，更多相关的建议则是关注将国内协议管辖与涉外协议管辖进行合并的问题，对是否继续适用实际联系原则持肯定态度。⑦ 因此，在这一回合的博弈中，仍然是支持实际联系原则的一方占据了优势。

二、实际联系原则限制国际商事法庭受理案件

如果说考虑到维护我国当事人在国际贸易活动中的利益，十年前的立法

---

① 戴曙：《我国涉外协议管辖制度的理解与适用》，《法律适用》2019年第17期。
② 刘力：《我国国际民事诉讼协议管辖中"实际联系"辨析》，《法律适用》2008年第12期。
③ 吴永辉：《论新〈民诉法〉第34条对涉外协议管辖的法律适用》，《法律科学（西北政法大学学报）》2016年第5期。
④ 刘力：《我国国际民事诉讼协议管辖中"实际联系"辨析》，《法律适用》2008年第12期。
⑤ 吴永辉：《论新〈民诉法〉第34条对涉外协议管辖的法律适用》，《法律科学（西北政法大学学报）》2016年第5期；蔡伟：《国际商事法庭：制度比较、规则冲突与构建路径》，《环球法律评论》2018年第5期；张梅：《论中国加入〈选择法院协议公约〉的可行性及必要性》，《政法论丛》2017年第1期。
⑥ 全国人大常委会法制工作委员会民法室：《民事诉讼法立法背景与观点全集》，法律出版社2012年版，第68页。
⑦ 全国人大常委会法制工作委员会民法室：《民事诉讼法立法背景与观点全集》，法律出版社2012年版，第15页、第122页。

者们采取保守态度尚可理解,那么随着近年来"一带一路"倡议的推进,我国涉外民商事司法工作的定位已经发生了重大变化,这其中就以国际商事法庭为最典型的代表。

2018年1月,中央全面深化改革领导小组会议审议通过了《关于建立"一带一路"国际商事争端解决机制和机构的意见》(以下简称《意见》),首次提出"最高人民法院设立国际商事法庭",并指定设立在西安与深圳两地。5个月后,最高人民法院发布《关于设立国际商事法庭若干问题的规定》(以下简称《规定》),正式设立国际商事法庭。虽然我国设立国际商事法庭顺应了国际潮流,① 响应了"一带一路"涉外司法工作的现实需求,② 但国际商事法庭的运行现状却不够理想。笔者认为,对"实际联系原则"的坚持是造成国际商事法庭现状的原因之一。

(一) 国际商事法庭难以通过协议管辖受理案件

国际商事法庭自设立至今已有6年的时间,笔者通过对公开资料进行检索,大致勾勒出了国际商事法庭的运行现状。根据公开信息,国际商事法庭自2018年开始运行至2019年年底共受案13起,而截至目前,国际商事法庭共审结8起案件。③ 上述8起审结的纠纷均为最高人民法院通过提级管辖的方式从下级人民法院获得,随后交由国际商事法庭审理,没有一件是当事人通过协议方式主动选择国际商事法庭管辖的。此外,国际商事法庭正在审理的系列案件"中泰红牛商标案"(共5起)也均为最高人民法院通过提级管辖获得的管辖权。④

由此观之,目前国际商事法庭主要通过提级管辖的方式受理案件,而非当事人的协议管辖。这与国际商事法庭希望吸引当事人选择自己解决纠纷的设计初衷是不相符合的。事实上,为了达到这一目标,《规定》第2条第1款将国际商事法庭的管辖诉讼标的额下限设定为3亿元,而根据2019年5月

---

① 蔡伟:《国际商事法庭:制度比较、规则冲突与构建路径》,《环球法律评论》2018年第5期;吴永辉:《论国际商事法庭的管辖权——兼评中国国际商事法庭的管辖权配置》,《法商研究》2019年第1期。

② 《最高人民法院负责人就〈关于建立"一带一路"国际商事争端解决机制和机构的意见〉答记者问》,http://www.gov.cn/zhengce/2018-06/28/content_5301709.htm。

③ 《最高法院第一国际商事法庭高效审结首批5案》,https://www.court.gov.cn/zixun-xiangqing-213181.html;国际商事法庭网,https://cicc.court.gov.cn/html/1/218/180/316/index.html。

④ 最高人民法院(2018)最高法民辖188号、189号、190号、191号民事裁定书;(2019)最高法民辖27号民事裁定书。

《最高人民法院关于调整高级人民法院和中级人民法院管辖第一审民事案件标准的通知》，高级人民法院管辖诉讼标的额下限为 50 亿元，[①] 也就是说，国际商事法庭作为最高人民法院的一部分，其管辖诉讼标的额下限甚至远低于高级人民法院，对当事人来说可谓是非常有利了。

那么，为什么国际商事法庭面临着上述困难呢？笔者认为，法院的受案情况与其管辖权制度是直接相关的，要想探究受案数量不足的问题，必须从管辖权制度入手，而"实际联系原则"对此产生了重要的影响。

（二）"实际联系原则"对国际商事法庭的影响

国际商事法庭自设立之初，《意见》就要求坚持"共商共建共享原则、公正高效便利原则、尊重当事人意思自治原则、纠纷解决多元化原则"。[②] 学者们对此不断加以深化，确认所谓"共商共建共享原则"就是要突出国际商事法庭的国际性、包容性、开放性，要允许离岸争议选择国际商事法庭作为管辖法院，推进承认执行外国法院商事判决与外国仲裁裁决；而所谓的"尊重当事人意思自治原则"的内涵之一就是要保障当事人协议选择国际商事法庭作为管辖法院。[③] 遗憾的是，实际联系原则在促进国际商事法庭的国际性、包容性与尊重当事人意思自治的要求上略显乏力。

如上所述，国际商事法庭的定位之一是要成为"一带一路"国家间甚至是全球民商事争端解决机构，而这其中不免会出现当事双方均为外国人，案件争议与我国也没有实际联系的案件。有学者认为，如果民商事案件的当事人选择中国法院作为协议管辖法院，但中国法院与案件没有实际联系，那么中国法院无法取得管辖权，而其他国家法院也因已有管辖协议而不行使管辖权。也就是说，这可能会造成国际上的消极管辖权冲突。[④] 很明显，这会促使当事人选择其他不要求实际联系的国际商事争端解决机构进行管辖，对我

[①] 申婷婷：《中国国际商事法庭司法运作的困境与路径——以法律适用和判决的承认、执行为视角》，《河北法学》2019 年第 8 期。

[②] 《关于建立"一带一路"国际商事争端解决机制和机构的意见》，http://www.gov.cn/zhengce/2018-06/27/content_5301657.htm。

[③] 张勇健：《构建公正高效便利的"一带一路"国际商事争端解决机制：中国的实践与创新》，http://cicc.court.gov.cn/html/1/218/62/164/830.html；王承杰：《国际商事争端解决机制的创新与发展》，http://cicc.court.gov.cn/html/1/218/62/164/872.html；张月姣：《中国国际商事法庭的建设的四点意见》，http://cicc.court.gov.cn/html/1/218/62/164/866.html；杨临萍：《"一带一路"国际商事争端解决机制研究》，《人民司法》2019 年第 25 期。

[④] 刘晓红，周祺：《协议管辖制度中的实际联系原则与不方便法院原则——兼及我国协议管辖制度之检视》，《法学》2014 年第 12 期。

国而言更不容易实现所期待的离岸争议解决。

另外，正如许多学者已经指出的那样，通过要求选择与争议有实际联系的法院管辖限制当事人意思自治，不仅在某种程度上有可能使当事人无法选择中立法院管辖，而且还可能使当事人最终无法达成国际商事契约。① 这种在当事人双方有可能认为第三地法院裁判更为中立、公平、合理或者有利于争议的解决的情况下剥夺当事人的选择权的做法并不合理。② 实际联系原则构成了对当事人意思自治原则的限制，削弱了当事人选择国际商事法庭作为管辖法院的可能性，与《意见》中要求坚持当事人意思自治原则有所出入。

综上所述，我国涉外协议管辖中的"实际联系原则"要求虽然不乏合理之处，但从国际商事法庭的设立背景与运行现状来看，对打造一个具有国际性、包容性与尊重当事人意思自治的国际商事法庭仍具有一定影响。笔者认为，现亟须对实际联系原则做出一定调整，从而提升当事人选择国际商事法庭管辖的可能性，完善"一带一路"国际商事争端解决机制和机构的设计。

三、对"实际联系原则"的调整建议

在现行立法模式的基础上，存在两种调整实际联系原则的方案，下面将对着两种方案做简要介绍并进行分析。

（一）删除《民事诉讼法》第 34 条中关于实际联系的要求

具体来说，可将《民事诉讼法》第 34 条修改为："合同或者其他财产权益纠纷的当事人可以书面协议选择人民法院管辖，但不得违反本法对级别管辖和专属管辖的规定。"并相应调整《最高人民法院关于适用〈中华人民共和国民事诉讼法〉的解释》（以下简称《民诉法解释》）第 529 条关于涉外协议管辖的相关规定。

这种调整方案是最为直接、彻底的方法，可以一举放弃我国所有国内与涉外协议管辖中的实际联系要求。但这种调整方案也具有弊端。一方面，在目前存在实际联系原则的情况下，如果我国当事人先在协议中选择了一个与争议完全无关的法域管辖，又来到中国起诉，中国法院会判定管辖协议无效并受理诉讼。考虑到我国企业在"走出去"进行国际商事活动的过程中，很可能遇到较高的法律风险，而由于目前阶段我国最主要的涉外企业以国有企

---

① 刘仁山：《我国批准〈选择法院协议公约〉的问题与对策》，《法学研究》2018 年第 4 期。
② 刘晓红，周祺：《协议管辖制度中的实际联系原则与不方便法院原则——兼及我国协议管辖制度之检视》，《法学》2014 年第 12 期。

业为主，这种法律风险还极有可能造成国家资产受损的严重后果，实际联系原则在一定程度上确实为我国涉外企业避免了陷入交易对手设下的管辖陷阱的风险，有利于保护我国当事人与国家利益。另一方面，由于我国将国内与涉外的协议管辖统一在《民事诉讼法》第34条中做出规定，对于国内协议管辖来说，"一刀切"地删除实际联系原则有可能导致当事人恶意选择无实际联系法院，造成审理工作上的不方便；或是国内案件涌向司法资源相对丰富的地区，造成司法资源挤兑。这两种情况都将导致直接删除实际联系原则后可能为司法工作带来不便。

当然，究其根本原因，还是我国民事诉讼制度将国内诉讼管辖权与国际诉讼管辖权合并规定带来的弊端。众所周知，在国际诉讼管辖权方面，由于不存在统一的管辖权规定，世界各国普遍先扩大管辖权，保证能够管辖到尽可能多的案件，再采取方法进行限制，来实现司法正义和避免司法资源浪费。例如，美国采取"最低联系原则"形成的"长臂管辖"，日本、中国的"可供扣押财产所在地"标准都扩张了管辖权，但它们又通过"不方便法院原则"等灵活地对管辖权进行限缩。在这里，实际联系原则被视作对扩大国际诉讼管辖权的一种阻碍。但是，对于国内民事诉讼来说，法定管辖已经做到了管辖权在地域和层级间的合理分配，法院并没有扩张管辖权的意图和必要性，协议管辖在其中只起到了丰富、尊重当事人选择的作用，而实际联系原则正是限制不合理选择的一种方式。换言之，在国际诉讼管辖权层面，实际联系原则的存在弊大于利，而它在国内诉讼管辖权层面的层面则利大于弊。但是，由于《民事诉讼法》第34条将二者合并进行规定，导致无法通过分类的方法进行讨论和修订，这是我们不赞成径直删除实际联系原则的主要原因。

(二) 对国际商事法庭的协议管辖做出特殊规定

根据上面的分析，直接废除实际联系原则有操之过急之嫌，但国际商事法庭的困境又必须得到解决，这就需要一种特别的制度安排，即通过修改《规定》形成新的司法解释，使当事人协议选择国际商事法庭管辖争议时不需要遵守《民事诉讼法》第34条关于实际联系的规定。这样的特殊规定一方面提升了国际商事法庭的国际性、包容性，凸显国际商事法庭作为国际商事争议解决中心的特殊地位，尊重当事人意思自治，同时能够避免对国内协议管辖制度造成冲击。具体来说，这种调整方法还有两种路径。

第一种路径是完全取消协议选择国际商事法庭管辖时的实际联系要求。

这种路径下，可以将《规定》第 2 条第 1 款的表述修改为："当事人依照民事诉讼法第 34 条的规定协议选择最高人民法院管辖且标的额为 3 亿元以上的第一审国际商事案件，即使我国与该案件无实际联系，国际商事法庭对该案件也具有管辖权。"

现存的各国际商事纠纷司法裁判机构大多数采取此种管辖方法，如迪拜国际金融中心法院和阿布扎比全球市场法院，而新加坡国际商事法院甚至更进一步，把"与新加坡没有实际联系的案件"直接认定为"海外案件"，将"没有实际联系"作为了判断管辖权的要求之一。[①] 诚然，该路径具有一定优点，也与世界立法潮流相符，但如果综合考虑促进当事人选择的自由度和在"一带一路"推进过程中我国涉外企业的利益保护这两个需求，这样的方案似乎能够满足前者，但难以照顾后者。因此，还有相对更保守，且同时能够均衡这两个需求的另一种调整路径。

这种调整路径是以我国《海事诉讼法》关于实际联系原则的规定为蓝本提出的，即部分取消协议选择国际商事法庭管辖时的实际联系要求。可以将《规定》第 2 条第 1 款表述为："当事人依照《中华人民共和国民事诉讼法》第 34 条的规定协议选择最高人民法院管辖且标的额为 3 亿元以上的第一审国际商事案件，在当事双方均为外国籍或无国籍时，即使我国与该案件无实际联系，国际商事法庭对该案件也具有管辖权。"该路径下，涉及中国当事人的案件不能选择无实际联系法院管辖，这能满足对国内企业在涉外商事争端中进行保护的要求，相比于上一路径而言是符合现阶段我国企业需求与利益的。

同时，对纯粹的外国商事纠纷免于实际联系的要求，可以促使信任中国司法水平的外国当事人主动选择中国作为解决争端的地点。根据 2022 年 10 月 28 日最高人民法院关于人民法院涉外审判工作情况的报告，在涉外海事诉讼中，已经有朝鲜、韩国、德国、瑞典等国的当事人在案件与中国没有实际联系的情况下，主动选择了中国作为争议解决地，体现出了外国当事人对我国司法能力的信任。笔者认为，如果国际商事法庭对纯粹的外国商事纠纷取消实际联系要求，会有更多的外国当事人选择我国作为争议解决地，这对我国司法公信力的提高有着不容小觑的作用。

一旦采取这种路径，国际商事法庭将会成为了我国现存的唯一一个能够管辖与我国无实际联系的商事案件的司法机构。结合上述两个因素，国际商

---

① 蔡伟：《国际商事法庭：制度比较、规则冲突与构建路径》《环球法律评论》2018 年第 5 期。

事法庭能够同时保护中国当事人的利益,并吸引外国当事人将纯粹的外国商事纠纷提交到中国进行解决,这对于实现国际商事法庭创建之初的目标有着极大的促进作用。

结语

"实际联系原则"在我国涉外协议管辖制度中由来已久,虽饱受批评,但仍被立法者坚持采用。然而,在"一带一路"大背景下成立的中国国际商事法庭有着国际性、包容性与尊重当事人意思自治的制度要求,却在运行中遇到了受案量不足,当事人缺乏协议选择国际商事法庭作为管辖法院的意愿等困难。

坚持"实际联系原则"是造成国际商事法庭面临困境的主要原因之一,因此提出了两种解决方案,以期满足国际商事法庭设计初衷。在分析这些解决方案后,不宜彻底废除实际联系原则,而应当针对国际商事法庭"特事特办",通过特殊立法的方式解决现存矛盾。最后,在比较了两种特殊立法的路径后,认为应通过司法解释的方式,仿照我国《海事诉讼法》,对国际商事法庭的管辖权进行特别规定:对纯粹的外国商事纠纷取消实际联系的要求,同时保留对具有内国性质的商事纠纷的实际联系限制。这一路径一方面能够扩大国际商事法庭的管辖权,满足国际性、包容性的要求,还能适度地保证当事人意思自治,同时又能保护我国当事人的合法权益,是一举多得的调整路径。

让判决"流通"起来：承认与执行外国民商事判决案件中以推定互惠与系统审查为着眼点的路径规划

周 珍[*]

摘要：2013 年"一带一路"建设合作倡议提出至今，沿线国家与我国民商事交往与纠纷呈正相关增长趋势，外国民商事判决被我国拒绝承认与执行的比率却居高不下，跨境民商事判决在全球范围内的"流通"（international circulation）[①] 成为一个难题。平行诉讼、司法成本非自然上升打击着跨境民商事主体对我国营商软环境的信心，也不利于我国民商事主体在跨境交往中订立法院选择条款的议价权益的实现。本文通过分析内外国法院承认与执行外国民商事判决的案件发现，一方面，我国法院审理该类案件存在互惠理念过于保守被动、审查机制不健全的问题。一是对外国司法不信任，互惠标准严苛，过分依赖条约互惠和事实互惠，全盘否定推定互惠的适用；二是审查机制不健全、审查路径不规范，主要审查判决是否生效、是否违反我国社会公共利益，而对于判决做出国法院是否具有管辖权、审判程序是否正当等情况缺乏全面审查。另一方面，德国、以色列在互惠机制适用上的开放理念，英国、新加坡对审查机制的全局性把握，对于各国之间民商事判决的有序"流通"、司法的良性互动具有借鉴意义。基于上述现实情况，我国法院在审查承认与执行外国民商事判决申请时：一是应增加对外国司法的信任与尊重，积极主动认定互惠关系，以最高院承认与执行外国判决专门工作小组和数据共享平台为支撑，克服适用事实互惠与推定互惠的技术性障碍，向以条约互惠为基础，事实互惠为常态，有条件地适用推定互惠的方向发展；二是构建审查机制思维导图，合理把握审查机制，规范审查路径，统一裁判尺度，提高跨境民商事纠纷解决质效，为国家"一带一路"倡议的实施与推进提供必要的司法保障。

---

[*] 周珍，女，1991 年生，硕士研究生，毕业于中国政法大学国际法学院。联系电话：010－87552690，15699852621，E-mail：dolphinchow@outlook.com。

[①] 海牙国际私法会议 2015 年 11 月完成的《外国判决承认与执行公约建议草案》。

关键词：判决；承认与执行；推定互惠审查机制

Abstract: Since the "Belt and Road" construction cooperation initiative was proposed in 2013, the civil and commercial exchanges and disputes between countries along the Belt and Road have been positively correlated with the growth trend, and the rate of foreign civil and commercial judgments refused to be recognized and enforced by China remains high. International circulation of cross-border civil and commercial Judgments on global scale become a problem. Parallel litigation and the unnatural rise of judicial costs strikes down the confidence of cross-border civil and commercial subjects in China's soft business environment, and is not conducive to the realization of the bargaining rights of Chinese civil and commercial subjects in making court selection clauses in cross-border exchanges. By analyzing the cases in which foreign courts recognize and enforce foreign civil and commercial judgments, this paper finds that, On the one hand, Chinese courts have the problems of excessively conservative and passive reciprocity concept and imperfect review mechanism in handling such cases. First, they distrust foreign judicaries, have strict reciprocity standards, over-rely on treaty reciprocity and factual reciprocity, and completely deny the application of presumptive reciprocity. Second, the review mechanism is not perfect, and the review path is not standardized, mainly to review whether the judgment is effective and whether it violates the social and public interests of China, and the lack of a comprehensive review of whether the court of the country where the judgment was made has jurisdiction and whether the trial procedure is proper. On the other hand, the open concept of Germany and Israel in the application of reciprocity mechanism, and the overall grasp of the review mechanism in Britain and Singapore have reference significance for the orderly "circulation" of civil and commercial judgments and the benign interaction of the judiciary between countries. Based on the above reality, when reviewing applications for recognition and enforcement of foreign civil and commercial judgments, Chinese courts should, first of all, increase their trust in and respect for foreign justice, and actively identify reciprocal relations. With the support of the special working group on recognition and enforcement of foreign judgments of the Supreme People's Court and the data sharing platform, they should overcome technical obstacles in the application of factual and presumptive reciprocity, and adopt treaty reciprocity as the basis. Develop to the treaty reciprocity as the basis, the fact reciprocity as the normal, conditional application of constructive reciprocity direction. At last, build a mind map of the review mechanism, reasonably grasp the review mechanism, standardize the review path, unify the scale of judgment, improve the quality and efficiency of cross – border civil and commercial dispute resolution, and provide necessary judicial guarantee for the implementation and promotion of the national "Belt and Road" initiative.

Key words: Judgment recognition and enforcement, Presumption reciprocity, Review mechanism

引言

我国在振兴"一带一路"经济建设中充当着领头羊的作用，同时又面临着全球对外直接投资下滑、中美贸易战争等挑战。作为发展中国家，如何促进开放，保持经济增长动力，任重道远。让判决在国际范围内"流通"起来①，对于着力加强司法服务保障，为"一带一路"市场主体提供及时有效的司法救济，推动跨境纠纷解决机制的协调与整合，对加快打造市场化、法治化、国际化营商环境，促进经济开放意义重大。2019 年 7 月 2 日，海牙国际私法会议第二十二届外交大会，结束长达 27 年的谈判，通过了《承认与执行外国民商事判决公约》（以下简称《承认与执行公约》）文本，在"一带一路"倡议契机下，从多边主义和共商共建共享理念出发，为国际民商事活动提供更优质、有效、低成本的司法保障提供了国际统一法律制度范本。尽管我国尚未批准加入该公约，但公约符合我国的国家利益和"一带一路"建设的大环境，加入公约是应有之势。然而，目前我国的司法理念和司法实践与之差距较大，因此对承认与执行外国判决的互惠机制与审查路径进行实践、理念和制度层面的探索与创新仍然具有现实必要性。

一、实证分析：我国承认与执行外国民商事判决的现状

（一）导入：严苛的互惠标准与缺失的审查规范

"有条约关系的按条约，没有条约的按互惠原则"——《中华人民共和

---

① 刘力：《"一带一路"国家间法院判决承认与执行的理据与规则》，《法律适用》2018 年第 5 期，第 40 – 46 页。

国民事诉讼法》第281条将互惠原则确定为承认与执行外国民商事判决的基本前提。基于互惠原则形成的互惠关系有两种渊源、三种形式：一是因国与国之间缔结单边或多边条约（如司法协助协议、公约）而形成的条约互惠；二是因司法实践中存在先例而形成的事实互惠和推定互惠（图1）。

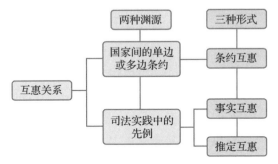

图1　互惠关系的两种渊源，三种形式

条约互惠以签订司法协助协议为前提。目前，与中国签订单边民商事司法协助协议的国家有38个，其中涉及承认与执行条款的仅22个。[1] 事实互惠以判决做出国是否已经存在承认与执行内国法院做出的民商事判决为条件，是一种被动的互惠机制，申请人的举证责任较大。由于与我国缔结民商事司法协助协议的国家数量有限，事实互惠成为法院承认与执行外国判决的主要形式。推定互惠是指根据判决做出国之法律规定，内国法院所作相关民商事判决有得到该国承认与执行的可能性[2]，是对未来能够得到对方国家法院同等对待的信任，是最难把握、最少适用的一种形式。事实互惠与推定互惠是关于"你先给我互惠待遇"还是"我先给你互惠待遇"两种司法理念的博弈。

理论上应该按照条约互惠优先，其次事实互惠，最后适用推定互惠的顺序审查和适用互惠原则。事实上，在我国仅条约互惠和事实互惠得到认可，推定互惠仍躺在理论层面尚未发挥作用。长期以来，司法实践中的态度是适用条约互惠和事实互惠，拒绝推定互惠。最高院关于我国人民法院应否承认和执行日本国法院具有债权债务内容裁判的复函的精神：首先看条约，没有条约看日本法院是否承认与执行过我国法院判决。[3] 此后，我国法院往往参照该复函精神，缺乏条约互惠基础时，严格适用事实互惠，至今还没有适用

---

[1] 数据来源于司法部网站，统计截至2019年9月1日。
[2] 《最高人民法院关于承认和执行外国法院民商事判决若干问题的规定》（征求意见稿）第18条。
[3] 最高人民法院（1995）民他字第17号复函，《最高人民法院公报》1996年第1期。

过推定互惠。

互惠关系明确后,应就判决本身进行审查,分为主动审查和被动审查。主动审查的内容包括判决是否为生效判决、承认与执行外国判决不违反本国的公共秩序和强制性规定,无论被申请人是否对该两项内容提出质疑,法院都需要主动审查。例如,我国法院审查申请认可与执行台湾地区判决时,需主动审查是否符合一个中国原则。被动审查的内容主要包括判决作出国法院管辖权适格及审判程序正当,法院根据被申请人提出的异议启动审查程序。主动审查或被动审查不是绝对的①,如美国某些州对判决做出国法院管辖权的审查更为积极主动。②

《中华人民共和国民事诉讼法》第281条和第282条简略规定了承认与执行外国判决的审查规则,但缺乏实操性的具体规则,司法中也未形成系统明确的裁判标准。

(二)个案:探析我国互惠关系和审查机制的适用情况及弊病

我国法院受理的申请承认与执行外国民商事判决的案例如表1所示。

表1 我国法院受理的申请承认与执行外国民商事判决的案例③

案号	判决作出法院	案由	互惠关系			审查机制				结果
			司法互助协议	事实互惠	推定互惠	判决生效	管辖权适格	程序正当	公共利益	
①(2003)二中民初字第00002号	德国法兰克福地方法院	融资租赁合同纠纷	无	无	未审查	未审查	未审查	未审查	未审查	驳回申请
②(2004)二中民特字第928号	英国高等法院	合同纠纷	无	无	未审查	未审查	未审查	未审查	未审查	驳回申请

---

① 李双利、赵千喜:《论承认和执行外国法院判决申请之司法审查——以中美两国的立法和司法案例为分析对象》,《法律适用》2018年第5期,第24-30页。
② 加利福尼亚州《统一外国金钱判决承认法》第1716条b款第2、3、5、6项,2008年1月开始实施。
③ 表1中①②③④⑤⑥驳回申请的理由是:中国与判决做出国之间无条约互惠、事实互惠。⑦驳回申请的理由是:判决未经我国认可的方式送达,尚未生效。⑧驳回申请的理由是:开庭传票未经请求书方式送达,有损我国司法主权。

续表

案号	判决作出法院	案由	互惠关系			审查机制				结果
			司法互助协议	事实互惠	推定互惠	判决生效	管辖权适格	程序正当	公共利益	
③（2015）沈中民四特学第2号	韩国首尔南部地方法院	合伙协议纠纷	无	无	未审查	未审查	未审查	未审查	未审查	驳回申请
④（2016）赣01民初554号	美国宾州费城法院	产品责任人身损害赔偿	无	无	未审查	未审查	未审查	未审查	未审查	驳回申请
⑤（2017）闽01协外认4号	以色列国耶路撒冷裁判法院	返还欠款纠纷	无	无	未审查	未审查	未审查	未审查	未审查	驳回申请
⑥［2006］民四他字第45号	澳大利亚西澳大利亚最高法院	债务纠纷	无	无	未审查	未审查	未审查	未审查	未审查	驳回申请
⑦［2010］民四他字第81号	德国奥芬堡州法院	债务纠纷	无	未审查	未审查	未生效	未审查	传票未经合法送达	未审查	驳回申请
⑧［2014］民四他字第45号	乌兹别克斯坦塔什干市经济法庭	债务纠纷	有	未审查	未审查	未审查	未审查	传票未经合法送达	未审查	驳回申请
（2013）浙甬民确字第1号	波兰弗罗茨瓦夫上诉法院	国际货物买卖合同纠纷	是	未审查	未审查	已生效	未审查	合法传唤、答辩权	未审查	承认
（2017）宁01协外认1号	阿联酋迪拜初级法院	委托合同纠纷	是	未审查	未审查	已生效	未审查	合法传唤	不违反	承认与执行

续表

案号	判决作出法院	案由	互惠关系			审查机制				结果
			司法互助协议	事实互惠	推定互惠	判决生效	管辖权适格	程序正当	公共利益	
（2015）鄂武汉中民商外初字第00026号	美国加州洛杉矶高等法院	股权转让协议纠纷	无	是	未审查	已生效	未审查	合法传唤	不违反	承认与执行
（2016）苏01协外认3号	新加坡共和国高等法院	买卖合同纠纷	不含承认与执行判决裁定	是	未审查	已生效	未审查	合法传唤	不违反	承认与执行

1. 被动的互惠导向，承认与执行率低

多年来，除了离婚，与之相关的财产分割、子女抚养等争议，我国承认与执行外国民商事判决的案例屈指可数。我国坚持严格的条约互惠和事实互惠：要么两国之间存在司法互助协议，要么申请人举证证明判决做出国已经有承认与执行我国判决的先例，否则不予承认与执行，忽视了推定互惠的意义。更糟糕的情况是，在判决做出国已有承认与执行我国判决的情形下，仍有法院因未能正确把握双方的互惠先例，而未予认可互惠关系，如表2案例④赫伯特·楚西等申请承认和执行美国法院民事判决一案，申请人举证证明湖北高院做出的判决被美国法院承认与执行，该案法官未采信申请人的主张仍坚持认定两国没有建立事实互惠，从而拒绝承认美国法院做出的判决。

过于被动的互惠导向，产生不同程度的后果：一是不利于申请人在他国取得的既得利益的实现，导致重复诉讼，造成诉累；二是削弱我国民商事主体在跨境贸易中订立争议解决条款的议价能力[①]；三是遭到判决做出国的司法报复。上面提到的最高院1995年17号复函，法院以日本没有承认与执行我国判决的先例为由拒绝承认与执行日本法院做出的判决，此后遭到了日本的多次报复，导致我国法院做出的判决多次被日本法院拒绝承

---

① 黄志慧：《我国判决承认与执行中互惠原则实施的困境与出路》，《政法论坛》2018年第36期，第63-76页。

认与执行。①

2. 对互惠关系认定的裁判尺度不一

《中华人民共和国民事诉讼法》及其司法解释关于互惠关系的规定比较抽象模糊："没有缔结或者共同参加国际条约，也没有互惠关系的，裁定驳回申请"。"没有缔结或者共同参加国际条约"易于判断，而对"没有互惠关系"的审查，立法中没有明确，司法中也很难统一。例如，武汉中级人民法院做出的（2015）鄂武汉中民商外初字第00026号裁定书和南昌中院做出的（2016）赣01民初354号裁定书，两案申请人均以美国法院承认与执行我国判决的同一个案例主张两国存在事实互惠，武汉中级人民法院依此认可了互惠关系并裁定承认与执行美国判决；而南昌中院则否认互惠关系，驳回了申请。

3. 审查机制缺乏规范性

首先，对管辖权适格的审查不明确。立法未对管辖权审查做出具体规定，审查依据的不明确，导致实践中忽略了对判决做出国法院管辖权是否适格的审查。最高人民法院起草的《关于承认与执行外国法院民商事判决若干问题的规定》（征求意见稿）（以下简称征求意见稿）中列举了三种管辖权的审查方式②，暂且不论三种准据法孰优孰劣，上述规范尚处于征求意见阶段，在立法缺失的现状下，规范管辖权适格审查亟待司法主体明确认知、统一裁判尺度。

其次，程序正当性的审查不统一。程序正当性主要包括被申请人受到合法传唤、有机会行使抗辩权利等，由于不同国家法律对审判程序的要求不一样，因此审查的难度也会加大。表1列举的案件中，对合法传唤手续的审查参差不齐，有的直接未做审查。程序性审查的偏漏是我国法院处理承认与执行外国判决案件时存在的通病。

最后，立法中仅规定了主动审查的内容，而缺少对被动审查内容的规定或列举，对管辖权适格、程序正当等情况应由法院主动审查抑或是依被申请人的抗辩进行审查未作明确区分，导致法院在审查内容、审查标准上存在任意性。

---

① 冯茜：《日本法院对我国财产关系判决的承认执行问题研究》，《武大国际法评论》2017年第1期，第42–53页。
② 一是以内国法律规定为标准；二是以判决做出国的法律规定为标准，专属于内国法院管辖的除外；三是对不同案件类型列举规定具体的管辖权标准。

表2 外国法院承认与执行我国民商事判决的案例

案例	承认与执行国法院	判决做出法院	互惠关系			重点审查的问题
			司法互助协议	事实互惠	推定互惠	
①湖北葛洲坝三联公司诉罗宾逊直升机公司案	美国联邦法院加州法院	湖北高院	不审查	不审查	不审查	判决的终局性、可执行性,中国是否有管辖权,是否为金钱判决,程序是否正当
②昆山捷安特轻合金公司诉雅柯斯远东私人公司等案	新加坡高等法院	苏州中院	不审查	不审查	不审查	中国法院是否具有国际管辖权、判决是否是确定数额的金钱判决
③刘某诉马某借贷纠纷案	澳大利亚维多利亚州最高法院	南通崇川法院	无	不审查	不审查	判决的终局性,是否为金钱判决,中国是否有国际管辖权
④海顺公司诉赵月娥等民间借贷纠纷案	澳大利亚维多利亚州最高法院	苏州虎丘法院	无	不审查	不审查	送达程序的合法性、中国法院是否具有国际管辖权
⑤德国坦普林公司申请确认仲裁协议无效案	德国柏林高等法院	无锡高新区法院	无	无	√	是否存在互惠关系,中国是否会跟进承认与执行德国判决
⑥江苏海外企业集团公司诉Itshak Reitman返还佣金案	以色列最高法院	南通中院	无	无	√	两国之间是否存在互惠,以色列法院判决在中国被执行的合理可能性

二、比较研究：外国法院承认和执行我国判决的经验借鉴

（一）推定互惠的积极适用

以色列最高法院承认与执行南通中院判决一案（表2中案例⑥）是没有

条约互惠和事实互惠时，积极探索和适用推定互惠的典范。该案法官在判决指出：本案的焦点问题是能否证明在没有国际条约以及中国法院从来没有讨论过执行或不执行以色列法院判决的情况下，以色列法院做出的判决在中国法院被执行的合理可能性。① 他还指出，互惠关系的确认不仅需要考量中国法律制度中关于承认与执行外国判决的倾向，还要重视互惠原则所依据的法律原则是效率、司法和贸易往来的稳定性、促进与外国形成互惠关系的共同愿望，② 这一论述道破了推定互惠原则的内在追求。

德国柏林高等法院法官在承认与执行我国判决（表2中案例⑤）中对互惠原则进行了开放、宽松、礼让的解释，他指出内国法院不能被动等待对方先行承认与执行，否则事实上永远不可能发生互惠。③ 其考虑到中德民商事交往不断发展的情况，如果德国主动迈出第一步，中国有可能会跟进，故承认和执行了我国的判决。德国法院承认与执行我国判决的实践，体现了互惠原则本身中立的含义：对方有承认的可能，④ 而非顽固地坚持对方有承认的先例。

上述两个案例关于推定互惠的探索适用以及确认互惠关系时对相关价值的判断考量，反映了以色列和德国法官对推定互惠原则内涵的精准把握，更体现出加强国际司法合作的积极态度和友好情怀，这是国家之间司法良性互动的开始。中国正在积极打造良好营商环境，与"一带一路"沿线国家的民商事往来频繁，更应该以包容开放的心态强化国际司法合作、加强司法保障，在承认与执行外国判决时积极主动适用推定互惠原则。

（二）审查机制的系统性、全局性

承认与执行外国判决时对争议不作实体审查，为了保障内国司法主权以及被申请人的合法权益，在程序方面则有较高的审查要求。判决具有终局性、管辖权适格、审判程序适当、不违反社会公共利益是目前较为公认

---

① 陈亮，姜欣：《承认和执行外国法院判决中互惠原则的现状、影响与改进——从以色列承认和执行南通中院判决案出发》，《法律适用》2018年第5期，第16-23页。
② 陈洁，肖冰：《"一带一路"背景下承认与执行外国判决中互惠原则适用的变革及建议——以以色列最高法院首次承认和执行我国民商事判决为视角》，《江苏社会科学》2018年第2期，第254-263页。
③ 马琳：《析德国法院承认中国法院民商事判决第一案》，《法商研究》2007年第4期，第150-155页。
④ 刘懿彤：《互惠原则在承认与执行外国判决中作用的再认识——以德国柏林高等法院承认中国无锡中院判决为案例》，《人民司法》2009年第3期，第96-99页。

的审查内容。此外,美国、英国、新加坡等国家要求外国判决为金钱给付判决。形成了一个逻辑严谨、系统全面的审查机制:通过判决的终局性审查确保不会有与之相冲突的判决;审查判决做出国法院对案件管辖权的合法性,以保障判决做出的合法性,也能防止内国司法主权受侵害;审查审判程序的正当性保障被申请人得到合法传唤并给予了陈述意见的权利;要求判决为金钱判决而不是行为判决以保证判决能够得以执行;最后通过审查承认与执行判决对社会公共利益的无损性,以维护内国之国家安全与社会公共利益。

三、理念更新:"松""紧"结合的体系构建

(一)"松"——互惠机制主动化

关于互惠关系的审查,我国仅包含条约互惠和慎之又慎的事实互惠,未涉及推定互惠的适用。这种单向防范、报复的司法态度导致申请人在外国取得的终局判决所赋予的既得利益无法实现,申请人主张权利需要在我国另行起诉,导致重复诉讼、平行诉讼,浪费司法资源,增加诉讼风险和跨境贸易成本,使投资者对我国营商软环境丧失信心。

1. 摒弃旧有的被动消极态度

我们需要改变传统理念,向以条约互惠为基础、以事实互惠为常态、有条件地主动适用推定互惠的方向转变。

首先,应该积极批准加入《承认与执行公约》,扩大条约互惠的适用,使承认与执行外国判决互惠关系的认定便捷化;其次,本着让判决"流通"起来的使命,对事实互惠的审查不能过分严苛,在把握主权原则、公共利益原则的基础上,注重灵活性与突破性,没有充分合理理由,不应该否认与已承认与执行我国判决的国家之间的互惠关系;最后,积极探索和适用推定互惠,国际间的民商事交往是持续的,民商事纠纷也在源源不断发生,两国之间判决的承认与执行不是一次性的互动,而是多次来回地重复博弈。① 如果每个国家都被动等待对方先承认与执行内国判决,国际司法合作将形同虚设,无异于给国际民商事往来高筑壁垒。因此,在没有司法协助协议和事实互惠时,法院应该有先行迈出一步的气度。中国与东盟

---

① 徐崇利:《经济全球化与外国判决承认与执行的互惠原则》,《厦门大学法律评论》2004年第8期,第64页。

国家间《南宁声明》强调了在承认与执行对方国家判决的司法程序中，不存在条约互惠时，如对方国家不存在以互惠为理由拒绝承认与执行本国民商事判决的先例，在国内法允许的范围内，即可推定与对方国家存在互惠关系。① 征求意见稿第17条列举了事实互惠、推定互惠和谅解备忘录等其他司法合作方式。由此可见，《南宁声明》和正在征求意见的司法解释对于互惠关系的认定要求宽松化，在事实互惠的基础上接纳了推定互惠原则。此外，对因我国曾以互惠为理由拒绝承认与执行外国法院判决，而遭到外国法院拒绝承认与执行的报复时，我国应主动采取措施通过司法协助协议、合作谅解备忘录等方式达成共识，化解冤冤相报何时了的困境。

2. 推定互惠并未放弃互惠前提②

美国、新加坡等普通法国家立法和司法实践都不以互惠关系作为承认与执行外国判决的前提③，并不拘泥于国家司法主权利益，而是将审判的核心放在双方当事人私人利益的平衡上，这种博大胸怀和包容态度值得我们学习，但互惠制度对于维护司法主权具有特殊价值，我们不能全盘否认，美国、新加坡的做法并不符合我国实际。推定互惠并未放弃互惠前提，因此需要对判决做出国做两个方面的审查：一是依据该国法律，我国做出的类似判决具有被承认与执行的可能性；二是审查该国司法环境的包容性。另外，被申请人也可以提供判决做出国曾经以互惠为理由拒绝承认与执行我国民商事判决的案例证明不可适用推定互惠。

（二）"紧"——审查机制系统化

是否承认与执行外国民商事判决涉及申请人、被申请人的私人利益与国家利益两个维度，互惠关系的认定标准与审查机制的路径选择正是平衡两方面利益的两把利器，两个维度不是你进我退、此消彼长的关系，而是作为一个不可分割的有机体共同发挥司法机能，综合实现涉外民商事判决有序"流通"。一方面，在互惠关系的认定标准上，不能盲目强调司法主权利益，应该采取宽松开放的方式，积极适用推定互惠，保障申请人已取

---

① 中国新闻网：第二届中国-东盟大法官论坛通过《南宁声明》，2017年6月8日。
② 杜涛：《推定互惠关系促进"一带一路"诉讼纠纷解决》，《人民法院报》2017年6月15日第002版。
③ 龙湘元：《中国法院判决在美国执行情况的实证研究》，《长安大学学报（社会科学版）》2012年第4期。

得生效判决的既得利益，避免重复诉讼，提升两国司法效率；另一方面，互惠关系认定标准宽松化后，承认与执行外国判决的前提易于满足，但国与国之间程序性立法和司法上存在明显的差异，故在程序方面需作系统化审查，全面严格把握，以确保该判决取得的合法性、被申请人权利的必要保护，以及承认与执行该判决对内国司法主权、社会公共利益的无损性。

1. 区分审查要素启动主体

考虑到效率与公平两大价值取向、国家利益与个人利益两个维度的平衡，系统化审查首先要作法院依职权主动审查与依被申请人主张被动审查的区分。首先，涉及判决性质认定、司法主权利益的，应由法院依职权主动审查，包括外国判决是否生效、是否属于金钱判决、是否有损于社会公共利益、是否构成内国法院专属管辖等，无须当事人举证，但应该给予双方就上述要素进行辩论的权利。其次，管辖权适格、程序正当性等关于被申请人诉讼权利保障方面，应依被申请人的主张启动审查程序，并由被申请人承担证明责任。

2. 管辖权适格审查的双维度

管辖权适格是一国法院受理案件并做出有效判决的基本前提。我国缔结的公约和大部分司法协助协议中，明确规定了外国法院没有管辖权，属于不予承认与执行外国判决的情形。但是，我国立法中缺乏上述规定，亟待在立法上明确管辖权审查条款，在缺乏司法协助协议时，引导法院对判决做出国法院管辖权的适当性进行审查。无论是立法还是司法都应该注意管辖权适格性审查启动的双维度性。

首先，管辖权适格审查启动主体的双维度。一方面国际管辖权的行使影响冲突法、准据法的适用，直接影响双方当事人利益，故在被申请人对判决做出国法院的管辖权提出质疑并初步举证时，法院可被动启动对管辖权适格的审查；另一方面，即便依判决做出国法律该国依法享有管辖权，若涉及我国专属管辖的，或者该国行使管辖权可能对我国司法主权构成侵害的，法院可以主动审查并对该判决做出国管辖权的适格性做出否定性评价，如《承认与执行公约》第 6 条明确对不动产物权专属管辖，只有不动产所在地法院所作判决才能得到承认与执行。

其次，审查方式和准据法的双维度。有的国家依据内国法判断外国法院是否享有管辖权，有的国家则依据判决做出国法判断其是否享有管辖权，也有国家采用列举管辖权条款方式。① 第一种模式便于查明法律、方便适用，但存在将内国法律强加于外国判决程序合法性判断的嫌疑；第二种模式从判决做出国法的角度审查外国判决具有合理性，但外国法的查明和适用难度较大。《承认与执行公约》第 5 条采用了列举方式确定管辖权基础，建议我国借鉴第三种模式，在内国立法及双边司法协助条约谈判时，通过对不同案件不完全列举管辖权规定统一国与国之间的管辖规则，从而便于在承认与执行外国判决时管辖权正当性的审查。②

3. 灵活有度的审判程序审查

审判程序适当性审查主要保障双方当事人的诉讼权利，确保判决的公正性。《中华人民共和国民事诉讼法》司法解释第 541 条规定对外国法院缺席判决的，要求申请人提交外国法院已经合法传唤被申请人的证明文件；《承认与执行公约》第 7 条、我国签订数个双边民商事司法协助协议也列举了拒绝承认与执行的事由包括：败诉当事人未经合法传唤、没有得到适当代理、被剥夺答辩的可能性等。③

对于当事人受到合法传唤、获得适当代理、给予当事人合理陈述与辩论的权利、诉讼材料依法送达等程序问题需灵活把握，并依被申请人的主张与举证被动审查。例如，对传唤当事人、裁判文书的送达手续的审查需分情况讨论。一种情况是向判决做出国境内的当事人送达的，应该宽松把握，申请人证明其符合该国法律规定的送达手续即可；另一种情况是判决做出国法院向在我国境内的当事人送达时，不得违反我国法律关于送达的强制性规定，依据《中华人民共和国民事诉讼法》第 284 条之规定，基于司法主权的考量，送达应依据条约或者外交途径，外国法院不可向我国境内当事人进行直接送达或者邮寄送达。例如，2014 年最高院就浙江高院应否承认与执行乌兹别克斯坦法院做出的判决的复函表示，尽管传唤送达手续符合乌兹别克斯坦的法律规定，但乌兹别克斯坦法院直接向我国境内的法人邮寄送达开庭传票不符合我国关于送达程序的强制性规定，有损我国司法主权，依据《中乌司法协助协议》属于未经合法传唤，存在程序瑕疵，因此对该判决不予承认

---

① 沈红雨：《外国民商事判决承认和执行若干疑难问题研究》，《法律适用》2018 年第 5 期，第 9 - 15 页。

② 李双利，赵千喜：《论承认和执行外国法院判决申请之司法审查——以中美两国的立法和司法案例为分析对象》，《法律适用》2018 年第 5 期，第 24 - 30 页。

③ 乔雄兵：《外国法院判决承认与执行中的正当程序考量》，《武汉大学学报（哲学社会科学版）》2016 年第 5 期，第 98 - 104 页。

和执行。①

四、实操建议：为承认与执行外国判决搭建平台、规划路径

（一）搭建外国民商事判决承认与执行平台

外国判决承认与执行平台工作机制效果如图2所示。

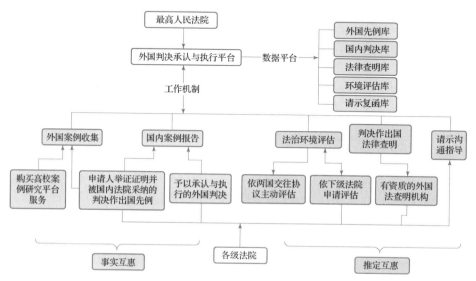

图2 外国判决承认与执行平台工作机制效果

以条约互惠为基础、事实互惠为常态、有条件地适用推定互惠的理念面临着诸多的现实障碍：一方面，认定事实互惠，审查判决做出国有承认与执行我国判决之先例需要花费较高的时间成本，与法院案多人少的现实矛盾不相适应；另一方面，法院办案人员水平参差不齐，判断依判决做出国法律我国判决有被承认与执行的可能性，适用推定互惠的技术性难度可想而知。因此，建议最高院牵头成立一个判决承认与执行的专门小组，主管审查承认与执行外国判决的技术工作，就事实互惠的审查，构建外国案例收集与内国案例报告机制，降低判断事实互惠的难度；就推定互惠的适用，建立判决作出国法律查明机制、外国法治环境评估机制、请示沟通机制，在判决做出国没有承认与执行过我国判决时，通过查明外国相关立法及法治环境包容性，评估该国在未来跟进承认与执行我国判决的可能性，降低推定互惠适用的技术

---

① 最高人民法院［2014］民他字第9号复函，《最高人民法院公报》2014年第3期。

性难度。除此之外，在以上五项机制运行同时，配套搭建数据平台，整合社会资源，形成长效共享机制。具体建议如下。

(1) 建立外国案例收集机制，依托最高院的调研平台和对外交往能力，收集其他国家承认与执行我国判决的案例并向各法院公布，降低法院认定事实互惠的成本，避免因信息障碍导致外国法院已经承认与执行我国判决时，该国判决仍被拒绝承认与执行的情况，提高认定事实互惠的准确性。外国案例的来源主要包括两个方面：一是个案中申请人提交且被采纳的判决做出国承认与执行我国判决的先例；二是可以与高校开展案例检索与研究合作或直接购买高校案例研究平台成果。

(2) 建立国内案例报告机制，各级法院应在结案后 7 个工作日内通过数据共享平台报送承认与执行外国民商事判决的裁判文书，以事实互惠承认与执行外国判决的，还应该以附件形式报送相应的外国法院承认与执行我国判决的先例。

(3) 建立法治环境评估机制，对"一带一路"沿线国家及其他与我国民商事交往频繁的国家法治环境的包容性及将来承认与执行我国法院判决的可能性进行评估，为各法院适用推定互惠原则提供参考。法治环境评估报告可由专门工作组委托具备评估能力的机构或团队提前做出，以备查询参考；也可依据地方各级法院的申请启动评估，并在 30 个工作日内反馈评估情况。

(4) 建立判决做出国法律查明机制，就判决做出国法律关于互惠的规定，根据各级法院的请求，专门小组可以向有资质的外国法查明机构购买查明服务。但是，已经有该国法治环境评估报告的应该优先参考，以免浪费司法资源。

(5) 专门小组请示沟通机制，为提高司法效率，打破层级报请制度，各级法院在认定事实互惠与推定互惠中存在分歧或疑惑时，可以直接与专门小组建立联系，请求其给出指导建议。

(6) 搭建数据平台，长效共建共享，以上述五项机制为依托，搭建数据共享平台，将外国先例、国内判决、查明的外国法律、法治环境评估报告及请示复函，分门别类，以备查用。

(二) 法院审查承认与执行外国民商事判决案件的思维导图

就申请承认与执行外国民商事判决的案件建议参考如下思维导图进行审查（图3）。

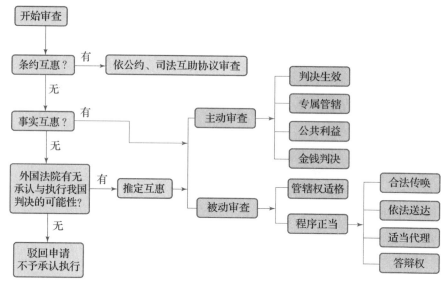

图 3　承认与执行外国判决的审查路径

结语

经过近 30 年努力,《承认与执行公约》文本终于达成一致,证明了互惠原则可以满足各国追求效率、促进司法和贸易往来稳定性的愿望。在民商事私法领域,不能过分强调国家主权而采取保守态度,应以理性的目光审视共同利益,考虑承认执行或者拒绝承认执行外国判决带来的影响,在合理范围内弱化互惠关系的认定标准,在缺乏条约互惠、事实互惠时,发挥推定互惠的积极作用,促进判决在国家之间的流动,减少不必要的平行诉讼,进一步消除资金、货物、人员等跨国流动的法律障碍。① 同时,深化系统化程序审查的认识,松紧有度,既作横向全面审查,又要纵向灵活适度把握,以避免承认与执行外国民商事判决对内国司法主权、公共利益和被申请人利益的侵害。

---

① 何其生,张霞光:《承认与执行外国法院判决的博弈分析》,《武大国际法评论》2017 年第 1 期,第 34 – 52 页。

跨国代孕亲子关系认定法律适用问题研究

刘奕麟[*]

摘要：禁止代孕的法律规定已无法解决因跨国代孕日渐增多的法律纠纷。涉外审判纠纷的关键在于代孕儿童亲子关系的认定，解决跨国代孕亲子关系的认定问题，必须进行准据法的选择，这需要根据跨国代孕的分类与实施过程，分析其牵涉的法律关系，承认当事人签订的代孕协议的国家可依据意思自治原则对跨国代孕协议进行法律选择。对于不承认代孕协议效力的国家，往往基于公共政策保留和传统的涉外亲子关系认定的准据法进行法律选择与适用。这种落后的法律适用方式无法切实保护代孕儿童的利益，因此在进行亲子关系认定法律选择的过程中必须坚持儿童利益最大化原则。在此基础上平衡个人利益、国家利益与社会利益，不能盲目地适用公序良俗原则与公共秩序保留的理论，回避亲子关系认定的法律选择问题，兼顾法律的稳定性与个案的公平才能最大程度地实现对子女最佳利益的保护。

关键词：跨国代孕；亲子关系；准据法；代孕协议；儿童利益最大化

Abstract：The legal provisions prohibiting surrogacy can no longer solve the increasing legal disputes arising from transnational surrogacy. The key to foreign trial disputes lies in the determination of paternity of surrogate children, and to solve the problem of the determination of paternity of transnational surrogacy, it is necessary to choice a Proper Law, which needs to be based on the classification of transnational surrogacy and the implementation of the process of analyzing the legal relationship involved, and recognizing the surrogacy agreement signed by the parties to the country may be based on the principle of autonomy of the principle of transnational surrogacy agreements to make a choice of law. For countries that do not recognize the validity of surrogacy agreements, the Lex Causae and its application are often based on public policy reservations and the traditional law

---

[*] 刘奕麟，吉林大学法学院博士研究生。

applicable to the determination of foreign paternity. This backward way of applying the law can not effectively protect the interests of the surrogate child, therefore, in the process of paternity determination of the choice of law must adhere to the principle of maximizing the interests of the child, on this basis, balancing the interests of the individual, the interests of the state and the interests of the community, can not blindly apply the principle of public order and good morals and the theory of public order reservation, avoiding the paternity determination of the Lex Causae problem. While taking into account the stability of the law, it is necessary to fully guarantee the fairness of individual cases, so as to maximize the realization of the protection of the best interests of the child.

Keywords: transnational surrogacy; parent – child relationship; Lex Causae; surrogacy agreement; maximization of the child's interests

一、由跨国代孕引发的法律选择问题

目前,学界主要从社会学、道德伦理和法律规制等方面对代孕问题做出了比较详尽的研究,但有关代孕的亲子关系的研究较为稀少,针对跨国代孕引起的亲子关系认定法律选择问题的研究,还未受到我国学术界研究的重视。然而,鉴于国际间交往的日益频繁,跨国代孕案件的日益增多,对代孕儿的亲子关系问题如何进行法律选择不但需要理论支撑,更是司法实践需要直面解决的实际问题。

自20世纪70年代以来,代孕现象和它引发的子女身份认定、监护权之争便已成为英美国家热议的社会话题,代孕虽不同于IVF(in vitro fertilization,体外受精又称试管婴儿)能够在全球范围内得到广泛的认可。但是,作为一个近几十年才逐渐兴起的生育方式,它正以惊人的速度,在全球范围内迅速扩散。① 商业代孕技术更是以全球为单位的同性恋者、单身人士、不孕不育

---

① 间接数据:例如,以色列有关部门在2009年处理了12起案件,在2012年则处理了128个案件(增长率高达967%);澳大利亚移民局在2009年至2012年发现了大约430起"涉外跨国代孕案件",曾有澳大利亚律师称,在2008年他为两个跨国代孕案件提供了法律服务,但在2012年他却处理了100个类似案件,到2013年还在不断增加;英国这一领域的四位主要专业律师称,2009年他们处理了3个案件,2012年增长到90个,到2013年年中,已达到104个;此外,美国、德国和法国的有关从业者或机构提供了类似的数据,这些数据都在逐年增长。详见 HCCH, A STUDY OF LEGAL PARENTAGE AND THE ISSUES ARISING FROM INTERNATIONAL SURROGACY ARRANGEMENTS, PRELIMINARY DOCUMENT No. 3C, 2014。

患者以及其他个人或者夫妇为主体展开跨国服务网，蕴含蓬勃商机的跨国代孕市场逐渐形成。

世界各国（地区）法律对待代孕的态度有所不同，虽然跨国代孕已经在世界范围内逐步蔓延开来，但是许多国家针对代孕的立法仍是一片空白。有些国家明文规定绝对禁止代孕，如中国、日本、意大利、法国、德国、波兰。其中，德国于1989年12月开始施行修正后的《收养介绍法》，该法还专门增加了禁止代孕中介机构实施与代孕有关行为的规定。[1] 还有一些国家仅允许非营利性的代孕，又称为禁止商业代孕。例如，加拿大、越南、英国、澳大利亚，其中英国更是欧洲少数允许代孕的国家之一，其于1985年颁布了世界上最早的代孕法案《代孕安排法》并于该法第2（1）节规定了禁止商业性代孕的规定。[2] 与此同时，还有相当一部分国家对代孕采取完全放开的态度，比如乌克兰、印度、泰国、南非以及美国加利福尼亚州、伊利诺伊州和内华达州等[3]，在印度，生殖医疗旅游已经发展成为其特色产业，其不仅允许无偿代孕也允许商业性质的代孕。[4] 因此，人们称乌克兰、印度、美国为著名的"跨国代孕天堂"。

除了跨国代孕本身存在的涉外性，法律冲突产生的重要原因为：各国针对代孕立法规定上存在差异。目前，世界各国对代孕的实体法规定主要有三种立法态度：肯定说、否定说、混合说。肯定说的代表为英国[5]、乌克兰、

---

[1] Gossl, Susanne Lilian, The Recognition of a Judgment of Paternity in a Case of Cross-Border Surrogacy under German Law [J]. Varia Cuadernos de Derecho Transnacional, Vol. 7, Issue 2 (October 2015), pp. 448–465.

[2] Kriari Ismini; Valongo Alessia. International Issues regarding Surrogacy [M]. Italian Law Journal, Vol. 2, Issue 2 (2016), pp. 331–354.

[3] Charo, R. Alta. 在其文章"Legislative Approaches to Surrogate Motherhood"（1988）中：采用数据统计分析的方法，对美国不同州的法律规定进行整理，因为美国并没有在联邦层面上专门出台代孕规制的法案，已有的法案如《统一亲子地位法》也仅具有建议性质，缺乏在各州自动实施的效力。Charo教授在其文章指出，美国只有17个州对代孕做出了规定，其余34个州在是否允许代孕问题上态度模糊，其中如加利福尼亚州、佛罗里达州、新泽西州等通过司法判例的形式承认代孕不违法。

[4] Smerdon, Usha Rengachary, Crossing Bodies, Crossing Borders: International Surrogacy between the United States and India [J]. Symposium: The Baby Market, Cumberland Law Review, Vol. 39, Issue 1 (2008–2009), pp. 15–86.

[5] 英国是世界上首例体外受精婴儿成功诞生的国家。英国对代孕协议的立法走在世界前列，英国政府于1985年、1989年分别颁布了《代孕协议法》和《人工生殖与胚胎研究法》，加强对代孕等人工生殖方式的法律规制，但英国对商业代孕是禁止的，只允许无偿代孕。

泰国、印度①；持否定说的国家主要有德国②、法国、日本③、澳大利亚；采混合主义的国家主要为美国，美国作为典型联邦制政体，各州均享有独立的立法权，各州可根据其价值取向、实际情况的不同，做出不同的法律规定。如华盛顿州、肯塔基州、犹他州、哥伦比亚特区等认为代孕行为违法，不承认双方签订代孕协议的效力。而像加利福尼亚州、密歇根州等却认可代孕的法律效力，代孕协议效力的认定需要召开听证会经过司法批准。④ 这种实体法规定上存在的差异，使法官审理跨国代孕案件时因当事人主体或行为涉外，面临着法律冲突，而解决这种法律冲突的关键在于运用什么样的标准进行法律选择。本文的研究意义在于明确跨国代孕亲子关系认定法律选择的标准。明晰实体法与冲突法的界限，有针对性地解决跨国代孕亲子关系认定准据法适用问题。

如图1所示跨国代孕行为的实施过程可以被拆分为四个层面的法律关系：包括婚姻家庭法律关系、合同法律关系、侵权法律关系、亲权法律关系四个方面。首先，婚姻家庭法律关系方面的冲突法问题主要涉及委托夫妇代孕行为的效力，委托夫妇是否能够共同或分别代孕，属于当事人婚姻关系的法律选择问题，而当事人的婚姻关系主要适用当事人共同的属人法⑤来进行调整，第二层法律关系是代孕合同法律关系，跨国代孕亲子关系认定的过程中，亲子关系认定法律选择问题在某些层面会转化成代孕协议准据法的选择问题。这种情形为：允许当事人对代孕协议进行法律选择的国家，当事人依照意思自治协议选择法律，当事人没有选择的再按照最密切联系原则确立适用哪国法律；对于不允许当事人对代孕协议进行法律选择的国家来说，通常以代孕协议违背该国公共政策为由拒绝适用外国法。对于这些国家来说，只能依照亲子关系认定的准据法来确定代孕儿与法定父母之间的亲权关系。但是，依

---

① 在印度，代孕的成本很低且法律很灵活。一般来说，在美国代孕的成本是5万~8万美元，而在印度，委托人通常只需要支付1万美元即可。2008年，印度最高法院在"曼吉案"（Manji's case）中认为，商业代孕在印度是被允许的。这直接导致了商业性代孕在印度的盛行。
② 德国1989年《收养介绍法》禁止一切行为的代孕，并对非法代孕做出刑事处罚的规定。1991年，《胚胎保护法》颁布，指出非法代孕滥用和乱用代孕技术的危害性，对于非法代孕以刑法予以严肃处置。
③ 日本政府尽管并未对代孕规制进行明确立法，但日本医疗辅助生殖协会反对任何形式的代孕；而在最高法院的司法判例中也否定了代孕协议的效力，从而以判例的形式不承认了代孕的合法性。
④ 苏永鹏：代孕协议法律问题研究 [D]. 武汉：华中师范大学，2011：10.
⑤ 《奥地利联邦国际私法》第18条第1款规定：婚姻的人身效力依配偶双方共同的属人法；《瑞士联邦国际私法》第48条第1款：婚姻的效力适用配偶双方共同的住所地法。我国《法律适用法》第23条：夫妻人身关系，适用共同经常居所地法律。

照我国最高人民法院《关于适用〈中华人民共和国涉外民事关系法律适用法〉若干问题的解释（一）》的规定①，我国实际上禁止当事人对代孕协议进行法律选择。第三层法律关系是侵权法律关系。传统的国际私法通常依据侵权行为地法作为处理侵权案件的准据法，进入20世纪90年代以后有部分国家，开始重叠适用侵权行为地法与法院地法。直到美国的《第二次冲突法重述》第145条确定了最密切联系原则来解决侵权法律选择问题，随后这一原则被许多国家借鉴。②因此，针对侵权问题，准据法的选择会依照侵权行为地法来确定当事人所应适用的法律。而第四层亲权法律关系，如何进行跨国代孕亲子关系认定的法律选择将直接影响案件实体结果的焦点。传统的国际私法通常适用属人法来判断儿童亲子关系认定所应适用的法律，但跨国代孕亲子关系涉及的主体数量更多，其牵涉的法律关系、法益纠纷更复杂。依照传统亲子关系认定法律选择方法适用于跨国代孕问题的亲子关系认定并不科学合理，这极有可能侵害代孕儿权益。在对跨国代孕亲子关系认定做出法律选择的判断时，首先对涉案的法律关系进行识别，再依据冲突规范的指引选择法律。解决亲子关系的归属是大多数跨国代孕案件中最核心的争议焦点，可以运用意思自治原则来确定准据法，从而使当事人的权益得到充分的保障。

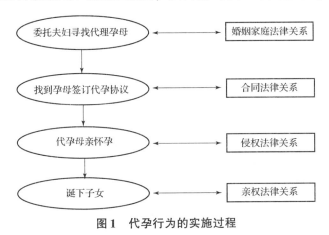

图1　代孕行为的实施过程

---

①　最高人民法院关于适用《中华人民共和国涉外民事关系法律适用法若干问题的解释（一）》第六条规定："中华人民共和国法律没有明确规定当事人可以选择涉外民事关系适用的法律，当事人选择适用法律的，人民法院应认定该选择无效。"

②　《奥地利联邦国际私法》第48条规定：非契约损害的求偿权适用损害行为地国家的法律，但若所涉当事人与另一国家的法律联系更密切时，适用该国法。

二、跨国代孕协议涉及的公共秩序保留问题

在跨国代孕案件的纠纷中，许多禁止代孕的国家通常认为如果允许当事人协议选择法律，便会与该国的公共秩序相抵触，从而直接否认代孕行为和代孕协议的法律效力。例如，日本、瑞士、德国、法国等国，他们往往通过公共秩序否认代孕协议的法律效力，甚至直接否认委托夫妇本已取得代孕儿亲权的出生地判决。拒绝承认委托夫妇为代孕儿的法定父母，也拒绝承认代孕儿的公民身份。而对代孕持允许态度或有限开放态度的国家通常将儿童最佳利益原则视为公共秩序的一部分，如英国、美国加利福尼亚州等，从而不完全否认代孕协议的效力，以对代孕儿成长最有利为标准，确认他的法定父母并给予他公民身份。

《德国的民法施行法》将公共秩序保留的衡量标准界定为：①外国法的适用会导致与德国法的目的相违背；②外国法的适用会导致背离德国的善良风俗。① 德国联邦法院在规制代孕的法律出台前，对于代孕案件均以违反德国的基本立法精神而判定代孕协议无效。《德国民法典》第134条规定：违反禁止性法令的行为自始无效。

英国法院对于跨国代孕亲子关系的承认时，在拒绝承认外国法时充分考量三个条件：①从禁止对象上考察外国法的立法目的；②外国法的适用是否会对英国公共秩序造成危害；③外国法的适用是否会影响英国的道德、经济和政治原则。法官在判决时也充分考虑到了代孕子女作为独立的权利主体，法律要对他们的合法权益要予以充分的保护，法院做出的拒绝承认外国法院关于委托父母与代孕子女亲子关系认定的判决时，不能损害代孕子女的合法权益。② 欧洲人权法院认为，虽然禁止代孕的国家不承认外国法院做出的委托父母与代孕子女亲子关系的认定，但是如果委托父母一方与代孕子女之间存在生物学上的基因联系时，法院不能做出侵犯《欧洲人权公约》第8条：尊重儿童个人生活的权利的判决。③ 欧洲人权法院将对自然人家庭及私人生

---

① 何阳：公共秩序保留原则下涉外同性婚姻的效力认定问题研究［D］. 广州：华南理工大学，2018：17.
② Noel P. Keane, Legal Problems of Surrogate Motherhood, 5 S. Ill. U. L. J. 147（1980）pp. 373 - 396.
③ 《欧洲人权公约》第8条第1款规定："人人有权享有使自己的私人和家庭生活、家庭和通信得到尊重的权利。"

活权利基本人权的保护与儿童权利的维护作为公共秩序的考量因素。①

　　法国最高法院在 2007 年的 Cornelissen 案中确立了公共秩序保留三个判断标准：①案件与外国法院联系不充分；②存在法律规避的情形；③代孕儿的身份权不得让与。随后，法国最高法院据此拒绝承认了关于跨国代孕儿童的法定父母在美国法院的判决。在这一案件中，法国的委托父母分别通过代孕在美国加利福尼亚州和明尼苏达州生育了两个代孕儿，并分别在该州通过判决确定了与孩子的亲子关系。随后，委托父母为了给代孕儿办理法国公民身份向法国领事馆请求执行美国法院的判决。法国领事馆为代孕儿办理了法国公民身份登记。但是，法国政府随后撤销了这些登记的效力，政府认为美国法院的判决违反了法国的公共秩序。随后，法国最高法院接受了法国政府的诉请，判定了这些登记无效。法国最高法院认为：根据法国的法律，跨国代孕协议违背了公共秩序中个人身份不能作为私人协议的客体的原则。即使依据外国法，该协议是有效的，但其因为违反《法国民法典》的基本强制性规则而无效。②

　　从上述不同的国家对公共秩序所作的规定和在具体案件中的适用来看，并不是所有的国家对公共秩序和公共利益都有明确的界定标准，当然，因为公共秩序本身就是一个仍在发展的概念，它与社会与时代的进步程度息息相关。从上述分析中可以看出公共秩序所包含的共同点：法院地的公共利益；法律的目的和基本原则；社会善良风俗；伦理道德；父母对子女的抚养监护义务；儿童利益的保护。只不过对于代孕采禁止态度的国家认为适用承认代孕协议法律效力国家的法律会对社会风俗、传统伦理道德产生不良的影响和示范效应，因而排除对代孕协议进行法律选择从而直接适用本国法。而英美法系国家在代孕问题上，将儿童利益的保护纳入公共秩序界定标准之中，在综合衡量道德伦理、社会风俗时更注重对代孕儿利益的保护。

　　《中华人民共和国涉外民事关系法律适用法》第 5 条规定："外国法律的适用将损害中华人民共和国社会公共利益的，适用中华人民共和国法律。"但是，对公共利益的界定标准却没有明确的法律条文对之进行规定。上面已经提到在我国法院审理代孕案件的司法实践中，法官通常直接援引第 5 条或

---

　　① 王艺：外国判决承认中公共秩序保留的怪圈与突围——以一起跨国代孕案件为中心 [J]. 法商研究, 2018, 35 (1): 170 – 181.
　　② 余提：各国代孕法律之比较研究 [M]. 北京：中国政法大学出版社, 2016: 40.

公序良俗原则直接否认代孕协议的法律效力。在林某与冯某等代孕合同纠纷案①中，法官认为：当事人之间的代孕协议违反社会公德，扰乱社会经济秩序，所以损害了社会公共利益，因而认定当事人之间的合同无效。在靳某与杨某、广州现代医院有限责任公司代孕合同纠纷案②中，法官审理意见为：靳某与杨某签订的《亲子宝贝代孕网包性别协议》，因约定的代孕事项有违我国民法上的公序良俗原则，亦有损社会公共利益，故该协议应属无效。从上述案例中可以看出，目前在实务中我国法官，往往通过公序良俗原则，直接否认代孕协议的效力。③ 我国法院在对代孕纠纷进行审判时因代孕行为违背了基本的公序良俗和社会公共利益，因此认定代孕行为自始无效。④

但是对公序良俗原则究竟应如何解读，却并没有一个固定的标准。因为公序良俗的内容离不开人们长久以来所积累的行为、习惯、思想观念的积淀，也可以说它是一种"社会共识"。曾有调查数据（由湖北省社会科学研究院、长江商报、腾讯大楚网以及武汉荣泽企业公司联合开展的网上调查数据）表明：仅有15.52%的被调查者认为代孕违反人伦并应予禁止，而认为应当实行代孕的被调查者高达54.02%。⑤ 因此，代孕行为的实施并不必然违法社会共识，毕竟人们进行代孕的初衷买卖的不是孩子，婴儿本身不是商品，而是希望获得对于无法怀孕的弱势群体，给予新生命以抚养与关爱。并且，每个人的身体权以及生育权由其自主支配，代孕母亲当然不能排除在内。女性在代孕时，不仅会实现自身的社会价值，而且也能实现自己的某种目的。⑥ 从内容上看，这些目的并不违背公序良俗的要求。⑦

---

① 山东省济南市中级人民法院. 林默与冯鲁平等合同纠纷二审民事判决书. (2018) 鲁01民终7948号. [EB/OL]. (2018) [2018 – 03 – 28]. https://law.wkinfo.com.cn/judgment – documents/detail/MjAyNDQ1ODQxMzc%3D.html.

② 广东省广州市天河区人民法院. 靳国栋与杨正沛、广州现代医院有限责任公司合同纠纷一审民事判决书. (2018) 粤0106民初12551号. [EB/OL]. (2018) [2018 – 03 – 28]. https://law.wkinfo.com.cn/judgment – documents/detail/MjAyNTY2MzE1NzI%3D?.html.

③ 美孕国际医疗投资发展有限公司与王庆服务合同纠纷上诉案（（2018）沪02民终8849号）、于秀丽与杜俊平等合同纠纷一审民事判决书（（2018）京0114民初4168号）、深圳西尔斯国际商务咨询有限公司与孙艳服务合同纠纷二审民事判决书（（2018）粤03民终9212号）等，几乎所有涉及代孕纠纷的案件，判决书都以有违公序良俗原则直接判定代孕协议无效。

④ 美孕国际医疗投资发展有限公司与王庆服务合同纠纷上诉案；审理法院：上海市第二中级人民法院，案号：(2018) 沪02民终8849号，裁判日期：2018.12.17。

⑤ 代孕（试管婴儿）现象的认知与评价问卷调查 [EB/OL]. (2009 – 10 – 14) [2017 – 06 – 20]. http://hb.qq.com/a/20091014/000366.htm.

⑥ 梁立智. 代孕女性工具化问题的伦理辨析 [J]. 哲学动态, 2016 (7): 83.

⑦ 杨素云. 代孕技术应用的法伦理探析 [J]. 江海学刊, 2014 (5): 136.

三、跨国代孕协议无效时准据法的选择

(一) 传统亲子关系认定准据法的选择方法

一直以来,对涉外亲子关系身份的认定是身份权行使的前提。在现代许多国家都适用子女的属人法来解决跨国亲子关系认定问题。如《瑞士联邦国际私法》第 68 条①,《意大利国际私法》第 33 条②的规定。但很多时候适用子女的属人法也未必会实现对子女利益的保护,就像代孕婴儿其本身不存在惯常居所,其属人法无从界定。因此,许多国家通过立法规定经冲突规范的指引选择适用对子女最有利国的法律。例如,《奥地利国际私法》第 21 条,1989 年《秘鲁民法典》第 2803 条,美国《冲突法重述》第 287 条规定了适用最密切联系原则来确认子女与父母的身份关系。从上述立法的演进过程可以看出,虽然各国立法内容不尽相同,但传统亲子关系冲突法的选择总体趋势更倾向于选择适用对子女有利的法律来调整涉外亲子关系认定问题。

我国关于涉外亲子关系的认定,《中华人民共和国涉外民事关系法律适用法》第 25 条规定:"父母子女人身、财产关系,适用共同经常居所地法律;没有共同经常居所地的,适用一方当事人经常居所地法律或者国籍国法律中有利于保护弱者权益的法律。"从条文的字面意思可以看出,子女与父母的共同属人法优先适用于其他的连结点。该法认为父母与子女的共同属人法具有密切联系,这一联系的重要性超过保护弱者利益的需要,在没有共同的属人法时适用子女的惯常居所地法,将惯常居所这一连结点视作子女的生活中心地,但这种冲突法意义上的联系其适用结果却未必对子女最有利。但是,对于跨国代孕的代孕儿来说,他并没有"惯常居所"或生活中心,从地理联系上来看,只有出生地或代孕行为实施地。因此,对《涉外民事关系法律适用法》第 25 条在适用时应考虑增加出生地这一连接因素解释为:适用一方当事人经常居所地法律、国籍国法律或者出生地法律中有利于保护弱者权益的法律,因为在跨国代孕中,出生地较经常居所地具有更强的确定性,而且一般出生地国都是允许代孕的国家,会确定委托夫妇与孩子的亲子关系,代孕儿不会出现"无父无母"的情形。明确关于跨国代孕亲子关系的裁决是否能得到我国法律的承认,若不能,是否允许意向父母收养该代孕儿,若允

---

① 《瑞士联邦国际私法》第 68 条第 1 款:"亲子关系的确立和司法认定中存在的异议,适用子女的惯常居所地法律。"

② 《意大利国际私法》第 33 条第 1 款:"子女的身份应由子女出生时的本国法决定。"

许又应当如何收养,是否必须满足现行《收养法》的所有收养条件。

(二)传统亲子关系认定法律选择的弊端

以血缘为依托的传统亲子关系认定准据法的选择方法,并不能够解决跨国代孕亲子关系认定问题。由于跨国代孕纠纷隐蔽性保密性较强,包括出于对个人隐私的保护,许多案件的判决结果并未得以公开。通常情况下,代孕案件的产生是源于委托夫妇在我国法院提起诉讼,出于对我国目前司法实践中对于代孕亲子关系认定的裁判方法的把握,对我国目前报道的几件典型案例做出了分类和总结(表1)。

表1 有关案例分析

案件名称	代孕基因关系	案情	纠纷事由	法院裁判结果
陈某与罗某甲、谢某某监护权纠纷上诉案①	捐赠卵子+委托方精子	祖父母与委托母亲争夺代孕子女抚养权,要求认定委托母亲与代孕子女不具有亲子关系	监护权纠纷	以儿童利益最大化为基本原则,认定委托母亲与代孕子女已形成有抚养关系的继母子女关系,规定了祖父外祖父母的探视权
姚某与覃某探视权纠纷案②	代孕母卵子+委托方精子	委托父亲拒绝代孕母亲对孩子的探视权,代孕母起诉要求取得孩子抚养权与抚养费	抚养权纠纷	双方当事人达成和解协议,由委托父亲抚养代孕儿,并规定了代孕母亲的探视权
孙某与来某甲婚姻家庭纠纷一审民事判决书③	代孕母卵子+委托方精子	委托母亲与委托夫妻协议离婚后主张与代孕儿无亲子关系	亲子关系纠纷	代孕儿卵子不来源于孙某,孙某与来某不具有血缘联系,仍认定两者不具有亲子关系

从上述案件可以看出,我国对于代孕亲子关系的认定,实际采基因主义,

---

① 案号为:(2015)沪一中少民终字第56号;https://law.wkinfo.com.cn/judgment-documents/.
② 案号为:(2011)城中民一初字第838号;http://wenshu.court.gov.cn/content/content?DocID=9e100962-a500-4730-997c-271cc966565c&KeyWord.
③ 案号为:(2015)杭拱民初字第666号;https://law.wkinfo.com.cn/judgment-documents/detail/.

对于生母的认定，根据出生事实倾向于遵循"分娩者为母"原则；对于生父的认定，则根据血缘关系而作确定。案件一因陈某与代孕儿不具有血缘关系，但从儿童利益最大化角度考虑将亲子关系界定为继父母子女关系；案件二认可了姚某与代孕儿的亲子关系，规定了其享有探视权；案件三也因孙某与来某无基因联系而否定了两者的亲子关系。我国的司法实践中多以基因联系为标准来确定代孕亲子关系（不论是母子关系还是父子关系）。但是，却忽略了实施代孕行为主体双方的诉求；忽视了委托父母实施代孕的初衷，也未对代孕子女的权益保护尽到合理的审查义务。

（三）跨国代孕亲子关系认定法律选择的考量要素

1. 跨国代孕牵涉的法益平衡问题

海牙国际私法会议在这一领域做了大量调研的基础上，成立了专门负责的专家组。在 2018 年 9 月 25 日至 28 日召开了第四次会议，重点围绕合法父母身份的国际私法（PIL）问题；形成了初步文件，2019 年 1 月 29 日至 2 月 1 日召开了第五次会议，主要针对国际代孕安排（ISA）案件中出现的法律父母身份问题做出探讨。专家指出：将会吸收借鉴许多成功的 HCCH 公约中的 PIL 规则和合作系统并制定关于亲子关系的国际条约，以补充现有的 HCCH 家庭公约，并尽可能多地吸引国家加入。尤其是在 2019 年的专家组报告指出：大多数专家都承认了以下内容的重要性：①儿童与有意父母之间存在遗传联系的要求；②在适当的指导下保存和获取有关的信息起源；③防止买卖儿童；④防止剥削和贩卖妇女；⑤代理人和有意父母的资格和适合性；⑥财务方面。

《中华人民共和国涉外民事法律适用法》第 25 条虽然已经提出了对实体结果中弱者利益的保护，然而跨国代孕中对"弱者"的定义是广泛的，不单指代孕宝宝，还包括代孕母亲。弱者地位是基于此当事人的经济能力、家庭环境、行为能力水平、文化程度等多方面来判定。同时这种"弱者"的判断应该辩证地看待，在代孕行为的实施过程中，代孕母亲要承受的身体健康与生命安全的风险，包括经济上的负担。而在孩子诞生之后，代孕母亲一旦反悔要求取得对代孕儿的侵权时，委托父母要承担"人才两空"的风险，同时更重要的是代孕子女理应被抚养照顾，获得身心健康成长的环境与法定身份，都应成为有利于弱者保护所应考量的因素。我们认为，跨国代孕亲子关系认定时，要做出客观正义的法益权衡，这就需要树立冲突规范所应坚持的价值追求。跨国代孕审判应衡量的价值包括：①平衡个人利益、国家利益与社会利益。②兼顾法律的稳定性与个案的公平。③对子女最佳利益的保护。子女最佳利益原则强调以儿童（未成年）的利益保护为中心构建亲子关系，"父母在法律上的权利"与"子女的最佳利益"相比，居于次要的地位。① 子女最佳利益原则不但已发展成英美法系和大陆法系国家的法院在处理父母离婚后子女监护权归属案件的最高判断标准，而且在国际人权保护领域也受到了高度重视，是《联合国儿童权利公约》明文规定的一项重要原则。② ④对弱者利益的保护。保护弱者利益体现了国际私法的人文关怀，现代社会将法律面前人人平等的无身份区别保护作为一般原则，弱者身份是这种一般原则的例外。这种例外的产生也是人类文明高度发展的结果。③《中华人民共和国未成年人保护法》确立的"最大限度地保护未成年人的利益"和"未成年人利益具有优先性"两项基本原则，《中华人民共和国婚姻法》更在开篇阐明了"保护妇女、儿童和老人的合法权益"。由此可见，"儿童最佳利益"是我国亲子关系认定的基本价值追求，代孕所生儿童法定父母身份的认定也应以"儿童最佳利益"作为基本的指导原则。

2. 对代孕儿最佳利益保护的界定标准

对于跨国代孕子女最佳利益的界定标准，我国目前司法实践中唯一一起代孕案件④的判决中体现了对儿童利益保护的具体界定。该案的基本案情为：委托夫妇罗某与陈某通过代孕生育一对双胞胎子女罗某丁和罗某戊，两名孩子出生后随罗某、陈某共同生活。14 年后罗某因病去世，陈某继续抚养两个孩子共同生活。15 年后罗某甲和谢某某（为罗某的父母，两个孩子的祖父母）向法院起诉，称两个孩子是由罗某提供的精子和购买她人的卵子实施代孕所生，与陈某不具有血缘关系，陈某不能享有两个孩子的抚养权，而应由罗某甲和谢某某来行使。一审法院支持了两个老人的诉讼请求将代孕子女的监护权判给了罗某甲和谢某某。陈某随后提起上诉，二审法院对案件做出了详细的审理，并充分考量了原审法院忽略的合理因素，秉承未成年人利益最大化原则对案件进行审理，认定陈某虽与两个孩子不具有自然血亲，但实际

---

① Douglas G, Sebba L. Children's rights and traditions Val – ue [M]. England: Dartmouth Publishing Company. 1998. p. 291.

② 王洪. 论子女最佳利益原则 [J]. 现代法学, 2003（6）: 31 – 35。

③ 马悦. 论国际私法保护弱者利益原则 [J]. 天津市政法管理干部学院学报, 2008（3）: 71 – 75。

④ 上海市第一中级人民法院. 陈某与罗某甲、谢某某监护权纠纷上诉案.（2015）沪一中少民终字第 56 号. [EB/OL].（2015）[2018 – 03 – 28]. http://www.pkulaw.cn/case/pfnl_a25051f3312b07f31533f912a1337f815fb5cc26403bf002bdfb.html。

已形成民法规定的拟制血亲关系，援引《儿童权利公约》规定的儿童利益最大化原则，对该案两个孩子的利益如何实现最大化做出了具体的考量，判决书中对如何确保儿童利益最大化的衡量要素包括：抚养人的年龄和监护能力；生活环境的稳定性、与孩子的亲密程度及孩子的情感需求；确保家庭结构的完整性，三个方面详细论证了将两个代孕孩子最终判决给陈某的原因。司法实践对子女利益的最大化的保护已经走在学术研究之前，只有在个案中对如何实现子女利益的最大化进行具体的考察，才能真正意义上使这一原则发挥作用，实现对代孕儿利益的保护。因此，在实践中法官可以参考的标准如下。

1) 父母的抚养意愿与抚养条件

美国《统一结婚离婚法》第402条对子女的最佳利益做出了列举性的规定：①父母一方或者双方对取得监护权的愿望；②子女对其监护权的意愿；③子女与父母一方或者双方、兄弟姐妹以及其他可能显著影响子女最大利益者相互之间的关系；④子女对居住区、学校和家庭的适应情况；⑤以上所有有关人的身心健康状况。[①] 对于跨国代孕来说，由于代孕儿的"父母"数量众多，在判断孩子最后的亲权归属时，必须首先衡量这些与代孕儿有关联的"父母"是否具有抚养的意愿。精子和卵子的捐赠者与代孕儿也存在基因上的联系，但他们多数都在"不知情"的情况下成为代孕儿生物学上的父母，但他们本人并没有生产、抚养子女的渴望，此时若仅从基因联系上来界定代孕儿法定父母，不符合实际。

此外，法官在做出抚养权归属的判决时，总是要衡量父母双方的综合条件，包括父母双方的工资收入水平、经济实力、工作时间长短，工作的稳定性等等，从而判断父母是否能给子女提供良好的生活条件。除了经济方面对父母的考察以外，还应该考查父母双方的品质与性格，对于品德低下，有不良嗜好、吸毒、酗酒、赌博等恶习或者是对离婚存在过错的，明显不适合直接抚养子女。[②] 对抚养条件的定义不光局限于经济实力，还要考虑到对儿童成长的教育影响，品行不良的父母明显不利于儿童健康成长。

2) 代孕儿的成长环境

美国加利福尼亚州《加利福尼亚民法典》第4600条规定：子女监护权案件的法官，在判断"儿童最佳利益"的标准时，除了要考虑儿童与父母的

[①] 谷珊琳子，陈佳莉译. 美国统一结婚离婚法 [J].《家事法研究》2017年总第13卷，第332页。

[②] 周甜甜. 离婚诉讼中子女最佳利益原则认定标准研究 [D]. 上海：上海交通大学，2015。

关系、儿童的健康因素之外，儿童的安全、心理幸福也是法院要考虑的因素。① 英国 1989 年通过的《儿童权利法案》第 1 条第 3 款中规定：法官在裁定儿童最大利益时要考虑子女的意愿与情感、环境改变可能对子女造成的影响，子女的物质、精神以及教育需求甚至包括子女的年龄、性别、文化背景等其他特质。② 对跨国代孕儿成长环境的考察，不仅仅衡量他可以享受的物质教育条件，还应关注其在未来成长过程中的精神、情感和心理需求。加拿大《联邦子女与家庭服务法》（Child and Family Services Act）第 37 条第 3 款第 1 项中也规定了"子女的身体、情感和精神需要以及满足这些需要的恰当的照顾或治疗"应作为法官裁量子女最佳利益的因素。能够给予代孕儿良好的生活环境固然重要，但是否能对代孕儿心理健康成长中提供足够的呵护与关爱也可以被纳为考察项目之内。

3）长远和持续性的考察

《法国民法典》第 287 条第 2 款规定：在确定行使亲权与探视方式或将子女交由第三人抚养的任何临时性和最终性决定做出之前，法官需委派有资格的人进行社会调查。此种调查目的在于，收集有关家庭的物质与道德状况、子女生活与教养条件为其利益有必要采取的措施等方面的情况材料。③ 跨国代孕亲子关系的认定不同于传统离婚抚养权纠纷，代孕婴儿不具有思考能力与语言表达能力，使得尊重子女意愿的原则④难有用武之地。因此，法官在进行跨国代孕亲子关系认定的过程中，要充分考虑代孕儿日后与法定父母的相处情况，是否有被遗弃的可能性以及能否得到身心健康的成长，还包括代孕儿作为独立的民事主体在日后所应享有的受抚养权、家庭生活权利、受教育权、交往权、表达自己意见的权利、姓名权、财产权利等民事权利等。

四、结语

跨国代孕的产生与发展有其内在的原因与必然性，这与人类社会共同的心理需求密切相关，采用正确的方法引导和控制，远比一味地禁止更有针对性，更能解决纠纷和由此引发的社会问题、法律问题。由于监管不到位、法

---

① 刘颖. 论子女最佳利益原则 [D]. 厦门：厦门大学. 2007：31 - 32。
② Pilcher, Jane. Contrary to Gillick: British Children and Sexual Rights since 1985 [J]. International Journal of Children's Rights, Vol. 5, Issue 3（1997），pp. 299 - 318.
③ 罗结珍译. 民商法典译丛——法国民法典 [M]. 北京：中国法制出版社，2002：92。
④ 《中华人民共和国未成年人保护法》第十四条规定："父母或者其他监护人应当根据未成年人的年龄和智力发展状况，在做出与未成年人权益有关的决定时告知其本人，并听取他们的意见。"

律法规的缺失，许多代孕中介机构和不良医疗机构私自运作，构建"代孕黑色产业链条"并从中谋取利益，会引发代孕母亲健康权益无法得到保障、代孕儿因应某些原因被遗弃、也会使真正需要的意愿父母人财两空。目前看来，跨国代孕最需要解决的纠纷在于代孕儿亲子关系的认定问题。在亲子关系认定过程中如何进行法律选择，能够不损害公共利益的同时实现对代孕儿童权益最大限度的保护，是法律选择最重要的目标。以儿童最佳利益为原则作为界定标准时，需要各方当事人为了跨国代孕儿童做出让步和妥协。同时，更应明确采取怎样的标准来界定和判断怎样实现对儿童权利的保障，笔者认为对跨国代孕儿来说，因其不具备意思表示的能力，法官在衡量时应该充分考虑法定父母的抚养意愿、抚养条件；代孕儿的成长与生活环境等因素。在跨国代孕的纠纷法律选择的过程中，充分考虑对代孕儿利益的保护，合理而客观地看待公序良俗原则与法律规避问题，平衡个人利益、国家利益与社会利益的同时兼顾法律的稳定与个案的公平，注重对弱者权益的保护是以权利为本位的法治国家所应坚持的价值追求。

参 考 文 献

（一）中文著作

[1] 刘长秋. 代孕规制的法律问题研究 [M]. 上海：上海社会科学院出版社，2016.

[2] 余提. 各国代孕法律之比较研究 [M]. 北京：中国政法大学大学出版社，2016.

[3] 王利明，杨立新，王轶，等. 民法论 [M]. 北京：法律出版社，2008.

[4] 武秀英. 法理学视野中的权利——关于性·婚姻·生育·家庭的研究 [M]. 济南：山东大学出版社，2005.

[5] 邢玉霞. 我国生育权立法理论与热点问题研究 [M]. 北京：知识产权出版社，2008.

[6] 秦瑞亭. 国际私法 [M]. 天津：南开大学出版社，2014.

[7] 梁慧星. 民商法论丛（第6卷）[M]. 北京：法律出版社，1997.

[8] 史尚宽. 亲属法论 [M]. 北京：中国政法大学出版社，2000.

[9] 黄丁全. 医疗，法律与生命伦理 [M]. 北京：法律出版社，2004.

[10] 韩德培. 国际私法新论 [M]. 武汉：武汉大学出版社，2010.

[11] 汪丽青. 人类辅助生殖私法调整机制研究 [M]. 北京：法律出版社，2016.

[12] 王勇民. 儿童权利保护的国际法研究 [M]. 北京：法律出版社，2010.

[13] 周磊. 涉外合同漏洞、欺诈、法律规避与防范 [M]. 北京：法律出版社，1996.

[14] 许光耀、孙健. 国际私法 [M]. 北京：对外经贸大学出版社，2013.

（二）中文译著

[15] [德] 卡尔·拉伦茨. 德国民法通论. (上册) [M]. 王晓晔，等译. 北京：法律出版社，2013.

[16] [美] 凯特·斯丹德利. 家庭法 [M]. 屈广清，译. 北京：中国政法大学出版社，2004.

[17] [法] 雅克·盖斯旦，吉勒·古博. 法国民法总论 [M]. 陈鹏，等译. 北京：法律出版社，2004.

（三）中文论文

[18] 吴国平. "完全代孕"的法律规制初探 [J]. 时代法学，2013，11 (4)：43-52.

[19] 王军霞. 代孕的合法性论证及立法规制建议 [D]. 上海：华东政法大学，2016：11-16.

[20] 朱晓峰. 非法代孕与未成年人最大利益原则的实现——全国首例非法代孕监护权纠纷案评释 [J]. 清华法学，2017，11 (1)：120-133.

[21] 浦纯钰. "子女最佳利益"原则下的亲权制度构建 [D]. 哈尔滨：黑龙江大学，2018，17 (3)：30-34.

[22] 袁泉，罗颖仪. 跨境代孕亲子关系认定所涉及的若干国际私法问题 [J]. 国际法研究，2016 (6)：105-116.

[23] 李志强. 代孕生育亲子关系认定问题探析 [J]. 北方民族大学学报（哲学社会科学版），2011 (4)：123-126.

[24] 游文亭. 跨国代孕法律规制探究——从国际法律冲突角度分析 [J]. 山西师大学报（社会科学版），2016，43 (3)：83-88.

[25] 王艺. 外国判决承认中公共秩序保留的怪圈与突围——以一起跨国代孕案件为中心 [J]. 法商研究，2018，35 (1)：170-181.

[26] 潘荣华，杨芳. 英国"代孕"合法化二十年历史回顾 [J]. 医学与哲学（人文社会医学版），2006 (11)：48-51.

[27] 杨立新. 论公民身体权及其民法保护 [J]. 法律科学：西北政法学院学报，1994 (6)：49-52.

[28] 谢晓瑜. 人工授精子女法律地位认定分析——由最高人民法院第50号

指导案例引发的思考 [J]. 法制与经济, 2017 (6): 58-60.

[29] 黄栋梁. 代孕的立法现状及特征分析——以美英德为视角 [J]. 纳税, 2017 (22): 170+173.

[30] 肖永平, 周晓明. 冲突法理论的价值追求 [J]. 河南省政法管理干部学院学报, 2007 (3): 133-145.

[31] 马志强. 美国《第二次冲突法重述》中最密切联系原则评析 [J]. 公民与法 (法学版), 2010 (5): 58-60.

[32] 李晓农. 辅助生殖技术与亲子认定规则的变化 [J]. 中国卫生法制, 2014, 22 (1): 49-51+54.

[33] 曾志伟. 基于委托代理理论的代孕行为分析 [J]. 中国卫生事业管理, 2016, 33 (2): 119-120.

[34] 杜涛. 跨国代孕引发国际私法问题 [N]. 中国妇女报, 2016-03-02 (A03).

[35] 王洪根. 论跨国代孕法定父母身份承认中的公共秩序 [J]. 西部法学评论, 2018 (1): 122-132.

[36] 高升, 王洪根. 论跨国代孕中法定父母身份认定的法律冲突 [J]. 河南财经政法大学学报, 2017, 32 (4): 159-166.

[37] 谢俊英. 欧盟统一国际私法运动对解决我国区际法律冲突之借鉴 [J]. 法学杂志, 2006 (2): 147-149.

[38] 余平, 解铭, 黄瑞华. 网络传播环境下国际私法连结点的选择 [J]. 河北法学, 2004 (10): 113-115.

[39] 王吉文. 儿童最大利益原则在跨国代孕判决承认中的适用问题——以德国的判例为例 [J]. 青少年犯罪问题, 2018 (4): 39-44.

[40] 许庆坤. 国际私法中的法律规避制度: 再生还是消亡 [J]. 法学研究, 2013, 35 (5): 195-208.

[41] 许庆坤. 我国冲突法中的法律规避制度: 流变、适用及趋向 [J]. 华东政法大学学报, 2014 (4): 137-144.

[42] 阎愚. 法律规避与意思自治 [J]. 北方论丛, 2010 (2): 152-155.

[43] 王葆莳. 德国国际私法关于识别的理论和司法实践研究 [J]. 时代法学, 2012, 10 (6): 105-113.

[44] 金振豹. 论国际私法上识别冲突的解决 [J]. 比较法研究, 2003 (3): 48-58.

[45] 浦纯钰. "子女最佳利益"原则下的亲权制度构建 [J]. 江南大学学

报（人文社会科学版），2018，17（3）：30-36.

［46］张庆元，陈思. 从国际私法连结点看国籍冲突解决原则的"软化"［J］. 理论月刊，2009（6）：151-153.

［47］郭晓虹. 代孕合同的规制模式探析［J］. 湖北警官学院学报，2018，31（5）：76-84.

［48］车英. 论国际私法连结点的分类、选择与发展［J］. 武汉大学学报（社会科学版），2001（1）：18-24.

［49］赵莹莹. 涉外民商事案件的管辖权冲突问题研究［J］. 佳木斯职业学院学报，2017（11）：186.

［50］吴德昌. 论国际私法中法律规避的方式［J］. 甘肃政法成人教育学院学报，2003（3）：42-43+50.

［51］黄栋梁. 代孕的立法现状及特征分析——以美英德为视角［J］. 纳税，2017（22）：170+173.

［52］李宗录. 从美国 Baby-M 案看中国代孕合法化［J］. 社科纵横，2015，30（4）：65-69.

（四）案例

［53］河南省临颍县人民法院. 刘晗与李田田、赵利刚合同纠纷案. (2015) 临民二初字第923号民事判决书. ［EB/OL］. (2015) ［2018-03-28］. http://www.pkulaw.cn/case/pfnl_a25051f3312b07f3bf04814f6b39a8a69ced1d3adbbe39f7bdfb.html.

［54］广东省清远市中级人民法院. 罗志伟、钟国好确认合同无效纠纷案. (2017) 粤18民终2766号民事判决书. ［EB/OL］. (2017) ［2018-03-28］. http://www.pkulaw.cn/case/pfnl_a25051f3312b07f3673df5916fbbad9309673c55657bc424bdfb.html.

［55］广西壮族自治区柳州市城中区人民法院. 姚某与覃某探视权纠纷案. (2011) 城中民一初字第838号民事调解书. ［EB/OL］. (2011) ［2018-03-28］. http://www.pkulaw.cn/case/pfnl_a25051f3312b07f3aa678edfb598c1b0afb91a98428b97c6bdfb.html.

［56］上海市第一中级人民法院. 罗荣耕等与陈莺抚养纠纷上诉案. (2015) 沪一中少民终字第56号. ［EB/OL］. (2015) ［2018-03-28］. http://www.pkulaw.cn/case/pfnl_a25051f3312b07f31533f912a1337f815fb5cc26403bf002bdfb.html.

［57］上海市第二中级人民法院. 赵1与赵2抚养关系纠纷上诉案. (2017) 沪02

民终 7243 号. [EB/OL]. (2017) [2018-03-28]. http://www.pkulaw.cn/case/pfnl_a25051f3312b07f3917519d0668a935719514e06e359a9c7bdfb.html.

[58] 江苏省无锡市中级人民法院. 何伟服务合同纠纷管辖权异议案. (2017) 苏 02 民辖终 791 号. [EB/OL]. (2017) [2018-03-28]. http://www.pkulaw.cn/case/pfnl_a25051f3312b07f3293661dacc78b193a6782c80f65d018fbdfb.html.

（五）英文著作

[59] Geraldine Van Bueren, The International Law on the Rights of the Child, Martinus Nijhoff Publishers, 1995.

（六）英文论文

[60] Mady Thersea. Surrogate Mothers: The Legal Issues [J]. American Journal of Law & Medicine, 1981, 7 (3): 323-352.

[61] Field, Martha. Surrogate Motherhood - The Legal Issues [J]. New York Law School Human Rights Annual, Vol. 4, Issue 2 (Spring 1987), pp. 481-554.

[62] Crow, Carol.. The Surrogate Child: Legal Issues and Implications for the Future [J]. Journal of Juvenile Law, Vol. 7, Issue 1 (1983), pp. 80-92.

[63] Rushevsky, Cynthia. Legal Recognition of Surrogate Gestation [J]. Women's Rights Law Reporter, Vol. 7, Issue 2 (Winter 1982), pp. 107-142.

[64] Mitchell, John. Surrogate Motherhood - International Perspectives [J]. Medico-Legal Journal, Vol. 72, Issue 3 (2004), pp. 111-112.

[65] Charo, R. Alta. Legislative Approaches to Surrogate Motherhood [J]. Law, Medicine and Health Care, Vol. 16, Issues 1-2 (Spring-Summer 1988), p. 96-112.

[66] Turano, Margaret Valentine. Social Justice in the Surrogate's Courts [J]. Journal of Civil Rights and Economic Development, Vol. 25, Issue 1 (Fall 2010), p. 173-180.

[67] Andrews, Lori B. Surrogate Motherhood: Should the Adoption Model Apply [J]. Children's Legal Rights Journal, Vol. 7, Issue 4 (1986), pp. 13-22.

[68] Knaplund, Kristine. Assisted Reproductive Technology; The Legal Issues [J]. Probate and Property, Vol. 28, Issue 2 (March/April 2014), pp. 48-52.

[69] Appeleton, Susan Frelich. Surrogacy Arrangements and the Conflict of Laws [J]. Wisconsin Law Review, Vol. 1990, Issue 2 (1990), pp. 399 – 482.

[70] DePrince, Michael. Same – Sex Marriage and Disestablishing Parentage: Reconceptualizing Legal Parenthood through Surrogacy [J]. Minnesota Law Review, Vol. 100, Issue 2 (December 2015), pp. 797 – 838.

[71] Kriari, Ismini; Valongo, Alessia. International Issues regarding Surrogacy [J]. Italian Law Journal, Vol. 2, Issue 2 (2016), pp. 331 – 354.

[72] Stark, Barbara. Transnational Surrogacy and International Human Rights Law [J]. ILSA Journal of International and Comparative Law, Vol. 18, Issue 2 (Spring 2012), pp. 369 – 386.

[73] Boyce, Anika Keys. Protecting the Voiceless: Rights of the Child in Transnational Surrogacy Agreements [J]. Suffolk Transnational Law Review, Vol. 36, Issue 3 (2013), pp. 649 – 670.

[74] Pol, Rutuja. Proposing an International Instrument to Address Issues Arising out of International Surrogacy Arrangements [J]. Georgetown Journal of International Law, Vol. 48, Issue 4 (2017), pp. 1309 – 1336.

[75] Ryznar, Margaret. International Commercial Surrogacy and Its Parties [J]. John Marshall Law Review, Vol. 43, Issue 4 (Summer 2010), pp. 1009 – 1040.

[76] Fenton – Glynn, Claire. Human Rights and Private International Law: Regulating International Surrogacy [J]. Journal of Private International Law, Vol. 10, Issue 1 (April 2014), pp. 157 – 170.

[77] Pascoe, John. Sleepwalking through the Minefield: Legal and Ethical Issues in Surrogacy [J]. Singapore Academy of Law Journal, Vol. 30, Special Issue (2018), pp. 455 – 483.

(七) 英文案例

[78] United States District Court, D. Utah, Central Division. J. R. v. Utah [EB/OL]. (2002) [2018 – 03 – 28]. https://1.next.westlaw.com/Document/Ia4cb78d540811d997e0acd5cbb90d3f/View/FullText.html.

[79] United States District Court, C. D. California. Cook v. Harding [EB/OL]. (2016) [2018 – 03 – 28]. https://1.next.westlaw.com/Document/Iac4905202e6511e68e80d339464dd07e/View/FullText.html.

[80] United States District Court, N. D. Illinois, Eastern Division. Hutson by Hutson

v. Bell [EB/OL]. (1988) [2018 – 03 – 28]. https://1.next.westlaw.com/Document/I7f25c60655af11d9bf30d7fdf51b6bd4/View/FullText.html.

[81] The Royal Courts of Justice Strand, London. B (Foreign Surrogacy) [EB/OL]. (2016 – 09 – 29) [2018 – 03 – 28]. http://www.bailii.org/ew/cases/EWFC/HCJ/2016/77.html.

[82] The Royal Courts of Justice Strand, London. X & Y (Foreign Surrogacy) [EB/OL]. (2008 – 12 – 09) [2018 – 03 – 28]. http://www.bailii.org/ew/cases/EWHC/Fam/2008/3030.html.

[83] The Royal Courts of Justice Strand, London. F & M (Children) (Thai Surrogacy) (Enduring family relationship) [EB/OL]. (2016 – 01 – 12) [2018 – 03 – 28]. http://www.bailii.org/ew/cases/EWHC/Fam/2016/1594.html.

(八) 其他文件材料

[84] Hague Conference on Private International Law. Surrogacy Project in the area of international surrogacy arrangements specifically: Report of Experts' Group on Parentage/Surrogacy [R]. Hague: HCCH, 2019.

[85] Hague Conference on Private International Law. Surrogacy Project in the area of parentage generally: Report of Experts' Group on Parentage/Surrogacy [R]. Hague: HCCH, 2018.

[86] Hague Conference on Private International Law. Background Note: Report of Experts' Group on Parentage/Surrogacy [R]. Hague: HCCH, 2016.

[87] Hague Conference on Private International Law. Preliminary Report on international surrogacy arrangements: Report of Experts' Group on Parentage/Surrogacy [R]. Hague: HCCH, 2012.

[88] Hague Conference on Private International Law. Preliminary Note on the private international law issues surrounding the status of children: Report of Experts' Group on Parentage/Surrogacy [R]. Hague: HCCH, 2011.

论外国民事判决认定的事实在我国的效力

王 露[*]

摘要：我国倾向于适用判决承认国法即法院地法确定外国民事判决在我国的效力，依据《证据规定》第10条的相关内容判断外国民事判决认定的事实能否在我国产生预决力。但是，适用判决承认国法确定外国民事判决效力的法律适用规则不论是从价值取向还是实务操作层面出发，均逊色于适用判决做出国法的方法。后者能够更好地维护当事人、做出国与承认国以及国际社会各个方面的利益，应当成为我国未来立法的优先选择。我国的预决力制度欠缺扎实的理论基础与明确的适用条件，很难有效地解决外国民事判决的事实效力问题，而争点效理论的发展已经趋于成熟，可以考虑在国内构建相关制度并将其运用到国际民事诉讼领域，以期更好地应对确定外国民事判决认定的事实在我国的效力问题。

关键词：判决；认定事实判决；承认国法判决；做出国法预决力；争点效理论

Abstract: China tends to apply the law of recognizing country, that is, the lex fori to determine the validity of foreign civil judgments in our country. According to the relevant content of Article 10 of Rules of Evidence in Civil Proceedings, we can determine whether the facts adjudged in foreign civil judgments can generate prejudging force in our country. However, the application of the law of recognizing country is inferior to the method of applying the law of rendering country from the perspective of value orientation and practical operation. The latter can better protect the interests of the parties, the countries made and recognized the judgment, and the interests of all aspects of the international community. It should become the priority choice for China's future legislation. The prejudging force regulation in China lacks a solid theoretical foundation and clear application conditions, and it is difficult to effectively solve the problem of the factual validity of foreign civil

---

[*] 王露，中国政法大学国际法学院讲师，清华大学法学博士。

judgments. However, the development of the theory of issue validity has become mature. It is possible to build relevant system of issue validity in China, applying it in the field of international civil litigation in order to better deal with the issue of the effect of the facts ascertained by foreign civil judgments in our country.

Key Words: facts ascertained by judgment; the law of recognizing country; the law of rendering country; prejudging force; issue validity

引言

法院经审理查明后做出的事实认定是民事判决的重要组成部分，通常体现在裁判的理由或分析说理当中。大陆法系与英美法系就民事判决在国内具有的效力、效力的定性以及效力涵盖的范围等问题构建了不同的制度与理论，比如在大陆法系国家，判决的既判力属于因判决内容而生的实质效力，[①] 而在英美法系国家，与既判力相对应的排除效力属于程序性效力；[②] 传统大陆法系国家对既判力客观范围的理解限于判决主文，[③] 也即判决理由中包含的法院认定事实并不具有既判力，其仅具有某种证据效力，而英美法系中的争点排除效力则是明确赋予满足一定条件的案件事实以强制约束力的制度。不同国家赋予判决认定的事实以不同的效力，随着民事判决在国家间流动的日益频繁，自然会产生以下问题：在外国民事判决已经得到承认国承认的前提下，承认国应当依据其国内法还是判决做出国法抑或是其他法律确定外国民事判决在承认国的效力？相应效力的客观范围又是否能够涵盖外国民事判决所认定的事实？换言之，若想确定外国民事判决认定的事实在承认国的效力，就必须首先明确判断该民事判决效力所应适用的法律。

与大陆法系国家的规定一脉相承，我国同样将判决书中发生既判力的客观范围限缩于判决主文。[④] 也即我国法院在民事判决理由中认定的事实不会

[①] 江伟，肖建国：《论判决的效力》，《政法论坛：中国政法大学学报》1996 年第 5 期，第 1 页。

[②] Jacob Van de Velden & Justine Stefanelli, British Inst. of Int'l & Comp. Law, Comparative Report: The Effect in the European Community of Judgments in Civil and Commercial Matters: Recognition, Res Judicata and Abuse of Process 5 (2008) [here in after BIICL REPORT], available at http://www.biicl.org/files/4608_comparative_report_-_jls_2006_fpc_21_-_final.pdf, at 5 - 6.

[③] 德国民事诉讼法第 32 条第 1 项规定："判决仅于以诉或反诉提起之请求经裁判之范围为限，有既判力。"日本民事诉讼法第 114 条第 1 款规定："确定判决，以包括在主文内的为限有既判力。"翁晓斌：《论已决事实的预决效力》，《中国法学》2006 年第 4 期，第 181 页。

[④] 依据 2015 年《最高人民法院关于适用〈中华人民共和国民事诉讼法〉的解释》（以下简称《民事诉讼法司法解释》）第 296 条的规定。任重：《论中国民事诉讼的理论共识》，《当代法学》2016 年第 3 期，第 46 页。

在国内产生既判力。但是，针对依据相关法律规定①在我国得到承认的外国民事判决，判断其所认定的事实在我国具有何种效力将首先取决于我国采用何种判决效力法律适用规则，因为外国民事判决认定的事实是外国法院做出民事判决的重要基础，是民事判决中不可分割的组成部分，民事判决整体效力的法律适用规则也就是事实效力的法律适用规则。依据规则确定具体应当适用的法律后，方能得出该等事实在我国产生何种效力的结论。

一、现状

2021年最新修正的《中华人民共和国民事诉讼法》第289条提及了外国判决的效力，规定在满足承认条件的情况下人民法院应当对外国判决的效力予以承认，但该法并未规定外国判决的效力应当依据何国法律加以确定，自然也就无从知晓外国判决认定的事实在我国具有何种效力。《民事诉讼法司法解释》同样未对该条文中的外国判决效力加以详细阐述。全国人大常委会法工委民法室在对《中华人民共和国民事诉讼法》进行释义的过程中指出，此处对外国判决效力的承认是指外国判决将在我国与国内判决产生相同的效力。②这就意味着在判断经我国承认的外国判决在我国具有何种效力时，需要适用我国针对国内判决效力的相关规定。然而该等释义毕竟不是通过立法加以明确的法律适用规则，对此问题的探讨还需结合我国与其他国家签订的双边司法协助协定或条约中的有关规定，以期进一步了解我国针对此问题所秉持的立法倾向。

截至2022年11月16日，我国共与39个国家签订了民商事或民刑事司法协助协定，③除与比利时、韩国、新加坡、匈牙利、泰国这5个国家签订的司法协助条约或协定中未涉及判决效力的确定问题外，其余条约或协定均规定缔约一方的裁决一经缔约另一方法院承认或执行，即与承认或执行裁决一方的法院做出的裁决具有同等效力。④该等规定与全国人大常委会法工委民法室在《中华人民共和国民事诉讼法》的释义中对经承认的外国判决效力的理解一以贯之，实质采用的是效力等置论的方法，也即适用判决承认国法

---

① 2017年修订的《中华人民共和国民事诉讼法》（以下简称《民事诉讼法》）第281条与第282条、《民事诉讼法司法解释》第544条以及我国自1987年起与37个国家签订的双边司法协助协定或条约中规定的承认条件。
② 姚红：《中华人民共和国民事诉讼法释义》，法律出版社2007年版，第414页。
③ 载 http://treaty.mfa.gov.cn/Treaty/web/list.jsp，最后访问时间：2020年9月8日。
④ 具体措辞可能略有不同。

（或称法院地法）确定外国法院民事判决在承认国具有的效力，相关效力由承认国的法院赋予，与承认国国内同类判决的效力相同。也就是说，除上述5国外的34个国家①做出的民事判决，包括其所认定的事实在我国的效力，将取决于我国国内同类判决以及判决认定事实所具有的效力，相关判决的效力将依据我国国内法加以判断。比利时、韩国、新加坡、匈牙利与泰国以及其他未与我国签订司法协助条约或协定的国家做出的民事判决，其所认定的事实在我国的效力问题并没有明确的法律依据。尽管如此，我国在外国民事判决效力的法律适用规则选择上，态度已十分明显。

我国现行有效的国内法针对民事判决认定的事实效力问题规定在2020年5月1日施行的《最高人民法院关于民事诉讼证据的若干规定》（以下简称《证据规定》）第10条第1款第六项以及第2款当中。该条款修订了2001年12月21日发布、2002年4月1日施行的原《证据规定》第9条第1款第四项的内容，将已为人民法院发生法律效力的裁判所确认的事实限定为基本事实，规定当事人无须举证证明该基本事实，有相反证据足以推翻的除外。《民事诉讼法司法解释》第93条第1款第五项也随着新《证据规定》的出台而被修订。虽然受限于"人民法院"这一表述，②《证据规定》第10条第1款第六项的内容并不能因为《中华人民共和国民事诉讼法》的第259条③而直接适用于判断外国民事判决认定的事实在我国的效力。但是，由于我国倾向于采用判决的效力等置论，也即经我国承认的外国民事判决与我国人民法院做出的判决效力相同，故而此规定仍能通过一种迂回的方式，适用于确定外国民事判决认定的事实在我国的效力。④ 基于此，就相关外国法院发生法律效力的裁判所确认的基本事实，当事人在我国无须举证，但可以通过相反的证据予以推翻。

---

① 按照条约或协定的生效时间先后依次为法国、波兰、蒙古、罗马尼亚、俄罗斯、白俄罗斯、西班牙、乌克兰、古巴、意大利、埃及、保加利亚、哈萨克斯坦、土耳其、塞浦路斯、希腊、吉尔吉斯斯坦、乌兹别克斯坦、塔吉克斯坦、摩洛哥、越南、突尼斯、老挝、立陶宛、阿联酋、朝鲜、阿根廷、秘鲁、阿尔及利亚、科威特、巴西、波黑、埃塞俄比亚。

② 最高人民法院在2011年8月24日就林金珠等与陈洋不动产转让合同纠纷案做出的（2011）民申字第1012号裁定书中特别明确了对人民法院的理解，外国法院并非人民法院，无法直接适用针对人民法院的相关规定。

③ 该条规定："在中华人民共和国领域内进行涉外民事诉讼，适用本编规定。本编没有规定的，适用本法其他有关规定。"

④ 这种适用方法已经为最高院的相关司法实践所印证。例如，在（2015）民提字第150号大友新亚、李璎财产损害赔偿纠纷再审查与审判监督民事判决书的裁判理由中，最高法院认为外国法院判决经人民法院承认将在我国发生法律效力，其认定的事实属于《民事诉讼法司法解释》第93条规定的免证事实。

除《证据规定》的间接适用外，广东高院于 2004 年 12 月 17 日发布并实施了《关于印发〈关于涉外商事审判若干问题的指导意见〉的通知》，其第 69 条直接规定："域外判决已为人民法院承认的，当事人对民事判决所认定的事实无须举证，人民法院可直接采用判决所认定的事实和判决结果，但对方当事人有相反的证据足以推翻该判决所认定的事实和判决结果的除外。"这一地方性司法文件明确了在广东范围内经承认的域外判决认定的事实在无反证推翻的情况下，具有当事人无须举证、人民法院可直接予以采用的效力，并将提供反证推翻该事实认定的主体限定为对方当事人，较早地确定了域外判决认定的事实在地方司法实践中所具有的效力。虽然该文件已于 2020 年 12 月 31 日被废止失效，但废止原因是文件中的相关条文依据或作为条文解释对象的《中华人民共和国民法通则》《中华人民共和国担保法》《中华人民共和国合同法》等因《中华人民共和国民法典》的实施而失效。而第 69 条并未依据上述失效法律规定，也不是对上述失效法律规定的解释。目前广东高院尚未就域外判决认定事实的效力问题做出进一步的指导意见，基于司法审判实践的经验积累，广东省各级人民法院应当还是会赋予域外判决认定事实以原则上无须举证、法院可直接采用的预决效力。

最高人民法院在 2008 年 12 月发布的《涉外商事海事审判实务问题解答》中指出，"对于外国法院做出的民商事判决所认定的事实，除有关判决已为人民法院承认或者当事人认可外，人民法院不宜直接采用外国法院判决所认定的事实。"该解答隐含着这样一层意思：如外国法院民商事判决已为人民法院承认或经当事人认可，则人民法院可以直接采用该外国判决所认定的事实。但由于采用的是反面规定的方式，① 事实能否被反证予以推翻尚不明确。2016 年 4 月 7 日，时任最高人民法院民四庭庭长张勇健指出："域外判决、裁定的真实性和法律效力，应由使用该域外判决、裁定作为证据的当事人举证证明。在能证实域外判决、裁定真实性和法律效力的情况下，对于当事人曾自认的事实，以及域外判决、裁定所载明的事实，除非有相反证据足以推翻，当事人无须举证证明。"② 虽然并未明确人民法院可以直接采用该等事

---

① 2018 年 1 月 15 日实施的《天津市高级人民法院关于民商事诉讼域外证据审查若干问题的指南》第 12 条同样以反面规定的方式确定人民法院可以直接采用经承认的域外民事判决认定的事实，该条规定，除已经人民法院依法裁定承认或者当事人认可的情形外，对已办理公证、认证等证明手续的域外法院做出的发生法律效力的裁判文书，不得直接采用其所认定的事实。

② 张勇健：《在全国涉外商事海事审判庭长座谈会上的讲话（节选）（2016 年 4 月 7 日）》，载钟健平主编：《中国海事审判（2015）》，广州人民出版社 2017 年版，第 15 页。

实,但可以看出,我国在司法实践中已经逐步确认了在承认或认可的前提下,域外民事判决认定的事实在我国具有某种证据法意义上的效力,这一效力与国内判决认定的基本事实所具有的效力相同,① 在学术界被概括为已确认事实的预决力。②

已确认事实的预决力,是指已确认事实对涉及该事实的后诉法院、当事人的拘束力,即在涉及已确认事实的后诉中,对于已确认事实,当事人是否需要举证证明、法院能否直接认定以及是否需要做出一致认定的问题。其可以进一步细化为绝对预决力与相对预决力,前者体现在已经失效的最高人民法院《关于适用〈中华人民共和国民事诉讼法〉若干意见》(以下简称《适用意见》)的第75条,即不允许当事人以相反证据推翻已确认事实,赋予其对后诉待证事实的绝对免证效力,人民法院可直接予以认定。但是,鉴于针对绝对预决力的规定已然失效,目前在我国,判决认定的事实所具有的效力已降格为相对预决力,其更倾向于一种没有绝对约束力的证明效力,需要当事人主动进行援用,而后诉法院可以根据证据情况做出与前诉法院同一或不同的认定。③ 正是基于此,有学者指出以预决力这一来源于苏联法律上的概念用于概括已经失去预决效力内核的制度并不合适,④ 应将其定位为证明效力。但是,由于学术界仍普遍采用预决力这一表述,况且预决力的性质还需要进一步的明晰,故选择以此概念作为后续论述的基础。

通过上述分析可知,经承认的外国民事判决认定的事实在我国将产生预决力。问题在于,适用我国法律来判断外国民事判决在我国具有的效力,并赋予其认定的事实以预决力的路径并不完全合理。更重要的是,我国的预决力制度并不能有效地解决外国民事判决的事实效力问题,因为该制度本身就存在着诸多的缺陷。

---

① 该等实践是否会随着新《证据规定》的施行而发生变化尚未可知,需要最高人民法院对此予以明确。这一问题决定了发生效力的域外民事判决认定事实是否会被限缩为基本事实。实际上,发生效力的事实通常为主要或直接必要的事实。这就涉及对基本事实的解释与认定问题,同样需要最高院的权威解答。
② 江伟,常廷彬:《论已确认事实的预决力》,《中国法学》2008年第3期,第102页。
③ 江伟,常廷彬:《论已确认事实的预决力》,《中国法学》2008年第3期,第103页。
④ 《苏俄民事诉讼法》将预决性理解为已经发生法律效力的判决,对于法院解决相关案件有拘束力,禁止苏维埃法院在后诉中重新审判具有法律效力之判决所判断的事实问题和法律问题。其与德日法上的既判力具有类似的功能。但相对于既判力的客观范围是判决主文而言,预决力针对的是判决的理由部分。段文波:《预决力批判与事实性证明效展开:已决事实效力论》,《法律科学:西北政法学院学报》2015年第5期,第107页。

二、问题

(一) 法律适用规则存在的问题

在我国尚未有明确的立法规定外国判决在我国效力的法律适用规则时,通过有关机构对《中华人民共和国民事诉讼法》的释义以及我国对外签订的双边司法协助协定可以看出,我国倾向于采用效力等置论的方法确定外国民事判决在我国的效力,也即经承认的外国判决在我国具有与国内同类判决相同的效力。但这种方法及其对应的适用判决承认国法确定外国判决效力的法律适用规则存在一定的不合理之处。首先,确定外国判决在承认国具有何种效力的问题尚且定性不明,其究竟属于程序性还是实体性问题仍有待进一步的论证。即便是将其认定为程序性问题,也不必然适用法院地法。更何况该问题与纯粹的流程性问题不同,其与判决做出国的程序规则关系更为密切。[①] 价值层面,这种法律适用规则透露出本国法优越于外国法的傲慢态度,与国际私法所秉持的内外国法地位平等的根本理念相冲突。从实务的角度出发,适用法院地法确定外国判决的效力看似易于操作,实则暗藏玄机。因为国内的判决效力体系是因国内判决而生,在判断外国判决具有何种效力时可能会遭遇一定的障碍。例如,西班牙存在一种名为"Remate"的判决,[②] 如果这种判决得到我国的承认,就需要判断应当赋予该判决以何种效力,但我国并不存在这种判决的同类判决,如果将其作为一般的民事判决加以处理,就可能会偏离该判决做出的本意。即便承认国具有与外国判决相类似的国内判决,除非其国内法赋予该类判决的效力完全等同于外国判决在做出国具有的效力,否则任何效力上的差异都将首先损害当事人的利益。一旦判决效力的确定性遭到破坏,当事人的合理期待受到打击,就势必会导致不公平的法律后果,助长挑选法院的不良倾向,进而抑制当事人选择诉讼途径解决纠纷的积极性。而现实在于,少有两国判决效力的规定完全相同的情况,如果各国普遍采用此种法律适用规则,就会使上述不利后果成为实践中的常态,引发国际民事诉讼秩序的混乱,最终危害国际社会整体的经济交往与合作发展。

与我国签订有双边司法协助协定并规定采用判决效力等置论的 34 个国家虽

[①] Erichson HM. Interjurisdictional Preclusion [J]. Michigan Law Review, 1998, 96 (4): 945 – 1017, p. 994.

[②] WENLIANG, Zhang. Reflections on the Effects of Foreign Judg – Ments in Recognizing Countries: Chinese Law and Practice as an Illustration. Peking University Law Journal, 2014, 2.2: 463 – 486, p. 468.

然多数为大陆法系国家，但其在民事判决效力问题上的规定可能与我国国内法的规定存在差异。以西班牙为例，我国与西班牙于 1992 年 5 月 2 日签订了《中华人民共和国和西班牙王国关于民事、商事司法协助的条约》，该条约于 1994 年 1 月 1 日在我国批准生效。该条约第 25 条规定："被承认与执行的裁决在被请求的缔约一方境内应与该方法院做出的裁决具有同等的效力"。西班牙国内规定，判决应具有争点排除效力，[1] 也即符合条件的判决认定事实在西班牙将产生强制约束力，但在我国，该等事实至多只具有属于证据性质的预决效力。目前，我国与西班牙之间尚未有相互承认与执行各自民事判决的司法实践，但条约中采用的判决效力等置论却隐藏着未来可能出现的效力冲突问题。具体而言，当事人在西班牙获得的判决经我国承认后，该判决认定的争点事实在我国产生的效力要弱于其在西班牙所具有的效力。而我国做出的民事判决如果获得西班牙的承认，该判决认定的符合西班牙争点排除规则相关条件的事实将在西班牙产生超出当事人预期的争点排除效力。这样的效力差异会导致利益天平倾向于胜诉或败诉中的一方，不仅于当事人不公，更不利于我国与西班牙之间的跨国民商事交往。所以，适用判决承认国法确定外国民事判决尤其是判决认定事实在承认国的效力并不是针对此问题最合理的法律适用规则。

（二）预决力制度存在的问题

由于直接规定外国民事判决认定事实在我国效力的法律文件层级较低，在现阶段专门立法处于空白状态的情况下，间接适用预决力制度的有关规定就成为判断外国民事判决认定事实在我国效力的主要路径。但是，预决力制度自确立之初就存在一个模糊点，那就是制度中所指的已确认事实究竟是判决理由中法院认定的事实还是判决主文中包含的相关事实，[2] 抑或是两者兼顾？因为判决主文的效力涉及既判力这一理论问题，对上述模糊点的明确将直接决定预决力制度是否具有扎实的理论根基，同时也决定着该制度是否能够有效地解决本文提出的问题。《证据规定》的起草者最初是从既判力的角度出发解释诉讼标的所涉及的事实对后诉产生的效力，并未明确是否涵盖诉讼标的之外的系争事实认定效力。[3] 随着对理论认识的

---

[1] BIICL REPORT, at 15.
[2] 有学者指出，将案件事实写入判决主文是基于我国裁判文书的书写尚不统一而导致的错误。任重：《论中国民事诉讼的理论共识》，《当代法学》2016 年第 3 期，第 46 页。
[3] 最高人民法院民一庭：《民事诉讼证据司法解释的理解与适用》，中国法制出版社 2002 年版，第 85 页。

不断深入，立法者发现既判力的法律后果与预决力的规定明显不同，因而开始转向从事实证明效力的角度对该制度进行解释，但仍未明确其所涵盖的事实范围。这就直接导致对规则理解的分歧以及后续矛盾规定的出现。最高人民法院于 2002 年 9 月 10 日发布并于同年 11 月 1 日实施（晚于原《证据规定》的发布与施行时间）且现行有效的《关于规范人民法院再审立案的若干意见（试行）》第 8 条第 4 款①规定："对终审民事裁判、调解的再审申请，具备下列情形之一的，人民法院应当裁定再审：……（四）就同一法律事实或同一法律关系，存在两个相互矛盾的生效法律文书，再审申请人对后一生效法律文书提出再审申请的。……"也即当前诉法院对法律事实的认定存在错误时，法院必须通过再审程序予以纠正，而不是简单地通过相反证据加以推翻后再做出不同的认定。这似乎又赋予了法院认定事实以近似于既判力的强制约束力。针对这样的矛盾，或许可以从司法解释的更新（2015 年《民事诉讼法司法解释》）等角度寻求答案，但预决力的定位与涵盖范围的模糊折射出制度本身固有的立法思维混乱问题，唯有通过理论矫正方能加以解决。

从预决力的制度本身入手，就其适用的客观范围而言，原则上要求法院对事实的认定是当事人之间攻击防御而形成的结果，同时具有预决力的事实为最终裁判所必需的基本事实，②并且应与在后诉中出现的事实相同。③为防止当事人之间进行恶意串通，保证前诉当事人以外的其他人能够享有正当程

---

① 类似规定体现在 2002 年《最高人民法院关于行政诉讼证据若干问题的规定》第 70 条："生效的人民法院裁判文书或者仲裁机构裁决文书确认的事实，可以作为定案依据。但是如果发现裁判文书或者裁决文书认定的事实有重大问题的，应当中止诉讼，通过法定程序予以纠正后恢复诉讼。"针对该规定的司法界权威解释意见为：生效裁判文书确认的事实属于已决事实，具有免证特征，其理论基础源于法院生效裁判具有的既判力。李国光：《最高人民法院〈关于行政诉讼证据若干问题的规定〉释义与适用》，人民法院出版社 2002 年版，第 154 - 155 页、第 368 - 369 页。

② 最高人民法院民事审判第一庭庭长郑学林在答记者问时指出，已生效裁判所审理认定的基本事实系人民法院经过严格的质证与审查程序重点审理查明的事实。"基本事实"这一表述体现在 2017 年的《民事诉讼法》第 170 条、第 200 条当中。《民事诉讼法司法解释》第 335 条规定：《民事诉讼法》第 170 条中所指的基本事实是指用以确定当事人主体资格、案件性质、民事权利义务等对原判决、裁定的结果有实质性影响的事实。此规定是否能够体系化地适用于对《证据规定》中基本事实的解释需要官方予以明确。学理上将诉讼中审理认定的事实分为主要事实（直接事实）、间接事实与辅助事实三类。所谓主要事实是判断法律关系之发生、变更或消灭等效果所直接必要的事实。前诉主要围绕关键、必要的事实展开争辩，也只有这部分事实才能在后诉中产生预决效力。石春雷：《前诉裁判确认事实对后诉的预决效力——环境民事公益诉讼司法解释第 30 条的释义及其展开》，《政治与法律》2017 年第 9 期，第 31 - 32 页。原则上，基本事实应当与学理上的主要或直接事实相对应，《民事诉讼法司法解释》的第 91 条可以为此提供佐证。

③ 江伟、常廷彬：《论已确认事实的预决力》，《中国法学》2008 年第 3 期，第 105 页。

序的权利，同时也为贯彻公平公正原则，预决力在主观上只能于前后诉当事人同一种情况下发挥作用。① 但是，这样细化的适用范围并非法律中的明文规定，而是通过学理分析得出的结论，这就会导致在理解上存在差异与分歧。例如，在前后诉事实是否必须同一的问题上，有学者主张已确认事实与后续案件存在关联即可，当前诉裁判确认的事实构成后诉案件的一部分时就可以产生预决效力。② 与此同时，针对主观范围的争论更为激烈，首先存在着前诉当事人之诉讼承继人或其法律上的利益相关者（准用既判力主观范围扩张的制度③）也应受到预决力制度影响的主张。有观点更进一步，认为前后诉的当事人甚至主观范围相同与否，都不妨碍生效裁判确认的事实对后诉产生预决效力。④ 因为前后诉的主体不完全相同或者主观范围不完全重合的情形在实践中更为普遍，尤其是后诉涉及前诉当事人以外的其他主体，且前后诉之间存在某种程度的关系或牵连的情况。⑤《新证据规定理解与适用》中指出，确认基本事实的生效裁判的案外人在其作为当事人的诉讼中提出有根据的异议时，应不予确认免证效力。也就是说，最高院认可非前诉当事人的案外人援引法院在前诉中认定的基本事实，该事实可以通过反证予以推翻，预决力制度适用的主体范围不再受限。

　　由于我国预决力制度的理论基础系之苇筥且规定过于泛泛，其在认定我国民事判决的事实效力方面已经造成理论界的众说纷纭与实务界的迷茫混乱，有观点主张应当废除预决力制度，避免架空现有的既判力理论，⑥ 从而保障当事人的程序利益、维护法官的自由心证与独立审判。⑦ 这样一种在国内就备受争议、理论基础薄弱且适用条件不明的预决力制度，其能否在判断外国民事判决认定的事实在我国的效力问题上有效地发挥作用，笔者对此持怀疑态度。

---

① 江伟，常廷彬：《论已确认事实的预决力》，《中国法学》2008 年第 3 期，第 107 页。
② 石春雷：《前诉裁判确认事实对后诉的预决效力——环境民事公益诉讼司法解释第 30 条的释义及其展开》，《政治与法律》2017 年第 9 期，第 32 页。
③ 丁宝同：《论争点效之比较法源流与本土归化》，《比较法研究》2016 年第 3 期，第 86 页。
④ 王亚新，陈晓彤：《前诉裁判对后诉的影响——〈民诉法解释〉第 93 条和第 247 条解析》，《华东政法大学学报》2015 年第 6 期，第 15 页。
⑤ 王亚新，陈晓彤：《前诉裁判对后诉的影响——〈民诉法解释〉第 93 条和第 247 条解析》，《华东政法大学学报》2015 年第 6 期，第 18 页。
⑥ 任重：《论中国民事诉讼的理论共识》，《当代法学》2016 年第 3 期，第 47 页。
⑦ 段文波：《预决力批判与事实性证明效展开：已决事实效力论》，《法律科学：西北政法学院学报》2015 年第 5 期，第 109 页。

三、解决路径

(一) 法律适用规则的选择

明确判断外国民事判决效力的法律适用规则不仅能够提高立法的完整性与实务的可操作性，更有利于维护当事人的合理期待，实现公平公正的法律结果，所以我国应当通过立法确定判断外国民事判决效力的法律适用规则。考虑到适用判决承认国法的种种不利，未来宜优先选择适用判决做出国法确定外国判决在我国的效力，该种法律适用规则对应的是判决效力扩张论，即经承认的外国判决在我国的效力与其在做出国获得的效力相同，最大限度地还原当事人之间的权利义务关系，避免因效力差异而导致的诸多弊端。

各国的立法与司法实践表明，适用判决做出国法确定外国判决效力的法律适用规则能够较好地维护当事人、做出国与承认国以及国际社会等多重层面的利益。

首先，当事人一旦选择到外国进行诉讼，就已经对外国法院做出的判决效力产生了一定的预期，如果我国在承认该外国判决后转而适用我国国内法去确定外国判决的效力，除非我国国内法与判决做出国法针对判决效力的规定完全相同，否则任何效力差异都会破坏当事人的合理期待，造成对胜诉方或败诉方一方的不合理保护，致使当事人之间的权利义务关系失衡。因此，从维护当事人利益的角度出发，应当适用判决做出国法确定外国判决在我国的效力，特别是在我国与其他国家针对判决效力尤其是事实效力的规定仍不甚相同的情况下，更应选择相对合理的法律适用规则，有效协调潜在的效力冲突，最大限度地实现当事人之间的公正与公平。

其次，随着我国跨国经济交往的日益频繁与"一带一路"倡议的不断推进，外国民事判决申请在我国承认与执行的实践会更加丰富，选择适用做出国法确定其本国判决在我国的效力是充分尊重该国司法体系完整性的表现，与之相对应，我国的司法体系完整性也会更容易获得他国的尊重，随之而来的是，我国的民事判决会更有可能得到他国的承认与执行，而我国公民的权益也能够在他国获得更好的保护。就对判决效力的理解与适用而言，各国的民事判决是其本国司法体系的产物，不同国家针对诉讼中各个环节的要求可能与我国的相关规定存在差异，那么只有适用判决做出国国内法才能最准确地还原判决应当具有何种效力，了解相关的事实认定会引发怎样的法律效果。

虽然在外国法的查明、理解与适用上可能会出现困难，但我国司法机关在这方面的能力正在不断提升，更何况，适用外国法已经且必将越发成为我国处理涉外案件的常态，所以积极克服困难才是应对问题的正确态度。实际上，一旦了解了外国法针对判决效力的相关规定，那么后续对效力的认定就会相对容易。反之，如果适用我国法去确定外国判决的效力，那么虽然开端容易，但适用的过程可能会遭遇更多的障碍，所以选择适用判决做出国法确定外国判决在我国的效力不仅更为合理，而且更加便易。更重要的是，适用判决做出国法能够有效地保证民商事判决在各国的效力相同，这不仅有利于对当事人的利益保护，更能够促进国际层面法律关系的稳定与统一，良好的国际秩序是国际民商事交往持续健康发展的重要基础。

值得注意的是，适用判决做出国法确定外国判决在我国的效力潜在一种可能性，那就是当判决做出国赋予判决的效力大于我国判决具有的效力时，可能会对我国的法律秩序产生一定的冲击。体现在事实效力的认定上，在我国承认英美法系国家做出的民事判决后，如果适用其国内针对争点排除效力的成文法或者判例法，就会使该等判决认定的事实具有高于我国判决认定事实所具有的效力，我国国内的当事人可能会因此面临不公平的待遇。但这一后果如果能被控制在合理的范围内，可以考虑基于利弊之间的权衡予以容忍接受，同时设置公共秩序保留作为例外排除不合理的外国法律适用结果。

综上所述，为了更好地解决外国民事判决的事实效力问题，我国应当尽快通过立法确定外国民事判决在我国效力的法律适用规则。相较于适用判决承认国法即我国法的效力等置论而言，适用判决做出国法能够最真实地还原外国判决的本意，维护当事人、我国与判决做出国以及国际社会各个方面的利益，即便存在冲击国内法律秩序的可能性，也可以在必要情况下援引公共秩序保留的例外平衡潜在的价值冲突。而现实情况在于，通过立法确定判决效力扩张论以及与之相对应的法律适用规则，扭转我国在双边司法协助协定中透露的立法倾向，也许在短时间内并不是一条容易实现的解决路径。在现阶段立法层面更关注国内判决效力的情况下，可以考虑另辟蹊径，充分发挥国内规则在涉外领域适用的功能与作用，借鉴境外的制度规则与实践经验，在我国构建判决事实效力的相关制度，通过效力规则的趋于统一，降低甚至消除适用法院地法确定外国判决认定事实的效力所带来的不利后果。

（二）争点效制度的构建

鉴于预决力制度存在的诸多问题，在判决认定事实的效力确定上，可以考虑在我国构建源于英美法系的争点排除规则又经过大陆法系本土化的争点效制度，通过间接适用的方式将其运用到外国民事判决的事实效力认定当中。实际上，主张修正与完善预决力制度的观点本质上也是在参考争点效理论的构成要件，与其如此，不如直接赋予法院在判决理由部分认定的事实以争点效。这不仅是为了充分利用争点效理论本身具有的优势，更是在综合权衡各项价值取向后所能得出的积极结论。

作为争点效理论的最初建构者，日本的新堂幸司教授对该理论做出了如下阐释："在前诉中被双方当事人作为主要争点予以争执，而且法院也对该争点进行了审理并做出判断，当同一争点作为主要的先决问题出现在其他后诉请求的审理中时，前诉法院对于该争点做出的判断将产生通用力，这种通用力就是所谓的争点效。依据这种争点效的作用，后诉当事人不能提出违反该判断的主张及举证，同时后诉法院也不能做出与该判断相矛盾的判断。"① 可见，争点效赋予事实的效力明显强于可以通过相反证据予以推翻且法院可以做出不同认定的预决力。其需要满足的主要条件包括：第一，争点是"在判断前后诉讼的两个请求妥当与否的过程中"的主要争点；第二，当事人在前诉中已经对该主要争点穷尽了主张及举证，换言之，当事人对该争点已经进行了认真且严格的争执；第三，法院对于该争点已经做出了实质性的判断；第四，前诉与后诉的系争利益几乎是等同的；第五，在后诉中，争点效的产生必须经过当事人的主张。通过争点效的概念以及构成要件可以看出，该理论在赋予争点以更高效力的同时设置了严格的适用条件避免效力的滥用。

争点效理论明确了一些为预决力制度所模糊的问题，其中最为重要的就是争点效的适用对象直指判决理由中的主要争点，而主要争点又包括法院认定的事实争点，从而能够有效地回应本文提出的问题。构建争点效理论的主要目的就在于赋予判决理由中的争点以法律约束力，弥补既判力客观范围限于判决主文的缺陷。其理论根基建立在民事诉讼领域的一项基本原则——诚实信用原则之上。② 当事人就某一争点已在前诉进行了充分的攻击防御，使

---

① [日]新堂幸司：《新民事诉讼法》，林剑锋译，法律出版社2008年版，第492页。
② 张卫平：《民事诉讼中的诚实信用原则》，《法律科学：西北政法学院学报》2012年第6期，第155页。

其在不同请求的后诉中亦受约束,基于"自己责任"原则,系属公平。如果允许当事人提出不同的主张,就会对已在前诉就争点为尽力攻击防御且获得有利判决的其他当事人造成不公平的法律后果。况且,法院已在前诉中对争点进行了实质审理,允许当事人请求后诉法院再一次对其予以判断不符合诉讼经济的理念。①

我国台湾地区通过司法判例对争点效理论进行了完善,逐步确定了争点效理论的构成要件,具体包括以下几个方面:判决理由中能够发生效力的争点必须为影响判决结果的重要争点;该争点须经当事人的充分举证与攻防,进行适当完全的辩论并由法院做出实质的审理判断,前后两诉所受的程序保障无显著差异,排除自认事实②或缺席审判下发生争点效的可能;法院对该争点的判断无显然违背法令的情形,原确定判决的判断亦无显失公平;前后两诉的标的利益大致相同;主观层面要求前后诉的当事人同一,且当事人未提出足以推翻原判断的新诉讼资料。与既判力相比,争点效不具有遮断效,所以当事人如果能够提出新的诉讼资料并足以推翻前诉的判断,则法院仍得为相反的判定。③ 由此可见,我国台湾地区为争点效理论设置了更严格的适用条件,但又不乏灵活性,后诉法院可以通过自由裁量的方式对争点效的适用进行谨慎把控。当事人可以通过新的诉讼材料推翻前诉的判断,弥补了前诉判决中的错误可能被延续的缺陷。相较预决力制度,经过完善的争点效介于证明效与既判力之间,具有较强的目的性与价值导向性,充分发挥诉讼经济原则,在提高审判效率的同时兼顾公平正义与程序保障,为诉讼理由中的事实认定部分提供了更为扎实的理论基础。而且争点效的适用条件相对清晰,可以减少实践中的适用障碍,随着相关要件的不断发展与完善,争点效理论的优势也会更为明显。

作为争点效理论构建的模板,英美法系的国家普遍规定的争点排除效力也是为了赋予判决理由中的特定事实与法律问题以强制约束力的判决效力制度。美国法学会于1942年与1982年发布的两次《判决重述》中所称的间接禁反言规则就是争点排除规则的前身,其是指在诉因不同的情况下,禁止当

---

① 黄国昌:《民事诉讼理论之新开展》,北京大学出版社2008年版,第400页。
② 有观点基于诚实信用原则主张因当事人的自认行为而形成的判决理由中的事实认定部分(包括主要事实与一些对诉讼标的产生直接影响的间接事实)也应被赋予争点效。古强:《"争点效理论"应用的问题及解决》,《河北法学》2018年第8期,第166页。
③ 张自合:《论已决事实的预决效力——以台湾地区争点效的要件为借鉴》,《山东警察学院学报》2011年第5期,第41页。

事人对已经确定的事实或法律争点再次进行争议,① 专门解决在直接禁反言规则涵盖范围之外的事实或法律争点的效力问题,要求法院对该事实或法律争点的认定应为前诉判决所必须。争点排除规则设立的目的就在于维护社会秩序的和平与稳定,保证通过司法途径解决纠纷的权威性与终局性。该等规则已经得到判例法国家司法实践的普遍接受与采纳。

英国争点排除规则的适用条件与范围较之美国存在差异。其在主观层面恪守相互性原则,严格地将争点排除规则的适用限定在当事人或利益相关者之间。同时规定,只要是为判决所必需的事实,即便其未通过有效的攻击防御与最终确定,也能够获得排除效力,进而囊括了自认或缺席判决中认定的部分事实。② 更为重要的是,英国已将该规则运用到判断外国民事判决认定的事实在英国具有的效力问题上。1967年,英国上议院在 Carl Zeiss 案中明确,英国在外国民事判决的效力认定上采用等置论,开始将国内的争点排除规则运用到外国判决的效力认定当中,外国判决认定的主要事实争点可以在英国发生排除效力。③ 从英国的实践经验来看,争点排除规则能够在涉外领域有效地发挥作用。当然,基于效力等置论本身存在的问题,在依据争点排除规则确定外国判决认定的事实在承认国的效力时,需要十分地谨慎。

无论是在大陆法系还是英美法系,争点效制度或争点排除规则的构建以及制度在认定外国民事判决事实效力方面的运用都将对私人与公共利益产生重要影响。里斯教授在《外国做出的判决在本国的地位》一文中指出,承认外国判决的真正基础就在于既判力原则,当事人之间已经就某一争点进行了充分争执,就应当受到该结果的约束,该事项一经审判就被视为永远确定。一方面这样可以保护当事人的权益,因为其已经在一外国法院成功地起诉或抗辩,同时也可以鼓励当事人严肃地对待法律诉讼,促进当事人充分争辩某

---

① 美国联邦最高法院哈伦大法官将其描述为:"在众多的判例中,(法官) 都宣告了这样一条规则:如果一项权利、一个问题或者一个事实明确地作为争点,被有管辖权的法院作为所给予救济的根据直接裁决过,那么在以后的诉讼中,相同当事人或者他们诉讼利益的承继人,不能再对它提出争议;即使一个诉讼是因为不同的诉因引起的,只要前案判决仍未被变更,那么已经裁决过的权利、问题或者事实,在相同的当事人或者他们诉讼利益的承继人之间,必须被当作是终局性地确定了。" 江伟,常廷彬:《论已确认事实的预决力》,《中国法学》2008年第3期,第104页。

② 澳大利亚、加拿大、新西兰与以色列等国均采用英国式的争点排除规则。Brummett Jr JD. The Preclusive Effect of Foreign – Country Judgments in the United States and Federal Choice of Law: The Role of the Erie Doctrine Reassessed [J]. New York Law School Law Review, 1988, 33: 83, p. 87.

③ Van de Velden JB. Finality in Litigation: The Law and Practice of Preclusion: Res Judicata (Merger And Estoppel), Abuse of Process and Recognition of Foreign Judgments [M]. Kluwer Law International BV, 2017, p. 323.

一事项，毕竟某一事项一旦确定就不能再重新提起诉讼。① 另一方面，法院也无须再浪费司法资源重新审理已经其他国家公正审理的事项。② 随着跨国民商事纠纷的不断增多，国际社会对诉讼效率与司法经济的追求会更加迫切，当事人应当受到诚实信用原则的严格约束。争点效力规则有助于抑制当事人挑选法院，减少国际平行诉讼，促进纠纷的一次性解决，避免判决之间的矛盾与冲突，从而维护国际民商事秩序的稳定与和谐。

  对于我国争点效制度的构建③及其在涉外领域的运用，可以考虑将台湾地区的司法实践作为基础，并借鉴英国判例法上的经验，通过合理的要件设计，在充分发挥制度优势的同时，避免使法官负担过重，进而违背制度设立的初衷。首先，基于相关外国民事判决已经得到我国承认这一前提，该外国判决必然已经满足了我国规定的判决承认条件。做出判决的外国法院应对案件享有管辖权，同时判决中的争点已经过当事人的充分举证攻防，该争点由法院实质审理并做出终局性的认定。此条件与承认的规则相通，但突出强调的是对争点的限制。为避免与我国的专属管辖范围相冲突，针对该争点的管辖权判断依据可以是我国国内法，但对终局性的判断应依据判决做出国法进行，防止赋予外国法院未确定的争点以终局性。同时，该争点应为外国判决的必要基础，要求达到没有该争点的确定判决将无从做出的程度，排除间接或辅助事实产生争点效力的可能，避免因前诉过度争辩而导致的司法效率低下。④ 其次，拟发生效力的外国争点应与我国后诉中的争点相同一，且标的利益大致相同。这就需要法院综合考量外国判决的结果与其中的分析说理部分，包括当事人的请求、证据以及其他必要材料。美国法学会在第二次《判决重述》中提出，如果前后两诉的主张

---

① BIICL Report, at 27.

② Brummett Jr JD. The Preclusive Effect of Foreign – Country Judgments in the United States and Federal Choice of Law: The Role of the Erie Doctrine Reassessed [J]. New York Law School Law Review, 1988, 33: 83, pp. 87 – 88.

③ 2007年11月22日发布并实施的《重庆市高级人民法院关于当前民事审判若干法律问题的指导意见》第53条，明确了在先判决的既判力一般仅及于判决主文，在判决主文之外的事实查明部分或判决理由中的判断一般不产生既判力。但是，"在前诉中，被双方当事人作为主要争点予以争执，而且法院也对该争点进行了审理并做出判断，当同一争点作为主要的先决问题出现在后诉请求的审理中时，后诉当事人不能提出违反该判断的主张及举证，同时后诉法院也不能做出与该判断相矛盾的判断"。该条意见完全采纳了新堂教授对争点效理论的定义，可谓是地方司法实践的一大创举。即使在适用条件等方面还存在一定的不完善之处，该等探索也足以成为我国构建争点效制度的良好开端。

④ 英国上诉法院在 Good Challenger Navegante 案中为判断争点是否为判决所必须提供了可上诉测试的标准，如果被争点效力排除的当事人能够因该争点的确定就判决提起上诉，则该争点确系为判决所必要。Good Challenger Navegante SA v. Metal Export Import SA The Good Challenger [2003] All ER (D) 335 (Jan) [2003] EWHC 10 (Comm) [73].

和证据重合程度很高,就可以认为是同一争点。① 我国在未来的司法实践中可以参考上述标准,辅助对于争点效适用前提的判断。

主观层面,外国与国内案件的当事人应相同或利益相关。在 House of Spring Gardens Ltd v. Waite(No. 2)案中,英国上诉法院确定了利益相关方的判断标准:其充分了解外国程序且本可以无障碍地申请加入该程序当中,也能够从裁决的结果中获益,但实际却没有申请加入,而是任由其他当事人为其进行辩论,自身不为此而付出相关代价。② 该等利益相关方应为前诉的争点效力所排除,赋予其重新就争点提起诉讼的机会将导致对其他当事人的不公。但如果外国法的规定较为严格,不允许该当事人参与到程序当中,那么在当事人向英国法院提出请求并予以证明的情况下,该争点不会对未参与程序的当事人产生约束力。③ 这样的判断标准值得借鉴,在适用过程中应赋予法院以自由裁量权,允许例外情况的发生。例如,如果被告在外国法院的诉讼中只扮演微不足道的角色,其到外国参加诉讼将非常昂贵且不便,此时相对方又在我国提起了一个更为重要的诉讼,那么要求未参与到外国诉讼中的被告受前诉事实争点效力的约束是不公平的,在这种情形下可以考虑对当事人相同或利益相关的条件予以突破。最后,当事人应主动提出并举证证明存在外国民事判决认定的主要事实争点,这一要件在涉外领域的适用尤其重要,因为截至目前,各国之间的民事判决尚未实现互联互通,要求法官主动援引外国民事判决中认定的争点事实无疑会过分加重法官的负担。外国的诉讼情况只有当事人最为了解,如果其不主动提出,可视为自动放弃相关权利,法官没有义务对此进行查明与援引。另外,只有在对方当事人没有提出新的足以推翻前诉判断的诉讼材料④的情况下,外国民事判决认定的事实方能在我国获得争点效力,法院可以直接对其予以采用,当事人也无需再进行重复争执。综上,总体的制度设计在协调诉讼经济与公平正义的同时,应最大限度地减轻法官的压力,以免得不偿失。

有观点认为,在我国构建争点效制度的意义十分有限。英美法系国家设有陪审团制度与证据开示制度,并以口头出示证据为原则,由于在事实认定方面投入的成本较大,赋予争点以确定的约束力可以节约更多的司法资源,

---

① 郭翔:《美国判决效力理论及其制度化借鉴——基于争点效力理论的分析》,《民事程序法研究》2015 年第 2 期,第 181 页。

② House of Spring Gardens Ltd and others v. Waite and others 253 – 54.

③ Van de Velden JB. Finality in Litigation: The Law and Practice of Preclusion: Res Judicata (Merger And Estoppel), Abuse of Process and Recognition of Foreign Judgments [M]. Kluwer Law International BV, 2017, p. 341.

④ 在先前程序中尽合理注意义务即可获得的诉讼材料除外。

但在大陆法系国家，同样的制度并不能带来相同的收益。① 但是，这一观点恰恰证明了争点效制度在涉外领域适用的价值。英美法的系国家投入巨大成本而获得的事实认定应当为我国所用，这样在保证事实准确性的前提下还能够大幅度地降低重复审理导致的司法资源浪费。经修正的争点效制度并不会盲目地延续错误的事实认定，如果出现相反的证据或新的诉讼材料，法院则可以重新进行审理。鉴于上诉判决并非由我国法院做出，所以也无须启动再审程序纠正事实认定的不当，自然不会因此损害我国判决的权威性与稳定性。② 由此可见，在我国构建争点效制度并将其运用到判断外国民事判决认定的事实在我国的效力当中，不仅能够充分发挥制度本身的优势，更有助于促进我国与他国之间的制度对接与合作协调，在效力扩张论对应的法律适用规则暂时缺位的今天，不失为一种解决问题的新思路。

结论

在外国民事判决已经得到我国人民法院承认的前提下，应依外国民事判决效力的法律适用规则指引准据法，确定判决中的各个部分在我国具有的效力，其中自然包括外国民事判决所认定的事实。换个角度出发，在确定外国民事判决效力的准据法后，由该法决定判决效力的主观与客观范围，而判决效力的客观范围又决定着判决中的哪些内容能够产生特定的法律效力，如法院在判决理由中认定的事实是否包含在判决的既判力、预决力或争点效的客观范围之内。虽然未有专门的立法予以明确，但通过法律释义与双边司法协助协定的相关规定可知，我国倾向于采用外国判决的效力等置论，也即依据判决承认国法而非判决做出国法确定外国判决在我国的效力。具体到外国民事判决的事实效力认定上，应适用我国《证据规定》的第10条，赋予符合条件的外国判决认定事实以预决力。然而，适用判决承认国法确定外国民事判决效力的法律适用规则明显弊大于利，未来宜选择适用判决做出国法对应的效力扩张论，以期减少甚至消除判决效力差异可能带来的消极影响。另外，在我国仍采用判决效力等置论的背景下，预决力制度也并非是解决外国判决事实效力问题的最优解，可以考虑在国内构建争点效制度并将其运用到涉外领域当中，通过合理的制度设计，为外国民事判决认定的事实提供扎实的效力基础。

---

① 纪格非：《"争点"法律效力的西方样本与中国路径》，《中国法学》2013年第3期，第114－115页。

② 翁晓斌：《论已决事实的预决效力》，《中国法学》2006年第4期，第186－187页。

论我国涉外商事审判的国际化①

李伯轩*

摘要：在对外开放全面升级的背景下，特别是在"一带一路"倡议实施以来，涉外商事纠纷的数量显著增多，多样性和复杂性也有了明显的提升。我国的涉外商事审判随之迎来了快速发展期。它不仅担当起了解决涉外商事纠纷的职能，而且成为了对外展示我国法治化成果的重要窗口。"涉外"两字是涉外商事审判的核心特征。因此，涉外商事审判本身便带有国际化的倾向。我国涉外商事审判的国际化涉及审判机构的专门化、审判管辖权的开放化、审判人员的专业化、法律适用的规范化。只有从这四个方面共同着手推进我国涉外商事审判国际化的进程，才能全面提升审判的国际公信力、影响力和吸引力。

关键词：涉外商事审判；国际商事法庭；管辖权；审判人员；法律适用

Abstract: As the policy of opening up to the outside world is upgraded, particularly after the Belt and Road Initiative has been implemented, the number, diversity and complexity of foreign – related disputes are remarkably increasing. Accordingly, the foreign – related commercial trials of China are undergoing rapid development. They are employed not only for the settlement of foreign – related commercial disputes but also as a significant window to display achievements of rule of law in China. Since the foreign – related commercial trials are foreign – related in nature, they are inclined to become international. The internationalization of the foreign – related commercial trials of China involves the specialization of judicial organs, the opening of judicial jurisdiction, the specialization of judges, and the normalization of application of law. Only if the abovementioned four aspects are harmoniously enhanced can the international credibility, influence and attraction of foreign – related commercial trials of China be comprehensively lifted.

Key Words: foreign – related commercial trials, international commercial court, jurisdiction, judge, application of law

统筹推进国内法治和涉外法治是在维护国家主权与根本利益的基础上积极参与全球治理，推动构建人类命运共同体规则体系的重大战略判断。涉外法治的精髓在于我国须以法治的思维和方式处理与我国利益相关的涉外事务。涉外法治的完善将有助于为"一带一路"创造良好的法治环境，构建公正、合理、透明的规则体系。"一带一路"倡议的施行掀起了我国对外开放的新高潮。在对外开放全面升级的时代背景下，涉外商事纠纷随之增多，涉外商事审判在涉外法治建设中的重要性日益凸显。涉外商事审判的国际化不仅是检验我国涉外法治先进性的关键指标，而且是维护我国法院国际公信力、影响力和吸引力的重要保障。

一、我国涉外商事审判机构的专门化

审判机构是以国家名义对当事人之间的争议做出权威解决的机构。[②]我国涉外商事审判的国际化离不开涉外商事审判机构的专门化。

（一）域外国际商事法庭的发展

国际商事法庭的雏形是中世纪西欧一些地区盛行的市集法庭。此类法庭在当时被称作"灰脚法庭"（court of piepowder）。对于这一称谓的含义，有两种理解：一是，此类法庭的当事人是经常往来于不同市场，脚上沾满灰尘的外国或外地商人；二是，此类法庭处理争议速度之快，以至于商人脚上的灰尘尚未落下，争议便已处理完毕。[③]灰脚法庭随着10世纪以来西欧城市和商业的复兴而出现。当时，欧洲各地的市集吸引了大量的外国商人。借由对这些商人征税可以增加当地的财政收入，所以地方统治者设法通过各种举措促进通商往来。灰脚法庭的设立便是举措之一。[④]到了17世纪，灰脚法庭逐渐退出了历史舞台，但是其制度理念为后来的国际商事法庭的诞生打下了基础。

---

* 李伯轩，中国政法大学国际法学院教授，法学博士。

[①] 本文为2021年度法治建设与法学理论研究部级科研项目"我国涉外商事审判在全球经济治理中的作用路径及完善策略研究"（项目编号：21SFB3023）的阶段性研究成果。

[②] 陈瑞华：《刑事审判原理》，北京大学出版社1997年版，第2页。

[③] Charles Gross, "The Court of Piepowder", The Quarterly Journal of Economics, 1906, Vol. 20, No. 2, p. 231.

[④] 赵立行：《论中世纪的"灰脚法庭"》，《复旦学报（社会科学版）》2008年第1期，第94页。

1895 年设立的伦敦商事法庭是第一家现代意义上的国际商事法庭。① 迈入 21 世纪后，一些国家或地区先后成立了专门的国际商事法庭。比如，迪拜于 2006 年成立了国际金融中心法院；2009 年，卡塔尔金融中心民商事法院正式成立；新加坡国际商事法庭于 2015 年 1 月正式启用；2015 年，阿布扎比组建了全球市场法院；2017 年 12 月，哈萨克斯坦阿斯塔纳国际金融中心法院投入运行；2018 年 2 月，巴黎上诉法院成立了巴黎国际商事法庭；2019 年 1 月，荷兰国际商事法庭挂牌运作。

仲裁和诉讼是当前解决国际商事纠纷的两种主要途径。灵活的程序、专业的仲裁员、裁决在全球范围内的可执行性是仲裁的优势所在，但是仲裁的民间性和一裁终局的特点不免使当事人心存疑虑。对于当事人而言，能够得到由国家强制力作为保障的裁判结果是诉讼的吸引力所在，可是僵化的程序、过长的耗时、域外承认和执行的不便等是诉讼长期受到诟病的痼疾。各国建立国际商事法庭的初衷是为了将仲裁的优点融入诉讼之中，克服诉讼的固有缺陷，增强司法制度解决国际商事纠纷的能力和效率。②

现有的国际商事法庭可分为激进型和保守型两类。前者是通过修订宪法或制定专门法律，经过大刀阔斧的改革建立而成的；而后者并非通过修订宪法或制定专门法律，而是经过局部改造建立而成的。依此标准，迪拜、新加坡、卡塔尔、阿布扎比、阿斯塔纳等地的国际商事法庭属于激进型；巴黎、荷兰等地的国际商事法庭属于保守型。③ 无论属于何种类型，国际商事法庭的建立必然需要对以往的诉讼制度加以扬弃。管辖范围的扩大化、法官任职的专业化、诉讼程序的灵活化、争议解决的多元化成为各地国际商事法庭的发展趋势。

（二）我国国际商事法庭的建设

"一带一路"倡议从提出至今，已经从理念变为了现实，并且得到了国际社会的广泛关注和认可。贸易与投资的繁荣将不可避免地催生更多的跨国商事纠纷。时代的发展带来了新样态的国际经济关系，而且商事主体在深度

---

① 朱伟东：《国际商事法庭：基于域外经验与本土发展的思考》，《河北法学》2019 年第 10 期，第 77 页。
② 沈伟：《国际商事法庭的趋势、逻辑和功能——以仲裁、金融和司法为研究维度》，《国际法研究》2018 年第 5 期，第 102 页。
③ 朱伟东：《国际商事法庭：基于域外经验与本土发展的思考》，《河北法学》2019 年第 10 期，第 79 页。

参与全球经济的过程中表现出了多元化的价值取向,所以国际商事纠纷呈现出了明显的多样化、复杂化的趋势。①

为了配合"一带一路"倡议的实施,2018年1月通过的《关于建立"一带一路"国际商事争端解决机制和机构的意见》提出了设立中国国际商事法庭的构想。2018年6月,位于深圳和西安的最高人民法院第一、第二国际商事法庭挂牌成立。2020年11月,苏州国际商事法庭启用。这是我国在地方法院设立的首个国际商事法庭。2021年12月,作为第二家在地方设立的国际商事法庭,北京国际商事法庭正式揭牌。2022年4月,继苏州国际商事法庭和北京国际商事法庭之后,成都国际商事法庭在天府中央法务区揭牌。这是我国第三家在地方设立的国际商事法庭,也是全国第一家跨域集中管辖全省涉外一审商事案件的国际商事法庭。

打造面向国际商事纠纷的司法制度,主动回应国际商事主体对多元纠纷解决方式的迫切需求,是主权国家参与全球经济治理,塑造国际交易秩序,强化国家自身竞争优势的重要举措。科学技术的革新使得传统比较优势理论所强调的劳动力成本、自然资源等因素不再扮演决定性的角色,而良好的经营环境和制度支撑的重要性愈加突显。法治化的营商环境对于企业开展跨国经营活动无疑具有极大的吸引力。国际商事纠纷的快速、有效、公正的解决是实现全球经贸平稳运行的重要保障。在经济全球化的背景下,涉外司法水平的高低已成为衡量一国营商环境优劣的核心指标。

我国海事审判的发展为国际商事法庭的建设提供了很好的参照。在航运业的快速发展带来大量海事纠纷的背景下,我国适时抓住机遇,推动建成了专门的海事法院,将自身打造成为亚太地区的海事司法中心。与海事审判相比,涉外商事审判的涉及面更广,影响力更大。英国商事法庭提供的专业化的审判服务促进了英国跨国商事活动的发展。可以预见的是,我国的国际商事法庭将会成为推动我国与世界经济接轨不可或缺的一股力量。

近年来,世界经济受到了单边主义和逆全球化的不利影响。如何能够将国际经济秩序重新导入正轨是国际社会亟待解决的问题之一。主权国家司法活动的功能已不限于消解个案纷争,而是能够巩固甚至创设特定类型的社会关系,起到对规范秩序的确认作用。② 目前,各国对国际商事法庭制度的期

---

① 林福辰:《中国国际商事法庭的运行机制研究》,《四川师范大学学报(社会科学版)》2022年第1期,第47页。

② 吴卡:《中国法院参与全球治理的实践路径与可持续策略》,《国际法研究》2021年第2期,第87-88页。

待早已超出了单纯的定分止争的范畴。借由国际商事法庭的平台，我国可以在不同的主体之间分配全球经济治理权，肯定、解释甚至是创设国际经贸规则，进而使我国的价值追求在国际层面得到呈现，彰显并增进我国的国际话语权。①

二、我国涉外商事审判管辖权的开放化

我国国际商事法庭管辖权的设置目前仍显保守，这大大削弱了该法庭在提升我国涉外司法国际影响力方面的作用。

（一）适度扩展涉外争议的范围

《关于设立国际商事法庭若干问题的规定》（以下简称《规定》）第3条②要求，国际商事法庭审理的案件应当具备涉外性。至于如何认定涉外性，该条款基本沿用了《关于适用〈涉外民事关系法律适用法〉若干问题的解释（一）》（以下简称《解释（一）》）第1条③的规定，即包括法律关系主体涉外、客体涉外和内容涉外。然而，前者并未如后者一样包含其他可以认定为涉外案件情形的兜底性条款。整体而言，能够依据《规定》第3条被判定为涉外纠纷的范围较为有限。

新加坡国际商事法庭同样不审理单纯的国内商事案件。根据新加坡《最高法院法》第110号令的规定，案件的国际性体现在：①争议双方的营业地位于不同国家；②任何一方当事人在新加坡无营业地；③当事人实质义务履行地或与争议事项存在最密切联系的地点不同于任何一方当事人的营业地国；④当事人明示同意争议标的涉及两个以上国家。前三项标准都涉及营业地。他们有其合理性和借鉴意义，理由是：①国际商事法庭管辖案件的当事人多为法人，营业地是法人的经营活动中心，在国际商事关系中是十分实用和便

---

① 霍政欣：《论全球治理体系中的国内法院》，《中国法学》2018年第3期，第281－282页。
② 《规定》第3条规定："具有下列情形之一的商事案件，可以认定为本规定所称的国际商事案件：（a）当事人一方或者双方是外国人、无国籍人、外国企业或者组织的；（b）当事人一方或者双方的经常居所地在中华人民共和国领域外的；（c）标的物在中华人民共和国领域外的；（d）产生、变更或者消灭商事关系的法律事实发生在中华人民共和国领域外的。"
③ 《解释（一）》第1条规定："民事关系具有下列情形之一的，人民法院可以认定为涉外民事关系：（a）当事人一方或双方是外国公民、外国法人或者其他组织、无国籍人；（b）当事人一方或双方的经常居所地在中华人民共和国领域外；（c）标的物在中华人民共和国领域外；（d）产生、变更或者消灭民事关系的法律事实发生在中华人民共和国领域外；（e）可以认定为涉外民事关系的其他情形。"

利的连接点;②营业地标准体现了更加中立的普遍主义立场,已经在《联合国国际货物销售合同公约》《联合国关于调解所产生的国际和解协议公约》①等国际条约中得到了认可和采纳。② 然而,新加坡国际商事法庭奉行的第四项标准主观弹性较大。

综上所述,为了适度扩展我国国际商事法庭受理案件的范围,笔者建议在下列情况下同样将当事人之间的争议认定为具有涉外性:①争议双方的营业地位于不同国家;②当事人实质义务的履行地或与双方争议事项有着最密切联系的地点不同于任何一方当事人的营业地国;③可以认定为国际商事案件的其他情形。

(二) 删除协议管辖中的实际联系要求

协议管辖是指当事人合意选择将他们之间的争议提交某国法院审理。③ 对于协议管辖在多大程度上予以承认是衡量一个国家涉外司法开放和便利程度的重要指标之一。④ 自20世纪中叶起,协议管辖制度逐渐被世界上多数国家所采纳。

《规定》第2条第1款允许当事人依据《中华人民共和国民事诉讼法》第35条⑤协议选择国际商事法庭。该条款认可了当事人的协议管辖,但它同时要求当事人的选择应符合《中华人民共和国民事诉讼法》第35条的规定。《中华人民共和国民事诉讼法》第35条要求当事人只能选择原告/被告住所

---

① 《联合国国际货物销售合同公约》第1条第1款规定:"本公约适用于营业地在不同国家的当事人之间所订立的货物销售合同:(a) 如果这些国家是缔约国;(b) 如果国际私法规则导致适用某一缔约国的法律。"《联合国关于调解所产生的国际和解协议公约》第1条第1款规定:"本公约适用于调解所产生的、当事人为解决商事争议而以书面形式订立的协议("和解协议"),该协议在订立时由于以下原因之一而具有国际性:(a) 和解协议至少有两方当事人在不同国家设有营业地;(b) 和解协议各方当事人设有营业地的国家不是:和解协议所规定的相当一部分义务履行地所在国;或者与和解协议所涉事项关系最密切的国家。"

② 黄进、刘静坤、刘天舒:《中国国际商事法庭制度改革探析》,《武大国际法评论》2020年第6期,第3页。

③ 吴永辉:《论新〈民诉法〉第34条对涉外协议管辖的法律适用》,《法律科学(西北政法大学学报)》2016年第5期,第166页。

④ 刘晓红、周祺:《协议管辖制度中的实际联系原则与不方便法院原则——兼及我国协议管辖制度之检视》,《法学》2014年第12期,第43页。

⑤ 2018年6月的《规定》第2条第1款规定,国际商事法庭受理的案件包括当事人依照《民事诉讼法》第34条的规定协议选择最高人民法院管辖且标的额为人民币3亿元以上的第一审国际商事案件。2021年12月,全国人民代表大会常务委员会通过了关于修改《民事诉讼法》的决定。在修订后的《民事诉讼法》中,原第34条变成了第35条。

地、合同签订地/履行地、标的物所在地等与争议有实际联系的地方的法院。由此可见,在我国,当事人的选择权须受到实际联系原则的限制。

对于是否以实际联系作为当事人协议管辖的必要前提,不同国家态度不一。尽管有些国家,如法国、墨西哥等,出于保证案件审理的确定性和稳定性的考虑,要求当事人选择的法院必须与争议事项之间存在实际和直接的联系,但是整体而言,实际联系原则有被淡化的趋势。1987年《瑞士联邦国际私法法典》、1995年《意大利国际私法制度改革法》、2001年欧盟《关于民商事管辖权及判决的承认与执行条例》等法规均未在协议管辖方面增加实际联系的要求。

出于扩大案源的考虑,不少地方的国际商事法庭在协议管辖方面倾向于充分尊重当事人的意思自治。① 有学者曾指出,协议管辖中的实际联系要求会不当地限制当事人选择中立法院处理争议的自由。② 因此,我国不应将实际联系作为协议管辖的有效要件。为了对当事人的选择施加必要的限制,我国可以在维护公共利益的限度内适用不方便法院原则。③ 破除实际联系的限制将有助于扩大我国国际商事法庭的受案范围,从而进一步提升其国际影响力与竞争力。④

三、我国涉外商事审判人员的专业化

法官是行使审判权的直接主体。审判具体表现为争议双方在法庭上各自提出主张和证据并展开辩论,由法官进行审理并最终做出裁判。⑤ 因此,法官的素质直接决定了审判的质量。

(一)本土法官的培养

审理涉外商事案件的法官是涉外法治的践行者、维护者和推动者。由于面对的是国际纠纷,所以除符合法官的一般要求外,审理涉外商事案件的法官还应具备以下素养:第一,丰富的域外法律知识,不仅需要掌握本国的法律,而且需要熟悉并且能够运用外国法和国际法来解决现实纷争;第二,开

---

① 何其生课题组:《论中国国际商事法庭的构建》,《武大国际法评论》2018年第3期,第10页。
② 李浩培:《国际民事程序法概论》,法律出版社1996年版,第64页。
③ 刘晓红、周祺:《协议管辖制度中的实际联系原则与不方便法院原则——兼及我国协议管辖制度之检视》,《法学》2014年第12期,第43页。
④ 蔡伟:《国际商事法庭:制度比较、规则冲突与构建路径》,《环球法律评论》2018年第5期,第186页。
⑤ 陈光中:《刑事诉讼法》,北京大学出版社、高等教育出版社2016年版,第340页。

阔的国际视野，能够以多边主义的视角促进国内法治与国际法治的良性互动，推动本国利益与全球利益的平衡发展；第三，过硬的外语水平，能够在实务工作中娴熟地运用外语查阅资料和证据、组织开展审判活动、制作法律文书等。

培养审理涉外商事案件的法官不可能是一蹴而就的，它必然是一个长期的、持续的过程。大学阶段的法学教育是培养过程的第一步，也是至关重要的一步。为了培养一批合格的能够审理涉外商事案件的法官，高校的法学教育应在以下方面多下功夫：①优化课程体系，在国际法、国际私法、国际经济法之外，增设国际贸易法、国际投资法、比较法等课程；②引入"法学＋N"的培养模式，将法学教学与外语、贸易、金融等专业相结合，着力打造复合型人才；③推行法律实践教学，改变由老师向学生单向传输知识的教学定式，加大法律诊所类和模拟法庭类课程的建设，鼓励学生走出课堂参与实践；④完善国内外合作培养机制，开展多样化的实质合作。①

除大学阶段的法学教育之外，职业培训对于培养审理涉外商事案件的法官同样重要。我国的法官职业培训兴起于20世纪80年代中后期。彼时，我国的法官队伍人员结构复杂，学历偏低，专业水平不高。为了改变这一状况，最高人民法院于1985年成立了全国法院干部业余法律大学。教师以司法系统中一批既有理论水平又有实践经验的干部为主，另有部分大学老师。1988年，最高人民法院又创立了中国高级法官培训中心。1997年，以前述两个机构为基础，国家法官学院挂牌成立。我国的法官职业培训走上了科学化、制度化、规模化的道路。

我国目前开展的法官职业培训对于促进法官的成长和进步无疑是有效的。然而，为了培养出一批能够胜任涉外商事审判工作的法官，我国的法官职业培训还应从以下方面加以完善：第一，增设专门的涉外法律实务训练，改变过去大而全的培养模式，转而向专而精的方向发展；第二，针对开放程度较高、涉外商事纠纷频发的地区，加大涉外商事审判培训的力度，以求为区域经济发展提供坚实的司法保障；第三，强化涉外法官职业培训的连贯性和持续性，将预备培训与在职培训相结合，将职业培训与业绩考核相挂钩；第四，为审理涉外商事案件的法官创造多方位的业务交流平台和渠道，倡导国内同行之间的研讨切磋，鼓励向他国同行学习经验。②

---

① 郭雳：《创新涉外卓越法治人才培养模式》，《国家教育行政学院学报》2020年第12期，第41－42页。

② 袁发强：《涉外民商事司法环境优化机制研究》，北京大学出版社2018年版，第24－27页。

(二) 外籍法官的引入

《中华人民共和国宪法》规定，我国年满18周岁的公民享有选举权和被选举权。① 此外，《中华人民共和国法官法》第12条规定，担任法官的人选应具有中国国籍，通过国家统一法律职业资格考试。② 上述规定限制了我国国际商事法庭对于外籍法官的聘任。

为了解决外籍法官的聘任问题，新加坡曾修改其国内法。根据新加坡的现行法律，总统可以任命符合基础资格条件，具有审判经验和个人素养的外籍人士担任最高法院的国际法官；国际法官的聘期为3年，可以连任，享有与高等法院法官（Judge of the High Court）相同的职权和豁免。目前，新加坡国际商事法庭共有46名法官，其中有17名国际法官，他们分别来自美国、澳大利亚、英国、法国、加拿大、日本、中国香港、印度等地。③

在迪拜国际金融中心法院，国际法官的来源包括在阿联酋政府承认的任何司法管辖区内担任或曾担任高级司法职务的人士以及有普通法系丰富的商事争议处理经验的律师或法官。他们的任期不得超过3年，但可以连任。目前，迪拜国际金融中心法院共有13名法官，其中有8名国际法官，他们分别来自英国、马来西亚、澳大利亚等地。④

根据《卡塔尔金融中心民商事法院规例及程序规则》的规定，卡塔尔金融中心民商事法院允许在商事领域具备专长的专家（不限国籍）参与案件的

---

① 《中华人民共和国宪法》第34条中的"被选举权"既适用于各级人大代表的选举，也适用于其他各级国家机关公职人员的选举。《全国人民代表大会和地方各级人民代表大会选举法》第4条也规定，我国年满18周岁的公民，不分民族、种族、性别、职业、家庭出身、宗教信仰、教育程度、财产状况和居住期限，都有选举权和被选举权。该条款中的"被选举权"则仅适用于各级人大代表的选举。参见浦兴祖：《重新认识"被选举权"》，《探索与争鸣》2016年第3期，第45页。

② 《中华人民共和国法官法》第12条规定："担任法官必须具备下列条件：（a）具有中华人民共和国国籍；（b）拥护中华人民共和国宪法，拥护中国共产党领导和社会主义制度；（c）具有良好的政治、业务素质和道德品行；（d）具有正常履行职责的身体条件；（e）具备普通高等学校法学类本科学历并获得学士及以上学位，或者普通高等学校非法学类本科以上学历并获得法律硕士、法学硕士及以上学位，或者普通高等学校非法学类本科及以上学历，获得其他相应学位，并具有法律专业知识；（f）从事法律工作满五年，其中获得法律硕士、法学硕士学位，或者获得法学博士学位的，从事法律工作的年限可以分别放宽至4年、3年；（g）初任法官应当通过国家统一法律职业资格考试取得法律职业资格。"

③ 新加坡国际商事法庭官方网站，https://www.sicc.gov.sg/about-the-sicc/judges，最后访问时间：2022年4月3日。

④ 迪拜国际金融中心法院官方网站，https://www.difccourts.ae/about/court-structure/judges，最后访问时间：2022年4月3日。

审理，履行法官的职责。这为外籍法官的聘任提供了法律依据。目前，卡塔尔金融中心民商事法院共有 13 名法官，其中有 11 名外籍法官，他们分别来自英国、新西兰、新加坡、南非、塞浦路斯、科威特等地。①

阿布扎比全球市场法院的 8 名现任法官均为外籍法官，他们分别来自英国、澳大利亚、新西兰等地。② 该法院的法官构成是与阿布扎比金融中心区内的法律适用规则相适应的。阿布扎比酋长国是阿联酋最大的酋长国。尽管阿联酋属于大陆法系，但是阿布扎比金融中心区采用的是英国的普通法和衡平法，因此外籍法官的聘任是为了保证金融中心区内国际商事争议解决机制的正常运行。

目前，我国的国际商事专家委员会共有 52 名专家，其中有外籍专家 27 名，他们分别来自荷兰、墨西哥、希腊、加拿大、乌干达、尼日利亚、文莱、南非、美国、阿尔及利亚、瑞士、巴基斯坦、韩国、埃及、澳大利亚、法国、比利时、新加坡、黎巴嫩、英国、德国、哈萨克斯坦、俄罗斯等地。虽然外籍专家在国际商事专家委员会的成员构成中占比不小，但是他们并不能等同于外籍法官。③

尽管其他国家或地区的国际商事法庭已有聘任外籍法官的丰富实践，但是我国对于外籍法官的引入尚持保守态度。实际上，聘任外籍法官来审理涉外商事案件具有多方面的好处：第一，来自不同地域的外籍法官有着多元化的文化和法学教育背景，他们具有过硬的专业技能和良好的国际声誉，他们的加入对于提升我国国际商事法庭的司法公信力和国际竞争力大有裨益；第二，国际商事争议的快速和有效解决需要法律适用的灵活性，外籍法官的引入有助于推动涉外商事审判法律适用的革新，使国际法、习惯法等非国内法在纠纷解决中发挥更加明显的作用；第三，我国国际商事法庭的现任法官均从其他法庭调配而来，外籍法官的引入有助于形成专门、稳定的审判力量，缓解国际商事法庭对于合格法官的现实需求，分担逐渐增多的涉外商事案件

---

① 卡塔尔金融中心民商事法院官方网站，https://www.qicdrc.gov.qa/courts/court，最后访问时间：2022 年 4 月 3 日。

② 阿布扎比全球市场法院官方网站，https://www.adgm.com/adgm-courts/judges，最后访问时间：2022 年 4 月 3 日。

③《最高人民法院国际商事专家委员会工作规则（试行）》第 3 条规定："专家委员可以根据国际商事法庭的委托，承担下列职责：（a）主持调解国际商事案件；（b）就国际商事法庭以及各级人民法院审理案件所涉及的国际条约、国际商事规则、域外法律的查明和适用等专门性法律问题提供咨询意见；（c）就国际商事法庭的发展规划提供意见和建议；（d）就最高人民法院制定相关司法解释及司法政策提供意见和建议；（e）国际商事法庭委托的其他事项。"

的审判工作。

建立外籍法官聘任制度应成为我国国际商事法庭未来发展的方向之一。然而,制度上的障碍或许在短期内难以消除。在《中华人民共和国宪法》中的被选举权的权利主体和《中华人民共和国法官法》中的法官任职条件被修改之前,我国可以先尝试聘请中国籍的香港法官参与涉外商事审判。香港法官的专业形象、外语水平和业务能力在国际社会上受到广泛认可,而且他们具有中国国籍,享有《中华人民共和国宪法》所规定的被选举权。在现行《中华人民共和国宪法》之下,我国只需以特别法的形式对中国籍香港法官的任职条件、任职期限等问题加以规定,国际商事法庭对他们的聘任便可实现。因此,我国国际商事法庭聘任中国籍香港法官参与涉外商事审判不失为一个过渡性的解决方案。

四、我国涉外商事审判法律适用的规范化

与非涉外案件的裁判不同,涉外商事审判包含了选择法律这一环节。由于涉外商事案件含有涉外因素,所以涉外商事审判的影响力可以超越法院地国的边界而波及国际社会。法官在审理涉外商事案件时对于适用本国法抑或是外国法、适用国内法抑或是国际法的选择将产生全球经济治理权在不同国家之间、在国内机构与国际机构之间、在政府机构与非政府组织之间的分配效果。① 在涉外商事审判的法律适用尚缺乏规范化指引的情况下,法官很可能会受到"直觉"的影响,不当地选择法律。这将会对我国涉外司法的国际公信力和竞争力造成负面影响。

(一)涉外商事审判法律适用规范化的阻碍

我国大力倡导的涉外法治是一种具体的法治,而非抽象的法治。它是一个包括立法、执法、司法、法律服务等多个维度在内的动态的制度体系。② 我国涉外司法的质量直接影响着我国涉外法治的信誉。③ 在当前的涉外司法实践中,与法律适用相关的内容在判决说理中所占的比重并不高。在处理涉外商事纠纷时,法官在法律适用方面的推理往往难以达到裁判文书释法说理

---

① 霍政欣:《论全球治理体系中的国内法院》,《中国法学》2018年第3期,第272–281页。
② 张䶮:《涉外法治的概念与体系》,《中国法学》2022年第2期,第280页。
③ 何其生:《大国司法理念与中国国际民事诉讼制度的发展》,《中国社会科学》2017年第5期,第144–145页。

的"四理"① 要求。这与涉外法治的理念显然是不相适应的。涉外商事审判的法律适用无疑需要规范化,但目前这种规范化面临着以下几个方面的阻碍:

第一,选择性冲突规范的盛行。传统的冲突规范往往包含国籍、住所、行为地、物之所在地等单一、客观的连结点,因为这样能够使法官受制于硬性的规则,从而可以排除法官的主观任意性,实现裁判结果的一致性。但自17世纪起,冲突规范出现了软化的趋势。② 这种软化体现在:①对同类法律关系加以划分,依据其不同的性质,设置不同的连结点;②针对特定法律关系的不同方面设置不同的连结点;③用灵活、开放的系属代替僵硬、封闭的系属;④增添连结点,扩展法律选择的范围。③ 受到此风潮的影响,许多选择性冲突规范被写入我国法律之中。选择性冲突规范可以进一步分成无条件和有条件两个类型。前者允许法官任意地、无条件地选择若干连结点中的一个;④ 而后者则要求法官依次序、有条件地对规范所包含的若干连结点做出选择。⑤ 选择性冲突规范并没有为法官如何选择法律提供明确的答案。即便有冲突规范的指引,法官在选择法律时依然拥有较大的自由裁量权⑥这为涉外商事审判中法律适用的不确定性埋下了隐患。

第二,法律事实认定的难题。在适用司法三段论时,若要保证结论为真,则作为法律推理小前提的案件事实应为真值。任何被用于推理的事实只有被置于特定的制度语境下,才具有法律上的意义。⑦ 作为一种制度性事实,法律事实的认定需借助法律规范来实现。在确定涉外商事案件的法律适用时,法官所要关注的并非客观事实,而是制度事实。在不同制度之下,即便是同一事实也可能呈现出不同的法律含义。案件事实认定的难点在于法官需要选

---

① "四理"是指阐明事理、释明法理、讲明情理、讲究文理。2018年《最高人民法院关于加强和规范裁判文书释法说理的指导意见》第2条规定:"裁判文书释法说理,要阐明事理,说明裁判所认定的案件事实及其根据和理由,展示案件事实认定的客观性、公正性和准确性;要释明法理,说明裁判所依据的法律规范以及适用法律规范的理由;要讲明情理,体现法理情相协调,符合社会主流价值观;要讲究文理,语言规范,表达准确,逻辑清晰,合理运用说理技巧,增强说理效果。"

② 徐冬根:《国际私法趋势论》,北京大学出版社2005年版,第45页。

③ 肖永平:《肖永平论冲突法》,武汉大学出版社2002年版,第22-23页。

④ 《涉外民事关系法律适用法》第22条规定:"结婚手续,符合婚姻缔结地法律、一方当事人经常居所地法律或者国籍国法律的,均为有效。"

⑤ 《涉外民事关系法律适用法》第41条规定:"当事人可以协议选择合同适用的法律。当事人没有选择的,适用履行义务最能体现该合同特征的一方当事人经常居所地法律或者其他与该合同有最密切联系的法律。"

⑥ 翁杰:《涉外民事案件法律适用释法说理问题研究》,《政法论丛》2019年第3期,第32页。

⑦ 李力,韩德明:《解释论、语用学和法律事实的合理性标准》,《法学研究》2002年第5期,第8页。

择依据何国法律来完成认定。倘若法官不假思索地依据法院地法来给案件事实定性,而完全不考虑冲突规范所指向的外国法是如何定性的,那么这很容易造成错误适用法律的后果。在某些涉外案件中,特别是当事人对于事实的认定存有争议时,案件事实的认定通常是法官在法院地法和准据法之间反复权衡之后的结果。① 既然法律事实的认定从本质上讲是一个选择和权衡的过程,其中必然离不开法官的主观判断,这从而不可避免地增加了涉外商事审判法律适用的不确定性。

第三,外国法查明的乱局。在审理涉外案件时,法院如果依据其本国的冲突规范决定适用某一个外国的实体法,则需要查明该外国法的存在并确认其涉及当事人权利义务的具体内容,此即外国法的查明。② 作为体现冲突规范价值的代表性制度,外国法的查明是涉外案件审判中的关键一环。它不仅影响着当事人的切实利益,而且关系到法律选择理论与立法的现实意义。通过《涉外民事关系法律适用法》和《解释(一)》,外国法查明制度在我国得以确立。③ 然而,在涉外审判实践中,外国法被查明并最终得以适用的比例很低。在为数不少的案件中,法官仅经过较为简单的查明过程,就断定外国法无法查明,转而适用法院地法。④ 目前,外国法查明制度陷入了一个逻辑怪圈:外国法的适用源于当事人的选择,之后的查明属于当事人的义务,但查明之后能否得以适用以及无法查明的认定均取决于法官的判断。⑤ 现有的涉及外国法查明的涉外案件呈现出无序的状态,即有援引条文之名而无援引效果之实,有未查明之表述而无未查明理由之解释,有多渠道查明途径之

---

① 翁杰:《涉外民事案件法律适用释法说理问题研究》,《政法论丛》2019年第3期,第32页。
② 韩德培:《国际私法》,高等教育出版社2014年版,第151页。
③ 《涉外民事关系法律适用法》第10条规定:"涉外民事关系适用的外国法律,由人民法院、仲裁机构或者行政机关查明。当事人选择适用外国法律的,应当提供该国法律。不能查明外国法律或者该国法律没有规定的,适用中华人民共和国法律。"《解释(一)》第15条规定:"人民法院通过由当事人提供、已对中华人民共和国生效的国际条约规定的途径、中外法律专家提供等合理途径仍不能获得外国法律的,可以认定为不能查明外国法律。根据《涉外民事关系法律适用法》第10条第1款的规定,当事人应当提供外国法律,其在人民法院指定的合理期限内无正当理由未提供该外国法律的,可以认定为不能查明外国法律。"该司法解释第16条规定:"人民法院应当听取各方当事人对应当适用的外国法律的内容及其理解与适用的意见,当事人对该外国法律的内容及其理解与适用均无异议的,人民法院可以予以确认;当事人有异议的,由人民法院审查认定。"
④ 在"北京颖泰嘉和生物科技有限公司与美国百瑞德公司居间合同纠纷上诉案"中,法院认为,当事人没有提供有效的美国法律或判例,这导致法院无法查明适用本案的美国法律或判例,故判定处理本案争议所适用的准据法为我国《合同法》等相关法律及司法解释。
⑤ 马明飞、蔡斯扬:《"一带一路"倡议下外国法查明制度的完善》,《法学》2018年第3期,第127页。

规定却过分依赖当事人的力量。① 法官惯常性地以外国法无法查明为由转而适用法院地法,折射出的是法律适用方面的单边主义倾向。这不但与国际社会所倡导的多边主义理念相悖,而且有损案件当事人的意思自治和信赖利益,也不利于树立我国涉外司法的国际公信力。

(二) 涉外商事审判法律适用规范化的路径

第一,强化法律适用中的释法说理。涉外商事案件的法律适用遵循了司法三段论的推理模式。"类似案件类似处理"是形式正义的基本要求。它的实现需要一个能将抽象的冲突规范应用于具体个案的工具。演绎推理恰好可以满足此种需求。它至少能够保证前提和结论的联结在形式上是正当的。然而,在我国当前的涉外商事审判中,存在一个普遍的现象,即许多法官几乎将全部的注意力集中在从形式上证明案件事实与冲突规范相适应。审理涉外案件的法官对于法律的选择必然应当在法律限定的范围内进行。然而,如前所述,选择性冲突规范的盛行和法律事实认定的难题使得法官仅靠僵化地运用冲突规范并不足以合理地确定案件应当适用的法律。演绎推理仅能维持法律适用形式上的正当性,而若要保证其实质上的正当性,则需要法官运用"论题学思维"② 展开论证。在审理涉外商事案件的过程中,法官在面对特定问题时可能会有多种选择,此时他需要就该问题从不同角度展开分析,最终从数个备选方案中找到最佳的答案。论题学思维的引入旨在证明"有条件地成立",即经由针对特殊问题的讨论,来为结论找到足以使其正当化的观点和依据。涉外商事审判法律适用的规范化并非是要完全排除法官的自由裁量权,而是要在其上施加必要的限制,促使法官对其选择进行充分的释法说理,以做到言之有理、足以服众。

第二,完善外国法的查明机制。首先,增加查明途径。已失效的《关于贯彻执行〈民法通则〉若干问题的意见(试行)》提供了5种查明外国法的

---

① 林燕萍,黄艳如:《外国法为何难以查明——基于〈涉外民事关系法律适用法〉第10条的实证分析》,《法学》2014年第10期,第119-121页。

② 论题学思维的特点在于:(a) 旨在使人们在面对多种选择时,找到最妥当、最合理的解决方案;(b) 以问题为导向的思维方式,围绕问题展开论辩;(c) 从不同角度出发,对同一问题的多种观点加以分析;(d) 试图检验某一论题作为或然性观点是否符合当前情势的需要,是一种合理性的判断。翁杰:《涉外民事案件法律适用释法说理问题研究》,《政法论丛》2019年第3期,第37页。

途径。① 2005年《第二次全国涉外商事海事审判工作会议纪要》也提到了多种当事人可采用的查明方式。② 相比而言，现行《解释（一）》只是笼统地规定了三种途径：由当事人提供、对我国生效的条约所包含的途径、由中外法律专家提供。我国应借鉴以往的政策法规，在法律中尽可能全面地列举可利用的查明途径。这对于贯彻落实外国法查明制度具有重要的指导意义。其次，明确查明期限。现行法律中"合理期限"的模糊表述造成了相关裁判的任意性与不统一的局面，我国法律应针对查明期限做出明确的规定。例如：应提供外国法律的当事人应在接到法院书面通知之日起30日内提供外国法；如果查明难度较大，当事人可向法院以书面形式申请延期并说明理由，由法院做出决定。最后，设定查明不能的标准。在我国的涉外司法实践中，法官草率地以外国法无法查明为由，转而适用我国法律的情况屡见不鲜。③ 这导致外国法查明制度被实际架空。针对无法查明外国法设置具体的标准，以限制法官的自由裁量是十分必要的。例如，我国法律可以规定：在依职权查明外国法的情况下，当负有查明义务的主体运用两种以上的查明途径仍无法获取外国法时，才可认定为不能查明外国法，法官须在裁判文书中对已运用的查明途径、查明所耗时间、无法查明的原因等进行披露；在当事人提供外国法的情况下，若法官未以适当方式告知当事人负有查明义务，则不得认定外国法不能查明，若在当事人提交外国法后，法官依然认定外国法不能查明，则须在裁判文书中说明判断理由。

五、结语

我国涉外商事审判是随着改革开放的步伐而发展起来的，在"一带一路"倡议全面推进的时代背景下，我国涉外商事审判覆盖的国家和地区范围不断扩大，境外当事人主动选择我国法院管辖的案件日益增多，我国法院做

---

① 根据《关于贯彻执行〈民法通则〉若干问题的意见（试行）》第193条的规定，这5种途径分别是：由当事人提供、由与我国订立司法协助协定的缔约对方的中央机关提供、由我国驻该国使领馆提供、由该国驻我国使馆提供、由中外法律专家提供。

② 《第二次全国涉外商事海事审判工作会议纪要》第51条规定："涉外商事纠纷案件应当适用的法律为外国法律时，由当事人提供或者证明该外国法律的相关内容。当事人可以通过法律专家、法律服务机构、行业自律性组织、国际组织、互联网等途径提供相关外国法律的成文法或者判例，亦可同时提供相关的法律著述、法律介绍资料、专家意见书等。当事人对提供外国法律确有困难的，可以申请人民法院依职权查明相关外国法律。"

③ 肖芳：《我国法院对"外国法无法查明"的滥用及其控制》，《法学》2012年第2期，第104-105页。

出的裁判得到了越来越多国家的承认和执行。从整体而言，我国涉外商事审判的国际公信力和影响力正在稳步、持续地提升。

由我国行政当局参与的国际经贸规则的构建与国际合作的开展长期以来得到了广泛、持续的关注，而我国法院在全球经贸格局演变中发挥的作用却常常被低估甚至被忽视。实际上，我国法院正以"一带一路"为实践平台，日益成为全球经济治理体系中一股重要而又独特的力量。目前，我国的涉外商事审判还需要经历进一步国际化的过程。我国涉外商事审判的国际化程度越高，我国法院参与全球经济治理的能力就越强、效果就越好，我国在整个国际社会中的话语权和影响力也将变得更加显著和稳固。